JĀTARŪPA'S COMMENTARY ON THE *AMARAKOṢA*

Jātarūpa's Commentary on the *Amarakoṣa*

For the first time critically edited together with an Introduction, Appendices and Indices

MAHES RAJ PANT

PART II

TEXT

MOTILAL BANARSIDASS PUBLISHERS
PRIVATE LIMITED • DELHI

First Edition: Delhi, 2000

ISBN: 81-208-1689-7 (Part II)
ISBN: 81-208-1690-0 (Set)

Also available at:

MOTILAL BANARSIDASS

236, 9th Main III Block, Jayanagar, Bangalore 560 011
41 U.A. Bungalow Road, Jawahar Nagar, Delhi 110 007
8 Mahalaxmi Chamber, Warden Road, Mumbai 400 026
120 Royapettah High Road, Mylapore, Chennai 600 004
Sanas Plaza, 1302 Baji Rao Road, Pune 411 002
8 Camac Street, Calcutta 700 017
Ashok Rajpath, Patna 800 004
Chowk, Varanasi 221 001

Printed in India

BY JAINENDRA PRAKASH JAIN AT SHRI JAINENDRA PRESS,
A-45 NARAINA, PHASE-I, NEW DELHI 110 028
AND PUBLISHED BY NARENDRA PRAKASH JAIN FOR
MOTILAL BANARSIDASS PUBLISHERS PRIVATE LIMITED,
BUNGALOW ROAD, DELHI 110 007

tad iha na guṇadoṣau yojanīyāv alīkau
katham api mahatā yat saṃskṛto 'yaṃ śrameṇa |

– Bāpū Deva Śāstrī (1819-90)

'The undeserved merit or fault, therefore, should not be applied here, since this has after all been prepared with great effort.'

Contents

PREFACE

My involvement with the present work began, one can say, in 1976, when I discovered one of the two extant manuscripts of Jātarūpa's commentary on the *Amarakoṣa*. The actual work of editing the text did not get under way, however, until 1979, when the Nepal-German Manuscript Preservation Project (NGMPP) provided me with the facilities and opportunity to engage in such work. In these early stages, I did not do much beyond transcribing the text and emending obvious clerical errors in the manuscript. It was only in 1987 that I sat down to the task in earnest – a task that took me almost four years to complete. What came out of these labours was subsequently submitted to the University of Hamburg as a doctoral dissertation. The present work is a revised version of the latter.

There are sundry individuals who in one way or another helped me at various stages along the way. Although the names of most of them may not appear here, this does not mean that I am any less thankful for their assistance. Some persons are mentioned in the Introduction, in connection with matters that called for their valuable expertise. There are a few people, finally, who will be named here, since they were singularly instrumental in the inception, preparation and revision of the present work.

Foremost among them is Prof. Dr. Albrecht Wezler, who kindly guided me throughout the period of my research. In spite of his many other commitments, he always managed to find time to sit down and discuss text-critical problems with me and patiently go through the work from cover to cover before it was finally submitted. I fondly remember his study in Reinbek, where we often spent hours at a stretch thrashing things out during the different stages of editing.

Similarly, I owe an incalculable debt of gratitude to Prof. Dr. Bernhard Kölver, who not only witnessed the work take form and develop from beginning to end, both in Kathmandu and Kiel, but also actively nurtured it along with healthy doses of his critical acumen, whenever such doses were necessary.

My gratitude to Philip H. Pierce is no less sincere. He generously placed at my disposal his time and expertise, and by doing so saved me from many pitfalls.

Further heartfelt gratitude is due to Diwakar Acharya, Keshav Prasad Acharya, Ramhari Timalsina and Manoj Rajopadhyaya, each of whom ungrudgingly read many proofs and checked untold references.

I am much obliged to Dr. Gustav Roth, who in July 1988, with the permission of the State and University Library of Göttingen, kindly sent me xeroxed copies of the photos of the fragments of a manuscript of Subhūti's commentary on the *Amarakoṣa* which were discovered at Sa-skya Monastery by Rāhula Sāṅkṛityāyana.

To go back to the beginning, Prof. Dr. Michael Hahn, quick to realise the importance of the text, made the necessary arrangements for its editing under the aegis of the NGMPP, and for this I am greatly indebted to him. And had not Prof. Dr. Michael Witzel employed me in the NGMPP in the first place, and deputed me to the Kaisher Library in Kathmandu, I would never have been in a position to discover a text which was long considered lost, and which is now for the first time being published.

Kathmandu, 22 December 1998 — Mahes Raj Pant

TEXT

७ नमो बुद्धाय।।

[यस्य ज्ञानदयासिन्धोरगाधस्यानघा गुणाः ।
सेव्यतामक्षयो धीराः स श्रिये चामृताय च ।।१ ।।]

यस्येति।

*यस्या*खिलवस्तुविषयेण महता ज्ञानेन दयया च *सिन्धोः* समुद्रस्य। *अगाधस्या*न्यैरनधिगतज्ञानदयापारत्वाद् गम्भीरस्य। *गुणा* मैत्रीक्षमोपशमादयः। *अनघाः* कामक्रोधप्रभवदोषरहिताः। *सोऽक्षयो* नित्यपरिपूर्णत्वादनपचयो दयासिन्धुत्वात् परमकारुणिको भोगलालसेन *श्रिये* सम्पत्तये च पुनः संसारक्लेशभयाद*मृताय* मोक्षाय च। ज्ञानसिन्धुत्वाद् विमलबुद्धिर्बोधरूपो भगवान् भो *धीराः सेव्यताम्* ।

यस्य सिन्धोरगाधस्य गुणाः श्रीजन्मभूमित्वपीयूषप्रभवत्वादयः। *अनघा* अविनाशिनः। *सोऽक्षयो* नित्यपरिपूर्णत्वान्महाजलनिधिः। *श्रिये चामृताय* पीयूषाय च। तदर्थिनां सेवितुं योग्य एव। नानुचितविधानमेतत्।

अत्र ज्ञानदयाभ्यां सिन्धुरिति विगृह्य ***तृतीया*** (P. II.1.30) इति योगविभागात् समासः। तृतीया च ***तृतीयाविधाने प्रकृत्यादिभ्य उपसङ्ख्यानम्*** (Vā. to P. II.3.18) इत्यौपसङ्ख्यानिकी। सिन्धुशब्दश्च सिन्धुरिव पूर्णः। सिन्धुरिति गौणोऽयम्। ***अथवा सर्वे शब्दा गुणसमुदाये वर्तन्ते क्वचिदेकदेशेऽपि*** (Bhāṣ. on P. II.2.6) इति परिपूर्णतां गुणमभिधाय तदेव च निमित्तमुपादाय सिन्धुशब्दोऽयं तद्वति देवताविशेषे वर्तते। ज्ञानदयाकृता च सा तस्य परिपूर्णतेति ***तृतीया तत्कृतार्थेन*** ... (P. II.1.30) इति समासः। तृतीया च ***कर्तृकरणयोः*** ... (P. II.3.18) इत्यनेनैव।। ० ।।

---

1) ७ ॐ नमः सर्व्वज्ञाय।। ।। B. 4) यस्य ज्ञानदयासिंधोरिति A. 5) सिध्योः B. समुद्रस्य अगाध° A, B. °स्य। अन्यै° A, °स्य ः। अन्यै° B. 6) °पारत्वात A, B. *Daṇḍa* in A after °पारत्वात् , ः in B after °पारत्वात्. शम्भीर° B. °स्य गुणाः A, B. *Daṇḍa* in A before मैत्री°, single *daṇḍa* in B before मैत्री°. °समादयोऽनघाः A, B. 7) सोऽक्ष ‧ यो B. °त्वात् अनपचयो A, °त्वात् ः अनपचयो B. 8) स्रिये A. संस्कार° A, B. 9) °बुद्धबोध° A, °बुद्धबोधयोध° B. भवावान् B. ः। B. 10-11) °प्रभवत्वादयो अनघा अविनासिनः सो° A, B. 11) °पुर्ण्ण° B. °निधिः श्रिये B. Single *daṇḍa* in B after च. 12) एव ः।। नानु° B. 12-13) °मेतन् ः अत्र B. 13) विगृज्य B. °भि योग° B. 14) Single *daṇḍa* in B. °विधान A, B. 15) °ति। औप° A, °ति ः।। जोप° B. °निकी सिन्धु° A, B. सिन्धूरिव B. Single *daṇḍa* in B before सिन्धुरिति. ः। B. 16) क्वचिदेशे° B. 17) °ति। परि° A, °ति ः। परि° B. 18) °ते ः। ज्ञान° B. °तेति। तृतीया A, °तेति ः। तृतीया B. 19) Single *daṇḍa* in B after समासः. ।। ।। ० ।। A.

[I.1.2-3]

[समाहृत्यान्यतन्त्राणि सङ्क्षिप्तैः प्रतिसंस्कृतैः ।
सम्पूर्णमुच्यते वर्गैर्नामलिङ्गानुशासनम् ।। २ ।।]

समाहृत्येति।

समाहृत्य कूटीकृत्य। *अन्यतन्त्राणि* भागुरिवररुचिप्रभृतिप्रणीतानि नानाभिधानलिङ्ग-शासनानि। *नामलिङ्गानुशासनं* नाम्नां लिङ्गानां चानुशासनं *वर्गैः सम्पूर्णमुच्यते* यस्यार्थस्य यावन्ति नामानि यस्य नाम्नो यद् यल्लिङ्गं तस्य सर्वस्य साकल्येना-भिधानात्। *वर्गै*रभिधानं च समूहभूतानां समानामेकत्र प्रतिपत्त्यर्थं सुखाववोधार्थम्। यद्यपि चान्य*तन्त्र*समाहारेण *सम्पूर्णं नामलिङ्गानुशासनमुच्यते* तथाप्येतद् गुरु न भवति। विशिष्टं च तेभ्य इति दर्शयितुं वर्गाणां विशेषणमाह *सङ्क्षिप्तैः प्रतिसंस्कृतै*रिति। गुणान्तराधानेन कृतोत्कर्षस्यैव सतो विशेषेण पुनरधिकगुणान्तरैरुत्कर्षाधानं प्रति-संस्कारः। स चेह क्रियाभिधानमवान्तरभेददर्शनमसारपरिवर्जनं सारोपादानं च लघुना कोमलगमकाभिधानेन। अत एव तैः *सङ्क्षिप्तैः* सङ्क्षिप्तवर्गावयवत्वात् प्रतिसंस्कृत-वर्गावयवत्वादेव च *नामलिङ्गानुशासन*मपि सङ्क्षिप्तं प्रतिसंस्कृतमेतदुच्यत इति सामर्थ्या-दुक्तं भवति।। ० ।।

[प्रायशो रूपभेदेन साहचर्याच्च कुत्रचित् ।
स्त्रीपुन्नपुंसकं ज्ञेयं तद्विशेषविधेः क्वचित् ।। ३ ।।]

प्रायश इति।

प्रायशः स्त्रीपुंसादिकार्यकृत*भेदेन* । यथा **चक्रं सुदर्शनः। कौमोदकी गदा** (AK I.1.28^b-c^) इत्येवम्प्रकारेण शब्द*रूपभेदेन स्त्रीपुन्नपुंसकं ज्ञेयम्* । स्त्रीप्रत्ययानां भावादिकार्याणां स्त्रीलिङ्गादिकारणाव्यभिचारात् *साहचर्याच्च कुत्रचित्*

---

3) समाहृत्येत्यादि A. 4) कूटीकृत्य ः। अन्य° B. 5) °शासनानि नाम° A, B. नाम्नो B. °सासनं A. वग्गैः B. 5-6) °मुच्यते। यस्यार्थस्य A, °मुच्यते ः। यस्यार्थस्य B. 7) °भिधानात् व° A, B. °र्ग्गैरभि° B. ः। B. 8) °सासन° A. °मूच्य° B. °ते। तथा° A, °ते ः।। तथा° B. °प्येतद्गु° A. °रुर्न A, B. 8-9) भवति ः। विशिष्टं B. 9) दर्शयित्त्रं B. विशेषमाह A, B. *Daṇḍa* in A after °माह, ः। in B after °माह. ः। B. 10) °गुणात्तरै° A, °गुणोत्तरै° B. 11) Single *daṇḍa* in B. °मवात्तर° A, °मवाक्षर° B. *Daṇḍa* in A before सारो°, ः। in B before सारो°. लंघना B. 12) °भिधानेन ः। अत B. °वर्शावयव° B. °त्वान्। प्रति° A, single *daṇḍa* in B after °त्वान् . 17) प्रायसो रूपभेदेनेत्यादि A, प्रायस इति B. 18) प्रायसः A, B. स्त्रीपुन्सादि° A. °भेदेन ः। यथा B. 19) स्त्रीपुंर° B. °पुन्सकं A, °पुसंकं B. ः।। B. 20) °कारना° B. °व्यभिचारान्। साह° A, °व्यभिचारान् ः।। साह° B. कुत्रचिन् B.

स्त्रीपुन्नपुंसकं च ज्ञेयम् । तद् यथा ***अश्वयुगश्विनी*** (AK I.3.20[d]) इत्यश्विनी-साहचर्यादश्वयुजोऽपि स्त्रीत्वम् , ***भानुः करः*** (AK I.3.32[c]) इति करशब्दसाहचर्याद् भानोरपि पुंस्त्वम् , ***वियद् विष्णुपदम्*** (AK I.2.2[a]) इति विष्णुपदसाहचर्याद् वियतोऽपि नपुंसकत्वम् ।

तद्विशेषविधेस्तस्य स्त्रीपुन्नपुंसकस्य विशेषोपादानात् *क्वचित् स्त्रीपुन्नपुंसकं ज्ञेयम्* । तद् यथा ***स्त्री प्रतिश्रुत्*** (AK I.6.26[a]), ***पुंसि त्वन्तर्धिः*** (AK I.3.11[c-d]), ***रोचिः शोचिरुभे क्लीबे*** (AK I.3.33[c]) इत्येतेषु स्त्रीत्वादि ।। ० ।।

[भेदाख्यानाय न द्वन्द्वो नैकशेषो न सङ्करः ।
कृतोऽत्र भिन्नलिङ्गानामनुक्तानां क्रमादृते ।। ४ ।।]

भेदाख्यानायेति ।

अत्रेतरेतरद्वन्द्वेषु रूपभेदेन यल्लिङ्गं प्रतीयते तदुत्तरपदस्य ***परवल्लिङ्गं द्वन्द्व-तत्पुरुषयोः*** (P. II.4.26) इति परवल्लिङ्गतातिदेशात् समुदायस्य च। तथा समाहारद्वन्द्वेऽपि *रूपभेदेन* यल्लिङ्गं प्रतीयते तत् ***सर्वो द्वन्द्वो विभाषयैकवद् भवति*** (Vyā. PBhP 91) इति यस्यैकवद्भावः ***स नपुंसकम्*** (P. II.4.17) इत्यन्तमुपजायमानं समुदायस्यैव।

अतो द्वन्द्वावयवपदानामिह *भिन्नलिङ्ग*तापि स्यादित्यत आह *भेदाख्यानाय न द्वन्द्व* इति।

उत्तरपदसाहचर्यपरम्परयेति शेषः। अथवा लिङ्गमिह प्रस्तुतं लुप्तावयवविभक्तिकस्य द्वन्द्वस्य युगपल्लिङ्गविशेषाणामभिधाने सामर्थ्याभावात्। *न* लिङ्ग*भेदाख्यानाय द्वन्द्वो*ऽपि त्वभिन्नलिङ्गतामेकलिङ्गतामेवावयवानामाख्यातुमिह द्वन्द्वः *कृत* इति वेदितव्यम्। नन्वेवमपि समाहारद्वन्द्व एकलिङ्गमात्रप्रतीतिः। कतमत् तदेकलिङ्गमिति पुनः सन्देह एव। नास्ति सन्देहो *रूपभेदे*नैव तस्य लिङ्गविशेषस्य गतत्वात्। न

---

1) °पुन्नपुन्सकं A. अश्वयुगस्विनी। अश्विनी° A, B. 2) °साहचा° B. 2-3) °त्। भानोरपि A, °त् भानोरपि B. 3) °त् वियतो° A, B. 5) °पुन्सकस्य A, °पुसकस्य B. °पादानात्। क्वचित् A, B. 10) भेदाख्यानायेत्यादि ।। A. 11) अत्र इतरे° A, B. रुप° B. प्रलीय° A. °ते। तदुत्तर° A, °ते ः।। तदुत्तर° B. °पदस्य। पर° A. 12) च ः।। तथा B. 13) यल्लिंगं B. प्रतीयते। त° A, B. 13-14) °र्वो >--<। यस्यैक° broken off in A. 13) विभाषया।। एकवहुव° B. 14) °ति।। यस्यैक° B. नपुंसकमिवमुपजायमानं B. 15) आह। भेदा° A, B. 15-16) भेदाख्याना >--< शेषः broken off in A. 16) *Daṇḍa* in A, B before लुप्तावयव°. 16-17) °विभक्तिकस्य युग° B. 17) °विशेषोशामभिधाने B. 17-18) न >--< ङ्गतामेवाव° broken off in A. 17) न लिंग° B. 19) वेदितव्यः B . °द्वंद्वे A, B. एकलिंग° B. 19-20) °प्रतीतिः। >--< सन्देहः। रूप° broken off in A. 19) °लिंगमिति B. 20) °हः। रूप° A, B. लिङ्ग° A, लिंग° B. सतत्वात् B.

[I.1.4]

चैतदाशङ्कनीयं द्वन्द्वसमुदायस्यैव तेन *रूपभेदेन* लिङ्गं प्रत्याय्यते न त्ववयवपदानामिति। किं कारणम्। यद्यवयवाः स्त्रीलिङ्गाः पुंलिङ्गा वा स्युः समुदाय एव तु नपुंसकं तदा तस्य नामसमुदायस्य क्वचिदर्थे प्रयोगाभावाल्लिङ्गोपदर्शनमनुपयुक्तमवयवानां चोपयुक्तमिति। अवयवलिङ्गप्रदर्शनार्थमितरेतरद्वन्द्वमेव सर्वत्र कुर्यान्न क्वचित् समाहारद्वन्द्वम्। तस्मात् समाहारद्वन्द्वसामर्थ्यादवसीयते नायं समुदायस्य नपुंसकलिङ्गप्रदर्शनपरोऽपि त्ववयवानामेवेति।

अथ कथं ***विघ्नराजद्वैमातुरगणाधिपाः*** (AK I.1.38^{a-b}), ***द्रुद्रुमागमाः*** (AK II.4.5^{d}) इति द्वन्द्व एव भवति।

यावतेतरेतरयोगे समाहारे च भिन्नार्थविषये द्वन्द्वोऽयं विधीयते। इह चैकार्थाः पर्यायशब्दा एव द्रव्यवचनत्वादेकजातिवचनत्वाच्च। व्यक्तौ पदार्थे प्रत्यर्थं शब्दनिवेशादनेकार्था द्रुप्रभृतय इति चेत् तथापि द्वन्द्वापवादेनैकशेषेण भाव्यम्। भिन्नरूपाणामपि *ह्येकशेष* इष्यते। यदुक्तं ***समानार्थानां विरूपाणामप्येकशेषो वक्तव्यः। वक्रदण्डश्च कुटिलदण्डश्च वक्रदण्डौ कुटिलदण्डाविति वा*** (Bhāṣ. on Vā. 23 to P. I.2.64) इति।

अत्रोच्यते नामलिङ्गानुशासनेऽस्मिन् सर्व एवामी नामशब्दाः स्वरूपप्रधाना एव तेषां विवक्षितत्वात्। यथा येषां शब्दप्रयोगाद् यत् प्रयोक्तुः प्रतिपिपादयिषितम्, यत्परस्तेन शब्दः प्रयुज्यते स शब्दार्थ इति। अत्र शब्दस्वरूपाणामेव शब्दार्थत्वात् तेषां चानेकत्वादसमानत्वाच्च न विरुध्यते क्वचिदनेकार्थनिबन्धनो द्वन्द्व इति। न भवत्वेवं *भेदाख्यानाय द्वन्द्व एकशेषः* पुनः स्यादेव।

देवाः स्वर्गसद इति व्यक्तौ पदार्थे पुंलिङ्गस्य देवशब्दस्य (see AK I.1.7^{a}) स्त्रीलिङ्गेन

---

1) चैतदाशंकनीयं A, B. 1-2) रूपभेदेन >--< र° broken off in A. 1) लिंगं B. प्रत्याय्यते।। न B. 2) स्त्रीलिंगपुंलिंगा B. 3) नपुसकं A. 3-4) प्रयो >--<ोपयुक्तमिति broken off in A. °युक्तमवव्यवानां B. 4) °लिंग° B. 5) °हारद्वंद्वः B. 5-6) °माहा >--< लिङ्ग° broken off in A. 6) °रिंग° B. 7) कथम्विघ्न° A. °गणाधिपा द्रु° A, B. 9) याव >--< विधीयते broken off in A. यावता इतरेतरयोग B. 10) द्रव्यवचनत्वात्। एक° A, B. °जातिवचनन्वाच्च B. 11) °निवेशादनेकार्था >--< भा° broken off in A. द्रूप्रभृतय B. 12) ज्येकशेष B. यदूक्तं B. 13-15) वक्रदण्डश्च कुटिलद >--< ति। अत्रोच्यते broken off in A. 13) वक्रदण्डश्च कुटिलदण्डश्च।। वक्रदण्डकुंटिलदण्डौ।। कुटिल° B. 15) अत्रोच्यते। नाम° A, B. °लिंगानु° B. °शाशने° A, °शसने° B. °प्रधानामेव A, B. 16) यथा योसं A, B. 16-17) यथा योसं >--< । यत्परस्तेन broken off in A. 16) प्रतिपिपादपिसि° B. 17) प्रयुज्यते। स A, B. 18-19) °त्वाच्च >--< न भवत्वेवं broken off in A, leaving visible the bottom parts of the last five *akṣara*-s. 18) विरूध्यते। क्वचि° B. 20) देवा B. स्त्रीलिंगेन B.

देवताशब्देन (see AK I.1.9[d]) ***पुमान् स्त्रिया*** (P. I.2.67) इत्येकशेषे कृते स्त्रीलिङ्गस्यापि तस्यामरार्थे पुंसि वृत्तिः स्याद् यथा शिवाशब्दस्य स्त्रीलिङ्गस्य (see AK II.5.5[a]) सृगालार्थे (see AK II.5.5) पुंसि तथा ***स्तम्भौ स्थूणाजडीभावौ*** (AK III.3.132[c]), ***काचाः शिक्यमृद्भेददृग्रुजः*** (AK III.3.27[a-b]) इति स्तम्भशब्दयोः स्त्रीपुंसयोः काचशब्दयोश्च स्त्रीपुंसयोरेव ***पुमान् स्त्रिया*** (P. I.2.67) इत्येकशेषे कृते स्त्रीलिङ्गस्य स्तम्भशब्दस्य स्थूणायां काचशब्दस्य स्त्रीलिङ्गस्यैव दृग्रुजि प्रवृत्तिः स्यात्।

एवं ***प्रमाणं हेतुमर्यादाशास्त्रेयत्ताप्रमातृषु*** (AK III.3.52[a-b]) इति प्रमाणशब्दस्य नपुंसकस्यानपुंसकाभ्यां प्रमाणशब्दाभ्यां ***नपुंसकमनपुंसकेनैकवच्चास्यान्यतरस्याम्*** (P. I.2.69) इत्येकशेष एकवद्भावे च कृते प्रमाणशब्दयोः स्त्रीपुंसयोरपि हेत्वादिषु सर्वेषु विषयभेदेन वा वृत्तिः स्यात्।

एवं ***गृहदेहत्विट्प्रभावा धामानि*** (AK III.3.121[c-d]) इति धामशब्दस्य नपुंसकस्यानपुंसकाभ्यां धामशब्दाभ्यां ***नपुंसकमनपुंसकेनैकवच्चास्यान्यतरस्याम्*** (P. I.2.69) इत्येकशेषे कृते धामशब्दयोः स्त्रीपुंसयोरपि गृहादिषु सर्वेषु विषयभेदेन वा वृत्तिः स्यादिति यश्चोदयेत् तं प्रत्याह *नैकशेष* इति।

भेदाख्यानायेत्यनुषङ्गः। लिङ्गभेदाख्यानाय। *एकशेषोऽत्र न कृत* इत्यर्थः। किं कारणम्। एकशेषभूतो हि *रूपभेदे*नैकमेव लिङ्गमाचष्टे निवृत्तान्यलिङ्गपदत्वाद् युगपल्लिङ्गविशेषमभिधातुमसामर्थ्यात्।

यदि *भेदाख्यानाय भिन्नलिङ्गानां न द्वन्द्वो नैकशेषः* कथं तर्हि

अप्सरोयक्षरक्षोगन्धर्वकिन्नराः। (AK I.1.11[a-b])
भ्रातृभगिन्यौ भ्रातरावुभौ॥
मातापितरौ मातरपितरौ पितरौ च तातजनयित्र्यौ।

---

1) °ति। एकशेषे A, B. 1-2) स्त्रीलिंगस्यापि B. 2) स्त्रीलिंग° B. 2-3) °स्य। सृगा° A, single *daṇḍa* in B after °स्य. 3) °रार्थे B. पुंसि। तथा A. स्तस्भौ B. 3-4) °जडीभावौ काचाः A, B. 4) सिक्य° A, सिक्° B. 5) °ति रेकशेषे A, °ति एकशेषे B; on रे see § 1, fn. 970. 6) स्त्रीलिंगस्यैव B. 7) °ति। प्रमाण° A, B. 7-8) °शब्द नपुंसकास्यान° B. 8) °शब्दाभ्यां नपुंसकेनैक° A, B. °वच्चास्यान्यत्रर° A. 9) °शेषे A, B. 10) °भेदेन्न B. 11) °देहस्विट्° B. °प्रभा A, B. °भि धामशब्दस्य A, B. 12) °शब्दाभ्यां नपुंसकेनैक° A, B. 14) स्यादिति। य° A, B. °श्चोदयेत्तस्र° B. *Daṇḍa* in A after °त्याह, ‹ in B after °न्याह. रैवशेष इति B. 15) °संगः A, B. लिंग° B.16) रूपभेदेन एकमेव A, B. लिंग° B. °माचष्टे। निवृत्तान्य° A, B. °लिंगपद° B. 16-17) °त्वान्। युग° A, B. 17) °पल्लिंग° B. 18) °लिंगानां B. नैकशेषः। क° A, B. 18-19) °र्हि।। अप्सरो° A, B. 19) °गन्धर्व्वं° B. 20) भातृ° A. भातरावुभौ A. No additional *daṇḍa* in A, B. 21) मातृपितरौ। मातरपितरौ पितरौ। तातजनयित्र्यौ। जनयित्र्यौ A, मातृपितरौः।। मानरपितरौ।। पितरौ ।। तानजनयित्र्यौ।। जनयित्र्यौ B ; see App. 1, no. 1.

[I.1.4]

श्वश्रूश्वशुरौ श्वशुरौ पुत्रौ पुत्रश्च दुहिता च ॥
जम्पती दम्पती जायापती भार्यापती च तौ । (AK II.6.36[c-d]-38[b])
स्तम्भौ स्थूणाजडीभावौ । (AK III.3.132[c])
काचाः शिक्यमृद्भेददृग्रुजः । (AK III.3.27[a-b]) इति ।

*भिन्नलिङ्गाना*मेव द्वन्द्वैकशेषौ कृतावित्याशङ्क्याहा*नुक्ताना*मिति ।

प्रदेशान्तरे स्वरूपतो लिङ्गतश्चा*नुक्तानां* पर्यायशब्दानामिह लिङ्ग*भेदाख्यानाय* द्वन्द्वैकशेषौ न कृतावुक्तानां तु लिङ्गविशेषा अप्युक्ता इति लिङ्गविशेषाणामनाख्येयत्वाद् *भिन्नलिङ्गाना*मपि तेषां द्वन्द्वैकशेषौ कृतावित्यदोषः ।

अथ किमर्थमत्यन्तसन्निकर्षेणोपादानान्मिश्रीकृतानां *भिन्नलिङ्गाना*मिह *सङ्करः* क्रियते । न पुनः पुङ्काण्डस्त्रीकाण्डादिक्रमेण दूरदूरेणैव भिन्नलिङ्गाः शब्दा निबध्येरन् । एवं हि रूपभेदनिरपेक्षं विशेषविधानाद्यन्तरेण च लिङ्गविशेषाणामवगतेः प्रतीतिलाघवमुपादान-लाघवं च द्वयं भवतीति यो मन्येत तं प्रत्याह *न सङ्करः कृतोऽत्र भिन्नलिङ्गानां क्रमादृत* इति ।

क्रमं प्रक्रममनुक्रमं वा विना *भिन्नलिङ्गाना*मिह *सङ्करः* सङ्कीर्णता न कृता । अपि तु यद् यत् सम्बद्धं तत् तदभिधानक्रमेणैवाभिधातुं यथाप्रधानं यथासम्बन्धमनुक्रमेण स्वरादिसकलमर्थमभिधातुम् । तद् यथा

स्थाणू रुद्र उमापतिः ॥
कपर्दोऽस्य जटाजूटः पिनाकोऽजगवं धनुः ।
प्रमथाः स्युः पारिषदा ब्राह्मीत्याद्यास्तु मातरः ॥
विभूतिर्भूतिरैश्वर्यमणिमादिकमष्टधा ।
उमा कात्यायनी गौरी (AK I.1.34[d]-36[c]) इति ।

---

1) स्वसॄ° A, स्वस्रु° B. °स्वसु° A, B. ः in B after °रौ. स्वसु° A, B. °रौ ।। पुत्रौ B. No additional *daṇḍa* in A, B. 2) जस्पती B. दम्पाती A, न्दस्पती B. ः in B after न्दस्पती. जायापती om. in A, B. 3) स्तस्भौ स्थूणाजत्रीभावौ B. 4) शिकृ° B. 5) °लिंगानामेव B. कृतावित्योसंक्षा° A, कृताविखासंक्या° B. 5-6) °ह । अनुक्तानामिति प्र° A, B. 6) °देशांतरे A. लिंगत° B. लिंगभेदाख्याना B. 7) कृतौ । उक्तानां A, B. लिंगविशेषा B. लिंग° B. 7-8) °विशेषानामनाख्येयत्वात् । भिन्न° A, B. 8) °लिंगानामपि B. 9) °कर्षणोपादाना° B. °लिंगानामिह B. 10) °क्रमेन दूरदूरेनैव भिन्नलिगा मिबध्येरन् B. 11) लिंग° B. 12) मन्येद B. त्तं A, B. प्रत्याह । न A, B. °लिगानां B. 13-14) इति क्रमं A, B. 14) प्रक्रमेनु° B. °क्रमम्वा A, B. °लिंगानामिह B. °तां न B. 15) °म्बद्वं B. °क्रमेणैवाभिधातुं यथासम्बन्ध° B. 17) स्थानू B. 17-18) उमापतिः । अस्य A, B. 18) जटावू° B. °टः । पिनाको° A, B. 19) स्यु A. No additional *daṇḍa* in A, B. 20) विभूतिभूति° B. 21) कात्यायणी A, B. No *daṇḍa* in B.

प्रतीतिलाघवसुखलेशाच्च क्रमेणार्थाभिधानमत्यन्तसुखहेतुरुपादानलाघवं चान्यथापि न सम्भवति पर्यायजात्युक्तौ विशेषाभिधानसम्भवात्। तथा हि देवपर्यायाभिधाने पुङ्काण्डे(see AK I.1.7-9^{c})Sवश्यं ***देवताः स्त्रियाम्*** (AK I.1.9^{d}) इति विशेषो विधेयः। अवश्यं च पक्षिजात्यभिधाने (see AK II.5.34^{c}-35^{c}) तत्रैव ***वर्तका स्त्रियाम्*** (AK II.5. 35^{d}) इति। एवं पत्नीपर्यायाभिधाने स्त्रीकाण्डे(see AK II.6.5^{c}-6^{a})-Sवश्यं दाराः पुम्भूम्नि (see AK II.6.6^{a-b}) इति विशेषो विधेयः। नपुंसककाण्डे च जलपर्यायाभिधान (see AK I.10.3^{a}-5^{a}) ***आपः स्त्री भूम्नि*** (AK I.10.3^{a}) इति ।। ।।

[त्रिलिङ्ग्यां त्रिष्विति पदं मिथुने तु द्वयोरिति ।
निषिद्धलिङ्गं शेषार्थं त्वन्ताथादि न पूर्वभाक् ।। ५ ।।]

त्रिलिङ्ग्यामिति।

लिङ्गत्रये *त्रिष्विति पदं* वेदितव्यं *मिथुने* स्त्रीपुंसयोस्तु *द्वयोरिति* ।

*निषिद्धलिङ्ग*मिति निषिद्धो लिङ्गविशेषो यस्य तच्छे*षार्थं* शेषभूतमनिषिद्धं यल्लिङ्गं तद्विषयमित्यर्थः। अथवा निषिद्धो लिङ्गविशेषो येन पदेन वाक्येन वा तच्छे*षार्थं* निषिद्धादन्यत् परिशिष्टलिङ्गद्वयप्रतिपादनपरं पारिशेष्यादिति वेदितव्यम्। एतच्चैक-लिङ्गप्रतिषेधव्याजेन लिङ्गद्वयविधानं लाघवार्थमन्यथा तदुपादाने गौरव-प्रसङ्गात्।

*त्वन्ताथादी*ति त्वन्तमथादि च नामपदं लिङ्गपदं वा *न पूर्वभाक्* पूर्वं न भजते पूर्वेण न सम्बध्यत इति।। ० ।।

[स्वरव्ययं स्वर्गनाकत्रिदिवत्रिदशालयाः ।
सुरलोको द्योदिवौ द्वे स्त्रियां क्लीबे त्रिपिष्टपम् ।। ६ ।।]

स्वरव्ययमिति।

---

1) °मत्यत्त° A. 2) र सम्भ° B. °वति। प° A, B. 3) °वस्यन्देवताः A, °वस्यं देवताः B. 4) अवस्यञ्च A, B. See no. 7 under § 3.8.5 for the reading वर्तका स्त्रियाम्. 6) °वस्यं A, B. 7) °भिधाने A, B. 11) त्रिलिङ्ग्यां त्रिष्विति पदं।। A. 12) लिंगत्रये B. पदम्वेदि° A, B. *Daṇḍa* in A, B before मिथुने. 13) °लिङ्गमिति। निषिद्धो A, °लिंगमि।। मिषिद्धो B. लिंगविशेषो B. *Daṇḍa* in A, B before शेष°. 13-14) यल्लिंगन्त° B. 14) लिंग° B. *Daṇḍa* in A, B before निषिद्धा°. 15) °दन्यत B. °लिंग° B. परिशेष्यादिति B. वेदि om. in B. 15-16) एतच्चैकलिंग° B. 16) लिंग° B. 18) त्वताथादि° B. °ति। त्वन्त° A, B. नामपदं वा A, B. °भाक्। पू° A, B.

[I.1.6]

[स्वर्]

स्वरतीति *स्वर्* विच्प्रत्ययान्तः (see P. III.2.75) । *अव्यय*ग्रहणमलिङ्गतामस्य प्रतिपादयितुमलिङ्गतासूचनं च लिङ्गविशेषाप्रतिपादने परिहारः ।

[स्वर्ग]

सुष्ठु प्रयत्नेन शोभनोऽर्ज्यत इति *स्वर्गः* । कर्मणि घञ् (see P. III.3.19) । प्रादि-(see P. I.4.58)समासः (see P. II.2.18) ।

[नाक]

कं सुखम् (see Nigh. III.6) । न कमकम् । अविद्यमानमकं यस्मिंस्तन्*नाकम्* (see MV on SK 1) । ***नभ्राण्नपान्नवेदानासत्यानमुचिनकुलनखनपुंसकनक्षत्रनक्रनाकेषु प्रकृत्या*** (P. VI. 3. 75) इति नञः प्रकृतिवद्भावः ।

[त्रिदिव]

स्थास्नादीनां निदर्शनमात्रार्थत्वाद् ***घञर्थे कविधानम्*** ... (Vā. 4 to P. III.3.58) इति दीव्यतेर् (see Dh. IV.1) अधिकरणे कः । दिवः । त्रयाणां दिवः ।

[त्रिदशालय]

त्रिदशालय इति ***दंश दशने*** (Dh. I.1038) इत्येतस्माद् भिदादित्वादङ् (see P. III.3. 104) । तिस्रो दशा येषां बाल्ययौवनमध्यत्वकृतास्ते त्रिदशा देवाः (see *infra*, I.1.7 under त्रिदश) । तेषामालयः । आङ्पूर्वाल्लीङ् (see Dh. IV.31) इत्येतस्मादधि-करणे ***पुंसि*** ... (P. III.3.118) इत्यादिना घः ।

[द्यो]

दीव्यन्त्यस्यामिति *द्यौः* ।

[त्रिपिष्टप]

त्रयाणां पिष्टपं *त्रिपिष्टपम्* । प्राधान्याच्च हरिहरब्रह्मणां त्रयाणां तैरेव व्यपदेशो भवति ।। ० ।।

---

2) स्वर् । विच्° A, B. °प्रत्ययात्तः A. °ग्रहणेन लिंगतामस्य B. 3) °लिंगता° B. लिंगविशेषोप्रतिपादने B. 5) शोभनोऽर्जभ इति B. 8) ः in B before न. कं अ° A, B. ः in B before अविद्य°. °मानं अकं B. यस्मिन्त° A, B. 9) नभ्राण्र° A, नभ्रान° B. °पान्नतेदानासत्यानमुविनकुलंनखं° B. 10, 12) नण्यः ।। प्रकृतवद्भव स्था° B. 12) °त्वात् । घ° A, B. °ञ्चर्थे A. कभिधान° B. *Daṇḍa* in A, B after °ति. 13) दिव्यते° B. दिवस्त्रयाणां A, दिवस्त्रयाणं B. 16) त्रिस्रो B. बालयौवन° A, B. °कृताः । ते A, B. 18, 20) पुन्सीत्यादिना घः दीव्यंत्यस्यामिति A, B. 22) त्रिपिष्टपं om. in B. प्राधान्यान्न A, B. 23) Single *daṇḍa* in A, no special punctuation mark in B.

[अमरा निर्जरा देवास्त्रिदशा विबुधाः सुराः ।
सुपर्वाणः सुमनसस्त्रिदिवेशा दिवौकसः ।। ७ ।।
आदितेया दिविषदो लेखा अदितिनन्दनाः ।
आदित्या ऋभवोऽस्वप्ना अमर्त्या अमृतान्धसः ।। ८ ।।
बर्हिर्मुखाः क्रतुभुजो गीर्बाणा दानवारयः ।
वृन्दारका दैवतानि पुंसि वा देवताः स्त्रियाम् ।। ९ ।।]

[अमर]

न म्रियन्त इत्य*मराः* । पचाद्यच् (see P. III.1.134) । मरणं मर इति वा ***कृत्यल्युटो बहुलम्*** (P. III.3.113) इत्यप् । पश्चाद् बहुव्रीहिः (see P. II.2.24) ।

[निर्जर]

निर्जरा इति ***जॄष्*** (Dh. IV.22) इत्यस्मादङ् (see P. III.3.104) । जराया निर्गता इति *निर्जराः* ।

[देव]

दीव्यन्तीति *देवाः* । ***देवट्*** (GP 16 to P. III.1.134) इति पचादिपाठादच् (see P. III.1.134) ।

[त्रिदश]

बाल्ययौवनप्रौढत्वाख्यास्तिस्रो दशा एषामिति *त्रिदशाः* ।

[विबुध]

विशेषेण बुध्यन्त इति *विबुधाः* । ***इगुपध*** ... (P. III.1.135) इत्यादिना कः ।

[सुर]

सुर ऐश्वर्यदीप्त्योः (Dh. VI.50) । सुरन्तीति *सुराः* । ***इगुपधज्ञाप्रीकिरः कः*** (P. III.1.135) इति कः । सूयन्त इज्यन्त इति वा *सुराः* । ***सुसूधागृधिभ्यः क्रन्*** (U. II.24) इति क्रन् । सुष्ठु राजन्ते सुरा वैषामस्तीति *सुराः* । एकत्रापिशब्दस्य सर्वोपाधि-

8) म्रियंत A. इत्येमराः B. 11) मिर्ज्जरा B. जृष A, हृष B. 14) दीव्यंतीति A. देव इति पचदिपाठादच B. 17) दसा रेषामिति A; on रे see § 1, fn. 970. 19) बुध्यंत A. इग्न्रप° B. 21-22) °किरः इति क सृ° B. 22) °यन्ते A, B. इज्यन्ते A, इजृन्त B. सुमृधागृपिभ्यः B. 23) सुष्टु B. वा एषामस्तीति A, B.

व्यभिचारार्थत्वाद् (see K. on P. III.2.101) ***अन्येष्वपि दृश्यते*** (P. III.2.101) इति डप्रत्ययोऽन्यत्रार्शआदित्वादज् (see P. V.2.127) वेदितव्यः।

[सुपर्वन्]

पिपर्तीति पर्वन्। ***अन्येभ्योऽपि दृश्यन्ते*** (P. III.2.75) इति वनिप्। शोभनं पर्वैषामिति *सुपर्वाणः* । पर्व हस्तादीनामवयवः प्रस्तावो वा (see ŚāK 56^b-c^)।

[सुमनस्]

सङ्कल्पमात्रेण लब्धसिद्धित्वान्मलिनसङ्कल्पवर्जितत्वेन वा शोभनं मनो येषां ते *सुमनसः* ।

[दिवौकस्]

दिव्योको येषां ते दिवौकसः (CVṛ. on CV V.2.127)। दिवशब्दस्य ***दिव उत्*** (P. VI.1.131) इत्युत्त्वे प्राप्ते पृषोदरादित्वादकारागमः (see P. VI.3.109)।

[आदितेय]

अदितिशब्दात् ***कृदिकारादक्तिनः*** (GS 50 to P. IV.1.45) इति ङीष्। तदन्तादपत्ये ***स्त्रीभ्यो ढक्*** (P. IV.1.120) इति ढक्। *आदितेयाः* ।

[दिविषद्]

दिवि सीदन्तीति *दिविषदः* । ***सत्सूद्विष*** ... (P. III.2.61) इत्यादिना क्विप्। उपपदसमासः (see P. II.2.19)। ***तत्पुरुषे कृति बहुलम्*** (P. VI.3.14) इति सप्तम्या अलुक्। सुषामादित्वात् षत्वम् (see P. VIII.3.98)।

[लेख]

लिख्यन्ते गण्यन्त इति *लेखाः* ।

[आदित्य]

अदितेरपत्यान्*यादित्याः* । ***दित्यदित्या*** ... (P. IV.1.85) इत्यादिना ण्यः।

---

1) °च्यभिचारा° B. 2) °न्यत्रार्शादि° A, B. 4) पिपर्त्तिति B. °न् अन्येभ्यो° A, B. वनिप् सोभनं A, B. पर्व एषामिति A, पर्व्व एषामिति B. 7) °सिद्धित्वात्। मलिन° A, B. 10) दिवि ओको A, दिवि द्रोको B. 11) °त्युत्वे A, B. °त्वादेकारागमः B. 13) °दक्तिन् B. तदंता° A. 14) ढकिति A, B. 16) क्विप। उप° B. 17) तत्पुरूषे B. 18) सुखामादित्वात B. 20) गण्यन्ते A, B. 22) °रपत्यानि। आदित्याः A, °रपत्यानि आदित्याः B.

[ऋभु]

ऋः स्वर्गोऽदितिर्वा। तत्र भवन्तीत्य*र्भवः* । ***डुप्रकरणे मितद्ग्वादिभ्य उपसङ्ख्यानम्*** ... (Vā. to P. III.2.180) इति डुप्रत्ययः।

[अमर्त्य]

पादार्घाभ्यां च (P. V.4.25) इति चकारेणानुक्तसमुच्चयार्थेन मर्तशब्दात् स्वार्थे यत्। मर्ता एव मर्त्याः (see K. on P. V.4.25)। ततो नञ् (see P. II.2.6) च। *अमर्त्याः* ।

[अमृतान्धस्]

अमृतमन्धो येषां ते*ऽमृतान्धसः* ।

[बर्हिर्मुख]

बर्हिरग्निर् (see AK I.1.53ᵃ, 54ᵃ) मुखमेषामिति *बर्हिर्मुखाः* ।

[गीर्बाण]

गीः शापः। गीरिव बाणकार्यकरणाद् बाण एषां क्रुद्धानामिति *गीर्बाणाः* । ***र्वोरुपधाया***... (P. VIII.2.76) इति दीर्घः। यदि पुनरप्रत्ययावयवेऽपि ***हलि च*** (P. VIII.2.77) इति दीर्घत्वं विधीयते तदा तेनैव परत्वाद् विज्ञेयम्।

[वृन्दारक]

प्रशस्तं शोभनं वा वृन्दमेषामस्तीति *वृन्दारकाः* । ***शृङ्गवृन्दाभ्यामारकन्*** (Vā. 3 to P. V.2. 122)।

[दैवत]

देवता (GP 32 to P. V.4.38) एव *दैवतानि* । स्वार्थे प्रज्ञादिभ्योऽण् (see P. V.4.38) इत्यण्।

[देवता]

स्वार्थ एव ***देवात् तल्*** (P. V.4.27)। ***तलि स्त्रीलिङ्गवचनं कर्तव्यम्*** (Bhāṣ. on Vā. 1 to P. V.4.27) इति स्त्रीत्वम्। *देवताः* ।। ० ।।

---

2) स्वर्गो अदिति° A, स्वग्गो अदिति° B. °र्वा तत्र भवन्तीति। ऋभवः A, B. ड्डप्रकरणे मितट्टादिभ्य B. 3) ड्डप्रत्ययः B. 5) पादाभ्यां A, B. °समुच्चयाऽर्थन B. 6) त्रतोऽनञ B. 9) अमृतमम्बो A. °मृतांधसः A. 13) ग्रीः B. गीरिव चाण° B. लघोरुपधाया B. 14) °प्रत्याया° B. 15) विधीयते। तदा A, B. 17) °मस्तीत्रि A. शृंग° A. 23) स्वार्थे A, B. देवात्तण् A, B. स्त्रीलिंग° B. 24) No *daṇḍa* in B before देवताः. No special punctuation mark in B.

[I.1.10]

[आदित्यविश्ववसवस्तुषिताभास्वरानिलाः ।
महाराजिकसाध्याश्च रुद्राश्च गणदेवताः ।। १० ।।]

[⁻गणदेवता]

आदित्यविश्वादयो गणदेवताः सङ्घभूता देवाः ।

[आदित्य]

तत्रादित्या द्वादशका

[विश्व]

विश्वेदेवा दश स्मृताः ।

[वसु]

वसवश्चाष्टसङ्ख्यातास्

[तुषित]

तुषितास्त्रिंशत् तथा षट् ॥

[आभास्वर]

आभास्वराश्चतुःषष्टिर्

[अनिल]

वाताः पञ्चाशदूनकाः ।

[महाराजिक]

महाराजिकनामानो द्वे शते षट् च विंशतिः ॥

[साध्य]

साध्या द्वादश सङ्ख्याता

[रुद्र]

रुद्राश्चैकादश स्मृताः ।

इत्येते संहता देवास्

4) °विस्वादयो A. *Daṇḍa* in A after °देवताः. 10) वशव° A. 12) °स्त्रिशत्तथा षट् A, °स्त्रिंशत्तथा च षट् B; see App. 1, no. 2. 14) आभाश्वरा° A, B. 16) पंचाश° B. 18) षट्विंशतिः A, B; see App. 1, no. 3. 22) रूद्रा° B. 23) इत्येदे B. सङ्घता A, संघाता B.

[आदित्य]

तत्रादित्याः स्वनामतः ॥

इन्द्रो विधाता पर्जन्यस्त्वष्टा पूषार्यमा भगः ।

विवस्वान् विष्णुरंशुश्च वरुणो मित्र एव च ॥

[विश्व]

वसुसत्यौ क्रतुदक्षौ कामकालौ धुरिलोचनौ ।

पुरूरवा माद्रवाश्चैव विश्वेदेवाः प्रकीर्तिताः ॥

[वसु]

धरो ध्रुवश्च सोमश्च विष्णुश्चैवानिलोऽनलः ।

प्रत्यूषश्च प्रभासश्चेत्यष्टौ ते वसवः स्मृताः ॥ (Bhār. I.60.17)

[साध्य]

मनोऽनुमन्ता विष्णुश्च मनुर्नारायणस्तथा ।

तपोनिधिर्निमिश्चैव हंसो धर्मश्च कीर्तितः ।

विभुश्चैव प्रभुश्चापि साध्या द्वादश कीर्तिताः ॥

[रुद्र]

अजैकपादहिर्बुध्नो विरूपाक्षोऽथ रैवतः ।

हरश्च बहुरूपश्च त्र्यम्बकश्च सुरेश्वरः ।

सावित्रोऽथ जयन्तश्च पिनाकी चापराजितः ॥

(MP V.29-30[b] / PP I.6.29[c]-30)

अहिर्बुध्नस्य विशेषणं पिनाकी चापराजित इत्येत एकादश रुद्राः । शेषास्तु प्रतिपदमागमादेव विज्ञेया इह च विस्तरभयान्नोक्ता इति ।।

---

2) No additional *daṇḍa* in A, B. 3) पर्य्यन्यस्त्वष्टा B. 4) विवश्वा° A, B. °रंसुश्च A. No additional *daṇḍa* in A, B. 6) वसुसत्वौ A, B; see App. 1, no. 4. कामपालौ A, B; see App. 1, no. 5. 7) पूरूरवा B. मद्रवा° A; see App. 1, no. 6. °श्चैव ।। विश्वे° B. No additional *daṇḍa* in B. 9) धुरो A, न्धुरो B. 10) प्रत्युषश्च प्रभाश° B. °श्चैत्यष्टौ A, B. No additional *daṇḍa* in B. 13) °र्निसश्चैव A, B; see App. 1, no. 7. Double *daṇḍa* in A. 14) विसुश्चैव प्रसुश्चापि A, B; see App. 1, no. 8. No additional *daṇḍa* in B. 16) °पादऽहिर्बुध्नो B. 17) त्र्यम्बिकश्च A, त्र्यंबिकश्च B. सुरेस्वरः A. 20) अहिर्बुधस्य A. चापराजितः ।। इ° B. °त्येकादश A. 21) शषास्तु B. च ।। विस्तर° B. °भायान्नोक्ता A. No additional *daṇḍa* in B.

[I.1.10-11]

[महाराजिक]

महाराजिक इति। महाराजात् ठञ् (see P. IV.2.35) इति ठञ्यपि कृते ***सञ्ज्ञापूर्वको विधिरनित्यः*** (Vyā. PBhP 64) इति वृद्धिर्न भवति।

[विद्याधरोऽप्सरोयक्षरक्षोगन्धर्वकिन्नराः ।
पिशाचो गुह्यकः सिद्धो भूतोऽमी देवयोनयः ।। ११ ।।]

[विद्याधर]

गुटिकाञ्जनादिविद्याधारणाद् *विद्याधराः* पुष्पदन्तादयः।

[अप्सरस्]

उर्वश्यादयो वेश्या *अप्सरसः* ।

[यक्ष]

मांसादा *यक्षाः* कुबेरादयः।

[रक्षस्]

रक्षांसि विभीषणादयः।

[गन्धर्व]

गन्धर्वा दिव्यगायना हाहाहूहूप्रभृतयः।

[किन्नर]

किन्नरा नरशरीरा अश्वमुखा दिव्यगीतध्वनयः।

[पिशाच]

पिशिताशाः *पिशाचास्* (see K. on P. VI.3.109) तामसाः सत्त्वविशेषाः।

[गुह्यक]

गुह्यका निधिपा माणिभद्रादयः। ***शंसिदुहिगुहीनां वक्तव्यम्*** ([217] as quoted in K. on P. III.1.109) इति क्यप्। ***सञ्ज्ञायां कन्*** (P. V.3.75)।

---

2) महाराजाद्व ति पि कृते B, with some space blank between द्व and ति, and ति and पि. 3) विधिरति° A, B. 7) गुतिका° B. विद्याधराः। पुष्प° A, B. °दत्तादयः B. 9) वेण्याऽ अप्सरसः B. 13) विभीषणादयाः A. 15) °हूहुप्रभूतयः B. 17) नरसरीरा A, नररीरा B. अश्चमुखा B. 19) पिशितासाः A, पिशितास्यः B. सत्व° A, सस्व° B. 21) गुज्यका निनिधिपा B. संसि° A, B. °द्रुहि° B.

[सिद्ध]

सिद्धा अष्टगुणैश्वर्याः ।

[भूत]

*भूताः पिशाच*प्रभेदा अधोमुखोर्धमुखादयः ।

[देवयोनि]

एते *देवयोनयो* देवप्रभवा देवांशका एषामुत्पत्तौ देवानामेवादिकारणत्वात् ।। ० ।।

[असुरा दैत्यदैतेयदनुजेन्द्रारिदानवाः ।
शुक्रशिष्या दितिसुताः पूर्वदेवाः सुरद्विषः ।। १२ ।।]

[असुर]

अस्यन्तीत्य*सुराः* । ***असेरुरन्*** (U. I.43) । अविद्यमाना सुरा वा येषामित्य*सुराः* ।

[दैत्य]

दितेरपत्यानि *दैत्याः* । ***दित्यदित्या*** ... (P. IV.1.85) इति ण्यः ।

[दैतेय]

दितिशब्दात् ***कृदिकारादक्तिनः*** (GS 50 to P. IV.1.45) इति ङीष् । तदन्तादपत्ये ***स्त्रीभ्यो ढक्*** (P. IV.1.120) । *दैतेयाः* ।

[दनुज]

दनोर्मातुर्जाता *दनुजाः* ।

[दानव]

दनोरपत्यानि *दानवाः* ।। ० ।।

[सर्वज्ञः सुगतो बुद्धो धर्मराजस्तथागतः ।
समन्तभद्रो भगवान् मारजिल्लोकजिज्जिनः ।। १३ ।।

---

2) °गुणैश्चश्व° B. No *daṇḍa* in A, B. 4) अयमुखादूं° B. °मखादयः A, °गखादयः B. 6) °योनयः । देव° A, B. देवांशकाः A. *Daṇḍa* in A, B before एषा°. °मुपत्तौ B. °धिकारत्वात् A, °धिकारणत्वात् B. 10) अशे° A, आण° B. °रुरन् अविद्य° B. °मिति । असुराः A, B. 12) दिल्यादि° B. 14) °शब्दा A, B. दीप् B. °दयत्ये B. 15) स्तीभ्यो A, स्ताभ्यो B. ङक् B. 19) दानचाः B.

[I.1.13-14]

षडभिज्ञो दशबलोऽद्वयवादी विनायकः ।
मुनीन्द्रः श्रीघनः शास्ता मुनिः]

सर्वज्ञ इति।

[सर्वज्ञ]

सर्वं जानातीति *सर्वज्ञः* । ***इगुपधज्ञाप्रीकिरः*** ... (P. III.1.135) इति कः।

[सुगत]

शोभना परमपदात्मिका गतं गतिरस्येति *सुगतः* । अथवा सुष्ठु गतः *सुगतः* ।

[बुद्ध]

अज्ञाननिद्रायां प्रबुद्धवानिति *बुद्धः* ।

[धर्मराज]

धर्मेण राजते दीप्यत (see Dh. I.874) इति *धर्मराजः* । पचाद्यच् (see P. III.1.134)।

[तथागत]

यथातीता गतास्तथा गतस्*तथागतः* ।

[समन्तभद्र]

समन्ताद् भद्रः *समन्तभद्रः* ।

[भगवत्]

भगमैश्वर्यादिलक्षणम् (see ŚāK 44)। ***तदस्यास्ति*** ... (P. V.2.94) इति *भगवान्* । यदुक्तं

ऐश्वर्यस्य समग्रस्य पुण्यस्य यशसः श्रियः ।
ज्ञानस्याथ प्रयत्नस्य षण्णां भग इति श्रुतिः ॥ (VP VI.5.74)

[मारजित्]

मारं मन्मथं (see AK I.1.25[a]) समाधिभङ्गार्थमिन्द्रेण प्रेषितं जितवान् *मारजित्* ।

---

3) No lemma in A, सर्व्वंज्ञेति B. 7) सुष्टू B. 11) पराद्यत् A, B. 13) यथातीतास्तथा गता गताः। तथागतः A, B. 15) समन्तात् A, B. 15, 17) °भद्रः भग° B. 17) No *daṇḍa* in B before तदस्या°. 18) *Daṇḍa* in A, B before ऐश्व°. 22) °भंगार्थं° A, B. प्रेषि । तं जितवान्। मार° A.

[लोकजित्]

लोकातिशायित्वाल्लोकजित् ।

[जिन]

जितमारत्वाज्जिनः । पृषोदरादित्वाद् वर्णविकारः (see P. VI.3.109) ।

[षडभिज्ञ]

षडभिज्ञा अस्य सन्तीति *षडभिज्ञः* । अर्शआदित्वादच् (see P. V.2.127) । दिव्यचक्षुर्दिव्यश्रोत्रं पूर्वनिवासानुस्मृतिः परचित्तज्ञानमृद्धिराश्रवक्षयश्चेति ।

[दशबल]

दानशीलक्षान्तिवीर्यध्यानप्रज्ञाबलोपायप्रणिधिज्ञानानि दश बलान्यस्येति *दशबलः* ।

[विनायक]

विनेता *विनायकः* ।

[श्रीघन]

श्रिया घनः *श्रीघनः* । ***तृतीया तत्कृतार्थेन*** ... (P. II.1.30) इति समासः ।

[शास्तृ]

शास्तीति *शास्ता* । ***तृन्तृचौ शंसिक्षदादिभ्यः सञ्ज्ञायामनिटौ*** (U. II.94) इति शास्तेस् (see Dh. II.66) तृन्ननिट्त्वं च ।

[शाक्यमुनिस्तु यः ।। १४ ।।
स शाक्यसिंहः सर्वार्थसिद्धः शौद्धोदनिश्च सः ।
गौतमश्चार्कबन्धुश्च मायादेवीसुतश्च सः ।। १५ ।।]

---

2) °त्वात् लोक° A, B. 4) °त्वात् जिनः A, B. पृषोदरादित्वात् A, B. 6) षट्ऽभिज्ञा A, षट् अभिज्ञा B. अस्यास्तीति A, B. षत्रभिज्ञः B. अर्शआदिन्वादच B. 7) °चक्षुः । दिव्य° A, °चक्षुः दिव्य° B. °श्रोत्रं । पूर्व° A, °श्रोत्रंः पूर्व्व° B. °निवानु° A, °मेवानु° B. °स्मृतिः । पर° A. °ज्ञानं । ऋद्धिः । आश्रव° A, °ज्ञानं • ऋद्धिः आश्रव° B. °क्षपश्चेति B. 9) °क्षाति° A, °क्षांति° B. °बलउपाय° A, B. 13) श्रीघनी तृतिया B. 15) शास्ता तृ° B. शंसिकृदादिभ्यः A, B. °मनिटारिति A. *Daṇḍa* in A, B before शास्ते°. 15-16) °स्तृवन्नित्वं B.

[I.1.14-17]

[शाक्यमुनि , शाक्यसिंह]

यस्तु शाक्यमुनिः शकवंशे बुद्धस्यावतारः *स शाक्यसिंहः* । शक(see GP 4 to P. IV.3.92)देशोऽभिजनोऽस्येति ***शण्डिकादिभ्यो ञ्यः*** (P. IV.3.92) । शाक्यः सिंह (see GP 2 to P. II.1.56) इवेति ***उपमितं व्याघ्रादिभिः*** ... (P. II.1.56) इतीवसमासः ।

[सर्वार्थसिद्ध]

सर्वोर्थे सिद्धः *सर्वार्थसिद्धः* । ***सिद्धशुष्कपक्वबन्धैश्च*** (P. II.1.41) इति समासः ।

[शौद्धोदनि]

शुद्धोदनस्यापत्यं *शौद्धोदनिः* । ***अत इञ्*** (P. IV.1.95) ।

[गौतम]

गोतमो नामर्षिः । तस्यापत्यं पौत्रप्रभृति (see P. IV.1.162) *गौतमः* । बिदादित्वादञ् (see P. IV.1.104) ।

[अर्कबन्धु]

अर्कबन्धुः सूर्यवंश्यत्वात् ।

[मायादेवी]

मायादेवी शुद्धोदनस्य पत्नी ।। ० ।।

[ब्रह्मात्मभूः सुरज्येष्ठः परमेष्ठी पितामहः ।
हिरण्यगर्भो लोकेशः स्वयम्भूश्चतुराननः ।। १६ ।।
धाताब्जयोनिर्द्रुहिणो विरिञ्चिः कमलासनः ।
स्रष्टा प्रजापतिर्वेधा विधाता विश्वसृड् विधिः ।। १७ ।।]

ब्रह्मेति ।

---

2) शाक्यः शकवंशे A, B; see App. 1, no. 9. 3) °जनोऽस्येति । शण्डिका° A, B. ञ्यः शाक्य शिंह A, ञः शाक्य सिंह B. 4) इतिवे उप° B. °मितम्व्याघ्रा° A, °मितस्याघ्रा° B. °दिभिरिवसमासः A, B. 6) सिद्धः । सर्वार्थे° A, सिद्धः ।।। सर्व्वर्थे° B. सिद्ध° B. °सुक्वपक्वबन्धै° A, °स्तत्कपक्षबक्षे° B. 8) म्न्रसुद्धोदन° B. °पत्यं । सौद्धोदनिः A, B. इञ B. No *daṇḍa* in B. 10) गौतमो A, B. नाम रिषिः A, नाम ऋषिः B. No *daṇḍa* in B after the first sentence. पुत्रप्रभृतिः A, B. °त्वादञ B. 13) °बंधुः B. °वंस्य° A. 20) No lemma in A. No *daṇḍa* in B.

[परमेष्ठिन्]

परमे तिष्ठतीति *परमेष्ठी* । ***गमेरिनिः*** (U. IV.6), ***प्रे स्थः*** (U. IV.9) इति चानुवर्तमाने ***परमे कित्*** (U. IV.10) इतीनिः कित्त्वं च। ***तत्पुरुषे कृति*** ... (P. VI.3.14) इति सप्तम्या अलुक्। ***स्थास्थिन्स्थृणामिति वक्तव्यम्*** (Bhāṣ. on P. VIII.3.97) इति षत्वम्।

[पितामह]

पितॄणां प्रजापतीनामपि पितेति *पितामहः* । पितृशब्दाड् डामहञ् निपातितः (see Vā. 2 to P. IV.2.36)।

[वेधस्]

विदधातीति *वेधाः* । ***विधतेर्वा*** इति विधेरसुन्।।० ।।

[विष्णुर्नारायणः कृष्णो वैकुण्ठो विष्टरश्रवाः ।
दामोदरो हृषीकेशः केशवो माधवः स्वभूः ।। १८ ।।
दैत्यारिः पुण्डरीकाक्षो गोविन्दो गरुडध्वजः ।
पीताम्बरोऽच्युतः शार्ङ्गी विष्वक्सेनो जनार्दनः ।। १९ ।।
उपेन्द्र इन्द्रावरजश्चक्रपाणिश्चतुर्भुजः ।
पद्मनाभो मधुरिपुर्वासुदेवस्त्रिविक्रमः ।। २० ।।
दैवकीनन्दनः शौरिः श्रीपतिः पुरुषोत्तमः ।
वनमाली बलिध्वंसी कंसारातिरधोक्षजः ।। २१ ।।
विश्वम्भरः कैटभजिद् विधुः श्रीवत्सलाञ्छनः ।]

विष्णुरिति।

[विष्णु]

वेवेष्टीति *विष्णुः* । ***विषेः किच्च*** (U. III.39) इति विषेर्नुप्रत्ययः कित्त्वं च।

---

2) तिष्टतीति परमेष्टी B. °रिणिः A, B. ष्ठ इति A, ष्ट इति B. 1-2) °माने। परमे A, B. 3) °ति इतिः। कित्वञ्च A, B. 4) स्थास्थिरछृणामिति A, B. वक्तुव्य° B. 7) प्रपतीनामपि पितृणां A, B. °शब्दाद्रामह° B. °ज्जिपातितः A, B. 10) *Daṇḍa* in B after विदधातीति. वेधा A, B. No *daṇḍa* in A, B after the first sentence. विधत्ते° A, विधत्त° B; see § 7.14, par. 4. 20) No lemma in A. 22) °प्रत्ययः। कित्वञ्च A, B.

[नारायण]

नरस्या(see GP 16 to P. IV.1.99)पत्यं *नारायणः* । ***नडादिभ्यः फक्*** (P. IV.1.99) ।

[विष्टरश्रवस्]

विष्टरे इव श्रवसी अस्येति *विष्टरश्रवाः* । अथवासनत्वेन गरुड एव विष्टरः स एव श्रुतिरस्य तद्वचनावधानात् ।

[दामोदर]

यशोदया किलासञ्जितमुदरे दामास्येति *दामोदरः* ।

[हृषीकेश]

हृषीकाणामिन्द्रियाणाम् (see AK I.5.8b) ईशो *हृषीकेशः* ।

[माधव]

मा लक्ष्मीः (see AADhM III.12d) । तस्या धवो *माधवः* ।

[पुण्डरीकाक्ष]

पुण्डरीकाक्ष इति ***बहुव्रीहौ सक्थ्यक्ष्णोः स्वाङ्गात्*** ... (P. V.4.113) इति षच् ।

[गोविन्द]

विन्दतीति विन्दः (K. on P. III.1.138) । ***अनुपसर्गाल्लिम्पविन्द*** ... (P. III.1.138) इति शः । गवां विन्दो गोर्वा विन्दो *गोविन्दः* ।

[अच्युत]

अक्षरत्वादच्युतः ।

[विष्वक्सेन]

विषूची *विष्वक् सर्वतः* (see AK III.4.13b) वा सेनास्येति *विष्वक्सेनः* ।

---

2) डक् B. 4) विष्टरे स्रवसी A, B; see App. 1, no. 10. °स्रवाः A, B. अथवा । आसन° A, B. विष्टरः । स A, B. 5) तद्वचनाचधानात् B. 7) यशोदयया A, B. किलासञ्जि । मुदरे A, किलासञ्जिमुदरे B. 9) °शः । हृषी° A, °शः हृषी° B. 11) लक्ष्मीस्तस्या A, लक्ष्मीस्तस्याः B. 13) पुन्दरीकाक्षा B. इति । बहु° A, B. सक्थ्यक्ष्नौः B. स्वाङ्गादित्यच् A, स्वांगादित्यच् B. No *daṇḍa* in B. 16, 18) गोर्वा ि >--< तः । broken off in A. 16) विन्दोः B. 20) विष्टवी B. विस्वक् A, B. विस्व° A, B.

एति सञ्ज्ञायामगात् (GS 180 to P. VIII.3.98) इति षत्वं न भवति विष्वक्छब्दस्य गकारान्तत्वात्। गकारान्तत्वं च णत्वे कर्तव्ये परस्य ***खरि च*** (P. VIII.4.55) इति चर्त्वस्यासिद्धत्वाद् वेदितव्यम्।

[जनार्दन]

प्रलयकाले जनानां संहारकत्वाज्*जनार्दनः*। जनो राक्षसस्तस्यार्दनो *जनार्दन* इति केचित्।

[उपेन्द्र]

उपगत इन्द्रोऽस्येत्यु*पेन्द्रः*। ***प्रादिभ्यो धातुजस्य*** (Vā. 14 to P. II.2.24) इति समासोत्तरपदलोपौ।

[पद्मनाभ]

पद्मं नाभावस्येति *पद्मनाभः*। ***अच् प्रत्यन्ववपूर्वात् सामलोम्नः*** (P. V.4.75) इत्यत्र ***अच्*** इति योगविभागादच्प्रत्ययः।

[मधुरिपु]

मधोरसुरस्य रिपुर्*मधुरिपुः*।

[त्रिविक्रम]

बलिवञ्चनार्थं त्रयो विक्रमा विक्रान्तयोऽस्येति *त्रिविक्रमः*।

[दैवकीनन्दन]

देवकस्यापत्यमित्यत्रेञ् (see P. IV.1.95)। दैवकिः। ततः स्त्रियाम् ***इतो मनुष्यजातेः*** (P. IV.1.65) इति ङीष्। दैवकी। तस्या नन्दनो *दैवकीनन्दनः*।

---

1) भवति। विश्व° A, B. °च्छब्दस्य B. 2-3) गकारान्तत्वात्। गकारान्त >--< ति चर्त्वं° broken off in A. 2) सकारात्रत्वञ्च B. षत्वे B. कर्त्तव्य B. 5) °त्वात्। जना° A, B. °स्तस्यार्दना A. जनार्जे° A. °नः। इति B. 8) उपगत इ >--< धातु° broken off in A. °स्येति उपेन्द्रः B. 11) पद्म A, B. अच प्रत्ययत्वचपू° B. °लोप्न इत्यत्र B. 12) °विभागादर्° A, °विभागादर° B. 12, 14) प्रत्य >--< र्मधु° broken off in A, leaving visible य without its vertical stroke. 18) °स्यापत्यमित्यत्र इञ्।। दैवकिः A, °स्यापत्यत्र इञा दैवकिः B. °तोऽमनुस्य° A, B. 19) °जातेरि >--< न्दतो broken off in A, leaving visible the left vertical stroke of the medial *i* and the frontal part of त. ङीप् B. देवकी तस्या B. °न्दतो A, °न्देतो B. दैविकी° A, देवकी° B.

[I.1.18-22]

[पुरुष]

पुरुषा आत्मानः। (see AK I.4.29[a])

[पुरुषोत्तम]

तेषामुत्तमः परमात्मरूपत्वादिति *पुरुषोत्तमः* । शेषषष्ठ्याः (see P. II.3.50) समासोऽयं न निर्धारणषष्ठ्यादिः। ***न निर्धारणे*** (P. II. 2.10) इति समासः प्रतिषिध्यते।

[वनमालिन्]

*वनमाली*ति व्रीह्यादि(see GP 5 to P. V.2.116)त्वादिनिः (see P. V.2.116)।

[बलिध्वंसिन्]

बलिध्वंसी । ***सुप्यजातौ णिनिस्ताच्छील्ये*** (P. III.2.78) इति णिनिः।

[विश्वम्भर]

विश्वं बिभर्ति धारयती(see Dh. III.5)ति ***सञ्ज्ञायां भृतॄवृजिधारि*** ... (P. III.2.46) इत्यादिना खच्। *विश्वम्भरः* ।

[कैटभजित्]

कैटभासुरं जितवान् *कैटभजित्* । ***सत्सूद्विष*** ... (P. III.2.61) इत्यादिना क्विप्।

[श्रीवत्सलाञ्छन]

वक्षःस्थले महापुरुषलक्षणं रोमावर्तविशेषः श्रीवत्सः। तल्लाञ्छनमस्येति *श्रीवत्सलाञ्छनः* ।।०।।

[वसुदेवोऽस्य जनकः स एवानकदुन्दुभिः ।। २२ ।।]

[आनकदुन्दुभि]

वसुदेवे जात आनकपटहदुन्दुभयश्चास्य भवने देवैर्वादिता इत्*यानकदुन्दुभिः* ।।०।।

2, 4) आत्मानस्तेषा° A, B. 4) परमात्मा° B. शेषषष्टयाः B. °यं: B. 5) न om. in A, B. *Daṇḍa* in A, B before नि°. °षष्ठयादि न A, °षष्टयादि न B. निर्द्धार >--< ति broken off in A. °ति [illegible] ध्यते A, °तिबध्यते B. 7) वनमालीति। व्री° A, B. °ज्यादि° B. 9) °ध्वंसी सु° A, B. °ध्यजातो B. 11) धारय। तीति A. °वृतृधा° B. 12, 14) °त्यादिना >--< :। कैटभा° broken off in A. 14) °सुर A, B. जितवान्। कैटभ° A. सन्मृद्वेषेत्यादिना B. 16) °विशेषः ः श्रीवत्सः B. तल्लछैन° A, तल्लक्षण° B. 16-17, 20) श्रीवत्स >--< सुदेवे broken off in A. 17) °लांछन B. 20) वासुदेवे B; see App. 1, no. 11. जाते A, B. °दुंदु° B. °भयः चास्य A, B. भवते A.

[बलभद्रः प्रलम्बघ्नो बलदेवोऽच्युताग्रजः ।
रेवतीरमणो रामः कामपालो हलायुधः ।। २३ ।।
नीलाम्बरो रौहिणेयस्तालाङ्को मुसली हली ।
सङ्कर्षणः सीरपाणिः कालिन्दीभेदनो बलः ।। २४ ।।]

[प्रलम्बघ्न , बलदेव]

प्रलम्बं नामासुरं हतवानिति *प्रलम्बघ्नः* । ***अमनुष्यकर्तृके च*** (P. III.2.53) इति टग् *बलदेवस्य* देवत्वात्।

[बल]

अर्शआदित्वादच्। (see P. V.2.127)

[रेवतीरमण]

रेवत्या युक्तः काल इति ***नक्षत्रेण युक्तः कालः*** (P. IV.2.3) इत्यण्। तस्य ***लुबविशेषे*** (P. IV.2.4) इति लुप्। ततो रेवत्यां जातेति ***सन्धिवेलाद्यृतुनक्षत्रेभ्योऽण्*** (P. IV. 3.16) इत्यण्। तस्यापि ***लुक्प्रकरणे चित्रारेवतीरोहिणीभ्यः स्त्रियामुपसङ्ख्यानम्*** (Vā. 1 to P. IV.3.34) इति लुक्। ***लुक् तद्धितलुकि*** (P. I.2.49) इति ***स्त्रीप्रत्ययस्य लुकि कृते गौरादि***(see GP 135 to P. IV.1.41)***त्वान् ङीष्*** (K. on Vā. 1 to P. IV.3.34)। रेवती। तस्या रमणो *रेवतीरमणः* ।

[कामपाल]

कामपालो यथाभिलषितप्रवृत्तेः।

[रौहिणेय]

रोहिण्या (see GP 9 to P. IV.1.123) अपत्यं *रौहिणेयः* । ***शुभ्रादिभ्यश्च*** (P. IV.1.123) इति ढक्।

---

6) प्रलम्बो A, B. 6-7, 9, 11) अमनुष्य >--< ष्य अच्। बलदेवस्य देवत्वात्। रेवत्या broken off in A, अमनुष्यकर्तृके चेति टक्।। अमनुष्य अच्।। बलदेवस्य देवत्वात्।। रेवत्या B; see App. 1, no. 12. 11) नक्षत्रेन B. इत्यण् तस्य A, इत्यण् ः तस्य B. 12) नुप् A, नुप B. रैवत्यां जातेत्रि A. सन्धि >--<ण् broken off in A. सक्विवेलादृतु° B. 13) लुप्° A, B. °प्रक्ररणे B. °रैवती° A. 14) लूक् B. 15) कृते। गौरा° A, कृते ः गौरा° B. 15-16) गौरा॑ >--< रैवती° broken off in A. 15) °त्वात् ङीप् B. 16) रेवती तस्या B. रैवती° A. 16,18) °रमणः कामपालः। यथा° A, B. 20) रोहिश्या B. अपत्यं। रौहिणेयः A, अपत्यं ः रौहिणेयः B. 21) टक् B.

[I.1.23-27]

[तालाङ्क]

दीर्घत्वात् तालाकृतिर्मुसल एव तालः। स एवाङ्को यस्य स *तालाङ्कः* ।

[सङ्कर्षण]

सङ्कर्षतीति ***सङ्कर्षणः*** (GP 16 to P. III.1.134 under नन्द्यादि)। ***नन्दिग्रहि*** ... (P. III.1.134) इत्यादिना ल्युः।

अथवा गर्भ*सङ्कर्षणः* । यदुक्तं

देवक्याः पतितो गर्भ इति लोको वदिष्यति ॥
गर्भसङ्कर्षणात् सोऽथ लोके सङ्कर्षणेति वै ।
सञ्ज्ञामवाप्स्यति वीरः श्वेताद्रिशिखरोपमः ॥ (VP V.1.74c-75)

इति।

[कालिन्दी]

कालिन्दी यमुना । (see AK I.10.31a, b)

[कालिन्दीभेदन]

सा तेनाभेदीति *कालिन्दीभेदनः* ।। ० ।।

[मदनो मन्मथो मारः प्रद्युम्नो मीनकेतनः ।
कन्दर्पो दर्पकोऽनङ्गः कामः पञ्चशरः स्मरः ।। २५ ।।
सम्बरारिर्मनसिजः कुसुमेषुरनन्यजः ।
पुष्पधन्वा रतिपतिर्मकरध्वज आत्मभूः ।। २६ ।।
ब्रह्मसूर्विश्वकेतुः स्यात्]

[मदन]

मदयतीति *मदनः* ।

---

2) °कृतिर्मुस >--< तालाङ्कः broken off in A. °कृतिमूशल B. तालः स एवाङ्का यस्य ॰ स ॰ तालाङ्कः B. 4) नन्दी° B. 5-6) ल्युः। >--< वा broken off in A. 6) गर्भसंर्षणः B. *Daṇḍa* in A, B before देवक्याः. 7) Single *daṇḍa* in A. 8) संर्षणेति B. Double *daṇḍa* in A. 9) °मावाप्सति A, B. *Daṇḍa* in A after वीरः. स्वेतादि° A, B. 9-10) °सिखपम इति A, °संखोपम इति B. 10, 12) इति >--< लिन्दी broken off in A. 12) जमु° B. 12, 14) °ना सा A, B. 14) तेनभेदिति A, तेन भेदतीति B.

[मन्मथ]

मनो मथ्नातीति *मन्मथः* । पचाद्यच् (see P. III.1.134) इत्यच्। पृषोदरादित्वाद् वर्णनाशः (see P. VI.3.109) ।

[मार]

स्वर्गमोक्षयोः साधने विघ्नभूतत्वान्*मारः* ।

[प्रद्युम्न]

प्रकृष्टं द्युम्नं बलं यस्येति *प्रद्युम्नः* ।

[मीनकेतन]

मत्स्यजातित्वान्मकर एव मीनः। स केतनमस्येति *मीनकेतनः* ।

[कन्दर्प]

कं दर्पयतीति *कन्दर्पः* ।

[दर्पक]

दर्पयतीति *दर्पकः* ।

[अनङ्ग]

अविद्यमानमङ्गं यस्यान*ङ्गः* ।

[काम]

कम्यतेऽभिलष्यत इति *कामः* ।

[सम्बरारि]

सम्बरासुरस्यारिः *सम्बरारिः* ।

[मनसिज]

मनसिज इति ***तत्पुरुषे कृति बहुलम्*** (P. VI.3.14) इति सप्तम्या अलुक्।

[पुष्पधन्वन्]

पुष्पं धनुरस्येति *पुष्पधन्वा* । ***वा सञ्ज्ञायाम्*** (P. V.4.133) इति सकारस्यानङ्। धन्वञ्शब्देनैव वा बहुव्रीहिः (see P. II.2.24) ।। ० ।।

---

2) °तीति • मन्मथः B. 2-3) °दित्वात्व° A, B. 5) साधने partially broken off in A. °त्वा >--< रः broken off in A. °त्वात् ः मारः B. 7) प्रद्धुनः B. 9) मत्सजातित्वात् मकर A, B. मीनः स A, B. °मस्येति। मीन° A, B. 11) कंन् दर्प° A. 13) दर्पयतीति om. in B. दर्पयकः B. 15) यस्य अनङ्गः A, यस्मानङ्गः B. 17) कस्यते° B. °ऽतिलष्यत A, °ऽतिलक्षत B. 19) °सुरस्यारिः। सम्बरारिः A. 23) धनवस्येति A. संज्ञया° B. 24) धन्वन्शब्देनैव A, धन्वनशब्देनैव B. चहुव्रीहिः B.

[ब्रह्मसू]

ब्रह्मसूः । ***कामो ब्रह्मसूः*** इत्यमरमालायां पाठः ।

[अनिरुद्ध उषापतिः ।]

[ब्रह्मसू , अनिरुद्ध , उषापति]

अन्ये तु

ब्रह्मसूर्विश्वकेतुः स्यादनिरुद्ध उषापतिः इति तन्त्रान्तरे (R. acc. to Su. and Mal.) पाठदर्शनाद् *ब्रह्मस्वादिरेवानिरुद्ध* इत्याहुः ।

[लक्ष्मीः पद्मालया पद्मा कमला श्रीर्हरिप्रिया ।। २७ ।।]

[पद्मा]

पद्मयोगात् *पद्मा* ।

[कमला]

नित्यमेव कमलसाहचर्यात् *कमला* । कमलमस्या अस्तीति वा मत्वर्थीयाकार-प्रत्ययान्तत्वात् ।।

[शङ्खो लक्ष्मीपतेः पाञ्चजन्यः]

[पाञ्चजन्य]

पञ्चजने भवः *पाञ्चजन्यः* । ***बहिर्देवपञ्चजनेभ्यश्चेति वक्तव्यम्*** ([453] as quoted in K. on P. IV.3.58) इति ञ्यः ।।

[चक्रं सुदर्शनः ।]

[कौमोदकी गदा]

[खड्गो नन्दकः]

[कौस्तुभो मणिः ।। २८ ।।]

[गरुत्मान् गरुडस्तार्क्ष्यो वैनतेयः खगेश्वरः ।
नागान्तको विष्णुरथः सुपर्णः पन्नगाशनः ।। २९ ।।]

---

2) ब्रह्मसूः कामो A, B. °त्यमरमरमालायां A, B. 6) अभिरज्ञः । स्या° A, B. °सूर्विश्च° B. °केतु-रुषा° A, B. *Daṇḍa* in A, B after °ति. तत्रान्तरे A, तत्रन्तरे B. 7) °दर्शनात् A, B. *Daṇḍa* in A before ब्रह्म°. 10) पद्मयोरात्पद्मा A, पद्मयानात्पद्मा B. 12) °मस्यास्तीति A, B. 13) °प्रत्ययान्तु° A. No additional *daṇḍa* in B. 16) बहिदेव° A, बर्हिदेव° B. °जनेभ्यर्थेति A, B. 16-17) वक्तमिति ण्यः B.

[गरुत्मत्]

गरुतो(see GP 18 to P. VIII.2.9)ऽस्य सन्तीति *गरुत्मान्* (see P. V.2.94) । ...***अयवादिभ्यः*** (P. VIII.2.9) इति प्रतिषेधाज् ***झयः*** (P. VIII.2.10) इति वत्वं न भवति ।

[तार्क्ष्य]

तृक्षस्यापत्यं गोत्रं *तार्क्ष्यः* । गर्गादि(see GP 45 to P. IV.1.105)त्वाद् यञ् (see P. IV.1.105) ।

[वैनतेय]

विनताया अपत्यं *वैनतेयः* । ***स्त्रीभ्यो ढक्*** (P. IV.1.120) ।

[सुपर्ण]

शोभनं रुचिरं (see AK III.1.50[a, b]) पर्णं पक्षोऽस्येति *सुपर्णः* ।। ० ।।

[शम्भुरीशः पशुपतिः शिवः शूली महेश्वरः ।
ईश्वरः शर्व ईशानः शङ्करश्चन्द्रशेखरः ।। ३० ।।
भूतेशः खण्डपरशुर्गिरीशो गिरिशो मृडः ।
मृत्युञ्जयः कृत्तिवासाः पिनाकी प्रमथाधिपः ।। ३१ ।।
उग्रः कपर्दी श्रीकण्ठः शितिकण्ठः कपालभृत् ।
वामदेवो महादेवो विरूपाक्षस्त्रिलोचनः ।। ३२ ।।
कृशानुरेताः सर्वज्ञो धूर्जटिर्नीललोहितः ।
हरः स्मरहरो भर्गस्त्र्यम्बकस्त्रिपुरान्तकः ।। ३३ ।।
गङ्गाधरोऽन्धकरिपुः क्रतुध्वंसी वृषध्वजः ।
व्योमकेशो भवो भीमः स्थाणू रुद्र उमापतिः ।। ३४ ।।]

[शम्भु]

शं भवति परमानन्दरूपो नित्यं विद्यत इति *शम्भुः* । पूर्ववन् (see *supra*, I.1.8 under

---

2) गरुडो° A, गुरुडो° B. 3) अपवादि° B. प्रतिषेधात् । भ्फ° A, B. °प इति B. चत्वं A, B. 4) भवभि B. 6) सोत्र तार्क्ष्यः B. °दित्वाद्यण् B. 9) स्त्रीभ्योऽदक् A, B. No *daṇḍa* in B. 11) °र्णम्वक्षो° B. No special punctuation mark in B. 23) भवते B. इ सम्भुः A. °वत् A, B.

ऋभु) मितद्र्वादि(see Vā. to P. III.2.180)त्वाड् डुः (see K. on P. III.2.180) ।

[ईश]

ईष्ट इतीशः ।

[पशुपति]

पशवः पुरुषाः क्षेत्रिणः । तेषां यस्त्राता संसारबन्धादिति *पशुपतिः* ।

[शिव]

गुणावस्थारहितः शान्तो निर्विकारः परमानन्दरूपः *शिवः* ।

[ईश्वर]

ईशितुं शीलमस्यास्तीश्वरः । ***स्थेशभासपिस*** ... (P. III.2.175) इत्यादिना वरच् ।

[महेश्वर]

महानीश्वरो *महेश्वरः* । ***सन्महत्*** ... (P. II.1.61) इत्यादिना समासः । ***आन्महतः समानाधिकरण*** ... (P. VI.3.46) इत्यादिनात्त्वम् ।

[शर्व]

संसारे खिन्नानां ... ***प्राणिनां निशि विश्रामार्थं*** (PDhS I.7) तमोगुणापन्नः कालाग्निरुद्ररूपेण महाप्रलये संहारकाले त्रैलोक्यं शृणातीति *शर्वः* । ***कॄगॄशॄदॄभ्यो वः*** (U. I.155) ।

[ईशान]

ईशितुं शीलमस्येशानः । ***ताच्छील्यवयोवचनशक्तिषु चानश्*** (P. III.2.129) ।

[शङ्कर]

शं निःश्रेयसलक्षणमानन्दं करोतीति *शङ्करः* । ***शमि धातोः सञ्ज्ञायाम्*** (P. III.2.14) इत्यच् ।

---

1) मित्रद्र्वादित्वातं ङ् A, मितद्र्वादित्वाद ङ् B. 3) इष्ट A, B. इति । इशः A, इति ईशः B. 5) पशवः । पुरूषाः A. क्षेत्रिणः तेषां B. °बन्धादिति पतिः A. 7) पमानन्द° A. 9) इसितुं A, इशितुं B. स्वीलुसमा ध्यति ।। इश्वरः A, स्वीलुसमा ध्यति ।। ईश्वरः B. स्थे >--< पपिसित्यादि° broken off in A. स्थेसदापपिसित्यांदि° B. °त्यादि >--< चन् broken off in A. °ना वचन् B. 11) महानीस्वरो A. महेश्चरः B. आत्माहतः B. 12) °दिनात्वम् A, B. 14) संमारे B. प्राणिना A. विश्रान >--< तमोगुणापन्नः broken off in A. विश्राना° B. कालागिरूद्र° B. 15) त्रैलोक्य शृणातीति A, त्रैलोक्यमश्नातीति B. स्वर्वः A, सर्व्वः B. °दॄस्ये चः B. 17) इशितुं A, B. °मस्य । इशानः A, °मस्य ईशानः B. °वचनसक्तियु A, °वचशक्तियु B. वानश् A, B. No *daṇḍa* in B. 19) निःश्रयस° B. °मानन्द A, B. 20) °त्यच B.

[गिरीश]

गिरामीशो गिरौ वा कैलास ईश इति *गिरीशः* ।

[गिरिश]

गिरौ शेते गिरिशः (Bhāṣ. on Vā. 4 to P. III.2.15) । ***गिरौ डश्छन्दसि*** (Vā. 4 to P. III.2.15) इति डः। कथम्भावोऽयं शः ***अथोपनिन्ये गिरिशाय गौरी*** (KS III. 65[a]) इति। तद्धितो भविष्यति लोमादि(see GP 5 to P. V.2.100)त्वोपगमात् । गिरयोऽस्य सन्ति निवासा *गिरिशः* । ***तद्धितो वा पुनरेष भविष्यति*** (Bhāṣ. on Vā. 5 to P. III.2.15) इति। अथवा छान्दसोऽपि कविभिः प्रमादाद् भाषायां प्रयुक्तः।

[मृड]

सत्त्वगुणापन्नान् मृडति सुखयती(see Dh. VI.38)ति *मृडः* । पूर्ववत् कः (see *supra*, I.1.7 under विबुध and सुर, and I.1.13 under सर्वज्ञ)।

[मृत्युञ्जय]

मृत्युञ्जयः । पूर्ववत् खच् (see *supra*, I.1.22 under विश्वम्भर)।

[कृत्तिवासस्]

कृत्तिर्व्याघ्राजिनम्। तद् वासो यस्य स *कृत्तिवासाः* ।

[पिनाकिन्]

पिनाकी स्वधनुर्योगात्।

[उग्र]

क्रोधकाले रौद्ररसस्थित उद्धतः सर्वेषामुपरि वर्तत इत्यु*ग्रः* ।

[शितिकण्ठ]

विषपानेन शितिः कालः (see AK III.3.80[d]) कण्ठोऽस्येति *शितिकण्ठः* ।

---

2) गिरामीषो A, गिरामीणो B. ‚ in B before गिरौ. कैलाशे A, B. इश A. 4-5) डस्छन्दशीति A, B. 5) कथंभावोया सथोपनिन्ये A, कथंभावो सोथोपनिन्ये B. 6) तद्धतो A, तद्वतो B. भविष्यति। लोमादिं° A, B. 7) गिरियो° A, B. निवासाः A, B. पुनचेव A, पुनरेव B. 8) कनिनिः प्र° A, B. °षायांम्प्रयुक्तः A. 10) सत्व° A, B. °ग्न्रणापन्नात् B. मृड्डि A, B. मृत्रः B. 13) °यः पू° A, B. °वत A. 15) No *daṇḍa* in A, B after the first sentence. 17) पिनाकी। स्व° A, B. °धनुर्योयात् A, °धनुर्यायात् B. 19) °स्थितत B. द्धतस्सर्वेषा° A, द्वतस्सर्व्वेषा° B; see App. 1, no. 13. इति। उग्रः A, इति उग्रः B. 21) काल हाटस्येति A, B; see App. 1, no. 14.

[वामदेव]

लोकाचारविपरीतचरितत्वाद् वामश्चासौ देवश्चेति *वामदेवः* ।

[महादेव]

सर्वदेवेभ्यो महत्त्वान्*महादेवः* ।

[विरूपाक्ष]

चन्द्रसूर्यवह्निरूपाण्यक्षीण्यस्येति *विरूपाक्षः* । पूर्ववत् षच् (see *supra*, I.1.19 under पुण्डरीकाक्ष) ।

[धूर्जटि]

धूर्भारः । तद्भूता जटास्येति *धूर्जटिः* । पृषोदरादित्वाद् वर्णविकारः (see P. VI.3.109) ।

[हर]

हरति संहरति त्रैलोक्यमिति *हरः* । पचाद्यच् (see P. III.1.134) ।

[त्रिपुरान्तक]

त्रिपुरो नामासुरः । तस्यान्तकस्*त्रिपुरान्तकः* ।

[अन्धकरिपु]

अन्धकासुरस्य रिपुरन्*धकरिपुः* ।

[क्रतुध्वंसिन्]

दक्षक्रतुध्वंसनात् *क्रतुध्वंसी* ।

[व्योमकेश]

महाप्रलये पातालादुत्थाय कालाग्निरुद्रः शतयोजनकोटिपर्यन्तं प्रवृद्धया शिखया सातिशयं ज्वलन्त्या त्रैलोक्यं दहतीति स्वर्गादभिपतन्तीं गङ्गां धारयितुं नभस्तलव्यापी जटाकलापो भूत इति वा *व्योमकेशः* । अनुक्तौ गम्यमानत्वात् क्रियाया अप्रयोगः ।

---

4) °देवोभ्यो A, °देवेभ्या B. महत्वा° A, B. °त। महा° A. 6) °सूर्या° A. °रूपाणि। अर्क्षा° A, °रूपाणि अक्षा° B. °वत्यच् B. 9) धूर्भारस्त° A, B. °द्वता B. जटा अस्येति A. धूर्जटिः पृषो° A, B. 13) °सुरस्तस्यान्तकस्त्रि° A, °सुरः तस्यान्तकः त्रि° B. 15) अन्धकारसुरस्य A, अन्धकाऽसुरस्य B. रिपुः। अन्धक° A, रिपुः अन्धक° B. 17) °क्रंतु° B. °ध्वंसनात्। क्रतु° A. 19) सत° A. 20) सातिसयं A, B. त्रिलोक्यं A, B. स्वर्गादति° A. °पतन्ती गंगा A, B. °व्यायी B. 21) °केशः न्तौ गम्य° A, °केशः ` क्षो गम्य° B. I cannot decipher a sign in A which looks like [illegible] and precedes न्तौ.

[भव]

भवत्यस्माद् रजोगुणापन्नाद् विश्वमिति *भवः* । ***ऋदोरप्*** (P. III.3.57) इत्यप्।

[भीम]

बिभेत्यस्मान्महाभैरवरूपात् त्रैलोक्यमिति *भीमः* ।

[स्थाणु]

सर्वदा तेनैव रूपेणाकाशवत् तिष्ठति न चलतीति *स्थाणुः* । ***स्थो णुः*** (U.III.37) इति णुप्रत्ययः। ***रो रि*** (P. VIII.3.14) इति रलोपः। ***ढ्रलोपे पूर्वस्य दीर्घोऽणः*** (P. VI.3.111) इति दीर्घः।

[रुद्र]

रुरोदेति किल *रुद्रः* । रोदयतीति वा *रुद्रः* (see N. X.1.5)। ***रोदेर्णिलुक् च*** (U. II.22) इति रक्प्रत्ययो णिलुक् च।। ० ।।

[कपर्दोऽस्य जटाजूटः]

[पिनाकोऽजगवं धनुः ।]

[अजगव]

*अजगव*मिति मत्वर्थे ***गाण्डयजगात् सञ्ज्ञायाम्*** (P. V.2.110) इति वप्रत्ययः ।

[प्रमथाः स्युः पारिषदाः]

[प्रमथ]

प्रमथ्नन्तीति *प्रमथा* गणाः। पचाद्यच् (see P. III.1.134)।

[पारिषद]

भक्ताण्णः (P. IV.4.100) इत्यतो णप्रकृते ***परिषदो ण्यः*** (P. IV.4.101) इति ***परिषदः*** इति योगविभागाण्णप्रत्ययः।

---

2) भवत्यस्माद्राजो° B. °श्वनिति A, °श्वमिभि B. भवः ऋ° A, B. °दोरयित्यव् B. 4) °रूपात्तैलोक्य° B. 6) चलती A. 6-7) चलतीति स्थाणुरेति श्चप्रत्ययः B. 7) नो लीति रलोपः ः B. ढ्रलोपो A, रलोपो B. दीर्घा° B. 10) रोदतीति B. रोद्रे° A, B. 11) रक्प्रत्या° B. °यः। णि° A, B. च om. in B. Single *daṇḍa* in A, no special punctuation mark in B. 15) गाण्यजगात्सज्ञा° B. 18) प्रमथाः। ग° A, B. °णाः पचाद्यच् B. 20) भक्षाण्ड B. 20-21) परिषदो ण्य इति योग° B. 21) °प्रत्यः B.

परिषदि भवाः (see P. IV.3.53) परिषदि साधवो (see P. IV.4.98) वा *पारिषदाः* । ते चण्डेश्वरमहाकालनन्दिभृङ्गिरीटिप्रभृतयः ।।

[ब्राह्मीत्याद्यास्तु मातरः ।। ३५ ।।]

[ब्राह्मीत्याद्य , मातृ]

ब्राह्मीत्याद्यास्तु रुरुमारणे हरस्वेदविनिर्गतत्वात् तदंशका ब्रह्मादिदेवतानां शक्तिदेवताः सप्त *मातरः* । ताः पुनर्ब्रह्माणी वैष्णव्यैन्द्री कौबेरी वाराही रौद्री कौमारी च ।।

[विभूतिर्भूतिरैश्वर्यमणिमादिकमष्टधा ।]

[अणिमादिक , ऐश्वर्य , विभूति]

लघिमा, गरिमा, महिमा, अणुत्वम् ।
वशित्वं प्राप्तिः प्राकाम्यं यत्रकामावसायिता ।

इत्यष्टप्रकार*मणिमादिक*मीश्वरगुण *ऐश्वर्यं विभूति*रिव च ।

[उमा कात्यायनी गौरी काली हैमवतीश्वरा ।। ३६ ।।
शिवा भवानी रुद्राणी शर्वाणी सर्वमङ्गला ।
अपर्णा पार्वती दुर्गा मृडानी चण्डिकाम्बिका ।। ३७ ।।]

[उमा]

उमेति मात्रा तपसे निषिद्धा (KS I.26^{c}) इत्युमा ।

[कात्यायनी]

कतस्या(see GP 52 to P. IV.1.105)पत्यं गोत्रमिति ***गर्गादिभ्यो यञ्*** (P. IV.1.105) । तदन्तात् स्त्रियां ***सर्वत्र लोहितादिकतन्तेभ्यः*** (P. IV.1.18) इति ष्फः । षित्वान् ङीष् (see P. IV.1. 41) । *कात्यायनी* ।

---

2) No additional *daṇḍa* in B. 5-6) शक्तिदेवताः । सप्त A, B. 6) मातरः ताः B. पुनः । ब्रह्माणी । वैष्णवी । ऐन्द्री । कौबेरी । वाराही । रौद्री । कौ° A, पुनः ब्रह्माणी ، वैष्णवी ، ऐन्द्री कौबेरी ، वाराहि ، रौद्री ، कौ° B. °मारी च् A, B. No additional *daṇḍa* in B. 9) लघिंमा ، गरिमा ، महिम B. 9-10) मणुत्व वशित्व प्राप्ति प्राकाम्य । यत्र° A, B. 10) °वसापिता B. 11) °गुण रैश्वर्यं A; on रै see § 1, fn. 970. °रेव च् A. 16) तसे B. °ति । उमा A, °ति उमा B. 18) गात्र° B. *Daṇḍa* in A, B after °मिति . गंर्ग्गादिभ्यो B. द्यञ् A, घञ B. 19) Single *daṇḍa* in B before तदन्तान् . °कतत्ते° B. 20) षित्वात्ङीष् B.

[गौरी]

गौराङ्गीत्वाद् *गौरी* । गौरादेर्ङीष् (see P. IV.1.41) ।

[काली]

कालीति **जानपद** ... (P. IV.1.42) इत्यादिना ङीष् ।

[हैमवती]

हिमवानभिजनोऽस्या इति ***सोऽस्याभिजनो गिरिभ्यः*** ... (CV III.3.58) इत्यण् । हिमवतोऽपत्यमिति वापत्येऽण् (see P. IV.1.92) । *हैमवती* ।

[शिवा]

शक्तिशक्तिमतोरभेदाच्छिवसापेक्षा शिवशक्तिरेव *शिवा* ।

[भवानी[१]-४]

भवान्यादिषु चतुर्षु **इन्द्रवरुण** ... (P. IV.1.49) इत्यादिना ङीषानुकौ ।

[सर्वमङ्गला]

सर्वमङ्गलमयीत्वात् सर्वमङ्गलहेतुत्वाद् वा *सर्वमङ्गला* ।

[अपर्णा]

तपःस्थया तया वृत्तिनिरपेक्षया स्वयंविशीर्णं द्रुमपर्णमपि परिहृतमित्य*पर्णा* । (see KS V.28)

[दुर्गा]

दुःखेन गम्यते लङ्घ्यतेऽस्यामिति *दुर्गा* । ***सुदुरोरधिकरणे*** (Vā. 3 to P. III.2.48) इति गमेर्डः ।

[चण्डी]

अतिकोपनत्वाच्च*चण्डी* (GP 20 to P. IV.1.45) । ***बह्वादिभ्यश्च*** (P. IV.1.45) इति ङीष् ।

---

2) गौराङ्गीत्वात् A, B. *Daṇḍa* in A before गौरी, ः in B after गौरी. गौरादेङीष् A, B. 6) इति। स्योस्या° A, इति स्योस्यो° B. On this misapplication of a Cāndra *sūtra*, see § 6.9.1. 9) °रभेदाध्यवसापेक्ष शिव° A, B. 11) भावान्यादिषु A, B. 13) °मंगलहेतु° B. °मंगला A, B. No *daṇḍa* in A. 15) स्वय° A. °विशीर्ण्ण B. 18) लंघ्यते° A, B. No *daṇḍa* in A, B before सुदुरो°. 21) °कोपना° A. बह्वदिभ्य° B.

[अम्बिका]

जगन्माता सा भगवतीत्य*म्बिका* ।।

[विनायको विघ्नराजद्वैमातुरगणाधिपाः ।
अप्येकदन्तहेरम्बलम्बोदरगजाननाः ।। ३८ ।।]

[विघ्नराज]

तदायत्तो विघ्नः। तस्माद् विघ्नस्य राजेति *विघ्नराजः* । ***राजाहःसखिभ्यष्टच्*** (P. V.4. 91)।

[द्वैमातुर]

दुर्गया चामुण्डया च परिपालित इति *द्वैमातुरः* । अपत्ये ***मातुरुत् सङ्ख्यासम्भद्रपूर्वायाः*** (P. IV.1.115) इत्यणुत्त्वं च।

[एकदन्त]

कार्त्तिकेयेनोत्पाटितदशनत्वा*देकदन्तः* ।।

[कार्त्तिकेयो महासेनः शरजन्मा षडाननः ।
पार्वतीनन्दनः स्कन्दः सेनानीरग्निभूर्गुहः ।। ३९ ।।
बाहुलेयस्तारकजिद् विशाखः शिखिवाहनः ।
षाण्मातुरः शक्तिधरः कुमारः क्रौञ्चदारणः ।। ४० ।।]

[स्कन्द]

स्कन्दत्यास्कन्दति परसैन्यमिति *स्कन्दः* ।

[अग्निभू , कार्त्तिकेय , शरजन्मन्]

पुरा किल तारकोपप्लुतानां देवानां सेनापरिरक्षणार्थं भगवता महेश्वरेण स्वकीयं दहनरूपं तेजो हुताशनंमुखे सम्भृतम्। तेनापि तत् कृत्तिकासु सञ्चारितम्। ताश्च दैवागत-गर्भसम्पन्नाः शरवणं प्रविश्य प्रसूताः।

---

2) भगतीत्यत्यम्बिका B. No additional *daṇḍa* in B. 6) विघ्नस्तस्मा° A, B. 9) इति। द्वै° A. मातुरु A, B. 10) इत्यण उत्वञ्च A, B. 12) °दशनत्वान्। एक° A, °दशनत्वान् एक° B. No additional *daṇḍa* in B. 18) स्कन्दत्यस्कन्दति B. 20) तारकोपप्लुतानां सेना° B. °परिरक्षनार्थं A. 20-21) दहनयं तेजो B. 21) हुतासन° A. संचारितन्ताश्च A, मंचातितत्ताश्च B. देवा° B. 21-22) °गतर्गर्भ° A, B. 22) शरवण A, शरवन B. प्रसुताः B. No *daṇḍa* in B.

[गुह]

गूहत्यात्मसैन्यमिति *गुहः* । पूर्ववत् कः (see *supra*, I.1.7 under विबुध and सुर, and I.1.13 under सर्वज्ञ) ।

[षडानन , षाण्मातुर]

षडाननः षाण्मातुर इत्युच्यते ।

[विशाख]

विशाखया ... ***युक्तः कालः*** (P. IV.2.3) इत्यण् । तस्य ***लुबविशेषे*** (P. IV.2.4) इति लुप् । ***लुपि युक्तवद् व्यक्तिवचने*** (P. I.2.51) इति प्रकृतिवल्लिङ्गसङ्ख्ये । ततो विशाखायां जातार्थे ***सन्धिवेलाद्यृतुनक्षत्रेभ्योऽण्*** (P. IV.3.16) इत्यण् । तस्य च ***श्रविष्ठाफल्गुन्यनुराधास्वातितिष्यपुनर्वसुहस्तविशाखाषाढाबहुलाल्लुक्*** (P. IV.3.34) इति लुक् । स्त्रीप्रत्ययस्यापि ***लुक् तद्धितलुकि*** (P. I.2.49) इति लुक् ।

[शिखिवाहन]

शिखिवाहनो मयूर(see AK II.5.30[a, c])वाहनः ।

[कुमार]

कामरागमदेर्ष्यादिदोषकलुषं यौवनमनभिमन्यमानो विमलविज्ञानसम्पन्नो

[इन्द्रो मरुत्वान् मघवा विडौजाः पाकशासनः ।
वृद्धश्रवाः शुनासीरः पुरुहूतः पुरन्दरः ।। ४१ ।।
जिष्णुर्लेखर्षभः शक्रः शतमन्युर्दिवस्पतिः ।
सूत्रामा गोत्रभिद् वज्री वासवो वृत्रहा वृषा ।। ४२ ।।
वास्तोष्पतिः सुरपतिर्बलारातिः शचीपतिः ।
जम्भभेदी हरिहयः स्वाराण्नमुचिसूदनः ।। ४३ ।।

L. 2 starts with आत्मसैन्यमिति in A, B. 2) पूर्ववक्षः A, B. 5) षडाननः। षान्मातुर A, B. 7) विशाक्षया A, B. कात्व इत्यण् A, B. 8) लुप B. लुयि युक्तवव्यक्ति° B. °संखे B. No *daṇḍa* in A before ततो, ः in B before ततो. 9) विशाषायां B. °वेलाद्यतु° A, B. 9-10) व श्रविष्टा° B. 10) °फल्गुत्यनु° B. °तिस्य° A, °तिष्ठच° B. °पून° B. °हसुविशाषा° B. °षाढ° A, B. 11) लुक् स्त्री° A, B. 11,13) लुक् शिखिवाहनो मयुर° A. 15) कामरागमदेर्ष्यादिदोषकलुषं प लुक् तद्धितलुकीति लुक्।। शिखिवाहनो मयूरवाहनः।। कामरागमदेर्ष्यादिदोषकलुषं यौवन° B.

[I.1.41-44]

सङ्क्रन्दनो दुश्च्यवनस्तुराषाण्मेघवाहनः ।
आखण्डलः सहस्राक्ष ऋभुक्षाः]

[शुनासीर]

यथाक्रमं शकारसकारौ।

[सूत्रामन्]

सुष्ठु त्रायत इति *सूत्रामा* । ***आतो मनिन्क्वनिब्वनिपश्च*** (P. III.2.74) इति मनिन्। ***अन्येषामपि दृश्यते*** (P. VI.3.137) इति पूर्वपदस्य दीर्घः।

[गोत्र]

गोत्राः पर्वताः। (see AK II.3.1[b, c])

[गोत्रभिद्]

तेषां पक्षा अनेन छेदिता इति *गोत्रभित्* ।

[वासव]

यथासम्भवं वसुशब्दादपत्येऽण् (see P. IV.1.92)। *वासवः* ।

[वृत्रहन्]

वृत्रं हतवान् *वृत्रहा* ।

[वृषन्]

वर्षतीति *वृषा* । ***कनिन् युवृषि***... (U. I.156) इत्यादिना कनिन्।

[बल , वृत्र , जम्भ , नमुचि]

बलवृत्रजम्भनमुचयोऽसुरविशेषाः।

[हरिहय]

हरयः कपिला (see AK III.3.172[d]) हया अस्येति *हरिहयः* ।

[स्वाराज्]

स्वाराणिति पूर्वद्रलोपदीर्घत्वे (see P. VI.3.111) नकारपरत्वाड् डस्य ***यरोऽनुनासिके ... वा*** (P. VIII.4.45) इति पक्षे णकारः।

---

4) सकारथकारौ A, सकारषकारौ B; see App. 1, no. 15. 6) स्रष्टू B. सूत्रामान् B. मनिन्क्वनिप्वनिप° A. 7) अन्येषामयि B. 9,11) °ताः तेषां B. 11) इ गोत्रभित् A, इति ‧ गोत्रभित् B. 13) वाशवः A, B. 15) हतवान्। वृत्रहा A. 17) वर्थतीति A, वेर्षतीति B. कनिन A, कनिने B. षुवृ° A, B. क्वनिन् B. 19) °नमुचेयो° B. 21) कपिला हयाऽस्येति A, कपिलाऽस्येति B. 23) स्वाराडिति A, स्वारानिति B. °दीर्घत्व B. 23-24) °परत्वात् त्य परोऽनुनासिके B.

[सङ्क्रन्दन]

सम्यक् क्रन्दत्याह्वयते (see Dh. I.71) परबलमिति ***सङ्क्रन्दनः*** (GP 15 to P. III.1.134 under नन्द्यादि)। नन्द्यादित्वाल्ल्युः (see P. III.1.134)।

[दुश्च्यवन]

स्वपदात् सङ्ग्रामसमूर्ध्नो वा दुःखेन च्यवत इति *दुश्च्यवनः* ।

[तुराषाह्]

तुरं वेगवन्तं सहते *तुराषाट्* । ***छन्दसि सहः*** (P. III.2.63) इति ण्विः।

[मेघवाहन]

मेघानां राजा सर्वेषामुपरि स्थितो महामेघो यमः। ऐरावत इत्यागमः (see NŚ XXXIV.288c)। तद्वाहनो *मेघवाहनः* ।

[आखण्डल]

आखण्डते परबलमित्या*खण्डलः* । वृषादि(see P. VI.1.203)त्वात् कलच् (see U. I.108) ।

[सहस्राक्ष]

सहस्रमक्षीण्यस्येति *सहस्राक्षः* । ***इन्द्रस्य मन्त्रिपरिषदृषीणां सहस्रम् । तच्चक्षुरिन्द्रः । तेन द्व्यक्षमिन्द्रं सहस्राक्षमित्याहुः ।*** (AŚ I.15.55-57)

[वृद्धश्रवस्]

वृद्धश्रवसं च इत्यपि क्वचिदुक्तम्।

[ऋभुक्षिन्]

ऋभुक्षा इति। ऋभुक्षोऽस्यास्तीति *ऋभुक्षिन्* । तस्य प्रथमैकवचने ***पथिमथ्यृभुक्षामात्*** (P. VII.1.85) इत्यात्त्वम्। ***इतोऽत् सर्वनामस्थाने*** (P. VII.1.86) इत्यात्त्वं (see CV V.4. 39) च।।

---

2) क्रन्द्रत्याह्वयते B. °बलमि A. 3) नद्यादि° A, B. 3, 5) °त्वाल्ल्यः स्व° B. 5) °मूर्द्धा B. 7) वेगन्तंव B. सहते। तुरा° A. °षाट् छंदसि B. 9) सर्व्वेषामुपारि B. पमः B. 12) °मित्याखण्डलं B. No *daṇḍa* in A, B before वृषादि°. °त्वान्भलच् B. 18) °श्रवसञ्चत्यपि A, °प्रवसञ्चत्यापि B. क्वविदु° B. 20) ऋभुक्षा इति। om. in B. °स्यास्तीति ऋभुक्षित् A, °स्यास्तीति ऋभुक्षत् B. 21) °त्यात्वं A, B. इतोऽस्स° B. °ताम° A, B. 22) इत्यात्वञ्च A, B. On this misapplication of a Pāṇinian *sūtra*, see § 6.9.2. No additional *daṇḍa* in B.

[I.1.44-46]

[तस्य तु प्रिया ।। ४४ ।।

पुलोमजा शचीन्द्राणी]

[पुलोमजा]

पुलोमाज्जाता *पुलोमजा* ।

[इन्द्राणी]

इन्द्रस्य भार्येन्द्र*ाणी* । पूर्ववन् ङीषानुकौ (see *supra*, I.1.37 under भवानी[1]-४)।

[नगरी त्वमरावती ।]

[अमरावती]

अमरा अस्यां सन्तीत्य*मरावती* । ***मतौ बह्वचोऽनजिरादीनाम्*** (P. VI.3.119) इति दीर्घत्वम्।

[हय उच्चैःश्रवाः]

[उच्चैःश्रवस्]

उच्चैः शृणोतीत्युच्चैः श्रवोऽस्येति वो*च्चैःश्रवाः* ।

[सूतो मातलिः]

[नन्दनं वनम् ।। ४५ ।।]

[नन्दन]

नन्दयतीति *नन्दनम्* । ***नन्द्यादिभ्यो ल्युः*** (K. on P. III.1.134) ।

[स्यात् प्रासादो वैजयन्तः]

---

6) भार्या इन्द्राणी A, भार्य्या इन्द्रानी B. पूर्वत् A, पूर्व्वंवत् B. 10) अमराऽस्यां A, B. सन्तीति। अमरावती A, सम्तीति अरावती B. मतो B. चबह्वरो° A, चबहुवो° B. 14) शृणोतीति। उच्चैः A, B. श्ववोस्येति A. वा। उच्चैः° A, वा उच्चैः° B. 18) नन्दादिभ्यो B.

[वैजयन्त]

प्रशस्ता वैजयन्त्यस्मिन्नस्तीति *वैजयन्तः* । अर्शआदित्वादच् (see P. V.2.127) ।

[जयन्तः पाकशासनिः ।]

[जयन्त]

जयतीति *जयन्तः* । ***तॄभूवसिवहिभासिसाधिगडिमण्डिजिनन्दिभ्यश्च*** (U. III.128) इति झच् ।

[पाकशासनि]

पाकशासनस्यापत्यं *पाकशासनिः* । ***अत इञ्*** (P. IV.1.95) ।

[ऐरावतोऽभ्रमातङ्गैरावणाभ्रमुवल्लभाः ।। ४६ ।।]

[ऐरावत]

इरावान् समुद्रः । तत्र जात *ऐरावतः* (see P. IV.3.25) ।

[अभ्रमातङ्ग]

अभ्रस्वभावो मातङ्गोऽ*भ्रमातङ्गः* ।

[अभ्रमुवल्लभ]

अभ्रमुर्नाम हस्तिनी । तस्या वल्लभोऽ*भ्रमुवल्लभः* ।

[ह्रादिनी वज्रमस्त्री स्यात् कुलिशं भिदुरं पविः ।
शतकोटिः स्वरुः शम्बो दम्भोलिरशनिर्द्वयोः ।। ४७ ।।]

[ह्रादिनी]

ह्रादयोगाद् *ह्रादिनी* ।

---

2) वैजयन्ती अस्मि° A, B. °न्नस्त्रीति A, °न् अस्तीति B. अर्शादित्वादच् A, अशादित्वादच् B. 5) जयन्तीति A, B. तृभूर्वसवहिभोसिसापिगतिमण्डि° B. °जिनंदिभ्य° A, °जिनादिभ्य° B. 6) सच् A, B. 8) पाकशाशनस्या° A, पाकशाशसनस्या° B. °शाणनिः A, °शाशनिः B. इञ्च B. 11) समुद्रः तत्र B. जातः। ऐरावतः A, जातः ऐरावतः B. 13) मातङ्गः। अब्भ्र° A, मातंगः अब्भ्र° B. 15) अब्भ्रमुनाम A, अचमुनाम B. हस्तिनी तस्या A, B. वल्लभः। अब्भ्रभु° A, वल्लभः अभ्रमु° B. 19) ह्रादयोगात् A, B.

[I.1.47-48]

[वज्र]

वजत्येव न प्रतिहन्यतेऽस्य गमनं केनापीति *वज्रम्* ।

[वज्र , कुलिश]

*अस्त्री स्या*दित्युभयतोऽपि व्याप्रियते।

[भिदुर]

काकाक्षिवद् भेदनशीलं *भिदुरम्* ।

[पवि]

पविः पुमाञ्*शतकोटि*साहचर्यात्। *शतकोटि*रपि *स्वरु*साहचर्यात्। *स्वरु*रपि *शम्ब*-साहचर्यात्। एवमुत्तरत्रापि परम्परया क्वचित् क्वचिल्लिङ्गविशेषोऽवधार्यः।

[शतकोटि]

शतं कोटयोऽस्रयो(see AK II.8.93[b])ऽस्येति *शतकोटिः* ।

[स्वरु]

स्वरत्युपतापयती(see Dh. I.979)ति *स्वरुः* ।

[शम्ब]

शमस्यास्त्यभेद्यत्वादिति *शम्बः* ।

[अशनि]

अश्यते भुज्यते (see Dh. IX.51) त्रैलोक्यमनेनायुधेनेत्य*शनिः* ।

[दम्भोलि]

*शम्ब*साहचर्याद् *दम्भोलि*रपि पुमान्।।

[व्योमयानं विमानोऽस्त्री]

[व्योमयान , विमान]

देवानां *व्योमयानं विमानः* ।।

---

2) व्रजत्येव A, B. गमनह्नेनापीति B. 6) °वत् A, B. 8) पुमान्। शत° A, B. °त् ، शत° B. °त् ، स्वरु° B. 9) °त् ، एव° B. परं।। परया B. °चित्। लिङ्ग° A, B. 11) कोटयाऽस्रयोम्येति A. 15) समस्यास्त्यभेद° A, B. सम्बः A, B. 17) भज्यते B. °युधेनेति। अशनिः A, °युधेनेति ، अशनिः B. 19) °साहचर्यात A, °साहचर्य्यात् B. दम्भारिरयि B. No additional *daṇḍa* in B. 22) व्येम° B. °यानम्विमानः A, B. No additional *daṇḍa* in B.

[नारदाद्याः सुरर्षयः ।]

[नारदाद्य]

नारदाद्या इत्याद्यशब्देन तुम्बुरुभरतकोहलविश्वावस्वादीनां ग्रहणम् ।।

[स्यात् सुधर्मा देवसभा]

[सुधर्मन् / सुधर्मा]

शोभनो धर्मो यस्यां सा *सुधर्मा* । ***धर्मादनिच् केवलात्*** (P. V.4.124) इत्यनिच् । ***डाबुभाभ्यामन्यतरस्याम्*** (P. IV.1.13) इति पक्षे डाप्। यदि त्वाकारान्त एव सुधर्माशब्दो गृह्यते तदा समासान्तविधेरनित्यत्वात् (see PBh. 84) तस्मिन्नसति नित्यं टाबेव भवति (see P. IV.1.4) ।।

[पीयूषममृतं सुधा ।। ४८ ।।]

[अमृत]

न मृतं मरणमनेन पानेनेत्य*मृतम्* ।

[सुधा]

सुखेन धीयते पीयत (see Dh. I.951) इति *सुधा* । ***आतश्चोपसर्गे*** (P. III.3.106) इत्यङ् ।

[मन्दाकिनी वियद्गङ्गा स्वर्णदी सुरदीर्घिका ।]

[मन्दाकिनी]

आकाशवाहिनी *गङ्गा मन्दाकिनी* ।

गङ्गा विष्णुपदी (AK I.10.30a) इत्यादि तु सामान्येनाभिधानम् ।

---

3) °कोलाहल° A, °क्तोलोहल° B. °विश्वावश्वादीनां A, B. ग्रह° B. No additional *daṇḍa* in B. 6) °दनिच A, B. 7) ताबुभाभ्या° A, ताचुभाभ्या° B. दाप् B. त्वाकारातु एव B. 8) गृज्य° B. °ते। तदा A, B. 9) No additional *daṇḍa* in B. 12) मृतस्मरण° B. पानेनत्य° A. No *daṇḍa* in A. 14) धीयत B. आपश्चोप° A, B. 15) इत्याङ् B. 18) गग्गा B. *Daṇḍa* in A, B before मन्दाकिनी. 19) गंगा विष्ण° B. सोमान्येना° B.

[स्वर्णदी]

*स्वर्णदी*ति ***वाप्रकरणेऽन्यत्रापदादीनामुपसङ्ख्यानम्*** (Vā. to P. VIII.4.10) इति विभाषितणत्वम्।।

[मेरुः सुमेरुर्हेमाद्री रत्नसानुः सुरालयः ।। ४९ ।।]

[रत्नसानु]

रत्नप्रधानाः सानवोऽस्येति *रत्नसानुः* ।।

[पञ्चैते देवतरवो मन्दारः पारिजातकः ।
सन्तानः कल्पवृक्षश्च पुंसि वा हरिचन्दनम् ।।५० ।।]

[देवतरु]

देवगोचरास्तरवो *देवतरवो* देवभूमिष्ठाः स्वभावात्।

[पारिजात]

अतिसुरभिः समुद्रोत्थः *पारिजातः* ।

[कल्पवृक्ष]

कल्पस्थायी वृक्षः *कल्पवृक्षः* । कल्पफलो वा वृक्षः *कल्पवृक्षः* । कल्पस्त्वत्र सङ्कल्पः।

[हरिचन्दन]

हरितवर्णं चन्दनं *हरिचन्दनम्* । हरिरिन्द्रः (see AK III.3.172)। तद्योग्यं वा चन्दनं *हरिचन्दनम्* । *पुंसि* वेत्यनेनैव सम्बध्यते।

[सनत्कुमारो वैधात्रः]

[वैधात्र]

विधातुरपत्यं *वैधात्रः* ।

---

2) स्वर्नदीति। वा° A, B. 3) No additional *daṇḍa* in B. 6) रत्वसानुः A. No additional *daṇḍa* in B. 10) °गोचरास्तेरवो B. देवतरवः। देव° A, B. °भूमि स्वेतभावात् A, B; see App. 1, no. 16. No *daṇḍa* in B. 14) कल्पफला चा वृक्षः B. 16) हरिरिन्द्रस्त° A, हरिरिन्द्रः स्त° B. 16-17) वा चन्दं ः हरि° B. 17) पुन्सि A. 20) No *daṇḍa* in A.

[सनत्कुमार]

सनत्कुमारो नामर्षिराद्यो वैद्यकशास्त्रकारः।

[स्ववैंद्यावश्विनीसुतौ ।
नासत्यावश्विनौ दस्रावाश्विनेयौ च तावुभौ ।। ५१ ।।]

[अश्विनीसुत]

अश्वरूपधारिण्याः क्रियायाः सुता*वश्विनीसुतौ* ।

[नासत्य]

न सत्योऽसत्यः । न असत्यो नासत्यः । (K. on P. VI.3.75) *नासत्या*वनसत्यौ। सूत्रे लिङ्गवचनयोरतन्त्रत्वान् (see PBh. 73) ***नभ्राण्नपाद्*** ... (P. VI.3.75) इति नञः प्रकृतिवद्भावः।

[अश्विन्]

*अश्विना*विति विशाखे इत्यनेन तुल्यम् (see *infra*, I.3.21 under राधा, विशाखा)। **नक्षत्रेभ्यो बहुलम्** (P. IV.3.37) इत्यनेनात्रर्त्वणो (see P. IV.3.16) लुगिति परं विशेषः।

[स्त्रियां बहुष्वप्सरसः स्वर्वेश्या उर्वशीमुखाः ।]

[अप्सरस्]

स्त्रियां बहुष्विति प्रायिकमेतत् सङ्ख्यान्तरेऽप्य*प्सरस्*शब्दस्य प्रयोगात्।

[उर्वशीमुख स्वर्वेश्या]

उर्वशीमुखाः स्वर्वेश्याः । उर्वशीरम्भातिलोत्तमामेनकादयः।

[हाहा हूहूश्चैवमाद्या गन्धर्वास्त्रिदिवौकसाम् ।। ५२ ।।]

[हाहा , हूहू , गन्धर्व]

*हाहाहूहू*विश्वावसुचित्ररथविभाण्डकविरोचनप्रभृतय इन्द्रादीनां *गन्धर्वाः* । अन्येषां पुन-

---

2) नाम ऋषि° A, B. 6) अस्व° A, B. सुतावस्विनी° A, B. 8) °सत्यः ः न B. 9) °वचनयोरतस्तुत्वा° B. °भ्रान्न° A, B. 10) नञ्: A. 12) अस्विनाविति विशाख A, B. 13) नक्षेत्रेभ्यो B. बल° A, बलल° B. °त्र ऋत्वणो A, B. 17) *Daṇḍa* in A, B after °मेतत् . °प्यप्सरमृशब्दस्य B. 19) उर्वषा° A. °मुखा A, B. उर्वस्याः A, उर्व्वश्याः B. उर्वशी। रम्भा। तिलोतमा। मेनकादयः A, उर्व्वशी।। रम्भातिलोत्तमामिनकादयः B. 22) °हूहु° B. °विलोचन° B. °प्रभृतयः। इन्द्रादीनां A, B. No *daṇḍa* in B before अन्येषां.

रन्य एवेति गन्धर्वा इव गन्धर्वाः ।। ।।

[अग्निर्वैश्वानरो वह्निर्वीतिहोत्रो धनञ्जयः ।
कृपीटयोनिर्ज्वलनो जातवेदास्तनूनपात् ।। ५३ ।।]
बर्हिः शुष्मा कृष्णवर्त्मा शोचिष्केश उषर्बुधः ।
आश्रयाशो बृहद्भानुः कृशानुः पावकोऽनलः ।। ५४ ।।
रोहिताश्वो वायुसखा शिखावानाशुशुक्षणिः ।
हिरण्यरेता हुतभुग् दहनो हव्यवाहनः ।। ५५ ।।
सप्तार्चिर्दमुनाः शुक्रश्चित्रभानुर्विभावसुः ।
शुचिरप्पित्तम्]

[अग्नि]

अङ्गतीत्य*ग्निः* ।

[वैश्वानर]

विश्वानरस्यापत्यं *वैश्वानरः* । बिदादि(see GP 9 to P. IV.1.104)त्वादञ् (see P. IV.1.104) ।

[वह्नि]

वहतीति *वह्निः* ।

[वीतिहोत्र]

वीतिर्होत्रमस्येति *वीतिहोत्रः* । वीतिरशनम्। होत्रं हविः ।

[धनञ्जय]

धनं जयतीति *धनञ्जयः* । अत एवोच्यते ***धनमिच्छेद्धुताशनात्*** (also quoted in SkS on N. VII.19) इति ।

[कृपीटयोनि]

*कृपीटयोनि*रुदकयोनिर् (see Nigh. I.12) बडवाग्नेर्मेघाग्नेश्च जलप्रभवत्वात् ।

---

1) गन्धर्व्वाः इव सगन्धर्व्वा B. 13) विश्वानरस्यायत्यं B. चिदादित्वादण B. 18) वीतिहोत्र° A, B. N0 *daṇḍa* in A, B before होत्रं. 20) धनमिच्छद्धुधुताशना° A, धनमिच्छद्धुताशना° B. 23) °योनिः । बडवा° A, B. °ग्नेर्मेर्घाग्नेश्च A.

उदरमपि कृपीटम् (see ŚāK 723[b]) ।

[ज्वलन]

ज्वलितुं शीलो *ज्वलनः* । ***जुचङ्क्रम्यदन्द्रम्य*** ... (P. III.2.150) इत्यादिना युच् ।

[जातवेदस्]

जातवेदा इत्यसन्तः ।

[तनूनपात्]

तनोतेरौणादिक ऊप्रत्ययः (K. on P. VI.2.140) । तनूः । ***न पाति न पततीति वा नपात् क्विबन्तः । नभ्राण्नपाद्*** ... (P. VI.3.75) ***इति*** ... ***निपातितः । तन्वा नपात् तनूनपात् ।*** (K. on P. VI.2.140)

[बर्हिस्]

इसन्तो *बर्हिः* ।

[शुष्मन्]

शोषयतीति *शुष्मा* । ***अन्येभ्योऽपि दृश्यन्ते*** (P. III.2.75) इति मनिन् । ***बहुलमन्यत्रापि सञ्ज्ञाच्छन्दसोः*** (U. II.22a) इति णिलुक् । अन्तर्भावितण्यर्थादण्यन्तादेव वा शुषेर्मनिन् ।

[कृशानु]

कृशानुरिति ***कृश तनूकरणे*** (Dh. IV.117), ***ऋतन्यञ्जिवन्यञ्ज्यर्पिमद्यत्यङ्गिकुयु-कृशिभ्यः*** ... (U. IV.2) इत्यादिनानुक् ।

[रोहित]

रोहितो हरिणविशेषः (see AK II.5.10) ।

[रोहिताश्व]

स एवाश्वो वाहनमस्येति *रोहिताश्वः* ।

---

1) द्रदंरमपि B. 3) जुचंक्रम्य° A, जचंक्रमा° B. °दन्द्रस्येत्यादि पुच् B. 7) तनोतेरोणाक B. उप्र° A, द्रप्र° B. °त्ययः तनूः B. 7-8) पततीति चा र° B. 8) °पात् । क्विबन्तो नभ्रान्नपा° A, B. निपातितः तन्वा B. 13) °मन्यत्रायि B. 14) सज्ञा° A. णिलुक B. 14-15) अन्तर्भावितणार्घोदण्यन्तादेव वा रषेर्मनिन् B. 17) कृषानुरिति कृष तनूकरणे ऋत° A, B. °वन्यञ्ज्यर्प° A, °वन्यञ्चर्य° B. 17-18) °कुप्रकृशि° B. 18) इत्यादिना आनुक् A, इत्यादिना आनूक् B. 22) एवास्वो A, B. रोहितास्वः A, B.

[वायुसखि]

वायुः सखास्येति *वायुसखा* । ***अनङ् सौ*** (P. VII.1.93) इत्यनङ् ।

[आशुशुक्षणि]

आङि शुषेः सनश्छन्दसि (U. II.104) इत्याङ्पूर्वात् शुषेः (see Dh. IV.74) सन्नन्तादनिप्रत्ययः। *आशुशुक्षणिः* ।

[हिरण्यरेतस्]

हिरण्यं रेतोऽस्येति *हिरण्यरेताः* ।

अग्नेरपत्यं प्रथमं सुवर्णम् (Bhār. III, App. 21 A, 270) इति।

[हव्यवाहन]

हव्यवाहन इति ***हव्येऽनन्तःपादम्*** (P. III.2.66) इति ञ्युट्। अथवा वाह्यत इति वाहनः। हव्यस्य वाहने *हव्यवाहनः* ।

[विभावसु]

विभावसुः । विभैव धनम्।

[अप्पित्त]

दाहकत्वात् पित्तमिव पित्तम्। अपां पित्त*मप्पित्तम्* ।। ।।

[और्वस्तु बाडवो बडवानलः ।। ५६ ।।]

[और्व]

उर्वस्यापत्य*मौर्वः*। बिदादि(see GP 2 to P. IV.1.104)त्वादञ् (see P. IV.1.104)।

[बाडव]

बडवाभवत्वाद् *बाडवः* ।

[वह्नेर्द्वयोर्ज्वालकीलावर्चिर्हेतिः शिखा स्त्रियाम् ।]

---

2) सखा अस्ये° A, सखा यस्ये° B. °ति। वायु° A. अनं A, अन B. 4) शुचेः A, णुचेः B. सनस्छन्द° A, सनच्छन्द° B. °ति। आङ्° A, B. शुचेः A, B. 5) सनन्ता° A, B. °दरिप्रत्ययः B. 8) प्र >--< मं defaced in A. 10) °वाहनमिति हव्येऽव° A, B. °तुःपाद° B. ज्यट् A, ण्यट् B. अथवा। वा° A. °ज्यत B. 13) विभावसु विभ A, B. येनं B. L. 15 starts with पित्तमिव in A, B; see App. 1, no. 17. 15) पित्तमप्पित्तं।। ।। ।। ।। B. 18) °पत्यं। और्वः A, °पत्यं ओर्व्वः B. °त्वादञा B. Single *daṇḍa* in B.

[अर्चिस् , ज्वाल , कील]

प्रक्रमादेव वह्निसम्बन्धित्वे सिद्धे *वह्नेरिति* वचनं *वह्नेरेवार्चिर्ज्वालकील*शब्दौ वाच्यौ नान्यस्येति प्रतिपादनार्थम् ।

[ज्वाल]

तत्र *ज्वाल* इति ***ज्वलितिकसन्तेभ्यो णः*** (P. III.1.140) इति णः ।

[अर्चिस्]

ज्वालाभासोर्न पुंस्यर्चिः (AK III.3.227c) इत्य*र्चिषो* नपुंसकत्वं वक्ष्यति ।।

[त्रिषु स्फुलिङ्गोऽग्निकणः]
[सन्तापः सञ्ज्वरः समौ ।। ५७ ।।]

[धर्मराजः पितृपतिः समवर्ती परेतराट् ।
कृतान्तो यमुनाभ्राता शमनो यमराड् यमः ।। ५८ ।।
कालो दण्डधरः श्राद्धदेवो वैवस्वतोऽन्तकः ।]

[पितृपति]

कव्यवालनलादयः पितरः । तेषां पतिः *पितृपतिः* ।

[सम]

समं तुल्यम् । (see AK II.10.37c)

[समवर्तिन्]

समेषु तुल्येषु वर्तितुं शीलमस्येति *समवर्ती* ।

[परेत]

परेता मृताः । (see AK II.8.116d, 117a)

[परेतराज्]

तेषां राजा (see AK II.8.1c) *परेतराट्* ।

---

2) The loop of the medial *i* and the head-mark of सि in सिद्धे are broken off in A. सिद्धे । वह्नेरिति वचनम्वह्ने° A, B. °रेवार्वि° A. °शब्दो A. 3) प्रतियादना° B. 5) ज्वलति° A, B. 7) पुन्स्या° A, B. °ति । अर्चिषो नपुंसकत्वम A, B. No additional *daṇḍa* in B. 14) पितरतेषाम् A, पितरस्तेषां B. 16) No *daṇḍa* in A, B before समेषु . 20, 22) मृतास्तेषां A, B.

[I.1.58-60]

[कृतान्त]

कृतोऽन्तो विनाशो(see ŚāK 771[d])ऽनेनेति *कृतान्तः* ।

[शमन]

शमयतीति *शमनः* ।

[वैवस्वत]

विवस्वतोऽपत्यं *वैवस्वतः* ।

[अन्तक]

अन्तं करोतीत्य*न्तकः* ।। ।।

[राक्षसः कौणपः क्रव्यात् क्रव्यादोऽस्रप आशरः ।। ५९ ।।
रात्रिञ्चरो रात्रिचरः कर्बुरो निकषात्मजः ।
यातुधानः पुण्यजनो नैर्ऋतो यातुरक्षसी ।। ६० ।।]

[रक्षस् , राक्षस]

रक्ष (see GP 28 to P. V.4.38) एव *राक्षसः* । प्रज्ञादिभ्योऽण् (see P. V.4.38) इत्यण् ।

[कौणप]

कुणपभक्षत्वात् *कौणपः* ।

[क्रव्याद्]

क्रव्यमत्तीति क्रव्यात् (K. on P. III.2.69) । ***क्रव्ये च*** (P. III.2.69) इति विट् ।

[क्रव्याद]

कृत्तविकृत्तमत्ति *क्रव्यादः* । ***कर्मण्यण्*** (P. III.2.1) । पृषोदरादि(see P. VI.3.109)त्वात् कृत्तविकृत्तशब्दस्य क्रव्यभावः । कृत्तविकृत्तं च पक्वमांसमुच्यते । (see K. on P. III.2.69)

[अस्रप]

अस्रं रक्तं (see AK II.6.64[a-b]) पिबतीत्य*स्रपः* ।

[आशर]

आशृणोतीत्या*शरः* ।

---

4) शमयीति A, B. 6, 8) वैवस्वतोन्तं A. 8) करोतीति अन्तकः A, B. 17) क्रव्ये वेति A, B. 19) °विकृत्र° A, °चिकृत्त° B. °ण्यण B. 19-20) °त्वात । कृत्तविकृत° A, B. 20) °विकृतञ्च A, B. पक्ष° B. °मान्स° A. 23) °तीति । अस्रपः A, °तीति अस्रपः B. 25) आशृणोतीति । आशरः A, आशृणोतीति आशरः B.

[रात्रिञ्चर , रात्रिचर]

रात्रौ चरतीति **चरेष्टः** (P. III.2.16) इति टः। ***रात्रेः कृति विभाषा*** (P. VI.3.72) इति पक्षे मुम्। *रात्रिञ्चरो रात्रिचरः* ।

[निकषात्मज]

निकषाया अपत्यं *निकषात्मजः* ।। ० ।।

[प्रचेता वरुणः पाशी यादसाम्पतिरप्पतिः ।]

[प्रचेतस्]

प्रकृष्टं चेतोऽस्येति *प्रचेताः* ।

[पाशिन्]

प्राशत्वात् *पाशी* ।

[वरुण]

वृणोतीति *वरुणः* (see N. X.1.3)। ...***वृदारिभ्य उनन्*** (U. III.53)।

[यादसाम्पति]

*यादसाम्पति*रिति पूर्ववत् षष्ठ्या अलुक् ।। ० ।।

[श्वसनः स्पर्शनो वायुर्मातरिश्वा सदागतिः ।। ६१ ।।
पृषदश्वो गन्धवहो गन्धवाहानिलाशुगाः ।
समीरमारुतमरुज्जगत्प्राणसमीरणाः ।। ६२ ।।
नभस्वद्वातपवनपवमानप्रभञ्जनाः ।]

[श्वसन]

श्वसन्त्यनेनेति *श्वसनः* ।

---

2) चरेष्ठ इति B. रात्रे कृति A, B. 3) पक्षे अम् A, B. The loop of the medial *i* of त्रि in रात्रिञ्चरो is broken off in A. 5) Double *daṇḍa* in A, no special punctuation mark in B. 8) प्रकृष्ठं B. 10, 12) पाशित्वाद्वृणातीति A, पाशित्वाद्वृणोतीति B. 12) वृन्दारिभ्य उनृन् A, वृन्दाविभ्य उनन B. 14) यादशांपति° A. Double *daṇḍa* in A, no special punctuation mark in B. 20) स्वसत्ति। अनेनेति A, स्वसर्त्ति अनेनेति B. स्वसनः A, B.

[स्पर्शन]

स्पृश्यत इति *स्पर्शनः* ।

[वायु]

वातीति *वायुः* ।

[मातरिश्वन्]

उणादिषु ***मातरिश्वन्*** (U. I.158) इति निपातितम्। तेन *मातरिश्वा* ।

[सदागति]

सदा गतिरस्येति *सदागतिः* ।

[पृषदश्व]

हरिणविशेषः पृषत् (see ŚāK 387C)। सोऽश्वोऽस्येति *पृषदश्वः* ।

[गन्धवह]

गन्धस्य वहो *गन्धवहः* ।

[गन्धवाह]

गन्धं वहतीति *गन्धवाहः* । ***कर्मण्यण्*** (P. III.2.1)।

[आशुग]

आशु गच्छतीत्य*आशुगः* ।

[समीर]

समीरतीति *समीरः* । पचाद्यच् (see P. III.1.134)।

[मरुत् , मारुत]

मरुद् (see GP 21 to P. V.4.38) एव *मारुतः* । प्रज्ञादित्वादण् (see P. V.4.38)।

[जगत्प्राण / जगत् , प्राण]

जगत्प्राण इति संज्ञातः। *प्राण*शब्दस्तु विगृहीतोऽपि। गच्छतीति *जगत्* ।

---

2) स्पृश्यते A, स्पृण्यते B. स्पर्शिनः A. 6) मातरिनिस्व° A, B. मातरिस्वा A, B. 10) °विशेषः। ष° A, °विशेषः ः पृष° B. °त ः सो° B. पृषदण्वः B. 14) गन्धम्वहतीति A. °ण्यण B. 16) गच्छ। तीति। आशुगः A, गच्छतीति आशुगः B. 20) °दित्वादण B. 22) जगत्पाण इति सद्यातः B. वीगृहीतो° A, वा गृहीतो° B.

द्युतिगमिजुहोतीनां द्वे च (Vā. 3 to P. III.2.178) इति क्विप् द्विर्वचनं च।

[समीरण]

समीरितुं शीलः *समीरणः* । ***चलनशब्दार्थादकर्मकाद् युच्*** (P. III.2.148)।

[नभस्वत्]

नभोऽस्यास्तीति *नभस्वान्* । (see P. V.2.94)

[पवन]

पुनातीति *पवनः* ।

[पवमान]

पवमान इति ***पूङ्यजोः*** ... (P. III.2.128) ***शानच्*** (CV I.2.86)।

[प्रभञ्जन]

प्रभनक्तीति *प्रभञ्जनः* ।।

[प्राणोऽपानः समानश्चोदानव्यानौ च वायवः ।। ६३ ।।
शरीरस्था इमे]

[प्राण , अपान , समान , उदान , व्यान]

हृदि प्राणो गुदेऽपानः समानो नाभिसंस्थितः ।
उदानः कण्ठदेशे च व्यानः सर्वशरीरगः ॥

मलानां मूत्रपुरीषादीनां धातूनां च रसासृङ्मांसमेदोऽस्थिमज्जशुक्राणां यत् प्रेरणं स्थानान्तरसञ्चारणं काठिन्याख्यं संयोगापादनं च तत्र हेतुः *प्राणः* (see PDhS I.6 and NK on the same)। स ***एकोऽपि सन् क्रियाभेदादपानादिसञ्ज्ञां लभते*** (PDhS I.6)। मूत्रपुरीषे अधो नयन्न*पान* इत्युच्यते। उदर्याग्नावन्नं समं नयन् *समान* इति व्यपदिश्यते। ऊर्ध्वं सन्नन्नपानं च नयन्नु*दान* इति (see NK on PDhS I.6)।

---

1) द्युगनिजुहोतीनां A, B. द्वे वेति क्तिप् B. 3) शीलस्समीर° A, B. °ण थचलन° B. °शब्दादकर्मका° A, °शब्ददकर्मका° B. 7) पनवः A, पवेनः B. 9) परमान A, B. पुङ्° A, B. °पजोः B. On this amalgamation of the Pāṇinian and Cāndra *sūtra*-s, see § 6.9.3. 9, 11) शानच् प्रभनत्तीति B. 15) हरि B. गुत्रे° B. °पानस्समानो A, B. 16) व्यानस्स° B. °सरीरगः A. 17) °पूरीषादीनां A, °प्सीषादीनां B. धाभूनां B. रसासृक्° A, B. °मान्स° A. °सुक्राणां A. 18) संयोगापादन B. वेतुः A, B. 18-19) प्राणस्स B. 19) क्रिया >--< दपानादि° broken off in A. 20) °ग्न्यवध सम न समान A, B. 21) ऊर्द A, ऊर्द्ध B. सन्नपा° A, B. नयन्नुवान इति A, नयन्नपान ति B.

[I.1.63-66]

रसाख्यस्याहारपरिणामस्य नाडीषु विततनाद् *व्यान* इति (see PDhS I.5 and NK on PDhS I.6) ।। ६३ ।।

[रंहस्तरसी तु रयः स्यदः ।
जवः]

[स्यद]

स्यदो जवे (P. VI.4.28) इति स्यन्देर् (see Dh. I.798) घञि नलोपे वृद्ध्यभावे च (see K. on P. VI.4.28) *स्यद*शब्दः ।

[जव]

जु (Dh. I.995) इत्येतस्माद् ***ऋदोरप्*** (P. III.3.57) इत्यप् । *जवः* ।

[अथ शीघ्रं त्वरितं लघु क्षिप्रमरं द्रुतम् ।। ६४ ।।
सत्वरं चपलं तूर्णमविलम्बितमाशु च ।]

[त्वरित , तूर्ण]

*त्वरितं तूर्ण*मिति ***विभाषा भावादिकर्मणोः*** (P. VII.2.17) इति विभाषेट् ।

[सत्वर]

सह त्वरया वर्तत इति *सत्वरः* ।

[जव , शीघ्र]

ननु च *जवो* वेगः (see AK III.3.20c-d) *शीघ्र*तैव । तत् किं *शीघ्रात्* पृथक् कृतः । उच्यते ***सवेगगतिवचनो जवशब्दो धर्मवचनाश्च शीघ्रादयः*** इति । तथा च *शीघ्रं* पचति, *शीघ्रं* गच्छति इति प्रयोगो भवति न तु जवं पचति, जवं गच्छति इति ।

[सततानारताश्रान्तसन्तताविरतानिशम् ।। ६५ ।।
नित्यानवरताजस्रमपि]

---

1) विसाख्य° A, विशाख्य° B. °परिणामस्ये B. वितनात् A, B. 9) जव इत्येत° B. °स्माद्वदोरपवित्यप् A, °स्माद्वदोरपनित्यप् B. Single *daṇḍa* in B. भवः A, B. 13) *Daṇḍa* in A, B after त्वरितं. भूर्णमिति B. 15) सद त्वरधा B. °त इ A. सत्वचः A, सस्वचः B. 17) श्रीघ्रतेव B. 17-18) °तः उच्यते B. 18) सवगगति° A, सवगति° B. °शब्दः । ध° A, B. °वचनास्व A. 19) पचते ः शीघ्रं B. गच्छति प्रयोगो B. भवति । न A, B. पचति जव A, B.

[सतत , सन्तत]

*सततं सन्तत*मिति ***समो वा हिततततयोः*** (*pāda* 3 of Kār. quoted in K. on P. VI.1.144) इति वा मकारलोपः ।

[अनारत]

अविद्यमानमारतमस्मिन्नित्य*नारतम्* ।

[अथातिशयो भरः ।
अतिवेलभृशात्यर्थातिमात्रोद्गाढनिर्भरम् ।। ६६ ।।
तीव्रैकान्तनितान्तानि गाढबाढदृढानि च ।]

[भृश]

*भृश*मिति तालव्यशकारोऽयम् ।

[अतिमात्र]

मात्रामतिक्रान्त*मतिमात्रम्* ।

[सन्तत , अतिशय , सतत]

अथ *सन्ततातिशय*योः को भेदः । *सन्ततं सततं* चाविच्छेदः (see K. on P. VI.1.144) पौनःपुन्यम् । प्रकर्षश्चा*तिशयः* (see Bhāṣ. on P. V.3.55) ।

[क्लीबे शीघ्राद्यसत्त्वे स्यात् त्रिष्वेषां सत्त्वगामि यत् ।। ६७ ।।]

[शीघ्रादि = अतिशय - दृढ]

*असत्त्व*विशेषणभूते धर्ममात्रे वर्तमानं *शीघ्रादि*शब्दरूपं दृढपर्यन्तं *क्लीबे* नपुंसके (see AK III.3.211[a]) *स्यात्* । तद् यथा शीघ्रं भुङ्क्ते, *शीघ्रं* वदति; सततं जुहोति, *सततं* रमणीयः; *अतिशयं* ज्वलति, *अतिशयं* शोभते इति ।

---

2) सततं। सब्दन° A, सततं शब्दन° B. °मिति। समो A. व्य B. 2-3) हिततयोरि° A, हितं तयोरि° B. 3) °ति नेकारलोपः A, B. 5) °मस्मिन्निति। अनातरं A, B. 12) °मभिक्रात्त° A, °मभिक्रान्त° B. 14) नेदः। सन्ततं सन्तति चविष्णदः A, B. 18) असत्व° A, B. °विशेषेण° B. धर्म। मात्रे A. नपुन्सके A. 19) °था। शीघ्रं B. भुक्ते B. वर्दन्ति A, वदन्ति B. 20) वमणीयः A, वमनीयः B. अतिसयं A, B. जलति B.

[I.1.66-69]

[अतिशय , भर]

यद्येव*मतिशयो भर* इति पुंलिङ्गोच्चारणं किमर्थम्। अस्य गुणा*तिशयो*ऽस्य द्रव्या*तिशयः* इति प्रयोगे पुंलिङ्गप्रतिपत्त्यर्थं न चास्या*सत्त्व*वचनता विशेष्यत्वेन द्रव्यत्वात्।

[शीघ्रादि]

एषां शीघ्रादीनां मध्ये *यत् सत्त्वगामि* धर्मधर्मिणोरभेदोपचाराद् विशेष्यद्रव्याभिधायि तद् ***अभिधेयवल्लिङ्गवचनानि भवन्ति*** (Vyā. PBhP 73) इति त्रिलिङ्गम्।

[आशु , अनिश , अतिशय , भर , भृश , शीघ्रादि]

ततश्चा*श्वनिशातिशयभरभृशा*दींश्च वर्जयित्वा यथाभिधानमन्ये *शीघ्रा*दयो वेदितव्याः। तद् यथा

कलौ शीघ्रा जरा पुंसां शीघ्रो मृत्युश्च दुस्तरः।
यथा गिरिनदीस्रोतः शीघ्रं वर्षासमुद्भवम्॥

या तृष्णा सन्तता पुंसां सन्ततं दुःखमेव यत्।
तदजित्वा कथं तेषां योगाभ्यासोऽपि सन्ततः॥

अतिमात्रा क्रिया येषां धर्मार्थकाममुक्तियुक्।
अतिमात्रा नरा लोकेष्वतिमात्रं पदं गताः॥

क्रियागुणयोरपि विशेष्यत्वेन द्रव्यत्वात् तद्वर्तिनां *सत्त्व*वचनता सिद्धरूपेण घञादिप्रत्ययवाच्यत्वाच्च क्रियायाः।। ६७ ।।

[कुबेरस्त्र्यम्बकसखो यक्षराड् गुह्यकेश्वरः ।
मनुष्यधर्मा धनदो राजराजो धनाधिपः ।। ६८ ।।
किन्नरेशो वैश्रवणः पौलस्त्यो नरवाहनः ।
यक्षैकपिङ्गैडविडश्रीदपुण्यजनेश्वराः ।। ६९ ।।]

---

2) यद्येवमतिशय भद इति। यद्येवमतिशय भर इति A, यद्येवमतिशय भेद इति।। यद्येवमतिशय भूत इति B. 3) इति। प्र° A, B. °योग B. °पत्त्यर्थं। न A, B. चास्यासत्व° A, B. 5) शीघ्रादिनां B. मध्ये पद्यत्वगामि A, B. °धमिणो° A. °रभेदोपचारात्। विशेष्य° A, B. 8) तत चशु। अ° A, ततं चण्ड।। अ° B. °शनिश। अतिशय। भरंभृशादीश्च A, B. वर्न्नयि° A, वर्ण्णयि° B. °त्वा। यथा° A. शीघ्रादंयो वदितव्याः B. 9-10) °था • कलौ B. 10) जरा। पुंसां A, B. दुस्चरः A, दुम्बरः B. 11) गिरी° B. °श्रोतः A, B. शीघ्र A, B. 12) पुन्सां A, पुंसा B. 13) कथन्देषां A. Single *daṇḍa* in A. 14) °मात्रातिक्रिया A, B. 14-15) °मुक्तिपुतेऽति° A, B; see App. 1, no. 18. 15) Single *daṇḍa* in A. 16) द्रव्यत्वात्। त° A, B. सत्ववचनता। सिद्धरूपेन A, B. 17) घञणादि° B.

[मनुष्यधर्मन्]

मनुष्यस्येव धर्मोऽस्येति *मनुष्यधर्मा* । ***धर्मादनिच् केवलात्*** (P. V.4.124) इत्यनिच् ।

[राजराज]

राजानो यक्षाः । तेषां राजा *राजराजः* ।

[वैश्रवण]

विश्रवसोऽपत्यमिति विश्रवःशब्देन वाक्यं कृत्वा विश्रवण(see GP 44 to P. IV.1.112)शब्दाच् ***शिवादिभ्योऽण्*** (P. IV.1.112) इत्यण् । अव्यविकन्यायेनात्रानभिधानं हेतुः ।

[पौलस्त्य]

पुलस्तेर् (see GP 10 to P. IV.1.105) अपत्यं गोत्रं *पौलस्त्यः* । ***गर्गादिभ्यो यञ्*** (P. IV.1.105) इति यञ् ।

[नरवाहन]

नरो वाहनमस्येति *नरवाहनः* । अनाहितवाचित्वान्नरशब्दस्य ***वाहनमाहितात्*** (P. VIII.4.8) इति णत्वं नास्ति । ***पूर्वपदात्*** ... (P. VIII.4.3) इति तु प्राप्तं तदपि क्षुभ्नादेराकृतिगणत्वात् (see K. on P. VIII.4.39) ***क्षुभ्नादिषु च*** (P. VIII.4.39) इति प्रतिषिद्धम् ।

[एकपिङ्ग]

एकपिङ्ग इति । महेश्वरवचनात् तदीयमेकमक्षि पिङ्गलम् ।

[अस्योद्यानं चैत्ररथम्]

[चैत्ररथ]

चित्ररथेन निर्वृत्तं *चैत्ररथम्* ।। (see P. IV.2.68)

[पुत्रस्तु नलकूवरः ।]

---

2) मनुस्यधर्मा A. °दनिक्केवला° B. °निच B. 4) यक्षास्तेषां राजः A, B. 6) विस्रवसो° A, विप्रवसो° B. विस्रवः° A, विप्रवः° B. 7) °शब्दा ঃ च्छिवादि° B. 10) गोत्र A, B. 10-11) यणिति यण् B. 13) वाहनमस्येति । नर° A. °वाचित्या° B. 15) क्षुन्नादे° B. °गन° A, B. °त्वान्क्षुन्नादिषु B. 16) प्रतिसि° A, B. 18) इति महेश्वर° A, B. पिंग° A, B. No *daṇḍa* in B. 21) निवृत्तं A, B. No additional *daṇḍa* in B.

[कैलासः स्थानम्]

[अलका पूः]

[विमानं तु पुष्पकम् ।। ७० ।।]

[स्यात् किन्नरः किम्पुरुषस्तुरङ्गवदनो मयुः ।]

[किन्नर]

अश्वमुखत्वात् कुत्सितो नरः *किन्नरः* । ***किं क्षेपे*** (P. II.1.64) इति समासः।

[निधिर्ना शेवधिः]

[निधि]

निधीयत इति निधानं *निधिः* ।

[भेदाः पद्मशङ्खादयो निधेः ।। ७१ ।।]

[भेद]

तस्य च नव प्रभेदाः ।

महापद्मश्च पद्मश्च शङ्खो मकरकच्छपौ ।
मुकुन्दनन्दनीलाश्च वर्गश्च निधयो नव ॥ (ŚA acc. to Bṛ. and Bhā.)

इति।।

[द्योदिवौ द्वे स्त्रियामभ्रं व्योम पुष्करमम्बरम् ।
नभोऽन्तरीक्षं गगनमनन्तं सुरवर्त्म खम् ।। १ ।।
वियद् विष्णुपदं वा तु पुंस्याकाशविहायसी ।]

---

6) °मूख° B. कुत्सितो नरः।। किं B. 9) इ निधानं A. 12) प्रगदाः A, B. Double *daṇḍa* in A. 13) As four folios containing the text from I.1.71^{d} (after महाप) to the beginning of I.3.26^{b} (before रपि) are missing in A, the text is entirely based on B. शंखो MS. 14) No additional *daṇḍa* in MS. 15) No additional *daṇḍa* in MS.

[व्योमन् , नभस्]

व्योमनभसी नकारसकारान्ते।

[अन्तरीक्ष / अन्तरिक्ष]

अन्तरीक्ष्यतेऽस्मिञ्जगदित्य*न्तरीक्षम्* । अधिकरणे घञ् (see P. III.3.19)। वेदे तु ह्रस्वमिकारं पठन्ति (see e.g. ṚV I.52.13c)। तत्र छान्दसमेव ह्रस्वत्वम्।

[विष्णुपद]

विष्णोः पदं *विष्णुपदम्* ।

[दिशस्तु ककुभः काष्ठा आशाश्च हरितश्च ताः ।]

[काष्ठा , दिश् ...]

*काष्ठा*साहचर्याद् *दिगा*देरपि स्त्रीत्वम्।

[प्राच्यपाचीप्रतीच्यस्ताः पूर्वदक्षिणपश्चिमाः ।। १ ।।
उत्तरा दिगुदीची स्यात्]

[प्राची]

प्रथमं प्रातरञ्चति सवितास्यामिति *प्राची* । (see NK on PDhS I.10)

[अपाची]

मध्येऽह्नोऽञ्चत्यस्यामित्य*पाची* । अपशब्दो मध्यार्थः।

[प्रतीची]

पश्चाद् दिवसावसानेऽञ्चतीति *प्रतीची* ।

[पूर्वदक्षिणपश्चिम]

पूर्वदक्षिणपश्चिमा इति ...***सर्वनाम्नो वृत्तिमात्रे पुंवद्भावः*** ... (Bhāṣ. on Vā. 1 to P. II.2.26, 28; on P. V.3.28) इति पूर्वयोः पुंवद्भावः।

---

2) व्योमनभसि MS. 4) °स्मिन् जगदिति अंत° MS. प्वज MS. 10) काष्टा° MS. °त्।। दिशादेरपि MS. 16) मध्ये अह्नोचैत्यस्यामिति।। अप्वाची MS. 18) पश्चाद्दिवशानेऽवतीति MS. 20) इति।। सर्व्वोनाम्नो MS.

[I.3.2-4]

[दिश्यं तु त्रिषु दिग्भवे ।]

[दिश्य]

दिश्यमिति ***दिगादिभ्यो यत्*** (P. IV.3.54) ।

[इन्द्रो वह्निः पितृपतिर्नैर्ऋतो वरुणो मरुत् ।। २ ।।
कुबेर ईशः पतयः पूर्वादीनां दिशां क्रमात् ।
ऐरावतः पुण्डरीको वामनः कुमुदोऽञ्जनः ।। ३ ।।
पुष्पदन्तः सार्वभौमः सुप्रतीकश्च दिग्गजाः ।]

[सार्वभौम]

सर्वभूमौ विदितः सार्वभौमः । (K. on P. V.1.43)

[सुप्रतीक]

शोभनावयवः ।

[ऐरावत ... = दिग्गज]

पूर्वादीनां दिशां क्रमादत्रैरावतादयो दिग्गजा इत्यनुषङ्गः ।

इन्द्रस्यैरावतोऽसौ भवति गजवरः पुण्डरीकस्तथाग्नेर्
†यांशासो पुष्पदन्तो भवति पितृपतेर्वामनोऽसौ गुहस्य ।
विख्यातः सुप्रतीकः खलु सलिलपतेरञ्जनश्चापि वायो-
र्दन्तीशः सार्वभौमः पुनरपि कुमुदः सोमराजस्य नूनम् ॥

[क्लीबाव्ययं त्वपदिशं दिशोर्मध्ये विदिक् स्त्रियाम् ।। ४ ।।]

[क्लीबाव्यय]

क्लीबं च तदव्ययं चेति *क्लीबाव्ययम्* ।

[अपदिश]

दिशोरप मध्येऽपदिशम् । विभक्त्यर्थे ***अव्ययम्*** ... (P. II.1.6) इत्यव्ययीभावः ।

---

3) दिशादिभ्यो MS. 11) सोभना° MS. 13) दिसां क्रमात्र।। ऐरावतादयो MS. इति।। अनुषङ्गः MS. 14) इन्द्रेस्यै° MS. राजवरः MS. °स्तथाग्ने MS. 16) सुप्रतीकः सकलपते° MS. 17) °र्वेन्तेशः MS. °भोम ः पुनरपि MS. रूनं MS. 22) विभक्त्यर्थ पदव्य° MS.

अव्ययीभावे शरत्प्रभृतिभ्यः (P. V.4.107) इत्यच्। ***अव्ययीभावश्च*** (P. II.4.18) इति नपुंसकत्वम्। अव्ययसञ्ज्ञापि ***अव्ययीभावश्च*** (P. I.1.41) इत्यनेनैव प्रकरणान्तर्गतेन नपुंसकस्याव्ययत्वोपदर्शनमिहानुपयुक्तम्। अतस्तदव्ययीभावलक्षणं व्याख्येयम्। अव्ययीभावत्वोपदर्शनं च ***नाव्ययीभावादतोऽम् त्वपञ्चम्याः*** (P. II. 4.83), ***तृतीयासप्तम्योर्बहुलम्*** (P. II.4.84) इत्याद्यव्ययीभावकार्यसूचनार्थम्।

[अभ्यन्तरं त्वन्तरालम्]

[अभ्यन्तर , अन्तराल]

अभ्यन्तरमात्रमन्तरालम् ।

[चक्रवालं तु मण्डलम् ।]

[मण्डल , चक्रवाल]

*मण्डला*कारेण परिणतं समूहमात्रं *चक्रवालं* न दिक्सम्बन्धेन दिक्प्रक्रममात्रेण तदुक्तम्। न त्वद्रौ (see AK II.3.2[a]) सोमे च परं तद् विवक्षितम्।। ० ।।

[अभ्रं मेघो वारिवाहः स्तनयित्नुर्बलाहकः ।।५ ।।
धाराधरो जलधरस्तडित्वान् वारिदोऽम्बुभृत् ।
घनजीमूतमुदिरजलमुग्धूमयोनयः ।। ६ ।।]

[अभ्र]

न भ्रश्यन्ति जलानि यतस्तेभ्योऽभ्राणि तान्यतो*ऽभ्रम्* ।(see VP II.9.10[c-d])

[मेघ]

मेहतीति (N. II.6.4) *मेघः* (GP 22 to P. VII.3.53)। ***न्यङ्क्वादीनां च*** (P. VII.3.53) इति कुत्वम्।

---

1) इत्यच।। ।। अव्ययीभाव° MS. On the suffix *ac*, see § 6.11.1. 2-3) °त्यरेनैव प्रकरणान्तर-गते नपुंसक° MS. 3) °दर्शनसिंहानुप° MS. अतस्तदव्ययीभावोलक्षण MS. 4) अव्ययीभावोपदर्शनत्वं च MS. °भावादतोस्त्वपंच° MS. 4-5) °म्यास्तृतीयासप्तम्योबहुल° MS. 5) °कार्य्या° MS. 11) मण्डलाकलेन MS. *Daṇḍa* in MS. before न. दिक्सम्बन्धेव MS. 11-12) तद्दुकुं।। न तुदा सोमे MS. 17) भ्रस्यंति MS. °स्तेभ्यो अभ्राणि तान्यतः।। अ° MS. 19) मेघः।। यक्षादीनां MS.

[स्तनयित्नु]

स्तनयतीति *स्तनयित्नुः* ।

[जीमूत]

जीवनस्य मूतो जीमूतः । (K. on P. VI.3.109)

[मुदिर]

मोदन्ते प्रजा अनेनेति *मुदिरः* ।

[कादम्बिनी मेघमाला]
[त्रिषु मेघभवेऽभ्रियम् ।]

[अभ्रिय]

*अभ्रिय*मिति भवार्थे ***समुद्राभ्राद् घः*** (P. IV.4.118) ।

[स्तनितं गर्जितं मेघनिर्घोषो रसितादि च ।। ७ ।।]

[रसितादि]

रसितादि चेत्यादिशब्देन ह्रादह्रासध्वनितादि ।

[शम्पाशतह्रदाह्रादिन्यैरावत्यः क्षणप्रभा ।
तडित्सौदामनीविद्युच्चञ्चलाचपला अपि ।। ८ ।।]

[शम्पा]

स्वतेजसा नयनतेजःप्रतिघातात् प्राणिनां शं पिबतीति *शम्पा* । ***सुपि*** (P. III.2.4) इति योगविभागात् कप्रत्ययः ।

[ऐरावती]

ऐरावतस्येय*मैरावती* । (see P. IV.3.120)

[सौदामनी]

सुदाम्नैकदिक् सौदामनी ... (K. on P. IV.3.112) । ***तेनैकदिक्*** (P. IV.3.112) इत्यण् ।

---

2) तनयिन्नुः MS. 4) जीवनमस्य MS. 6) मोदंते प्रजाऽनेनेति MS. 10) समुद्राभ्राघ्याः MS. 17) पिबन्तीति णंम्पा MS. 22) सुदाम्ना एकदिक् ।। सौदामनी MS. तेनैके° MS.

[विद्युत्]

विद्योतत इति *विद्युत्* ।

[स्फूर्जथुर्वज्रनिष्पेषः]

[वज्रनिष्पेष]

वज्रनिष्पेषेण जनितः शब्दो *वज्रनिष्पेषः* सङ्घट्टः।

[मेघज्योतिरिरम्मदः ।]

[मेघज्योतिस् , इरम्मद]

*मेघज्योति*र्दिव्याग्नेरुपलक्षणम्। तेन बाडवोऽपी*रम्मद* इत्युच्यते। ***इरया*** (K. on P. III.2.37) जलेन (see AK III.3.173c) ***माद्यतीतीरम्मदः*** (K. on P. III.2.37)। ***उग्रम्पश्येरम्मदपाणिन्धमाश्च*** (P. III.2.37) इति निपातः।

[इन्द्रायुधं शक्रधनुः]

[तदेव ऋजु रोहितम् ।। ९ ।।]

[रोहित]

इन्द्रधनुरेव यदा चोत्पातादिनर्जु भवति तदा *रोहित*मित्युच्यते।

[वृष्टिर्वर्षम्]

[वर्ष]

*वर्ष*मिति ***अज्विधौ भयवर्षादीनामुपसङ्ख्यानम्*** (Vā. 1 to P. III.3.56), ***नपुंसके क्तादिनिवृत्त्यर्थम्*** (Vā. 2 to P. III. 3.56) इत्यच्।

[तद्विघातेऽवग्राहावग्रहौ समौ ।]

---

5) वज्रनिष्पेषः।। संघातः MS.; see App. 1, no. 19. 8) बाडवापि इरम्मद MS. 9) माद्यतीति इरम्मदः MS. 10) °रम्मदः मत्तमानेति निपातः MS. 14) °रेव चोत्पादिता ऋजु MS.; see App. 1, no. 20. भवति।। तदा MS. रोहित इत्युच्यते MS. 17-18) वर्षमिति।। अज्वियौ भयवर्षादीना। मुपसंख्यानन्नपुंसको क्तादिति वृद्ध्यर्थमित्यच MS.

[I.3.10-11]

[अवग्राह , अवग्रह]

ग्रहादिदोषेण प्राप्तकालवृष्टि*विघातेऽवग्राहावग्रहौ* । ***अवे ग्रहो वर्षप्रतिबन्धे*** (P. III.3.51) इति घञ् । ***ग्रहवृदृनिश्चिगमश्च*** (P. III.3.58) इत्यप् ।

[धारासम्पात आसारः]

[धारासम्पात , आसार]

वेगाद् *धारासम्पात आसारः* ।

[शीकरोऽम्बुकणाः सृताः ।। १० ।।]

[सृत अम्बुकण]

अम्बुकणाः सृता इति वर्षासु धारादिभ्यो वातेन निसृता कणा इत्यर्थः ।

[वर्षोपलस्तु करका]

[करका , करक]

कमण्डलौ च करकः (AK III.3.6^c^) इति पुंलिङ्गमपि *करकं* वक्ष्यति ।

[मेघच्छन्नेऽह्नि दुर्दिनम् ।]

[अहन्]

*अह्नी*त्यहोरात्र इत्यर्थः ।

[दुर्दिन]

तेनैतदुपपद्यते

> ***यत्रौषधिप्रकाशेन नक्तं दर्शितसञ्चराः ।***
> ***अनभिज्ञास्तमिस्राणां दुर्दिनेऽप्यभिसारिकाः ॥*** (KS VI.43)

इति ।

> ***अकरोत् पृथिवीरुहानपि स्रुतशाखारसबाष्पदुर्दिनान् ॥*** (RV VIII.70^c-d^)

---

2) °पृष्टि° MS. अव ग्रहो MS. 3) घण्णञ MS. °दृणिश्चगमश्चेत्यप MS. 9) प्रधासु द्यरादिभ्यो MS. 12) क्रर° MS. पुंलिंगमपि करमम्वक्ष्यति MS. 17-18) °पद्यते।। यत्रौषधि° MS. 21) °रसचाष्पदुर्दुदिना° MS.

इत्यादिकं तु लक्षितलक्षणयैव।

[अन्तर्धा व्यवधा पुंसि त्वन्तर्धिरपवारणम् ।। ११ ।।
अपिधानतिरोधानपिधानाच्छादनानि च ।]

[अन्तर्धा , व्यवधा]

*अन्तर्धा व्यवधे*ति ***आतश्चोपसर्गे*** (P. III.3.106) इत्यङ्।

[अन्तर्धि]

*अन्तर्धि*रिति ***उपसर्गे घोः किः*** (P. III.3.92)।

[अपिधान , पिधान]

*अपिधानं पिधान*मिति ***वष्टि भागुरिरल्लोपमवाप्योरुपसर्गयोः*** (Bhāg. acc. to Sar. on AK I.2.1[a]) इति पक्षेऽकारलोपः। ल्युडादयश्चैते भावे (see P. III.3.115) कर्मादौ (see P. III.3.113) च।। ० ।।

[हिमांशुश्चन्द्रमाश्चन्द्र इन्दुः कुमुदबान्धवः ।। १२ ।।
विधुः सुधांशुः शुभ्रांशुरोषधीशो निशापतिः ।
अब्जो जैवातृकः सोमो ग्लौर्मृगाङ्कः कलानिधिः ।। १३ ।।
द्विजराजः शशधरो नक्षत्रेशः क्षपाकरः ।]

[चन्द्र]

चन्दतीति *चन्द्रः* ।

[कुमुदबान्धव]

विकाशकत्वात् *कुमुदबान्धवः* ।

[अब्ज]

समुद्रोद्भवत्वादब्जः ।

---

1) °त्यादिकम्तु यासासौणच् एव MS.; see App. 1, no. 21. 5) व्यवधा इति।। आत° MS. 7) °रिति।। उपसर्गे घ्र्योः MS. 9) °मिति।। वष्टि MS. °मचाव्योरुप° MS. 10) ल्युडादयाश्चैते MS. 17) चन्द्रती चन्द्रः MS.

[I.3.12-15]

[जैवातृक]

जीवतीति *जैवातृकः* । जीवेर् (see Dh. I.594) ***आतृकन् वृद्धिश्च*** (U. I.81) ।

[ग्लौ]

ग्लायतीति *ग्लौः* । ***ग्लानुदिभ्यां डौः*** (U. II.64) ।

[द्विजराज]

एष वै सोमो द्विजानां राजा इति *द्विजराजः* ।

[द्विज]

द्विजाश्च ब्राह्मणाः । (see AK III.3.29b)

[कला तु षोडशो भागः]

[बिम्बोऽस्त्री मण्डलं त्रिषु ।।१४ ।।]

[भित्तं शकलखण्डे वा पुंस्यर्धः]

[भित्त]

भित्तं शकलम् (P. VIII.2.59) इति निपातनाद् *भित्तम्* ।

[शकल]

शक्लृ शक्तौ (Dh. V.15) इत्यस्माच् ***शकिशम्योर्नित्*** (U. I.111) इति कलच्प्रत्ययो नित्त्वं च।

[शकल , खण्ड]

*वा पुंसी*ति पूर्वाभ्यां सम्बध्यते।

[अर्ध]

अर्ध इत्यंशमात्रे।

[अर्धं समेंऽशके ।]

[चन्द्रिका कौमुदी ज्योत्स्ना]

[कौमुदी]

कुमुदेभ्यो हिता *कौमुदी* । (see P. V.1.5)

---

2) जीचतीति MS. जीविरातृकन MS. 8, 13) ब्राह्मणाः भित्तं सकल° MS. 13, 15) निपातनान।। भित्तम शक्लृ MS. 15-16) °त्यस्मात्।। शकिशम्योर्नियिति कलप्रत्यया नित्वं च MS. 18, 20) सम्बध्यते अ° MS. 24) हिता।। कौमुदी MS.

[ज्योत्स्ना]

ज्योतिरस्या अस्तीति *ज्योत्स्ना* ***ज्योत्स्नातमिस्रा***... (P. V.2.114) इत्यादौ निपातनात्।

[प्रसादस्तु प्रसन्नता ।।१५ ।।]

[प्रसाद – छवि , प्रसन्नता ...]

प्रसादादिच्छवि(see AK I.3.15^{d}-16)पर्यन्तमन्यस्यापि *प्रसन्नतादौ* यथाभिधानं द्रष्टव्यं न परं चन्द्रस्यैव। चन्द्रसम्बन्धित्वेन तद् विज्ञातमिति तत्प्रक्रमेणोक्तम्।

[कलङ्काङ्कौ लाञ्छनं च चिह्नं लक्ष्म च लक्षणम् ।]

[चिह्न^{1}-३]

*चिह्नादि*त्रयं नपुंसकम्।

[सुषमा परमा शोभा]

[सुषमा]

सुषमेति ***सुविनिर्दुर्भ्यः सुपिसूतिसमाः*** (P. VIII.3.88) इति षत्वम्।

[शोभा कान्तिर्द्युतिश्छविः ।।१६ ।।]

[कान्ति^{1}-३]

*कान्त्यादि*त्रयमपि स्त्रियाम्।

**[अवश्यायस्तु नीहारस्तुषारस्तुहिनं हिमम् ।
प्रालेयं महिका च]**

[अवश्याय]

अवश्याय इति श्यैङो (see Dh. I.1012) णः (see P. III.1.141)।

[प्रालेय]

प्रलयादागतं *प्रालेयम्* । (see P. IV.3.74)

---

2) °रस्यास्तंति ज्योस्ना।। ज्योस्नातमिश्रेत्यादौ MS. 5) प्रमदादिहविपर्य्यंत° MS. 6) °ष्टव्यम्।। न MS. चन्द्रस्यैव चन्द्र° MS. तत्वक्रमेणोक्तम् MS. 12) मुषमेति।। सुवि° MS. सुयिसृपि° MS. धत्वं MS. 15) कांत्यादि° MS. 19, 21) अवस्याय इति स्यैङः प्रलयादागतं।। प्राले° MS.

[अथ हिमानी हिमसंहतिः ।। १७ ।।]

[हिमानी]

महद्धिमं हिमानी (Bhāṣ. on Vā. 1 to P. IV.1.49) । ***इन्द्रवरुण*** ... (P. IV.1.49) इत्यादिना ***हिमारण्ययोर्महत्त्वे*** (Vā. 1 to P. IV.1.49) इति महत्त्वे ङीषानुकौ ।

[शीतं गुणे]

[शीत]

*गुण*मात्रे *शीत*मिति नपुंसकं भवति। देवदत्तस्य ***शीतं वर्तते*** (K. on P. VIII.2.47) । ***श्योऽस्पर्शे*** (P. VIII.2.47) इति स्पर्शत्वान्नत्वाभावः ।

[तद्वदर्थाः सुषीमः शिशिरो जडः ।
तुषारः शीतलः शीतो हिमः सप्तान्यलिङ्गकाः ।। १८ ।।]

[सुषीम[1] , शीतल , शीत - ७]

तद्वाञ्शीतगुणवानर्थोऽभिधेयो येषां ते *तद्वदर्थाः सुषीमा*दयः *सप्तान्यलिङ्गका* इत्यर्थः। यत् तदभिधेयं द्रव्यमेषां गुणादन्यत् तल्लिङ्गका इत्यर्थः। तद् यथा *शीतला* भूः , *शीतलं* जलम् , *शीतलो* वायुः। *शीत*शब्दः शुक्लवद् *गुणे* गुणिनि च वर्तत (see AK I.5.17^{c-d}) इति *सुषीमा*दिभ्यो निष्कासितः प्रवेशितश्च।

[सुषीम]

सुषीम इति सुषामादित्वात् षत्वम् (see P. VIII.3.98) ।। ० ।।

[ध्रुव औत्तानपादिः स्यात्]

[ध्रुव]

ध्रुव स्थैर्ये (CDh. VI.93) इतीगुपधात् कः (see P. III.1.135) । *ध्रुवः* सर्वग्रह-चक्रोपरिस्थितः ।

---

3) सहद्रिसं हिमानी इन्द्र° MS. 4) हिमारणायोर्महत्व इति महत्व ढीषान्तको MS. 7) नपुंकम्भवति MS. 8) श्याऽस्प° MS. 8, 12) °त्वान्नत्वाभावः तद्वान् शीतगुणवान्।। अर्थो° MS. 12) °दर्थाः।। सुधीमादयः सप्तान्यलिंगकाकाः MS. 13) यत्तदाऽभिधेयं MS. गुणादन्यतल्लिंगका इत्यर्थः त° MS. 14) णीतलं जनं MS. शीतरा MS. शुक्रवत ग्नुणे ग्नुणिनि MS. 15) इति।। मुषीमादिभ्यो निष्णाषितः MS. 20) स्थैर्य्ये।। इत्युपधात्कः ध्रुवः।। स° MS. 21) °चक्रापरि° MS.

[औत्तानपादि]

उत्तानपादस्यापत्यम*औत्तानपादिः* ।

[अगस्त्यः कुम्भसम्भवः ।
मैत्रावरुणिः]

[अगस्त्य]

अगं विन्ध्यं स्त्यायतीत्य*गस्त्यः* ।

[कुम्भसम्भव]

कुम्भात् सम्भवोऽस्येति *कुम्भसम्भवः* ।

[मैत्रावरुणि]

देवताद्वन्द्वे च (P. VI.3.26) इति मित्रशब्दस्यानङ्। मित्रावरुणौ। तयोरपत्यं *मैत्रावरुणिः* । ***अत इञ्*** (P. IV.1.95)।

[अस्यैव लोपामुद्रा सधर्मिणी ।। १९ ।।]

[सधर्मिणी]

सधर्मिणी धर्मपत्नी।

[नक्षत्रमृक्षं भं तारा तारकाप्युडु वा स्त्रियाम् ।]

[नक्षत्र]

नक्षत्रमिति ***नभ्राणनपान्नवेदानासत्यानमुचिनकुलनखनपुंसकनक्षत्र*** ... (P. VI.3.75) इत्यादिना प्रकृतिवद्भावः।

[नक्षत्र ... , तारा ...]

*नक्षत्रे*त्यादिना सामान्येन *ताराणां* पर्यायः।

[तारका]

तरतीति *तारका* । ... ***ज्योतिष्युपसङ्ख्यानम्*** ... (Bhāṣ. on Vā. 6 to P. VII.3.45) इतीत्त्वाभावः।

---

2) °पादस्यापत्यं ः औत्तानपादिः MS. 6) अगं वित्यं ज्ञायेतीति।। अगस्त्यः MS. 8) कुस्भा° MS. °ति।। कूम्भ° MS. 8,10) °वः देवता° MS. 10) मित्रशब्दस्यानङ् मित्रा° MS. तयोः अपत्यं MS. 11) अत इण् MS. 14) सधर्मणी।। ध° MS. 17) नक्षत्रमिपि नभ्रान्नपाचवेदानामत्या° MS. °नपुंशकनक्षे° MS. 20) नक्षेत्रेत्यादिना सामापेन MS. 20, 22-23) °यः तरतीति।। तारका।। ज्यौतिः-पूपसंख्यातव्येति इत्वाभावः MS.

[I.3.20-21]

[तारक , उडु]

केचित् *तारकापि वा स्त्रियां* न च केवलमुड्वित्येवंसम्बन्ध उडुसाहचर्यात् पक्षे नपुंसकत्वम्।

द्वित्रैर्व्योम्नि पुराणसीधुमधुरच्छायैः स्थितं तारकैः (VŚBh. I.11[a])

इत्यपि सङ्गृहीतं भवति।

[दाक्षायण्योऽश्विनीत्यादितारा:]

[दाक्षायणी]

अनन्तरापत्यानामपि गोत्ररूपाध्याहाराद् दाक्षिशब्दाद् ***यञिञोश्च*** (P. IV.1.101) इति फक्।

[अश्वयुगश्विनी ।। २० ।।]

[अश्वयुज्]

अश्वं युनक्तीत्य*श्वयुक्* ।

[राधा विशाखा]

[राधा , विशाखा]

विशाखयोश्च (P. I.2.62) इति विशाखार्थस्य पाक्षिकमेकत्वातिदेशमाश्रित्य *राधा विशाखे*त्युक्तम्। राधे विशाखे इत्यपि युक्तं भवति तयोर्द्व्यर्थत्वात्।

[तिष्ये तु पुष्यसिध्यौ]

[पुष्य , सिध्य]

पुष्यसिध्यौ नक्षत्रे (P. III.1.116) इति निपातितावेतौ।

[श्रविष्ठया ।

2) *Daṇḍa* in MS. before न. °मुडु इत्येवं° MS. °त पक्ष MS. 4-5) स्थितत्तारकेरित्यपि MS. 5) °तम्भपति MS. 8-9) °पत्यमपि गात्ररुपाध्यारान्।। दाक्षिशब्दाद्यंञेञौम्वेति हक् MS. 12) युनक्तीति।। अश्वयुक् MS. 15) विशाषयो° MS. विशाषार्थस्य MS. °मेकत्वान्।। तिदेश° MS. 16) विशाषे इत्यपि पुमव्भवति MS.

समा धनिष्ठा]

[स्युः प्रोष्ठपदा भाद्रपदाः स्त्रियः ।। २१ ।।]

[प्रोष्ठपदा , भाद्रपदा]

द्वयोः पूर्वभाद्रपदयोरुत्तरभाद्रपदयोश्च समुदायस्य चतुःसङ्ख्यत्वात् *स्युः प्रोष्ठपदा भाद्रपदा* इति बहुवचनान्तमुक्तम्। अथवा ***फल्गुनीप्रोष्ठपदानां च नक्षत्रे*** (P. I.2.60) इति द्वयोः प्रोष्ठपदार्थयोः पदमातिदेशिकं पक्षे बहुत्वम्। तदाश्रित्यैतदुक्तम्। यथा ***कदा पूर्वाः प्रोष्ठपदाः*** (K. on P. I.2.60), कदा पूर्वा भाद्रपदाः इति। द्विवचनान्तयोरपि च प्रयोगो भवत्येव। यथा ***कदा पूर्वे प्रोष्ठपदे*** (K. on P. I.2.60), कदा पूर्वे भाद्रपदे इति। ***सुप्रातसुश्व*** ... (P. V.4.120) इत्यादौ निपातनात् सिद्धम्।

[मृगशीर्षं मृगशिरस्तस्मिन्नेवाग्रहायणी ।]

[मृगशीर्ष]

*मृगशीर्ष*मेकमेव।

[आग्रहायणी]

अग्रे हायनमस्या इत्य*ाग्रहायणी* ।

[इल्वलास्तच्छिरोदेशे तारका निवसन्ति याः ।। २२ ।।]

[इल्वला]

इल्वलाः पञ्च स्वल्प*तारकाः* ।। ० ।।

[बृहस्पतिः सुराचार्यो गीर्पतिर्धिषणो गुरुः ।
जीव आङ्गिरसो वाचस्पतिश्चित्रशिखण्डिजः ।। २३ ।।]

[बृहस्पति]

बृहतां पति*र्बृहस्पतिः* (see K. on P. VI.2.140) । ***तद्बृहतोः करपत्योरनुचितयोः सुद तलोपश्च*** (Bhāṣ. on P. VI.1.157) ।

---

4) °रुत्तरभाद्रपदं ।। समुदायस्य MS. °त्वान ।। स्युः प्रोष्टपदा MS. 5) फल्गुणीप्रोष्ट° MS. 6) प्रोष्टपदार्थयोः ।। पद° MS. बहुत्व तदा° MS. 7) कादा MS. प्रोष्टपदाः MS. *Daṇḍa* in MS. before भाद्र°. द्विवचनान्वयोरपि MS. 8) प्रोष्टपदे कदा पूर्व्व MS. 9) °सुस्वेत्यादौ MS. 12) मृगशीष° MS. 14) अग्र MS. 14, 17) इति ।। अग्रहायणी इत्वलाः पचे MS. 21) पतिः ।। बृहम्पतिः MS. 21-22) °हत्योः करपत्योरनुचितयोः सहलोपश्च MS. 22) No *daṇḍa* in MS.

[I.3.23-24]

[गीष्पति]

गिरां पतिर्गीष्पतिः । ***अहरादीनां पत्यादिषूपसङ्ख्यानम्*** ... (Bhāṣ. on Vā. to P. VIII.2.70) इति रेफादेशाभावपक्षे कस्कादिषु दर्शनाद् विसर्जनीयस्य षत्वम् (see P. VIII.3.48) ।

[धिषण]

धृषेर्धिष च सञ्ज्ञायाम् (U. II.82) इति क्युस्ततो धिष च। धिषणास्यास्तीत्यर्शआदित्वादच् (see P. V.2.127) । *धिषणः* ।

[आङ्गिरस]

अङ्गिरसोऽपत्य*माङ्गिरसः* ।

[वाचस्पति]

वाचस्पतिः । *दिवस्पति*(see AK I.1.42[b])रिव षष्ठ्या अलुक् । ***षष्ठ्याः पतिपुत्र*** ... (P. VIII.3.53) इत्यादिना विसर्जनीयस्य सत्वम् ।

[शुक्रो दैत्यगुरुः काव्य उशना भार्गवः कविः ।]

[कवि , काव्य]

*कवि*रेव *काव्यः* । स्वार्थे ष्यञ् (see P. V.1.124) ।

[उशनस्]

उशनेति ***वश कान्तौ*** (Dh. II.70) इत्यस्माद् ***वशेः कनसिः*** (U. IV.238) इति कनसिप्रत्ययः, ***ऋदुशनस्पुरुदंसः*** ... (P. VII.1.94) इत्यादिना सकारस्यानङ् ।

[भार्गव]

भृगोरपत्यं *भार्गवः* ।

[अङ्गारकः कुजो भौमो लोहिताङ्गो महीसुतः ।। २४ ।।]

---

2) पतिः ।। गीष्पतिः ।। रुदरदीनां पत्यादिष्टप° MS. 3) °भावेपक्षे ।। कष्कादिषु MS. 5) धिषेः धिषे च MS. 5-6) कः ।। ततो शष वे ।। धिषणास्यास्तीति ।। अर्शादि° MS. 8) अंति° MS. °पत्यं ।। आङ्गिरसः MS. 10) वाचस्पतिरिव षष्ठ्या अलुक् MS.; see App. 1, no. 22. 11) °नीयस्य ष° MS. 14) स्त्वर्थे घ्यञ MS. 16-17) कान्ताविस्माद्वशः कनासदिति कणृश्चिप्रत्ययः ।। वादुशनृस्पुरुदंश इत्यादिना मकास्योनङ् MS.

[कुज]

कौ पृथिव्यां (see AK II.1.3^{c}) जातः *कुजः* । (see P. IV.3.25)

[भौम]

भूमेरपत्यं *भौमः* ।

[रौहिणेयो बुधः सौम्यः]

[रौहिणेय]

रोहिण्या अपत्यं *रौहिणेयः* ।

[सौम्य]

सोमस्यापत्यं *सौम्यः* ।

[समौ सौरिशनैश्चरौ ।]

[सौरि]

सूरस्यापत्यं *सौरिः* ।

[शनैश्चर]

शनैश्चरतीति *शनैश्चरः* ।

[तमस्तु राहुः स्वर्भानुः सैंहिकेयो विधुन्तुदः ।। २५ ।।]

[तमस् , तम , तगस्]

तम इति रूपभेदेन नपुंसकत्वं विज्ञेयम्। अन्यथा हि तमा इति स्यात्।

कश्चिदाहाकारान्तोऽयं न हलन्तः।

अस्ति च सकारान्तो नपुंसकलिङ्गः। यथा

तमांसि गुणतिमिरसैंहिकेयाः स्युः । (NM acc. to Sar.)

अस्ति च सकारान्तोऽपि पुंलिङ्गः। यथा

तमा राहुः ।

---

4) भूमेरपत्यं।। भौमः MS. 7) रोहिण्याऽपत्यं।। रौहिणेयः MS. 9) सोमस्यापत्यं।। सौम्यः MS. 12) सूरस्यापत्यं।। सौरिः MS. 14) शनैः चरतीति।। शनैश्चरः MS. 17) स्यात MS. 18) कश्चिदाह।। अकारान्तो° MS. 19) °लिंगः MS. 20) गुणनिमिरत्यैंहिकेयाः MS. 21) सप्तारान्तोपी MS.

[स्वर्भानु]

स्वर्भानुश्चित्रभानु(see AK I.1.56b, 3.29b)रित्यादौ ***पूर्वपदात् सञ्ज्ञायामगः*** (P. VIII. 4.3) इति णत्वं प्राप्तं क्षुभ्नादेराकृतिगणत्वात् (see K. on P. VIII.4.39) ***क्षुभ्नादिषु च*** (P. VIII.4.39) तस्य प्रतिषेधात्।

[सैंहिकेय]

सिंहिकाया अपत्यं *सैंहिकेयः* ।

[विधुन्तुद]

विधुं तुदतीति *विधुन्तुदः* । ***विध्वरुषोस्तुदः*** (P. III.2.35) इति खश्।

[सप्तर्षयो मरीच्यत्रिमुखाश्चित्रशिखण्डिनः ।]

[मरीच्यत्रिमुख सप्तर्षि , चित्रशिखण्डिन्]

मरीच्यत्रिप्रमुखाः सप्तर्षयः । ते च *चित्रशिखण्डिन* उच्यन्ते। *चित्रशिखण्डी*ति प्रत्येकं सप्तानामृषीणाम्।

मरीचिश्च वसिष्ठश्च द्वावत्र्यङ्गिरसौ तथा ।
पुलस्तिः पुलहश्चैव क्रतुः सप्तर्षयो मताः ॥

तत्रायमागमः

पूर्वे भागे भगवान् मरीचिरपि दक्षिणे वसिष्ठोऽस्मात् ।
तस्याङ्गिरास्ततोऽत्रिस्तस्यासन्नः पुलस्त्यश्च ॥
पुलहः क्रतुरपि भगवानासन्नश्च क्रमेण पूर्वस्य ।
तत्र वसिष्ठं मुनिवरमुपाश्रितारुन्धती साध्वी ॥ (BS XIII.5-6)

[राशीनामुदयो लग्नम्]

[ते तु मेषवृषादयः ।। २६ ।।]

[सूरसूर्यार्यमादित्यद्वादशात्मदिवाकराः ।
भास्कराहस्करब्रध्नप्रभाकरविभाकराः ।। २७ ।।]

2-3) °या सर्ग इति MS. 3-4) क्षुभ्रादेशकृतिगणत्वात्।। क्षुभ्रादिषु MS. 6) सिंहिपाया MS. 8) दिधुं MS. 11-12) पत्येकं सप्तानां ऋषी° MS. 13) वशिष्टश्च द्वावत्यङ्गिरसौ MS. 15-16) °मागमः।। पू° MS. 16) वशिष्टो° B. 16-17) °स्मात तस्यांगिरा° A, °स्मादंभस्यांगिरा° B. 17) °स्तत्रोऽत्रि° A. 17-18) पुलस्त्यश्च पुलहः B. 18) क्रतुरपि। भग° A, B. 19) वशेष्ट मुनि° B.

भास्वद्विवस्वत्सप्ताश्वहरिदश्वोष्णरश्मयः ।
विकर्तनार्कमार्तण्डमिहिरारुणपूषणः ।। २८ ।।
द्युमणिस्तरणिर्मित्रश्चित्रभानुर्विरोचनः ।
विभावसुर्ग्रहपतिस्त्विषाम्पतिरहर्पतिः ।। २९ ।।
भानुर्हंसः सहस्रांशुस्तपनः सविता रविः ।]

[सूर]

सुवतीति सूरः । ***सुसूधागृधिभ्यः क्रन्*** (U. II.24) इति क्रन् ।

[सूर्य]

राजसूयसूर्यमृषोद्यरुच्यकुप्य ... (P. III.1.114) इति निपातनात् सिद्धम् ।

[अर्यमन् , पूषन्]

अर्यमन् पूषन् (U. I.158) इत्युणादिषु निपातनाद*र्यमा पूषा* ।

[आदित्य]

अदितेरपत्य*मादित्यः* ।

[द्वादशात्मन्]

द्वादशात्मेति ।

इन्द्रो धाताथ पर्जन्यस्त्वष्टा पूषार्यमा भगः ।
विवस्वान् विष्णुरंशुश्च मित्रो वरुण एव च ॥

[दिवाकर[१]-५]

*दिवाकरा*दिषु पञ्चसु ***दिवाविभा*** ... ***प्रभा*** ... (P. III.2.21) इत्यादिना टप्रत्ययः ।

[भास्वत्]

भासोऽस्य सन्तीति *भास्वान्* । ***मादुपधायाश्च*** ... (P. VIII.2.9) इति मकारस्य वत्वम् ।

---

7) सुसृधा° B. 9) °मृषाद्यरुच्यकुप्यैति B. 11) पुष° B. °ति। उणादिषु A, B. निपातनात्। अ° A, B. 13) °रपत्यं। आदि° A, B. 13, 15) °त्यः द्वादशान्मैति B. 16) पर्जन्यत्वष्टा पुषा° B. 17) विवस्वा B. No additional *daṇḍa* in A, B. 19) पञ्चषु A, पञ्चेषु B. डप्रत्ययः B. 21) गत्तीति B. मादुपपाधाश्चेति B.

[I.3.27-30]

[विकर्तन]

विकृन्तति विकर्तयतीति वा *विकर्तनः* ।

[अर्क]

अर्चती(see N. V.1.5)त्यर्च्यत इति वा*र्कः* ।

[मिहिर]

मेहतीति *मिहिरः* ।

[अरुण]

अरुणवर्णत्वाद*रुणः* ।

[द्युमण]

दिवो मणि*र्द्युमणिः* । ***दिव उत्*** (P. VI.1.131) ।

[तरणि]

तरतीति *तरणिः* ।

[चित्रभानु]

चित्रा नानाप्रकारा भानवोऽस्येति *चित्रभानुः* ।

[विरोचन]

विरोचितुं शीलोऽस्येति *विरोचनः* । ***अनुदात्तेतश्च हलादेः*** (P. III. 2.149) इति युच् ।

[अहर्पति]

अह्नः पतिर*हर्पतिः* ।

[भानु]

भातीति *भानुः* ।

[तपन]

तपतीति *तपनः* ।

---

2) विकृन्तति । विक्रृन्तीति A, B; see App. 1, no. 23. विनर्त्तरः A, विकर्त्तकः B. 4) अर्चतीति । अर्च्यत इति अर्क्कः A, B. 8) °वर्मत्वा° A, B. 10) मणिः । द्युमणिः A, मणिः द्युमणिः B. 14) भानचो° B. वित्र° B. 16) °स्यति B. °ति षुच् A, °ति षच् B. 18) पतिः । अह° A, B. 20, 22) भागीति तानुः तप° B. 22) °तीति । तपन A. No *daṇḍa* in B.

[सवितृ]

सुवतीति *सविता* ।।

[माठरः पिङ्गलो दण्डश्चण्डांशोः पारिपार्श्विकाः ।। ३० ।।]

[दण्ड , पिङ्गल , माठर]

अतिदयालुतया यथेष्टं मा दाद् वरमिति विघ्ननायका इन्द्रादयोऽष्टादश देवाः किल नामान्तैरश्चण्डांशोः परिपार्श्वचराः ।

तत्र शक्रो वामपार्श्वे दण्डाख्यो दण्डनायकः ।
वह्निस्तु दक्षिणे पार्श्वे पिङ्गलो वामनश्च सः ॥
(ST acc. to KṣS, Vyā. acc. to SUT on ACM II.17$^{c\text{-}d}$)
यमोऽपि दक्षिणे पार्श्वे ख्यातो माठरसञ्ज्ञया । (ST acc. to KṣS)

एवमन्येऽपि देवाः। प्राधान्यादुपलक्षणत्वाद् वा छान्दसा *माठरादय* एवोक्ता न तु जातृकारादयः।

[पारिपार्श्विक]

परिपार्श्वे वर्तन्त इति *पारिपार्श्विकाः* । ***परिमुखं च*** (P. IV.4.29) इति चकारादनुक्तसमुच्चयार्थात् (see K. on P. IV.4.29) ठक् ।

[सूर्यसूतोऽरुणोऽनूरुः काश्यपिर्गरुडाग्रजः ।]

[अरुण]

अरुणवर्णत्वादृच्छतीति वारुणः ।

[गरुडाग्रज]

गरुडस्याग्रजो *गरुडाग्रजः* ।

[परिवेषस्तु परिधिरुपसूर्यकमण्डले ।। ३१ ।।]

---

2) सुवतीति।। सविता B. 5) °नायकाः। एन्द्रादयो° A, °नायकाः।। ऐन्द्रादचो° B. देवाः किन A, B. 6) नामोत्तनै° B. °श्चण्डाशोः A, B. परिपास्व° A, परियास्र्व° B. 6-7) °चराः तत्र B. 8) पिंगलो गमनश्व B. No additional *daṇḍa* in A, B. 11) एवमन्य° B. देवाः प्राधा° A, B. °त्यादुप° B. °लक्षणत्वात्। छान्दसो वा A, B. माठरादयः B. 12) जातुकादयः A, B; see App. 1, no. 24. No *daṇḍa* in B. 14) पारिपार्श्विकाः परि° B. °मुखं चाति A, B. चकादनुक्त° A; कादनूक्त° B. 15) °समुच्चयार्थाट्टक् B. 18) वा अरुणः A, B.

[परिवेष]

परितो वेषणं *परिवेषः* सूर्यादे रश्मिमण्डल उत्पातः।

[उपसूर्यक , मण्डल]

उपसूर्यकमण्डले द्वे। सूर्यादेः सामान्येन वक्ष्यमाणम्।। ० ।।

[किरणोस्रमयूखांशुगभस्तिघृणिधृष्णयः ।
भानुः करो मरीचिः स्त्रीपुंसयोर्दीधितिः स्त्रियाम् ।। ३२ ।।]

[किरण ...]

*किरणा*दिर्द्वन्द्वः।

[गभस्ति]

स्त्रियामपि *गभस्ति*र्दृश्यते।

[दीधिति]

*दीधिति*रिति क्तिन्।

[स्युः प्रभा रुग् रुचिस्त्विड्भाभाश्छविद्युतिदीप्तयः ।
रोचिः शोचिरुभे क्लीबे]

[प्रभा ...]

*प्रभा*दयः *स्त्रियां स्युः* ।

[प्रकाशो द्योत आतपः ।। ३३ ।।]

[प्रभा - आतप]

*प्रभे*त्यादिना*तप*पर्यन्तेन रश्मिगत आलोक उच्यत इति केचिदाहुः।

[रोचिस्]

रुचेरिसिः। *रोचिः* ।

---

2) परितो वर्षणं B. परिवेषः। सू° A, B. रस्मि° A, B. 2, 4) उत्पातः उपसु° B. 4) द्वे सूर्या° B. °देः। सामान्येन A. वक्ष्यमानं B. 8) किरणादिद्वंद्वः A, B. 10) स्त्रियमपि गभास्ति° B. 12, 16) क्तिन्। स्त्रियां A, क्तिन् स्त्रियां B. 19) प्रभेत्यादिना आतप° A, B. रस्मि° A, B. 21) रुचेरिसि A, B.

[शोचिस्]

शुचेरिसिः (see U. II.109)। *शोचिः* ।

[कोष्णं कवोष्णं मन्दोष्णं कदुष्णं त्रिषु तद्वति ।]

[कवोष्ण , कोष्ण , कदुष्ण]

ईषदुष्णं *कवोष्णम्* । ***कुगतिप्रादयः*** (P. II.2.18) इति समासः। ***कवं चोष्णे*** (P. VI. 3.107) इति कवादेशः कादेशश्च। ***कोः कत् तत्पुरुषेऽचि*** (P. VI.3.101) इति कदादेशः। *कोष्णा* यवागूः, *कोष्ण* ओदनः, *कोष्णं* पयः इति। *तद्वति* द्रव्ये *त्रिषु* । तद्वत् कोष्णवत् *त्रिषु तद्वतीत्यर्थः*।

[तिग्मं तीक्ष्णं खरं तद्वत्]

[तिग्म]

तिग्मो रश्मिः, *तिग्मम*ौषधम् , *तिग्मः* खड्गः इत्येवम्।

[मृगतृष्णा मरीचिका ।। ३४ ।।]

[मृगतृष्णा]

मृगाणां तृष्णा पिपासा (see AK III.3.49c)। यस्यां जलाभासत्वात् सा *मृगतृष्णा* ।

[मरीचिका]

अतिशयतीव्रमरीचीनां सा स्वच्छा द्युतिरिति *मरीचिका* ।

[कालो दिष्टोऽप्यनेहापि समयोऽपि]

---

2) णुचे° B. °रिसि A, B. सोचिः A. 5) इष° B. °दुष्णं। कवोष्णं। कुगति° A, °दुष्णं।। कुगति° B. कवङ् A, B. 5-6) वोष्ण इति B. 6) कवादेशः। कादेशस्च A, कवादसेः।। कादेशश्चो B. No *daṇḍa* in B. 6-7) °रुषेतीति B. 7) No *daṇḍa* in B after यवागूः. क्रोष्ण A. उदनः कोष्णं B. इति त° B. 8) त्रिषु।। त° A. कोष्णवत्त्रिषु B. 11) रस्मिः A, B. तिग्मेमौ° B. तिग्म A, तिग्मेः B. खङ्ग B. Double *daṇḍa* in A before मृगाणां. 14) पिपासा यस्यां A.

[अनेहस्]

अनेहेति ***ऋदुशन*** ... (P. VII.1.94) इत्यादिनानङ् ।

[अथ पक्षतिः ।
प्रतिपद् द्वे इमे स्त्रीत्वे]

[पक्षति]

पक्षस्य मूलं पक्षतिः। (Bhāṣ. on P. V.2.25)

[प्रतिपद्]

क्षयमुदयं वा प्रतिपद्यते चन्द्रोऽस्यामिति *प्रतिपत्* ।

[तदाद्यास्तिथयो द्वयोः ।। १ ।।]

[तिथि]

तदाद्याः प्रतिपदाद्यास्*तिथयः* । *तिथि*शब्दो *द्वयोः* । ननु प्रतिपद आरभ्य पक्षस्य वलना तिथिवाच्याः प्रतिपदादयः। *तदाद्या* बहुत्वयुक्ताश्च न त्वेकस्तिथिशब्दः। तत् कथमेतत्। उच्यते ***अर्थधर्मेण शब्दोऽपि व्यपदिश्यते*** इत्यदोषः।

[घस्रो दिनाहनी वा तु क्लीबे दिवसवासरौ ।]
[प्रत्यूषोऽहर्मुखं कल्यमुषःप्रत्युषसी अपि ।। २ ।।
प्रभातं च]

[अहर्मुख]

अह्नो मुख*महर्मुखम्* ।

[उषस् , प्रत्युषस्]

उषःप्रत्युषसी सान्ते नपुंसके। ***ईदूदेद्द्विवचनं*** ... (P. I.1.11) इति प्रगृह्यत्वाद् यणादेशाभावः।

[दिनान्ते तु सायः]

---

2) अनेदेति ऋद्दृश° B. °त्यादिना अनङ् A, B. 6) मूलं। पक्ष° A, B. 6, 8) °तिः क्षप° B. 8) °मुदयम्वा A. पतिपद्यते A, B. 12) वलाना A, B. 12-13) °शब्दस्त° A, B. 13) °मेतन। उच्यते। अर्थ° A, °मेतन।। अर्थ° B. व्यपदिश्यतः B. 20) उषःप्रत्युखसी सात्ते B. नपुन्संके A. इदृ° B. °देङ्द्वि° A, B. प्रगृज्य° B. 21) No *daṇḍa* in B.

[साय]

श्याद् व्यध ... (P. III.1.141) इत्यादिना णः। *सायः*।

[सन्ध्या पितृप्रसूः ।]

[सन्ध्या]

सन्ध्यायतेऽस्यामिति *सन्ध्या* ।

[पितृप्रसू]

पितॄणां प्रसूः ।

[प्राह्णापराह्णमध्याह्नास्त्रिसन्ध्यम्]

[प्राह्ण , मध्याह्न , अपराह्ण]

अह्नः प्रथममह्नो मध्यममिति ***सङ्ख्याविसायपूर्वस्य*** ... (P. VI.3.110) इति ज्ञापकात् ***पूर्वापराधर*** ... (P. II.2.1) इत्यादिना तत्पुरुषः। अह्नोऽपरमिति तेनैव। *प्राह्णापराह्णयोर्* ***अह्नोऽदन्तात्*** (P. VIII.4.7) इति णत्वम्।

[त्रिसन्ध्य]

तिसृणां सन्ध्यानां समाहारस्*त्रिसन्ध्यम्* । ***वाबन्तः*** (Vā. 3 to P. II.4.30) इति पक्षे नपुंसकत्वम्।

[अथ शर्वरी ।। ३ ।।

निशा निशीथिनी रात्रिस्त्रियामा क्षणदा क्षपा ।

विभावरीतमस्विन्यौ रजनिर्यामिनी तमी ।। ४ ।।]

[शर्वरी]

शृणातीति *शर्वरी* । ***कॄगॄशॄवृञ्चतिभ्यः ष्वरच्*** (U. II.123)।

---

2) स्याद्व्य° A, B. शः B. No *daṇḍa* in A, B after सायः. 7, 10) प्रसूः अह्नः प्रथमे।। मह्नो B. 10) *daṇḍa* in A, B after मध्यममिति. 11) पूर्वपरेधरेत्यादिना A, धृधपरेधरेत्यादिना B. °वरमिति A, B. तेलैव A, तैलैव B. प्राह्ना° A, B. °पराह्वयो° B. 12) °ह्नो° A. °दत्ता° B. 14) त्रिशृणां A, तिशृणां B. समाहारः। त्रि° A, B. °सन्ध्यः A, °संध्यः B. वा आब° A, B. 20) शृणो° B. *Daṇḍa* in B after °तीति. सर्व्वरी A. कृगृवृङ्° B. °चतिः A, B; A with some space blank between ति and *visarga*. वरच् A, व्वरच् B.

[निशा]

निश्यतीति *निशा* । ***आतश्चोपसर्गे*** (P. III.3.106) इति कः ।

[त्रियामा]

प्रथमचतुर्थयोर्यामयोरर्धार्धं दिवस एव कल्प्यत इति *त्रियामा* ।

[क्षणदा]

क्षणमवसरं (see ARM V.65) ददातीति *क्षणदा* ।

[तमिस्रा तामसी रात्रिः]

[तमिस्रा]

ज्योत्स्नातमिस्रा ... (P. V.2.114) इति निपातनात् *तमिस्रा* ।

[ज्यौत्स्नी चन्द्रिकयान्विता ।]

[ज्यौत्स्नी , तामसी]

ज्यौत्स्नी तामसीति ***अण्प्रकरणे ज्योत्स्नादिभ्य उपसङ्ख्यानम्*** (Vā. 2 to P. V.2.103) इत्यण् ।

[आगामिवर्तमानाहर्युक्तायां निशि पक्षिणी ।। ५ ।।]

[अहन्]

*अहरिति निशी*ति चोपलक्षणम् ।

[आगामिवर्तमानाहर्युक्ता निश् , पक्षिणी]

तेना*गामिवर्तमान*निशायुक्ते दिवसे *पक्षिणी* ।

[गणरात्रं निशा बह्वयः]

---

2) निस्यती° A, निस्येती° B. °ति ।। नि° B. °शा आत° A. °श्वोप° B. 2, 4) क प्रथम° B. 4) °र्यामयोरर्द्ध B. कल्पात इति त्रियामाः B. 9) ज्येत्स्ना° B. °तमिश्रेति A, B. तमिश्रा A, B. 12) द्यौचत्स्नी B. तामसीति । अण्° A, B. 13) °त्यने् B. 16) निसीति A, मिसीति B. 18) पक्षणी A, B.

[गणरात्र]

गणशब्दो बहुत्वसङ्ख्यावचनः। गणो रात्रीणां समाहारो *गणरात्रम्* । ***अच् प्रत्यन्वव-पूर्वात् सामलोम्नः*** (P. V.4.75) इत्यत्र ***अच्*** इति योगविभागादच्प्रत्ययः।

[प्रदोषो रजनीमुखम् ।]

[रजनीमुख]

रजनीमुखं प्रथमयामः।

[अर्धरात्रनिशीथौ द्वौ]

[निशीथ]

शेतेर् (see Dh. II.22) ***निशीथ*** (U. II.9) इत्युणादिषु निपातितम्।

[द्वौ यामप्रहरौ समौ ।। ६ ।।]

[प्रहर]

प्रहर इति ***पुंसि सञ्ज्ञायां घः*** ... (P. III.3.118)।

[स पर्वसन्धिः प्रतिपत्पञ्चदश्योर्यदन्तरम् ।]

[पर्वसन्धि]

प्रतिपत्पञ्चदश्योरन्तरं मध्यं (see ŚāK 88) *पर्वसन्धिः* । यद् वा राशौ सन्धिश्चेति *पर्वसन्धिः* ।

[पक्षान्तौ पञ्चदश्यौ द्वे]

[पौर्णमासी तु पूर्णिमा ।। ७ ।।]

[पौर्णमासी]

पूर्णमासादण् (Vā. 2 to P. IV.2.35) ***। पौर्णमासी । ... पूर्णो माः पूर्णमाः । पूर्णमास इयं पौर्णमासी । मा इति चन्द्रमा उच्यते ।*** (K. on P. IV.2.21)

---

2) गण रात्रीणां A, B. समाहारः। गण° A, B. 2-3) अच प्रत्ययत्वच्पू° B. 6) जननीमुखं A, B. प्रथयामः B. 9) स्यते° A, B. °र्विशीथ A. इति उणादिषु A, B. 12, 15) घः। यद्वा रासौ A, B; see App. 1, no. 25. 20) °मासादण् पौ° A, B. पूर्ण्णा माः B. °माः पू° B. 20-21) °मासः इयं B. 21) पूर्ण्णमासी A, पूर्ण्णमोसी B. उच्यन्ते A, B.

[I.4.7- 9]

[पूर्णिमा]

पॄ (see Dh. III.4) इत्यस्मात् क्तिन् (see P. III.3.94)। ***ॠकारल्वादिभ्यः क्तिन् निष्ठावत्*** (Vā. 1 to P. VIII.2.44) इति नत्वम्। पूर्णिं मिमीत इति *पूर्णिमा*। मूलविभुजादिदर्शनात् कः (see Vā. 2 to P. III.2.5)।

[कलाहीने सानुमतिः]

[कलाहीन]

यत्रोदयकाले *प्रतिपल्लगति* तत्र *कलया हीनो* निशाकरः।

[पूर्णे राका निशाकरे ।]

[अमावास्या त्वमावस्या दर्शः सूर्येन्दुसङ्गमः ।। ८ ।।]

[अमावास्या]

अमा ... सह वसतोऽस्मिन् काले सूर्याचन्द्रमसावित्यमावास्या ... । (K. on P. III.1.122)

[अमावस्या]

अमावस्यदन्यतरस्याम् (P. III.1.122) इति पक्षे वृद्ध्यभावः।

[दर्श]

अदर्शत्वाद् *दर्शः* ।

[सूर्येन्दुसङ्गम]

सूर्येन्द्वोः सङ्गमोऽस्मिन्निति *सूर्येन्दुसङ्गमः* ।

[सा दृष्टेन्दुः सिनीवाली]

[दृष्टेन्दु]

यस्यामस्तमिते रवौ *प्रतिपद्* भवति *सा दृष्टेन्दुः* ।

[सा नष्टेन्दुकला कुहूः ।]

---

2) यू इत्यस्मान क्तिन् B. °ल्वापिभ्यः B. क्ति A, B. 3) निष।। व° B. पूर्णिस्मिसीत इति पूण्णिमा B. 4, 7) कः यत्रोदयकाल B. 7, 11) निशाकरः अमा B. 11) वसतो।। स्मिन् B. °चन्द्रमसाविति। अमा° B. 14) अमावस्या° A, अमावाश्या° B. 14, 16) वृद्ध्यभावः अदर्ण° B. 16, 18) दर्शः। सूर्येन्तोः A, दर्शः सूर्य्येन्दोः B. 18, 21) °मः यस्या° B. 21) °मस्तममिते A.

[उपरागो ग्रहः]

[ग्रह]

ग्रहवृदृनिश्चिगमश्च (P. III.3.58) इत्यप्। *ग्रहः* ।

[राहुग्रस्ते त्विन्दौ च पूष्णि च ।। ९ ।।

सोपप्लवोपरक्तौ द्वौ]

[अग्न्युत्पात उपाहितः ।]

[अग्न्युत्पात , उपप्लव , उपाहित]

*अग्न्युत्पातोऽग्न्युपप्लवश्चा*ग्नेयमण्डलेन यो ग्रहमतिभवतीति ग्रहावसरे कथितम्। क्वचिद*ग्न्युत्पातोपाहित*शब्दाभ्यामाग्नेयमण्डलेन यो *ग्रहः* स एव भण्यते।

[एकयोक्त्या पुष्पवन्तौ दिवाकरनिशाकरौ ।। १० ।।]

[पुष्पवत् , दिवाकरनिशाकर]

एकयोक्त्या प्रयुक्त्या *पुष्पवन्तौ* पुष्पवच्छब्देन वाच्यौ *दिवाकरनिशाकरौ* सहभूतौ न त्वनेकया प्रयुक्त्या प्रत्येकम्। अत एव द्विवचनान्तोऽयं दृश्यते न क्वचिदेकवचनान्तः।।

[अष्टादश निमेषास्तु काष्ठा]

[अष्टादश निमेष , काष्ठा]

मनुष्याणां यावता कालेनाकृत्रिमो *निमेषो* भवति स मात्राकालः। ते*ऽष्टादश काष्ठा* ।

[त्रिंशत् तु ताः कला ।]

[तास्तु त्रिंशत् क्षणः]

[ते तु मुहूर्तो द्वादशास्त्रियाम् ।। ११ ।।]

---

3) °वृदृणिश्चे° A, B. °वाम° B. °ति। अप्॰ A, B. 3, 8) ग्रहः।। अग्न्यु° A. 8) °प्लवण्वाग्नेय° B. °मण्डलेन ग्रहे° A, B. °सेविभवतीति B. काथि° B. Double *daṇḍa* in A. 9) क्वचिदग्न्युपा° B. °तउपाहितशब्दाभ्यां। आग्नेय° A, B. ग्रहः। स A, B. भर्ण्यते B. 12) प्रयुक्त्या। पुष्पवन्तौ। पुष्पवच्छब्देन वाच्यौ। दिवाकर° A, प्रयुक्ज्या।। पुष्पवच्छब्देन वा।। च्यौ।। दिवाकर° B. सहभूतौ। न A. 13) प्रयुक्ज्या B. दृश्यते। न A, B. 14) No additional *daṇḍa* in B. 17) मनुष्यानां B. निमेषा B. मात्रालालः A, B. काष्टा B.

[द्वादशन्]

ते तु द्वादशेति व्यवहितेन सम्बन्धः।

[ते तु त्रिंशदहोरात्रः]
[पक्षस्ते दश पञ्च च ।]
[पक्षौ पूर्वापरौ शुक्लकृष्णौ]

[शुक्लपक्ष , पूर्वपक्ष ; कृष्णपक्ष , अपरपक्ष]

शुक्लकृष्णौ पक्षौ यथाक्रमं *पूर्वापर*नामधेयौ।

[मासस्तु तावुभौ ।। १२ ।।]
[द्वौ द्वौ माघादिमासौ स्यादृतुः]
[तैरयनं त्रिभिः ।]

[मार्गादि , ऋतु , माघादिमास , मास , अयन , वत्सर]

ननु ***षडमी ऋतवः पुंसि मार्गादीनां युगैः क्रमात्*** (AK I.4.20^{a-b}) इत्यनेन *मार्गादि-मासौ द्वौ द्वा*वृतुरिति वक्ष्यति। तत् कथं *द्वौ द्वौ माघादिमासौ स्यादृतु*रित्युक्तम्। उच्यते ***द्वौ द्वौ मासावृतुः*** (AŚ II.20.54) इति नियमेन*र्तुत्रयमयनम्*, ***अयने द्वे*** (AK I.4.13^{c}) ***वत्सरः*** (AK I.4.13^{d}) इनि कवेर्विवक्षितम्। एतदनुरोधेन *माघादि*-ग्रहणं कृतवान् न तु *मार्गादि*ग्रहणम्। अनुवादश्चायं न विधिः परत एव विधानात्।

[अयने द्वे]

[अयन]

अयने द्वे ।

[गतिरुदक् दक्षिणार्कस्य]

---

2) द्वादेशेति B. 7) पक्षौ । यथा° A, B. °परौनामधेयौ A, B. 12) षड् अमी ऋतपः B. 13) वक्षति B. मासादि-मासौ B. स्यादृतुरित्य° A. 14) उच्यते । द्वौं A, B. नियमेन ऋतु° A, नियमेनं ऋतु° B. 16) °श्चायं ।। न B. विधानात B. No *daṇḍa* in A, B.

[उदग् गति , दक्षिणा गति]

उदग् *गतिरर्कस्योत्तरायणम्*। *दक्षिणा गतिरर्कस्य* दक्षिणायनम्।

[वत्सरः ।।१३ ।।]

[वत्सर]

तदेव द्वयं *वत्सरः* ।

[समरात्रिन्दिवे काले विषुवद् विषुवं च तत् ।]

[समरात्रिन्दिव]

समरात्रिन्दिवे तुल्याहोरात्रे।

[विषुवत् , विषुव]

तत्रैव *विषुवद्विषुवशब्दौ*।

[मार्गशीर्षे सहा मार्ग आग्रहायणिकश्च सः ।।१४ ।।]
[पौषे तैषसहस्यौ द्वौ]
[तपा माघे]
[अथ फाल्गुने ।
स्यात् तपस्यः फाल्गुनिकः]
[स्याच्चैत्रे चैत्रिको मधुः ।।१५ ।।]
[वैशाखे माधवो राधः]
[ज्यैष्ठे शुक्रः]
[शुचिस्त्वयम् ।
आशाढे]
[श्रावणे तु स्यान्नभाः श्रावणिकश्च सः ।।१६ ।।]
[स्युर्नभस्यप्रौष्ठपदभाद्रभाद्रपदाः समाः ।]

2) °दर्गति° B. °त्तरायनं। दक्षिणा A, °त्तरायणं दक्षिना B. दक्षिणायणं B. 10) विषुवत्° B.

[I.4.14-18]

[स्यादाश्विन इषोऽप्याश्वयुजोऽपि]

[स्यात् तु कार्त्तिके ।। १७ ।।

बाहुलोर्जौ कार्त्तिकिकः]

[मार्गशीर्ष[1], मार्ग, पौष, तैष, माघ - १८]

मार्गशीर्षी पौर्णमास्यस्मिन् विद्यत इति *मार्गशीर्षो* मासः। ***सास्मिन् पौर्णमासी...*** (P. IV.2.21) इत्यादिनाण्। एवं *मार्गपौषतैषमाघादयो*ऽप्यष्टादश वक्ष्यमाणाः।

[आग्रहायणिक]

आग्रहायणी पौर्णमास्यस्मिन्नित्य*ाग्रहायणिको* मासः (see K. on P. IV.2.22)। ***आग्रहायण्यश्वत्थाद् ठक्*** (P. IV.2.22)।

[फाल्गुनिक[1]-४]

एवं ***विभाषा फाल्गुनीश्रवणाकार्त्तिकीचैत्रीभ्यः*** (P. IV.2.23) इति ठकि कृते *फाल्गुनिकादय*श्चत्वारः।

[सहस्[1]-१२]

सहस्तपःप्रभृतीन्येषु मासेषु विद्यन्त इति *सहा* इत्यादिका द्वादश।

[सहस्य, तपस्य, नभस्य]

तत्र *सहस्यस्तपस्यो नभस्य* इति ***मत्वर्थे मासतन्वोः*** (P. IV.4.128) इति यत्।

[सहस्, तपस्, मधु, नभस्]

सहास्तपा मधुर्नभा इत्यस्यैव यतो ***लुगकारेकाररेफाश्च वक्तव्याः*** (Bhāṣ. on Vā. 2 to P. IV.4.128) इति लुक्।

[इष, ऊर्ज]

अनेनैवाकारः प्रत्यय (see Bhāṣ. on Vā. 2 to P. IV.4.128) *इष ऊर्ज* इति।

---

5) °मास्यऽस्मि° A. सास्मिन् ण्यपौ° A, सास्मिन पौ° B. 6) °त्यादिनाम् B. °पौषतैषमाघा >--< यो° broken off in A, °पौषतेषपौषयो° B. 8) अग्रहायणी A, B. °मास्यऽस्मिन्नित्याग्रहयणिको A. 9) अग्रहायण्य° A, B. °स्वत्थाट्ठक् A, °त्वच्छाट्टक् B. 11) °कार्त्तकी° B. 12) ङाल्गुणीकादय° B. 14) °प्रभृतीनि। एषु A, B. इति। सहा A, B. 14, 16) द्वादशी तत्र B. 16) °स्तपस्यौ A, B. सत्वर्थे A, B. मासितत्वोरिति B. 18) सहास्तप B. मधुर्नभ A, सिषुनभ B. इति। अस्यैव A, B. यतोर्लुग° A, च यदोर्लुग° B. °रेफस्च A, °रेफश्च B. 21) अनेनैवाकारः प्रत्ययः। इष A, अनेनैवाकारः इष B.

[शुचि]

अनेनैवेकारः प्रत्ययः (see Bhāṣ. on Vā. 2 to P. IV.4.128) *शुचिरिति*।

[शुक्र]

अनेनैव रप्रत्ययः। (see Bhāṣ. on Vā. 2 to P. IV.4.128)

[माधव]

मधोर्ञ च (P. IV.4.129) इति अप्रत्ययो *माधव* इति।

[शुचि]

शुचिस्त्वयमिति। *अयंशब्दः* पुंलिङ्गप्रतिपत्त्यर्थः।

[आशाढ]

आशां ढौकयतीत्य*आशाढः* । अतोऽपि डः (see P. III.2.101)। आशाढी। पूर्ववद् (see *supra*, I.4.14-18 under मार्गशीर्ष[1], मार्ग, पौष, तैष, माघ - १८) व्युत्पत्तिः। *आशाढो* मासः।

[हेमन्तः]

[शिशिरोऽस्त्रियाम् ।]

[वसन्ते पुष्पसमयः सुरभिः]

[ग्रीष्म ऊष्मकः ।। १८ ।।

निदाघ उष्णोपगम उष्ण ऊष्मागमस्तपः ।]

[तप]

अकारान्तस्*तप*शब्दः।

[निदाघ]

निदहत्यस्मिन्निति *निदाघः* (GP 22 to P. VII.3.53)। अधिकरणे घञ् (see P. III.3.121)। ***न्यङ्क्वादीनां च*** (P. VII.3.53) इति कुत्वम्।

---

2) तानेनैवाकारः A, अनेनैवाकारः B. प्रत्ययः। शुचि° A, B. 6) मधोञ् A, मधोर्ञ् B. ञप्रत्ययो A. माधवः B. 8) शुचित्त्वयमिति B. पुंरिंग° B. 10) आणां B. ढौकयतीति। आशाढा A, ढौकयतीति।। आषाढः B. अतो ढि A, B; see App. 1, no. 26. आषाढी B. पूर्व्व° A. 21) अपिकरणे B. 22) न्यंक्वा° A, B.

[I.4.19-21]

[स्त्रियां प्रावृट् स्त्रियां भूम्नि वर्षाः]
[अथ शरत् स्त्रियाम् ।। १९ ।।]
[षडमी ऋतवः पुंसि मार्गादीनां युगैः क्रमात् ।]

[ऋतु]

षडमी ऋतव ऋतुशब्दार्थाः। *पुंसि* तत्र प्रत्यासत्तेः। *ऋतु*शब्द एव *पुंसी*ति विज्ञेयम्।

[संवत्सरो वत्सरोऽब्दो हायनः स्त्री शरत् समाः ।। २० ।।]

[हायन]

नपुंसकेऽपि *हायन*मस्तीति हायनोऽस्त्री इति केचित् पठन्ति। ***हायनमविश्वतर्षं च*** इति।

[मासेन स्यादहोरात्रः पैत्रः]

[पैत्र अहोरात्र]

लोकानां *मासेन* पितृणां कव्यवालादीना*महोरात्रो* भवति।

[वर्षेण दैवतः ।]

[दैवत अहोरात्र]

तथा लौकिकेनैव *वर्षेण* देवाना*महोरात्रः* । तत्रोत्तरायणं देवानां दिनं रात्रिस्तु दक्षिणायनम्।

[दैवे युगसहस्रे द्वे ब्राह्मः]

[ब्राह्म अहोरात्र]

अनेन च मानेन षष्ट्यधिकैस्त्रिभि*रहोरात्र*शतैर्दिव्यं वर्षं दिव्यैश्च द्वादशवर्षसहस्रैरेकं चतु*र्युगम्* । तच्च देवानां *युग*मेकम्। *दैवे* च *युगसहस्रे द्वे* ब्रह्मणो*ऽहोरात्रः* ।

[कल्पौ तु तौ नृणाम् ।। २१ ।।]

---

5) ऋतवः। ऋतु° A, B. 8-9) °तर्षश्चेति B. 12) पितृनां A. कव्यवलादीनांमहोरात्रो B. 15) लोकिकेनैव A. वर्षण B. तत्रोत्तरायनं A, B. दिनं। रात्रिस्तु A, B. 19) षष्टाधिकै° A, षष्ट्याधिकै° B. 20) चतुर्य्युशं B. देवाना A. देवे A, B. ब्रह्मणो अहोरात्रः A, B.

[कल्प]

अतश्चतुर्*युगसहस्रै*केन ब्रह्मणो दिनं तावती च रात्रिरित्युक्तम्। तच्च ब्रह्मणो दिनं भूतानां स्थितिकालः। सा च ब्रह्मणो रात्रिर्भूतानां प्रलयकालः। तथा चोक्तं

चत्वारि त्रीणि द्वे चैकं कृतादिषु यथाक्रमम्।
दिव्याब्दानां सहस्राणि युगेष्वाहुः पुराविदः॥
तत्प्रमाणैः शतैः सन्ध्या पूर्वा तत्राभिधीयते।
सन्ध्यांशकश्च तत्तुल्यः स्याद् युगस्योत्तरो हि सः॥
कृतं त्रेता द्वापरश्च कलिश्चेति चतुर्युगम्।
तत् सहस्रं तु विज्ञेयं ब्रह्मणो दिवसं मुने॥ (VP I.3.12-13, 15)

इति।

[मन्वन्तरं तु दिव्यानां युगानामेकसप्ततिः ।]

[मन्वन्तर]

अस्मिन्नेव च ब्रह्मणो दिवस *एकसप्ततिदिव्ययुगा*नि *मन्वन्तर*मिति। सङ्ख्या चतुर्दश *मन्वन्तरा*णि भवन्ति।

[मनु]

ते च ब्रह्मसुतादय एव *मनवः* ।

[अन्तर]

अवधौ (see AK III.3.184^{c}) वा विशेषे वा*न्तर*शब्दः।

[संवर्तः प्रलयः कल्पः क्षयः कल्पान्त इत्यपि ।। २२ ।।]

[संवर्त]

संवर्त्यतेऽस्मिञ्जगदिति *संवर्तः* ।

---

2) अतश्चर्य्युग° B. दिनं। तावती A, B. 3) *Daṇḍa* in A, B before चत्वारि. 4) चैक B. 5) युगेष्वाहुः। पुरा° A. °दिवः A, °विदवः B. No additional *daṇḍa* in A, B. 6) तन्प्रमाणैः B. पुर्व्वं B. 7) सन्ध्याशकश्च A. ततुल्याः B. No additional *daṇḍa* in A, B. 8) त्रेत द्वापरस्च A. 9-10) मनोरिति A, B. 10) Double *daṇḍa* in A. 13) दिवसे एक° A, B. 13-14) °या। चतु° A, B. 14) मन्वन्तरानि A. 16, 18) मानवः अवधौ B. 18) चिशेषे A. वा अन्तर° A, B. Double *daṇḍa* in A. 21) सम्वर्त्यते° A, B. °स्मिन्न जगदिति A, °स्मिन् जगदिति B. सम्वर्त्तः A, B.

[I.4.22-25]

[कल्प]

कल्प्यतेऽस्मिन्निति *कल्पः* । अधिकरणे घञ् (see P. III.3.121) ।

[प्रलय]

एवं *प्रलयः* ।

[क्षय]

क्षय इत्यत्रापि **एरच्** (P. III.3.56) ।

[कल्पान्त]

कल्पान्तः कल्पावधिः ।

[अस्त्री पङ्कं पुमान् पाप्मा पापं किल्बिषकल्मषम् ।
कलुषं वृजिनैनोऽघमङ्होदुरितदुष्कृतम् ।। २३ ।।]

[एनस् , अङ्हस्]

एनोऽङ्हसी सकारान्ते ।

[स्याद् धर्ममस्त्रियां पुण्यश्रेयसी सुकृतं वृषः ।]

[धर्म]

अस्त्रियां धर्मः ।

[मुत् प्रीतिः प्रमदो हर्षः प्रमोदामोदसम्मदाः ।। २४ ।।
स्यादानन्दथुरानन्दः शर्मशातसुखानि च ।]

[मुद् , प्रीति]

मुत्प्रीती स्त्रियाम् ।

---

2) °स्मिन्निति । । कल्पः B. The best part of पः in कल्पः is broken off in A. 2, 4) घञा एवं B. 6) इत्यत्राप्यरच् B. 12) एनोदृव्यसी B. 19) मुत्प्रीति B.

[प्रमद , सम्मद]

प्रमदसम्मदौ हर्षे (P. III.3.68) इति निपातितौ।

[आनन्दथु]

आनन्दथुरिति ***ट्वितोऽथुच्*** (P. III.3.89)।

[शर्मन्]

शर्मन्निति नान्तम्।

[श्वःश्रेयसं शिवं भद्रं कल्याणं मङ्गलं शुभम् ।। २५ ।।
भावुकं भविकं भव्यं कुशलं क्षेममस्त्रियाम् ।
शस्तं च]

[श्वःश्रेयस]

श्वसो वसीयःश्रेयसः (P. V.4.80) इत्यच्। *श्वःश्रेयसम्* ।

[भावुक]

लषपतपद ... (P. III.2.154) इत्यादिनोकञ्। *भावुकम्* ।

[कुषल]

कुषलमिति ***कुष निष्कर्षे*** (Dh. IX.46), ***वृषादिभ्यः कलच्*** (U. I.108)।

[कुशल]

कुशिर् (see Dh. IV.109) अपि प्रकृत्यन्तरमस्ति। ततः कुशलम् इत्यपि।

[अथ त्रिषु द्रव्ये पापं पुण्यं सुखादि च ।। २६ ।।]

---

2) °सर्म्मदौ B. 2-4) निपाति >--< न्दथुरिति broken off in A, leaving visible तो and the bottom parts of the *daṇḍa* and the following two *akṣara*-s. 4, 6) द्वितोऽथुचा शनेर्न्निति B. 6) नन्तं A, नन्दं B.11) स्वसोऽवसीय° A, B. °श्रेस इत्यच् B. स्वः° A, B. °स्रेय° A. 13) °त्यादिना उकञ् A, °त्यादिना उकण् B. 15) कुशलमिति। कुष A, B. कलुच् A, B. 17) कुशिवपि B. °मस्ति ततः A, B.

[I.4.26]

[पाप , पुण्य]

सोऽयमित्यभेदोपचाराद् द्रव्ये विशेष्ये वर्तमानं *पापं पुण्यं च त्रिषु* । यथा

पापा ऋतुमती कन्या पापो राजाप्यरक्षकः ।
पापं व्याधकुलं हिंस्रं पापो विप्रश्च सेवकः ॥
पुण्यं तीर्थमिदं पुण्या नदी पुण्योऽयमाश्रयः ।

इति।

ननु ***दुष्कृतोऽयं व्यापारः, कल्मषोऽयममेध्याहारः, सुकृतं कर्म*** इत्यन्येषामपि त्रिषु विशेष्ये वृत्तिरस्त्येव। तत् किं *पापं पुण्य*मिति द्वयोः शब्दयोरेव ग्रहणम्। उच्यते दुष्ठु कृतो दुष्कृतः, सुष्ठु कृतं *सुकृत*मित्येवं क्रियानिबन्धनापि तयोर्वृत्तिः सम्भवति नावश्यं गुणनिबन्धनैव। *कल्मष*शब्दोऽपि शिष्टप्रयोगेषु विशेष्यवृत्तिस्त्रिलिङ्ग उपलभ्यते। तथा *पाप*ग्रहणमर्थप्रधानं समानार्थशब्दोपलक्षणं व्याख्येयम्।

[सुखादि]

*सुखादि*शब्देन *शिवभद्रा*दीनां ग्रहणम्। उदाहरणं

सुखं कामिकुलं द्रव्यात् सुखा वै मघवन् गृहाः ।
सुखा युवतिरिच्छन्ती समभीष्टं नवं वयः ॥

*सुख*मिति। ननु यदि द्रव्ये वर्तमानं *सुखादि* त्रिलिङ्गमेव तत् कथमेष प्रयोगो

दारिद्र्येऽपि धनित्वेऽपि वशः परिजनः सुखम् ।
सुखं सज्जनसंवादः सुखं शान्तिरनुत्तरा ॥

इति।

उच्यतेऽभेदोपचाराद् *द्रव्यं* प्रति विशेषणत्वेन विवक्षितं *सुखादि* द्रव्यवल्लिङ्गं भवति। इह तु *सुख*मिति स्वार्थप्रधानं *द्रव्यं* प्रति विशेष्यभूतं विवक्षितमिति यथात्मलिङ्गमेव।

---

2) °चारात्। द्रव्ये A, B. *Daṇḍa* in A, B after यथा. 3) यावा ऋतु° B. कन्या। पापो A. 4) °कुलं हिं° B. 4-5) °स्रं । पुण्यं A, B; see App. 1, no. 27. 5) °मिदं। पुण्या नदी। पुण्यो° A, B. 7) व्यापारः कल्मषों° A, B. कर्म्मेति। अन्येषामपि A, कर्म्मेति।। अन्येषामपि B. 8) शब्दयोः शब्दयोरेव B. 8-9) उच्यते।। दु° B. 9) °ष्टु कृतो A, B. दुःकृतः B. सुष्टु B. °मित्येव A, B. *Daṇḍa* in A, B after तयोर्वृत्तिः. 10-95:6-7) वति to वर्तन्ते ख om. in B. 10) °वति। नावस्यं MS. °सब्दो° MS. शिष्ठ° MS. विशेष्येवृत्ति° MS. 13-14) उदाहरणं सुखा वै MS.; see App. 1, no. 28. 15) समभीष्टा MS. Single *daṇḍa* in MS. 16-17) प्रयोगः। दारिद्र्ये° MS. 17-18) सुखं। सुखं सान्ति° MS.; see App. 1, no. 29. 20) उच्यते। अभेदोपचारात् MS. 21) °मिति। यथा° MS.

[मतल्लिका मचर्चिका प्रकाण्डमुद्धतल्लजौ ।
प्रशस्तवाचकान्यमूनि]

[शस्त , शिव ... , प्रशस्त , मतल्लिका ... , प्रकाण्ड]

ननु *शस्तप्रशस्तयोः* को भेदो यतो *मतल्लिकादयः शस्तपर्यायाः* पृथक्कृताः। उच्यते *शस्तं मङ्गलं* स्तुत्यं च *प्रशस्तम्* । *शस्तवचनाश्च शिवादयो गुणमात्रे*ऽपि वर्तन्ते *शुक्लादि*(see AK I. 5.17^{c})शब्दवत्। *मतल्लिकादयश्च* नित्यं *द्रव्य* एव वर्तन्ते खट्वादिवत्। आविष्टलिङ्गाश्च ते *मतल्लिकादयो*ऽन्यलिङ्गेनापि सामानाधिकरण्ये स्वलिङ्गं न जहति (see K. on P. II.1.66)। यथा ***अश्वमतल्लिका*** (K. on P. II.1.66), ***गोप्रकाण्डम्*** (K. on P. II.1.66) इति। *शिवादयश्चान्यलिङ्गा* एव द्रव्ये वर्तमानाः। स्वार्थिकप्रत्ययान्तास्तु *मतल्लिकादयो*ऽपि क्वचिदन्यलिङ्गा भवन्ति। यथा

दण्डकानध्यवात्तां यौ वीर रक्षःप्रकाण्डकौ । (BhK $V.6^{a-b}$)

कुमारी मतल्लिका (K. on P. II.1.66) इति।

[उद्ध]

सङ्घोद्धौ गणप्रशंसयोः (P. III.3.86) इत्युद्धशब्दो निपातितः।

[अयः शुभावहो विधिः ।। २७ ।।]

[अय]

अयः कल्याणकारि दैवम्।

[दैवं दिष्टं भागधेयं भाग्यं स्त्री नियतिर्विधिः ।]

[दैव]

कर्मापि प्राक्तनं ***शुभाशुभं*** (AK $III.3.152^{d}$) ***कर्म*** (AK $III.3.152^{d}$) *दैवम्* ।

---

4) शस्त्रप्रसस्तयोः MS. 5) मगल MS. 7) पट्वादि° MS. मतका° A. °दयोऽन्येलिङ्गेनाधि सोनोनाधिकरण्ये B. 8) जहाति B. 8-9) अश्वो मतल्लिका गौः प्रकाण्ड° A, B. 9) एवे B. 10) स्वार्थेक° B. मतल्लिकादेयो° B. 11) भवन्ति।। यथा A. 12) दण्डकानध्यवान्तां B. 12-13) °प्रकाण्डकौ कुमारी A, B. 15) संघोद्यो B. °प्रसंस° A, B. °योरिति। उद्ध° A, °योरिति।। उघ° B. 21) कम्र्मोपि B. शुभं partially moth-eaten in A.

[विधि]

विधिर्ना ।

[हेतुर्ना कारणं बीजम्]

[हेतु]

फलसाधनयोग्यः पदार्थो ... ***हेतुः*** ... । (K. on P. II.3.23)

[कारण]

करोतीति *कारणम्* ।

[निदानं त्वादिकारणम् ।। २८ ।।]

[आदिकारण]

आदिकारणं प्रधानकारणमारम्भकम् ।।

[क्षेत्रज्ञ आत्मा पुरुषः]

[क्षेत्रज्ञ]

क्षेत्रज्ञः शरीरज्ञः (see BhG XIII.1) शरीरस्यादिदैवतोऽन्तर्भोक्ता ।

[प्रधानं प्रकृतिः स्त्रियाम् ।]

[प्रकृति]

सत्त्वरजस्तमसां साम्यावस्था प्रकृतिः । (SS I.1.61)

[पुरुष]

न प्रकृतिर्न विकृतिः पुरुषः । (SK 3^d)

[विशेषः कालिकोऽवस्था]

2, 5) विधिर्ना फलसाधनं पदार्थो A, B. 10) °कारणंमालम्भ° B. No additional *daṇḍa* in B. 13) सरीर° A. °ज्ञः । शरीर° A, B. °न्तरभोक्ता A, °न्तभोका B. 16) सत्व° A, B. सां सा partially moth-eaten in A. 18) प्रकृतिन A, B.

[अवस्था]

कालकृतो धनयौवनादिनिबन्धनो *विशेषोऽवस्था* ।

[गुणाः सत्त्वं रजस्तमः ।। २९ ।।]

[गुण]

प्रकृतेर्*गुणाः सत्त्वा*दीनि । (see BhG XIV.5[a-b])

[सत्त्व]

तत्र *सत्त्वं* नाम ***निर्मलत्वात् प्रकाशकं*** (BhG XIV.6[a-b]) ज्ञानसङ्गादिहेतुः । (see BhG XIV.6)

[रजस्]

*रजो*ऽपि ***रागात्मकं*** (BhG XIV.7[a]) तृष्णासमुद्भवम् । (see BhG XIV.7[b])

[तमस्]

तमस्तु ***मोहनम्*** (BhG XIV.8[b]) अज्ञानहेतुर्निद्राप्रभवम् । (see BhG XIV.8)

[जनुर्जननजन्मानि जनिरुत्पत्तिरुद्भवः ।]

[जनुस्]

जनेरुसिः (U. II.116) । *जनुः* ।

[जनि]

जनिघसिभ्यामिण् (U. IV.129) । *जनिः* ।

[प्राणी तु चेतनो जन्मी जन्तुजन्युशरीरिणः ।। ३० ।।]

[जन्तु]

कमिमनिजनिगाभायापाहिभ्यश्च (U. I.73) इति तुः । *जन्तुः* ।

---

2) °यौवेनादि° B. 5) सत्वादीन् A, B. 7) सत्वं A, B. ⸜ in B before नाम. °त्वात् । प्रकाशकम् । ज्ञान° A, B. 7, 10) °संज्ञानहेतुः रजो° B. 12) °हेतुः । निद्रा° A, B. 15) जनेरुगिः जनुः B. 17) जनिमनिभ्यामिण् A, B. No *daṇḍa* in A, B after जनिः. 20) केमि° B. °गाभाजा° A, B. °यादिभ्यं° B.

[चित्तं तु चेतो हृदयं स्वान्तं हृन्मानसं मनः ।]

[चेतस्]

चितेरसुन् (see U. IV.188)। *चेतः* ।

[मनस्]

वाह्येषु विषयेष्वविक्षिप्तमनाकुलं *मनः* ।

[स्वान्त]

स्वान्तं ***क्षुब्धस्वान्तध्वान्त*** ... (P. VII.2.18) इति निपातनात्। भेदस्याविवक्षितत्वात् पृथगेतन्न कृतम्।

[मनस् , मानस]

मन (see GP 10 to P. V.4.38) एव *मानसम्* । प्रज्ञादित्वादण् (see P. V.4.38)।

[बुद्धिर्मनीषा धिषणा धीः प्रज्ञा शेमुषी मतिः ।
प्रेक्षोपलब्धिश्चित्संवित्प्रतिपज्ज्ञप्तिचेतनाः ।।१ ।।]

[बुद्धि]

बुध्यतेऽनयेति *बुद्धिः* । आत्मगुणः।

[प्रज्ञा]

प्रज्ञायतेऽनयेति *प्रज्ञा* ।

[शेमुषी]

शमेर् (see Dh. X.156) लिटि क्वसौ (see P. III.2.107) *शेमुषी*रूपमिति केचित्।

[मनस् , बुद्धि]

मनो घटयति घटपटशकटादीन् भेदान् कल्पयति *वुद्धि*स्त्वध्यवस्यति। अतो भेदः।

---

5) बाज्येषु B. विंषयेषु। अवि° A, B. °क्षिप्तेमनाकुलं B. 7) *Daṇḍa* in A, B after स्वान्तं. क्षुच्च° B. °ध्वान्ते निपातनात् A, B. 8) पृथशेतन्न B. 14) °नयैति A. 16) °नेयेति B. 18) शमेलिटि त्क्वसौ B. °रूपमिति। केचिन् A, B. 20) °शकटादीन्। भे° A. °दान्।। कल्प° B. °यति। बुद्धिस्तु अध्यवस्यति A,B.

[प्रेक्षा]

प्रेक्षणं *प्रेक्षा* । ज्ञानम् ।

[चित् ...]

चिदादयः क्विबन्ताः । (see Vā. 9 to P. III.3.108)

[ज्ञप्ति]

यदि ज्ञपेर्ज्ञाने(see Dh. X.81)ऽनभिधानं तदा ***ज्ञप मिच्च*** (Dh. X.81) इति चौरादिकाण्णिच् (see P. III.1.25) । क्तिन् (see P. III.3.94) । ***तितुत्रतथ*** ... (P. VII.2.9) इतीट्प्रतिषेधः । *ज्ञप्तिः* ।

[धीर्धारणावती मेधा]

[धारणावती]

धारणाशक्तियुक्ता *धारणावती* ।

[सङ्कल्पः कर्म मानसम् ।]

[सङ्कल्प]

मानसी क्रिया *सङ्कल्पः* ।

[चित्ताभोगो मनस्कारः]

[चित्ताभोग , मनस्कार]

आभोगस्तात्पर्यम् , कारश्च निश्चयः (see AADhM III.5[c]) । तेन किञ्चिद् बोध्यादिवस्तु प्रति मनसो निश्चितत्वं तत्परता *चित्ताभोगमनस्कार*शब्दाभ्यामुच्यते ।

[चर्चा सङ्ख्या विचारणा ।। २ ।।]

2, 4) प्रेक्षा ज्ञानस्चिदादयः क्विपन्ताः A, प्रक्षा ज्ञानम्विदादयः क्विपन्तादयः क्विपन्ताः B. 6) प ज्ञपेर्ज्ञावेऽनभि° B. ज्ञाय A, B. 7) चौरादिकाण्डिच् B. क्विन् B. त्रितुत्र° A, त्रितुड° B. 7-8) °तथैतीट् । प्रति° A, B. 8) °रवेधः B. प्रतिज्ञप्तिः A, B. 11) °सक्ति° A, °सेक्ति° B. 14) सक° A. 14, 17) °ल्पः आभोग° B. 18) तिश्चितत्वं B. चिन्ताभोग° B.

[अध्याहारस्तर्क ऊहः]

[विचिकित्सा तु संशयः ।

सन्देहद्वापरौ च]

[अथ समौ निर्णयनिश्चयौ ।। ३ ।।]

[मिथ्यादृष्टिर्नास्तिकता]

[नास्तिकता]

परलोकबुद्धेरभावो लौकायतिकत्वं *नास्तिकता* ।

[व्यापादो द्रोहचिन्तनम् ।]

[व्यापाद]

व्यापाद इति ण्यन्ताद् (see P. III.1.26) घञ् (see P. III.3.18) ।

[समौ सिद्धान्तराद्धान्तौ]

[राद्धान्त]

राद्धोऽन्तो येन स *राद्धान्तः* ।

[भ्रान्तिर्मिथ्यामतिर्भ्रमः ।। ४ ।।]

[मिथ्यामति]

*मिथ्यामति*र्मिथ्याज्ञानम् ।

[संविदागूः प्रतिज्ञानं नियमाश्रवसंश्रवाः ।
अङ्गीकाराभ्युपगमप्रतिश्रवसमाधयः ।। ५ ।।]

[संविद् - समाधि , अङ्गीकार]

संविदादयः समाधिपर्यन्ता अङ्गीकारे ।

---

7) लौकिकायतिक° A, B. 10) व्यायादः B. ण्यदन्तान् A, B. प्यञ B. 13) राद्वोत्तो B. 13, 16) राद्वात्तः मिथ्यामिति° B. 20) सम्विदादयस्समाधि° A, संविदापयः समाधि° B. अंगीकारे B.

[संविद् , आगू]

संविदागूः स्त्रियौ।

[मोक्षे धीर्ज्ञानम्]

[ज्ञान]

*मोक्ष*विषया मोक्षबला बुद्धि*र्ज्ञानम्* ।

[अन्यत्र विज्ञानं शिल्पशास्त्रयोः ।]

[विज्ञान]

विरूपं ज्ञानं *विज्ञानम्* ।

[शिल्प]

शिल्पं चित्रादि।

[मुक्तिः कैवल्यनिर्वाणश्रेयोनिःश्रेयसामृतम् ।। ६ ।।
मोक्षोऽपवर्गः]

[निर्वाण]

निर्वाणोऽवाते (P. VIII.2.50) इति निपातना*न्निर्वाणः* ।

[निःश्रेयस]

... ***सरजसनिःश्रेयस*** ... (P. V.4.77) इति निपातना*न्निःश्रेयस*मित्यच् ।

[अथाज्ञानमविद्याहम्मतिः स्त्रियाम् ।]

[अहम्मति]

*अहम्मति*रहङ्कारः ।।

[रूपं शब्दो गन्धरसस्पर्शाश्च विषया अमी ।। ७ ।।
गोचरा इन्द्रियार्थाश्च]

---

2) सम्वि° A. °दागूः ।। स्त्रियौ B. 5) मोक्षाविषया A, B. 8) विरूपं B. 10, 14) चित्रादि निर्व्वाणौ° B. 16) जर्जसनिः° B. °श्रेयसमिति A, B. 19) अहस्मति° B. No additional *daṇḍa* in B.

[रूप]

पृथिव्युदकज्वलनवृत्ति ... ***शुक्लाद्यनेकप्रकारं*** (PDhS II.2) चक्षुर्ग्राह्यं *रूपम्* । (see PDhS II.2)

[शब्द]

वर्णलक्षणोऽवर्णलक्षणश्च ***अम्बरगुणः श्रोत्रग्राह्यः*** (PDhS II.43) *शब्दः* । (see PDhS II.43)

[गन्ध]

पृथिवीवृत्तिः ... ***सुरभिरसुरभिश्च*** (PDhS II.4) घ्राणग्राह्यो *गन्धः* । (see PDhS II.4)

[रस]

पृथिव्युदकवृत्तिः ... ***मधुराम्ललवणतिक्तकटुकषायभेदभिन्नः*** (PDhS II.3) रसनग्राह्यो *रसः* । (see PDhS II.3)

[स्पर्श]

क्षित्युदकज्वलनपवनवृत्तिः ... ***शीतोष्णानुष्णाशीतभेदात् त्रिविधः*** (PDhS II.5) त्वगिन्द्रियग्राह्यः *स्पर्शः* । (see PDhS II.5)

[विषय]

विषिण्वन्तीति विषयाः (YD on SK 5) । ***षिञ् बन्धने*** (Dh. V.2) । पचाद्यच् (see P. III.1.134), ***परिनिविभ्यः सेवसितसय*** ... (P. VIII.3.70) इत्यादिना षत्वम् ।

[गोचर]

गाव इन्द्रियाणि चरन्त्येष्विति *गोचरा* ***गोचरसञ्चर*** ... (P. III.3.119) इति निपातनात् ।

[हृषीकं विषयीन्द्रियम् ।]

[हृषीक]

हृष्यत्यनेनेति *हृषीकम्* ।

---

2) पृथिव्यदक° B. °प्रकारश्चदु° B. °र्गाह्यं A, °र्ग्गाक्लं B. 5) °श्चाम्वर° A, B. 5, 8) °गुणः।। श्रोत्रः त्राह्यः शब्दः पृ° B. 8) °थवी° A. °वृत्तिः। सुरभि° A, B. 8, 11) घ्राशग्राप्ता गन्धः पृथि° B. 11) °वृत्तिः। म° A. °थुरामूरवशतिक्ककटुकषायभेह° B. °भिन्नो A, °भिन्वो B. 12) °ग्राहो A, B. 14) क्तित्युदक° B. °वृत्तिः। शीतोष्णा° A, B. °मुष्णाशीत° B. °भेदास्त्रि° B. 14-15) °विधः। त्व° A, B. 15) °गिन्द्रय° A, °मिन्द्रय° B. °ग्राह्यः।। स्पर्शः B. 17) विसिंथन्तीति A, विसिंथन्ताति B. षिञ B. बन्धने पचाद्यच् A, B. 18) सेचर्शित° A, सेवशित° B. Double *daṇḍa* in A after षत्वम्. 20) शाव इन्द्रियानि चरत्स्वेष्विति B. गोचराः A, गोचाराः B. *Daṇḍa* in A, B before गोचर°. पातनात् A, B.

[इन्द्रिय]

इन्द्रियमिन्द्र ... (P. V.2.93) इति निपातना*दिन्द्रियम्* ।

[कर्मेन्द्रियं तु पाय्वादि]

[पाय्वादि]

*पाय्वादीत्यादि*शब्देनोपस्थो हस्तपादं च वाक् च। (see KNS I.33$^{c\text{-}d}$)

[कर्मेन्द्रिय]

कर्मसाधनमिन्द्रियं *कर्मेन्द्रियम्* । कर्माणि चैषां यथाक्रमम्

उत्सर्गानन्दनादानगत्यालापाः *।* (KNS I.34$^{c\text{-}d}$)

[मनोनेत्रादि धीन्द्रियम् ।। ८ ।।]

[मनोनेत्रादि , धीन्द्रिय]

*मनोनेत्रादीत्यादि*शब्देन श्रोत्रादीनां ग्रहणम्। धीर्ज्ञानम्। तन्निमित्तमिन्द्रियं *धीन्द्रियं* मनोऽधिष्ठितेन नेत्रादिना रूपादिविषयोपलम्भात् केवलेनापि मनसा केषाञ्चिज्ज्ञान-विशेषोदयाच्च। *कर्मेन्द्रिय*मपि मनः शास्त्रेषु गीयते। कुतः सङ्कल्पक्रियासाधनत्वा-दथवा *पाय्वादि*कर्मसु कारणत्वात्। तथा हि पायुवत्यात्मप्रदेशे यः प्रयत्न उत्पद्यते स निमित्तकारणमन्यथा प्रतिनियतकामासम्भवात्। यत्र च मनस्तत्र तत्संयोगो यत्र च तत्संयोगस्तत्र तज्जः प्रयत्न इति मनोऽपि पायुना युक्तम्। तेन मनःसंयोगे सति कर्मोत्पत्तिरसति नेति। सोऽपि समवायिकारणमिति।

[तुवरस्तु कषायोऽस्त्री]

---

2) इन्द्रिमि° A, B. 5) पाम्वादीत्यादि° B. °शब्देन। उपस्थो A, °शब्देन उपस्थो B. हस्तयादञ वा° B. No *daṇḍa* in A, B. 7) No *daṇḍa* in A, B after the first sentence. *Daṇḍa* in A before उत्सर्गा°. 8) °नन्दनदान° A, B. 11) धीज्ञाम B. No *daṇḍa* in A, B. तंनिमित्त° A, B. 11-12) °मिन्द्रियं धीन्द्रियं। मनो° A, °मिन्द्रियं।। मनो° B. 12) °विषयाप° B. °लम्भात्। के° A, B. °वलनापि B. °त्। ज्ञान° A, B. 13) °विशेषोदयाच B. मनः। शा° A. °स्त्रैषु B. 13-14) °साधनत्वात्। अ° A, B. 14) °थावा याय्वादि° B. °कर्मषु A, °कर्म्मेषु B. °प्रदेशै B. प्रयन्न B. 14-15) उत्पद्यते। स A, B. 15) °कारणं। अन्यथा A, B. अत्र च मन° B. 16) तर्ज्जः।। प्रयतु इति मनापि यायुना B.

[I.5.9-10]

[तुवर]

तु (Dh. II.25) ***इति सौत्रो*** ... ***धातुः*** (K. on P. VII.3.95)। औणादिकः ष्वरच् (see U. III.1) । *तुवरः* ।

[मधुरः]

[लवणः]

[कटुः ।]

[तिक्तः]

[अम्लश्च]

[रसाः पुंसि]

[तद्वत्सु षडमी त्रिषु ।। ९ ।।]

[तुवर ...]

षडमी षड्रसविशेषवाचिनोऽपीत्यर्थः। तेन *तुवरादयो*ऽपि *तद्वति त्रिषु* ।। ० ।।

[विमर्दोत्थे परिमलो गन्धे जनमनोहरे ।]

[विमर्दोत्थ गन्ध , परिमल]

रति*विमर्दोत्थ* आलेपनकुसुमादीनां नाना*गन्ध*द्रव्याणां च परिमलनादुद्भूते *परिमल*शब्दः।

[आमोदः सोऽतिनिर्हारी]

[अतिनिर्हारिन्]

स एव दूरगो*ऽतिनिर्हारी* ।

[वाच्यलिङ्गत्वमागुणात् ।। १० ।।]

*आगुणा*दागुणार्थाच्छुक्लादि(see AK I.5.17[c])शब्दात्। गन्धादि(see AK I.5.11-12[b])वद् वा वस्तुमात्रम्।

---

2) औणादिकः क्वर° A, B. 2-3, 12) °च् तुवरः षत्रमी षड्रस° B. 12) °पीत्यर्थः तेन तुचरादयो° B. 15) °विमर्दोत्थे A, B. °द्रव्यानां A, B. परिमरना° B. 15, 18) °शब्दः सः B. 18) दूरशोऽति° B. 20) °शाब्दा° A, B. °त गन्धादि° B.

[समाकर्षी तु निर्हारी सुरभिर्घ्राणतर्पणः ।]

[समाकर्षिन् , निर्हारिन् , घ्राणतर्पण , सुरभि]

समाकर्षिनिर्हारिघ्राणतर्पणाः सुरभिरुच्यते। *सुरभिर्गन्धः*, *सुरभि* पुष्पम् इति।

[इष्टगन्धः सुगन्धिः स्यात्]

[इष्टगन्ध , सुगन्धि]

इष्टगन्धः सुगन्धिरुच्यते। *सुगन्धि* पिष्टकम् , *सुगन्धि* व्यञ्जनम् इति।

[आमोदी मुखवासनः ।। ११ ।।]

[मुखवासन , आमोदिन्]

नानाद्रव्यरचित एकैक एव वा कर्पूरादिर्*मुखवासन आमोदी* नित्यमामोदसम्बन्धात्।

[पूतिगन्धिस्तु दुर्गन्धः]

[सुगन्धि , पूतिगन्धि]

सुगन्धिः पूतिगन्धिरिति ***गन्धस्येदुत्पूतिसुसुरभिभ्यः*** (P. V.4.135) इतीकारः।

[विस्रं स्यादामगन्धि यत् ।]

[विस्र]

विस्रगन्धेन योगाद् *विस्रम्* ।

[आमगन्धिन्]

आमगन्धि वसागन्धि।

[शुक्लशुभ्रशुचिश्वेतविशदश्येतपाण्डराः ।। १२ ।।
अवदातः सितो गौरो वलक्षो धवलोऽर्जुनः ।]

---

3) °प्राणं° A, B. °रूच्यते।। सुरति° B. °र्गन्धः सुरुभिः पुष्प° A, °र्गन्धः।। पुष्प° B. 3, 6) °ति इष्ट° B. 6) *Daṇḍa* in B after °ग्न्धः. सुरुभिरुच्यते A, सुरभिरुच्यते B. व्यंजन° B. 9) एव। वा A, B. °र्मुखवास A, B. 12) प्रतिगन्धिरिति।। गन्ध° B. °सुरभिभ्यः।। इतिकारः B. 15) विश्र° B. योगाद्विश्रं A, B. 17) No *daṇḍa* in A, B.

[विशद , श्येत]

*विशदश्येतयो*स्तालव्यशकारः ।

[हरिणः पाण्डुरः पाण्डुः]

[पाण्डु]

सितपीतसमायोगः पाण्डुवर्णः प्रकीर्तितः । (NŚ XXI.81[a-b])

[पाण्डुर]

पाण्डुत्वमस्यास्तीति *पाण्डुरः* ।

[हरिण]

स एव *हरिणः* ।

[ईषत्पाण्डुस्तु धूसरः ।। १३ ।।]

[ईषत्]

ईषदित्यव्यक्तः ।

[कृष्णे नीलासितश्यामकालश्यामलमेचकाः ।]

[श्याम , श्यामल]

श्यामवर्णेऽपि *श्यामश्यामलौ* ।

[पीतो गौरो हरिद्राभः]

[हरिद्राभ]

हरिद्राया इवाभास्येति *हरिद्राभः* ।

[पलाशो हरितो हरित् ।। १४ ।।]

[पलाश / पालाश]

पलाशवर्णः *पलाशः* । पालाशः इति केचित् ।

---

2) विशेषद° B. °स्येतयो° A, B. 5) °समायोगः। पाण्डु° A. *Daṇḍa* in B before प्रकी°. 5, 7) °तः पाण्डत्व° B. 7) पाण्डरः B. 9) हरिण A, B. No *daṇḍa* in A, B. 12) इषदित्यव्यक्तः B. No *daṇḍa* in B. 15) स्याम° A, स्यामें° B. °पि स्पोयिमश्यामेलौ B. 18, 21) हरिद्रभिः पलाशः° B. 21) पलासः A. पालाश केचित् A, B.

[रोहितो लोहितः]

[लोहित]

जवासमानो *लोहितः* ।

[रक्तः]

[रक्त]

सन्ध्यासमो *रक्तः* ।

[शोणः कोकनदच्छविः ।]

[शोण]

रोचनाभः *शोणः* ।

[अव्यक्तरागस्त्वरुणः]

[अव्यक्तराग , अरुण]

अव्यक्तरक्तारुणः ।

[श्वेतरक्तस्तु पाटलः ।।१५ ।।]

[श्यावः स्यात् कपिशः]

[कपिश]

कृष्णपीतः *कपिशः* ।

[धूम्रधूमलौ कृष्णलोहिते ।]

[कृष्णलोहित]

कृष्णलोहित इति धूमाभे।

[कडारः कपिलः पिङ्गपिशङ्गौ कद्रुपिङ्गलौ ।। १६ ।।]

---

3) No *daṇḍa* in A, B. L. 9 comes after 108:2 in A, B. 9, 12, 16) शोंणः अव्यंक्तः रक्तारुणः कृष्ण° B. 16, 19) कपिशः कृष्ण° B. 19) धूमाते A.

[कपिल]

पीतनीलः *कपिलः* ।

[पिशङ्ग]

कपिशः पिशङ्गः ।

[कद्रु]

कनकपिङ्गलः (ŚāK 233b) *कद्रुः* ।

[चित्रकिर्मीरकल्माषशबलैताश्च कर्बुरे ।]

[चित्र]

चित्रो ना ।

[एत]

इणो (see Dh. II.36) ***मृगॄहसि*** ... (U. III.86) इत्यादिना तन्। *एतः* कोकिलाकण्ठ-सदृशः ।

[कर्बुर]

कृष्णपाण्डरः *कर्बुरः* ।। ० ।।

[गुणे शुक्लादयः पुंसि गुणिलिङ्गास्तु तद्वति ।। १७ ।।]

[ब्राह्मी तु भारती भाषा गीर्वाग् वाणी सरस्वती ।
व्याहार उक्तिर्लपितं भाषितं वचनं वचः ।। १ ।।]

[वचस्]

वचः सान्तम् ।

2, 4) कपिलः कपिशः B. 4) पिशंगः A, पिशंशः B. No *daṇḍa* in A, B. 6) ककपिंग° B. °लः । कद्रुः A. No *daṇḍa* in B. 11) मृ° B. *Daṇḍa* in A after एतः. कौकिला° A, B. 19) No *daṇḍa* in A, B.

[सरस्वती]

वागधिदेवतापि *सरस्वती* ।

[अपभ्रंशोऽपशब्दः स्यात्]

[अपशब्द , अपभ्रंश]

शब्दानुशासनशास्त्रेणासंस्कृतो गाव्यादि*रपशब्दः* शास्त्रे*ऽपभ्रंश* उच्यते (see Bhāṣ. on अथ शब्दानुशासनम्) काव्ये (see KĀd. I.36 a-b) तु ***आभीरादिगिरः*** (KĀd. I.36a)। तत एव लोकेऽप्यपभ्रंशभाषेति प्रसिद्धिः।

[शास्त्रे शब्दस्तु वाचकः ।]

[शब्द , वाचक]

शब्दानुशासन*शास्त्रे* संस्कृतो गौर् (see Bhāṣ. on अथ शब्दानुशासनम्) इत्यादिकः *शब्दस्तु शास्त्रे वाचक* उच्यते प्रकृतिप्रत्ययानुसारेणार्थविशेषस्याभिधायकत्वात्।

[तिङ्सुबन्तचयो वाक्यं क्रिया वा कारकान्विता ।। २ ।।]

[वाक्य]

*तिङन्तसुबन्तसमुदायस्तिङ्*प्रधानः सम्बद्धार्थो *वाक्यम्* । *तिङन्त*ग्रहणं च *क्रिया*शब्दमात्रोपलक्षणम्। तेन देवदत्तः कटं कृतवान् इत्याद्यपि *वाक्य*मेव। अथवा किमनेनोपलक्षणक्लेशेन। *कारक*पदसम्बद्धं प्रधानभूतं *क्रिया*पदमात्रं *वाक्य*मिति विज्ञेयम्।

[श्रुतिः स्त्री वेद आम्नायः]

[त्रयीधर्मस्तु तद्विधिः ।]

[तद्विधि]

*तद्विधि*र्वैदिको विधिः।

2, 5) चागधिदेवतापि सरस्वती शब्दान्नु° B. 5) °साशन° A, °शानेशन° B. °सस्कृतो A. गाद्यादि° B. °शब्दः। शास्त्रे° A, B. °पभ्रंस A, °षभ्रंस B. 5-6) उच्यते। काव्ये A, B. 6-7) °भारादिगिरस्तत A; B. 7) °प्यपभ्रंशं° A, B. °भाखे° B. °त्यप्रसिद्धिः A, B. 10) °सासनशाशसास्त्रे A, °णाशनशाणशास्त्र B. 10-11) गौरित्यादिकः। शब्दस्तु A. 11) णास्त्रे B. उच्यते। प्रकृति° A, B. °प्रत्यायानु° B. 14) तिङ्तुसुबन्तुसमु° B. °दायन्तिङ्° A, °दाषन्तिङ्° B. वाक्यन्ति° B. °ङन्तस्रन्दणञ्च A, °ङ्त्तुप्रब्दणञ्च B. 14-15) °मात्रोपक्ष° B. 15) वाक्यमेवा अथवा पक्षान्तरे किमनेनो° B. 16) क्रियापदमात्रमिति वाक्यमिति A, B. 20) °धिव्वैदिको B.

[I.6.3-5]

[स्त्रियामृक् सामयजुषी इति वेदास्त्रयस्त्रयी ।। ३ ।।]

[त्रयी]

त्रयोऽवयवा अस्या इति *त्रयी* । ***सङ्ख्याया अवयवे*** ... (P. V.2.42) ... ***अयद्*** ... (CV IV.2.47) । ***टिड्ढाणञ्*** ... (P. IV.1.15) इति ङीप् ।

[शिक्षेत्यादि श्रुतेरङ्गम्]

[शिक्षा ...]

शिक्षा व्याकरणं निरुक्तं छन्दोविचितिः कल्पो ज्यौतिषं च वेदा*ङ्गम्* ।

[ॐकारप्रणवौ समौ ।]

[ॐकार]

ॐकार इति बहुल(see P. III.3.108)वचनाद् वर्णसमुदायात् कारः (see Vā. 3 to P. III.3.108) ।

[इतिहासः पुरावृत्तम्]

[इतिहास]

पूर्वतर*वृत्तं* व्यासादिप्रोक्त*मितिहासः* ।

[उदात्ताद्यास्त्रयः स्वराः ।। ४ ।।]

[स्वर , उदात्त]

*स्वरा उदात्ता*नुदात्तस्वरिताः ।

[आन्वीक्षिकीदण्डनीती तर्कविद्यार्थशास्त्रयोः ।]

[आन्वीक्षिकी ...]

यथाक्रम*मान्वीक्षिक्या*दि ।

---

3) त्रयोऽवयवाऽस्या A, B. संख्यायाऽ A. °पद् B. On this amalgamation of the Pāṇinian and Cāndra *sūtra*-s, see § 6.9.5. 4) टिड्ढा° B. °ति ।। ति ङीप B. 7) निरुक्षं B. छन्दोविरि° B. °तिः । कल्पं A, B. ज्यातिषं च वेदांग B. 10) ॐकारे इति बञिहुल° B. °समुपाया° B. °त्कारच् A, B. 17) स्वारा A. 17, 20) °स्वरिताः यथा° B. 20) °मन्विक्षिक्यादि A, B.

[अर्थशास्त्र]

अर्थशास्त्रं चाणक्यादि।

[आख्यायिकोपलब्धार्था]

[उपलब्धार्था]

उपलब्धार्था सत्यार्था।

[पुराणं पञ्चलक्षणम् ।। ५ ।।]

[पुराण , पञ्चलक्षण]

पुराणं पञ्चलक्षणमिति।

सर्गश्च प्रतिसर्गश्च वंशो मन्वन्तराणि च।
वंशानुचरितं चेति पुराणं पञ्चलक्षणम् ॥ (KP I.1.12)

[प्रबन्धकल्पना कथा]

[प्रबन्धकल्पना , कथा]

प्रबन्धकल्पना स्तोकसत्या *कथा* बृहत्कथादिः।

[प्रवल्हिका प्रहेलिका ।]

[स्मृतिस्तु धर्मसंहिता]

[स्मृति]

मन्वादिप्रणीता *स्मृतिः* ।

[समाहतिस्तु सङ्ग्रहः ।। ६ ।।]

---

2) अर्थशास्त्रञ्चणक्यादि A, अर्थशास्त्रञ्चशक्यादि B. 8) पुरोणं B. 9) सर्गस्च प्रतिसर्गस्च A. मन्वतराणि A, B. 10) पुरोणं B. No additional *daṇḍa* in A, B. 13) °कल्पना। स्तोक° A, B. °यत्या B. बृहत्कथादि A, B. 17) मंन्वादि° B. स्मतिः B.

[I.6.6-8]

[सङ्ग्रह]

विस्तरेणोपदिष्टानामर्थानां सूत्रभाष्ययोः ।
निबन्धो यः समासेन सङ्ग्रहं तं विदुर्बुधाः ॥ (NŚ VI.9)

यथा सार*सङ्ग्रहः* काशिकावृत्तिः। यथा चेहैव लिङ्गादि*सङ्ग्रहो* वर्गः (see AK III.5)। *सङ्ग्रह* इति करणादावप्प्रत्ययः (see P. III.3.58)।

[समस्या तु समस्यार्था]

[समस्या, समस्यार्था]

समस्यश्चासावर्थश्चेति समस्यार्थः। समस्यार्थवाचिनीत्वात् *समस्यापि समस्यार्थे*त्युच्यते। तदुक्तं *समस्या तु समस्यार्थे*ति। समस्योऽर्थो यस्याः सेति बहुव्रीहिरेव वा। सर्वथा सङ्क्षेपणीयः पदार्थः *समस्ये*त्युच्यत इत्यर्थः।

अन्ये तु काव्यसमस्या काव्यपूरणं *समस्ये*त्युच्यत इत्याहुः। सा च यत्रासम्बद्धं पादद्वयं सम्बन्धार्थं क्रियते तत्र वेदितव्या। तद् यथा

सा ते भवतु सुप्रीता किं ते दुर्भगया मया ।
वटे वटे वैश्रवणः शुकवत् पाठ्यसे प्रिया ॥

इति।

अस्यतेर् (see Dh. IV.100) ण्यत् (see P. III.1.124)। ***सञ्ज्ञापूर्वको विधिरनित्यः*** (Vyā. PBhP 64) इति वृद्ध्यभावः।

[किंवदन्ती जनश्रुतिः ।]

[वार्त्ता प्रवृत्तिर्वृत्तान्त उदन्तः स्यात्]

[अथाह्वयः ॥ ७ ॥

आख्याह्वे अभिधानं च नामधेयं च नाम च ।]

2-3) °दिष्टान।। मर्थानां सूत्रभाष्ययोः निबन्धा यः ससासेन B. 3) No additional *daṇḍa* in A, B. 4) °वृत्तिः यथा B. च इहै A, च इहैव B. लिंगादि° B. 8) समस्यस्चासावर्थश्चैति A, समस्यस्वासावर्षश्चेति B. समस्यार्थं A, B. °वाचीनी° B. °त्वान् । समस्यापि A. 9) *Daṇḍa* in A, B before समस्या. समस्यार्थ इति। समस्यार्थो यस्या इ° A, B. °ति।। वहु° B. 10) °णीयः। पदार्थः A, B. समस्येव्युच्यते।। इत्यर्थः B. 11) °पूरणं। समस्ये° A, B. °त्युच्यते।। इत्याहुः B. यत्रासंबंधं B. 12) पदद्वयं A, B. क्रियते। तत्र A, B. 12-13) °था। सा A, B. 13) दुर्द्गया B. 14) वट वटे B. वैश्रवणः। शुक° A. °वत्याध्यसे B. 16) अस्येते° B.

[आख्या , आह्वा]

आख्याह्वे स्त्रियौ।

[हूतिराकारणाह्वानम्]

[आकारणा]

करोतेर् (see Dh. VIII.10) ण्यन्ताण् (see P. III.1.26) ***ण्यासश्रन्थो युच्*** (P. III.3.107)। *आकारणा* ।

[संहूतिर्बहुभिः कृता ।। ८ ।।]

[संहूति]

बहुभिः कृता सदृशी हूतिः ।

[विवादो व्यवहारः स्यात्]

[व्यवहार]

व्यवहारो न्यायादिः।

[उपन्यासस्तु वाङ्मुखम् ।]

[वाङ्मुख]

वाङ्मुखं वचनोपक्रमः।

[उपोद्घात उदाहारः]

[उपोद्घात]

उपोद्घातो दृष्टान्तः।

[शपनं शपथः पुमान् ।। ९ ।।]

[प्रश्नोऽनुयोगः पृच्छा च]

---

2) अरव्याह्वे A. 5) °न्ताण्णासग्रंन्थो B. 6) No *daṇḍa* in A, B after आकारणा. 9) बुहुभिः A. 12) न्यायादि A, B.

[I.6.10-12]

[प्रतिवाक्योत्तरे समे ।]

[मिथ्याभियोगोऽभ्याख्यानम्]

[मिथ्याभियोग]

मिथ्याभियोगो मिथ्यासंरम्भो मिथ्याकलहादिर्वा।

[अथ मिथ्याभिशंसनम् ।। १० ।।
अभिशापः]

[मिथ्याभिशंसन]

मिथ्याभिशंसनं मिथ्यादूषणम्।

[प्रणादस्तु शब्दः स्यादनुरागजः ।]

[अनुरागज]

अनुरागज इति सुरताद्यनुरागजः।

[यशः कीर्तिः समाज्ञा च]

[यशस् , समाज्ञा , कीर्ति]

यशसि समाज्ञाकीर्तिशब्दौ।

[कीर्ति]

... ***सातिहेतिकीर्तयश्च*** (P. III.3.97) इति निपातनात् *कीर्तिः* ।

[समाज्ञा]

आतश्चोपसर्गे (P. III.3.106) इत्यङ्। *समाज्ञा* ।

[स्तवः स्तोत्रं नुतिः स्तुतिः ।। ११ ।।]

[स्तव ... , स्तुति]

स्तवादि स्तुतौ ।

[आम्रेडितं द्विस्त्रिरुक्तम्]

---

4) °संरम्भः। मिथ्याकलहादि वा A, B. 8) °शंसनं। मिथ्या° A, B. 11) सुरताद्यनूरागजः B. 14) यससि A. समज्ञा° A, B. 16) °कीर्त्तिपऽश्चति B. 18) आतस्चोप° A, आतस्वोप° B. इति। अङ् A, B. सम° A, B. 18, 21) °ज्ञा स्तवाचादि B.

[आम्रेडित]

*आम्रेडित*मिति भावे कर्मणि वा क्तः (see P. III.4.70)। कर्म च पदं वाक्यं वा।

[उच्चैर्घुष्टं तु घोषणा ।]

[घुष्ट]

घुष्टमिति ***घुषिरविशब्दने*** (P. VII.2.23) इति नेट्।

[घोषणा]

घोषणा चर्मकारादिदेया।

[काकुः स्त्रियां विकारो यः शोकभीत्यादिभिर्ध्वनेः ।। १२ ।।]

[विकार]

विकारो नीचत्वादिः।

[आदि]

*आदि*शब्देन कामलोभादयः।

[अवर्णाक्षेपनिर्वादपरिवादापवादवत् ।
उपक्रोशः]

[अवर्ण - उपक्रोश]

*अवर्णा*दयोऽयशस्*युपक्रोशा*न्ता वर्तन्ते।

[उपक्रोश / अपक्रोश]

अपक्रोशः इति केचित् पठन्ति।

[जुगुप्सा च कुत्सा निन्दा च गर्हणे ।। १३ ।।]

[गर्हण , जुगुप्सा ...]

*गर्हणे जुगुप्सा*दयः।

---

2) आशुडीतमिति B. चो क्तः B. 5) घुष्टमिति। घुषि° A, B. °रवि° A. °शब्दन् इति B. 7) घोषणा। च° A, B. 10) नीचत्वादि A, B. 16) °यशसि उप° A, B. °क्रोणान्ता B. L.18 comes after l. 21 in A, B. 18) इति। के° A, B. °चिस्पठन्ति B.

[I.6.14-16]

[पारुष्यमतिवादः स्यात्]

[भर्त्सनं त्वपकारगीः ।]

[यः सनिन्द उपालम्भस्तत्र स्यात् परिभाषणम् ।। १४ ।।]

[सनिन्द उपालम्भ , परिभाषण / सनिन्द परिभाषण , उपालम्भ]

यः सनिन्द उपालम्भस्तत्र परिभाषणम् । यद् वा सनिन्दं यत् *परिभाषणं तत्रोपालम्भः* ।

[तत्र त्वाक्षारणा यः स्यादाक्रोशो मैथुनं प्रति ।]

[आक्षारणा / क्षारणा]

परस्त्रीनिमित्तं यत् परपुरुषनिमित्तं वा दूषण*माक्षारणा* क्षारणा वा।

[स्यादाभाषणमालापः]

[प्रलापोऽनर्थकं वचः ।। १५ ।।]

[प्रलाप]

निष्प्रयोजनमुन्मत्तादिवचनं *प्रलापः* ।

[अनुलापो मुहुर्भाषा]

[मुहुर्भाषा]

मुहुर्भाषा मुहुश उक्तिः।

[विलापः परिदेवनम् ।]

[परिदेवन]

*परिदेवन*मनुशोचनमार्तप्रलापः। **तेवृ देवृ देवने** (Dh. I.528-529)। ल्युट् (see P. III.3.115)।

[विप्रलापो विरोधोक्तिः]

---

5) सनिन्दमुपलम्भस्तत्र A. 6) °पलम्भः A, B. 9) पत्परपुरुष° B. दूषणं। आक्षारणा A, B. क्षारणा। वा A. No *daṇḍa* in B. 13) निष्प्रयोजमुन्मत्तादि° A. 16, 19) मुहुसोभिः परि° A, B. 19) °मनुषोचन° A, °मनुषोवन° B. तेवृ त्तेवृ देवने A, B. ल्यद् B.

[विरोधोक्ति]

परस्परप्रतिषेधेन विरुद्धं वचनं *विरोधोक्तिः* ।

[संलापो भाषणं मिथः ।। १६ ।।]

[मिथो भाषण]

उक्तप्रत्युक्तसंयुक्ति*र्मिथो भाषणम्* ।

[सुप्रलापः सुवचनम्]

[अपलापस्तु निह्नवः ।]

[सन्देशवाग् वाचिकं स्यात्]

[वाचिक]

वाचो व्याहृतार्थायाम् (P. V.4.35) इति ठक् ।

[वाग्भेदास्तु त्रिषूत्तरे ।। १७ ।।]

[उषती वागकल्याणी]

[उषती ...]

यथादर्शन*मुत्तर* उषत्यादयस्त्रिलिङ्गाः ।

[स्यात् कल्या तु शुभात्मिका ।]

[अत्यर्थमधुरं सान्त्वम्]

[सङ्गतं हृदयङ्गमम् ।। १८ ।।]

[निष्ठुरं परुषम्]

[ग्राम्यम्]

[ग्राम्य]

ग्राम्यं भण्डिमादि ।

---

2) वचनम्विरोधोक्तिः A. 5) °थौ भाष° A, B. 10) वारो B. व्याहृतार्थाया इति A, B. 14) °मुत्तरे A, B. *Daṇḍa* in A before उषत्या°. °स्त्रिलिंगाः A, B.

[I.6.19-20]

[अश्लीलम्]

[अश्लील]

*अश्लील*मशोभनम्। सिध्मादेराकृतिगणत्वाल्लच् (see P. V.2.97)। कपिरिकादित्वाल्लत्वम् (see CV VI.3.46)। **नञ्** (P. II.2.6) इति तत्पुरुषः।

[सूनृतं प्रिये । सत्ये]

[अथ सङ्कुलक्लिष्टे परस्परपराहते ।।१९ ।।]

[सङ्कुल ...]

अत्यन्तविरोधादन्योन्यविध्वस्ते वचने *सङ्कुला*दि।

[लुप्तवर्णपदं ग्रस्तम्]

[लुप्तवर्णपद]

लुप्तं वर्णपदं यस्मिंस्तल्लुप्त*वर्णपदम्* ।

[ग्रस्त]

असम्पूर्णोच्चारितं *ग्रस्तम्* ।

[निरस्तं त्वरितोदितम् ।]

[अम्बूकृतं सनिष्ठेवम्]

[अम्बूकृत]

*अम्बूकृत*मिति **च्वौ च** (P. VII.4.26) इति दीर्घः।

[सनिष्ठीव]

श्लेष्मकणावलिप्तनिर्गमसहितम्। *सनिष्ठीवं* पक्षे दीर्घः (see CV I.3.98)।

---

3) अश्लिल° A, B. °मसोभनं A, °मसोभन B. No *daṇḍa* in B. मिप्सादेराकृति° B. °गणत्वाल्लुक् A, B. 3-4) कपिरिकारत्वाल्लत्यं B. 12) वर्ण्णं पदं B. यस्मिन्। तल्लुप्त° A, यर्म्मिन्।। तल्लुप्त° B. 18) अम्बूकृतिमिति च्वौ वेति A, B. 20) °कणावलिपु° B. सनिष्टीवं B.

[अबद्धं स्यादनर्थकम् ।। २० ।।]

[अबद्ध]

अबद्धम् ***असम्बद्धम्*** (NŚ XVI.90[a]) ***समुदायार्थशून्यम्*** (KAK IV.8[a], KĀd. III. 128[a])। दश दाडिमादिवाक्यवत् (see Bhāṣ. on Vā. 2 to P. I.1.1, 1 to P. I.2. 45, KAK IV.8[c-d])।

[अनक्षरमवाच्यं स्यात्]

[अनक्षर]

अनक्षरं गल्यादि।

[आहतं तु मृषार्थकम् ।]

[अथ म्लिष्टमविस्पष्टम्]

[वितथं त्वनृतं वचः ।। २१ ।।]

[सत्यं तथ्यमृतं सम्यक्]

[सत्य]

त्रिषूत्तरे (AK I.6.17[d]) इति वचनात् *सत्या* वाक्, *सत्यो* व्यवहारः, *सत्यं* वचनम्।

[सम्यञ्च्]

समीची वाक्, *सम्यग्* व्यवहारः, *सम्यग्* वचनम्।

[अमूनि त्रिषु तद्वति ।]

[सत्य ...]

तद्वति त्रिषु सत्यादि। *सत्या* ब्राह्मणी, *सत्य* ऋषिः, *सत्यं* वचनम् इत्यादि।। ० ।।

[शब्दे निनादनिनदध्वनिध्वानरवस्वनाः ।। २२ ।।

स्वाननिर्घोषनिर्ह्रादनादनिस्वाननिस्वनाः ।

---

3) °सम्वद्ध A, °सवद्ध B. °सून्यं A. 14) त्रिष्टत्तर इति B. वचनात्। सत्या A, B. वाक् सत्यो A, सक् सत्यो B. व्यवहारः सत्यं A. No *daṇḍa* in A, B after वचनं. 16) सतीची B. °हारः सम्य° A. 19) त्रिषु। सत्यादि A, B. ववन° B. No special punctuation mark in B.

[I.6.22-24]

आरवारावसंरावविरावाः]

[निनाद , निनद , निस्वान् , निस्वन]

निनादनिनदनिस्वाननिस्वना इति ***नौ गदनद*** ... (P. III.3.64) इत्यादिना विकल्पेनाप्।

[रव]

रव इति ***ऋदोरप्*** (P. III.3.57)।

[स्वन , स्वान]

स्वनः स्वान इति ***स्वनहसोर्वा*** (P. III.3.62)।

[आरव , आराव]

आरव आराव इति ***विभाषाङि रुप्लुवोः*** (P. III.3.50)।

[संराव , विराव]

संरावो विराव इति ***उपसर्गे रुवः*** (P. III.3.22) इति नित्यं घञ्।

[निर्घोष , नाद , निर्ह्राद , आराव]

निर्घोषनादनिर्ह्रादारावा घञन्ताः। (see P. III.3.18, 19, 50)

[अथ मर्मरः ।। २३ ।।

स्वनिते वस्त्रपर्णानाम्]

[भूषणानां तु शिञ्जितम् ।]

[शिञ्जित]

शिञ्जेः (see Dh. II.17) *शिञ्जितम्* ।

[निक्वाणो निक्वणः क्वाणः क्वणः क्वणनमित्यपि ।। २४ ।।]

[निक्वाण[1] , निक्वण-५]

निक्वाणो निक्वण इति सर्वेषु यथासम्भवं ***क्वणो वीणायां च*** (P. III.3.65)

---

3) °निस्वन इति। नौ A, B. विकल्पनाप् B. 5) ऋपोरप B. 7) No *daṇḍa* in A, B. 9) आरवाराव इति। विभाषा° A, B. 11) इति। उपसर्गे A, इ उपसर्गे B. रव इति A, B. घञः B. 13) °णाद° A. 18) सिञ्जेः A. शिञ्जेः om. in B. सिञ्जि° A, B. 21) निक्वाण A, B. निक्वश B. इति। स° A, B. क्वणा वीणाया B.

इत्यप् पक्षे घञ् (see P. III.3.18)। तत्र *निक्वाणा*दयः पञ्च क्वणित(see AK I.6.25[a])मात्रे।

[वीणायाः क्वणिते प्रादेः प्रक्वाणप्रक्वणादयः ।]

[क्वणित , प्रक्वाण , प्रक्वणादि]

वीणायाः क्वणिते प्रादेरन्योपसर्गपूर्वात् क्वणतेः (see Dh. I.477) *प्रक्वाणप्रक्वणादयः* शब्दाः। वीणाग्रहणाद् वीणाविषयान्तरेऽन्योपसर्गपूर्वादपि भवति।

[आदि]

*आदि*शब्देन यथादर्शनं सुक्वाणसुक्वणादि।

[कोलाहलः कलकलः]

[तिरश्चां वासितं रुतम् ।। २५ ।।]

[रुत , वासित]

तिरश्चां रुतं वासितम् । ***वासृ शब्दे*** (Dh. IV.54)। क्तः (see P. III.3.114)।

[स्त्री प्रतिश्रुत् प्रतिध्वाने]

[गीतं गानमिमे समे ।]

[निषादर्षभगान्धारषड्जमध्यमधैवताः ।
पञ्चमश्चेत्यमी सप्त तन्त्रीकण्ठोत्थिताः स्वराः ।। १ ।।]

[स्वर]

अमी सप्त स्वरा वीणास*मुत्थिताः* कण्ठस*मुत्थिता*श्च।

---

1) °त्यप B. *Daṇḍa* in A, B before पक्षे. घञा A, घाञेति B. 2, 5) °मात्रे वी° A, B. 5) °णायाः। क्वणिते A. प्रादेरण्योप° A, B. *Daṇḍa* in A, B after °पूर्व्वात्. कुणतेः B. 6) वीणाग्रहणात् A, B. °विषयान्नेर° A, °विषयान्तेर° B. 12) रुतं।। वासि° B. 12-122:3) वासृ to तत्र। नि om. in B. 18) वीणासमुत्थिताः। कण्ठसमुत्थिता। श्च MS.

[I.7.1-2]

तत्र

[निषाद]

निषादं तु गजो गर्जत्युन्मदोऽसौ सपञ्चमम् । (Vi. acc. to Sar. and Bṛ.)

[ऋषभ]

रम्भन्त ऋषभं गावस्तेऽपि मत्ताः सपञ्चमम् ।

[गान्धार]

अजाविके तु गान्धारं (NŚi. I.5.3[c])

[मध्यम]

क्रौञ्चः क्वणति मध्यमम् । (NŚi. I.5.3[d])

[षड्ज]

षड्जं नदति मयूरः (NŚi. I.5.3[a]) *स तु मत्तः सपञ्चमम् ।*

[पञ्चम]

पुष्पसाधारणे काले कोकिलो रौति पञ्चमम् । (NŚi. I.5.4[a-b])

[धैवत]

अश्वश्च धैवतं सोऽपि मत्तः पञ्चमसङ्गतम् । (Vi. acc. to Sar. and Bṛ.)

[काकली तु कले सूक्ष्मे]

[ध्वनौ तु मधुरास्फुटे ।

कलः]

[मन्द्रस्तु गम्भीरे]

[तारोऽत्युच्चैः]

[त्रयस्त्रिषु ।। २ ।।]

1, 3) तत्र । निषादो गर्जि स्योन्मदो° A, with some space blank between र्जि and स्यो. 3) षादो गर्ज्जिस्योन्मदो° B. सपञ्चमः A, सुपञ्चमः B. 5) रम्भन्ते A, B. ऋषभः B. 7, 9) गान्धारं । क्रौञ्चः A. 11) षड्ज B. 13) पुष्पसाधाराणे B.

[कल , मन्द्र , तार]

त्रयस्त्रिष्विति कलमन्द्रताराः । *कलः* शब्दः, *कलं* गीतम् , *कला* वीणा इत्येवं *त्रिषु* ।

[समन्वितलयस्त्वेकतालः]

[समन्वितलय , एकताल]

सम्य*गन्वितो लयो* येन यत्र वा स *एकतालः* प्रधानतालः। *लयो विलम्बितादिः* (see AK I.7.9^{a-b})। अथवा सम्यग् यथाशास्त्र*मन्वितलयो* मध्यमलय *एकतालः* । द्रुतादि(see AK I.7.9^{a-b})*लययुक्तं तौर्यत्रिक*(see AK I.7.10^{c-d})*मेकताल* इति केचित्।

[वीणा तु वल्लकी ।

विपञ्ची]

[सा तु तन्त्रीभिः सप्तभिः परिवादिनी ।। ३ ।।]

[ततं वीणादिकं वाद्यम्]

[वीणादिक वाद्य , तत]

*तन्त्री*विस्तारात् कृतं *वीणा*खोड्वणिकादि *वाद्यं तत*मुच्यते।

[आनद्धं मुरजादिकम् ।]

[मुरजादिक , आनद्ध]

चर्मबद्धं *मुरजपटहादिकं* पौष्कर*मानद्धम्* ।

[वंश्यादिकं तु शुषिरम्]

[वंश्यादिक वाद्य , शुषिर]

शुषिरकृतं *वंशीशङ्खकाहलादि वाद्यं शुषिरम्* ।

[कांस्यतालादिकं घनम् ।। ४ ।।]

---

2) शीतं A, B. 5) समागन्धितो B. °नालः । प्रधान° A, B. विलम्बितादि A, B. 6) सम्यगाढोशास्त्रसन्धितलयो B. °तारः B. 7) द्रुतादिलयु° B. °युक्तं । तौ° A, B. 14) °विस्तारास्तत्कृतं A, B. वीणाशंखोध्वणिकादि वाद्य B. *Daṇḍa* in A, B before तत°. 17) चर्मबद्धं । मुरज° A, B. 20) शुष्विरकृतं B. सुषि° A, B.

[I.7.4-5]

[कांस्यतालादिक , घन]

अनलसंयोगप्राप्तद्रवीभावं पुनर्घनायत इति *कांस्यतालं* घण्टातालादि घनमुच्यते।

[चतुर्विधमिदं वाद्यं वादित्रातोद्यनामकम् ।]

[वादित्र , आतोद्य]

चतुष्प्रकारमिदं वादित्रमातोद्यं चाभिधीयते।

[मृदङ्गा मुरजाः]

[मृदङ्ग , मुरज]

मृदङ्गा मुरजा इति पर्यायः।

[भेदास्त्वङ्क्यालिङ्ग्योर्धकास्त्रयः ।। ५ ।।]

[भेद]

ते *मुरजभेदास्त्रयः* ।

[अङ्क्य]

अङ्क एव वादनात्।

[आलिङ्ग्य]

आलिङ्ग्य वाद्यत *इत्यालिङ्ग्यः* ।

[ऊर्धक]

ऊर्धीकृत्यैकेन मुखेन वाद्यत *इत्यूर्धकः* ।

[अङ्क्य , ऊर्धक , आलिङ्ग्य]

तत्र

हरीतक्याकृतिस्त्वङ्क्यो यवमध्यस्तथोर्धकः ।
आलिङ्ग्यश्चैव गोपुच्छ आकृत्या सम्प्रकीर्तितः ॥ (NŚ XXXIV.255)

---

2) °संयोत° B. °उवीतारं B. कांस्प° B. °तांल A. घण्टान्तादि A, घण्ठान्तादि B. 5) °मिदं। वादित्र° A, B. °मात्रोद्यञ्चोभिधीयते A, °मात्रोद्यञोभिधीयते B. 11) मुरजा भेदा° A, B. 13) वादनाः A, वादेनाः B. 15) आलिङ्गा B. इत्यालिंग्यः A, इत्यालिंगा B. 17) उर्धीकृत्यैकेन A, उवं।। कृत्येकेन B. इति। ऊ° A, B. °र्द्वकः B. 20) °कृतिस्त्वङ्क्यः A, °कृतिस्त्वङ्ग्यः B. *Daṇḍa* in A, B before यव°. 21) आलिंग्यश्चैव B. गोपुच्छः। आकृत्या A, B. No additional *daṇḍa* in A, B.

एते *मुरजभेदाः* ।

[स्याद् यशःपटहो ढक्का]

[यशःपटह , ढक्का]

यशःपटहः प्रतिपत्तिपटहो *ढक्का स्यात्* ।

[भेर्यामानकदुन्दुभी ।]

[आनकः पटहोऽस्त्री स्यात्]

[कोणो वीणादिवादनम् ।। ६ ।।]

[कोण]

कोणो लकुडकादिः । (see ŚāK 178[c-d])

[वीणादण्डः प्रवालः स्यात्]

[ककुभस्तु प्रसेवकः ।]

[ककुभ , प्रसेवक]

*वीणा*प्रान्ते वक्रः काष्ठादिनिर्मितः *ककुभः* । तत्र *प्रसेवक*शब्दः । वीणावासनवस्त्रं *प्रसेवक* इति केचित् ।

[कोलम्बकस्तु कायोऽस्याः]

[कोलम्वक]

समुदाय*कायः कोलम्बक* उच्यते ।

[उपनाहो निबन्धनम् ।। ७ ।।]

[उपनाह , निबन्धन]

*उपनाहो*ऽपि प्रान्ते यत्र *तन्त्रीनिबन्धनम्* ।

[वाद्यप्रभेदा डमरुमड्डुडिण्डिमझर्झराः ।

---

1) मुरजा भेदाः A, B. 9) लंकुण्डिकादि A, B. 13) °तः । ककुभः A, B. 20) No *daṇḍa* in B.

[I.7.8-9]

मर्दलः पणवोऽन्ये च]

[डमरु]

*डमरु*रिति लोके प्रसिद्धः।

[डिण्डिम]

डिण्डिमो डेण्डुरी।

[झर्झर]

झर्झरः करडः। वाद्येषु प्रधानभूतोऽसावन्य एव केचित्।

[अन्य]

अन्ये च ये हुडुकगोमुखादयः।

[नर्तकीलासिके समे ।। ८ ।।]

[विलम्बितं द्रुतं मध्यं तत्त्वमोघो घनं क्रमात् ।]

[विलम्बित ... ; तत्त्व ...]

*विलम्बिता*दीनां *तत्त्वा*दिसञ्ज्ञा यथाक्रमम्।

[विलम्बित]

लयतालवर्णपदयतिगीत्यक्षरभावकम् (NŚ XXIX. 77 a-b) स्थिरं *विलम्बितम्* ।

[द्रुत]

आविद्धकरणबहुलमुपर्युपरिपाणिकम् (NŚ XXIX.78 a-b) *द्रुतम्* ।

[तालः कालक्रियामानम्]

[ताल]

अयं *स्वर* इयत्*कालं* गेय इयत्*कालं विलम्बितमियत्कालं* द्रुतमियत्*कालं* मध्यमिति हेतोर्हस्तेनाङ्गुल्याकुञ्चनप्रसारणक्रियया *कालस्य* प्रमाणं *ताल* उच्यते।

---

3) त्रमरु° A. 5) डेङ्गुरी A, भेङ्गरी B; see § 4, no. 35. 7) झर्झरः। करडः A, B. वाद्यषु पुधान° B. 9) च यो A. ह्यन्तकगो° B. 13) तत्वादि° A, तंत्वादि° B. 15) पद om. in A, B. °गीत्यक्षर-सवकं A, B. 17) अविरुद्ध° A, B. °बहुलमुपयुंपरियाणिकं B. हुतं A, B. ः B. 20) शेय B. इयत्का लम्बित° A, इयत्का लंबित° B. 20-21) विलम्बितमियत्कालं मध्यतति A, B; see App. 1, no. 30. 21) °र्हस्तेनांगुल्या° A, °र्हस्तेनाङ्गुत्या° B. °प्रसारणेक्रियया A, °प्रसारणे।। क्रियया B.

[लयः साम्यम्]

[लय , साम्य]

*क्रियाकाल*योगाद् *वाद्यादिक्रियाणां* च परस्परसमत्वं *लयः* । सर्वा*भिनयाना*(see AK I.7. 16[b])मपि *साम्यं लय* इति केचित् ।

[अथास्त्रियाम् ।। ९ ।।
ताण्डवं नटनं नाट्यं लास्यं नृत्यं च नर्तने ।]

[ताण्डव]

ताण्डिना सम्यग् गानभाण्डसमन्वितं सृष्टं यत् तदिति *ताण्डवम्* । (see NŚ IV. 260-261[b])

[तौर्यत्रिकं नृत्तगीतवाद्यं नाट्यमिदं त्रयम् ।। १० ।।]

[नृत्त[1]-३ = तौर्यत्रिक , नाट्य]

नृत्तादित्रयं प्रत्येकं *तौर्यत्रिक*शब्देन *नाट्य*शब्देन चोच्यते। *त्रयाणा*मेव नामद्वय*मिदम्* ।

[भ्रकुंसश्च भ्रुकुंसश्च भ्रूकुंसश्चेति नर्तकः ।
स्त्रीवेषधारी पुरुषः]

[भ्रकुंस , भ्रूकुंस , भ्रुकुंस]

भ्रूकुंसादीनामकारो वक्तव्यो वा (Bhāṣ. on Vā. 3 to P. VI.3.61) इत्यकारः। पक्षे *भ्रूकुंसः* । ***इको ह्रस्वोऽङ्यो गालवस्य*** (P. VI.3.61) इति पक्षे ह्रस्वः।।

[नाट्योक्तौ]

[नाट्योक्ति]

नाट्योक्तौ नाटकादौ। अधिकारोऽय*मङ्गहार*(see AK I.7.16[a])पर्यन्तम्।

---

3) परस्परसंबंधं B. 4) शाम्यं A. 8) ताण्डेना B. सम्यक् भाण्डे ताण्डसमन्वितमिष्टाय तदिति A, B. 12) नृत्यादि° B. °त्रयं। प्रत्येकं A, B. तौर्यतिक° B. °सब्देन चोच्यते A, °शब्देनोच्यते B. त्रयाना° A. The greater part of म and द्व in नामद्वय is defaced in A, नाट्यद्वय° B. 16) भ्रुकुंशादीना° A, B. 17) भ्रकुंशः A, B. ह्रस्वोऽद्यो A, ह्रस्वोऽघो B. ह्रस्कः A. The *sūtra* and its application follow ताण्डवं in A, B. 20) °मंगहार° B.

[I.7.11-15]

[गणिकाज्जुका ।। ११ ।।]

[भगिनीपतिरावुत्तः]

[भावो विद्वान्]

[अथावुकः ।

जनकः]

[युवराजस्तु कुमारो भर्तृदारकः ।। १२ ।।]

[राजा भट्टारको देवः]

[तत्सुता भर्तृदारिका ।]

[देवी कृताभिषेकायाम्]

[इतरासु तु भट्टिनी ।। १३ ।।]

[अब्रह्मण्यमवध्योक्तौ]

[अवध्य]

वधानर्ह*मवध्यम्*।

[अवध्योक्ति , अब्रह्मण्य]

तदुक्ता*वब्रह्मण्यं* ब्रह्मानर्हमित्यर्थः।

[राजश्यालस्तु राष्ट्रियः ।]

[अम्बा माता]

[मातृ , अम्बा ...]

नाटयोक्तौ मातेति प्रयोक्तव्ये*Sम्बा*शब्द एव प्रयोक्तव्य इत्येवम्प्रकारः सर्वत्र नियमः। तेनान्यत्रापि यथादर्शन*मम्बा*दीनां प्रयोगो न दुष्यति।

[अथ बाला स्याद् वासूः]

[आर्यस्तु मारिषः ।। १४ ।।]

[अत्तिका भगिनी ज्येष्ठा]

[निष्ठानिर्वहणे समे ।]

---

15) तदुक्तावव्राह्मण्यं A, तदुक्ताचव्राह्मण्यां B. Double *daṇḍa* in A after °ण्यं, *daṇḍa* in B after °ण्यां. प्रह्मानर्ह° B. 15, 19) °मित्यर्थः ।। नाटयोक्तौ आम्बेति B. 19) प्रयोक्तव्यं अम्वासव्द A, प्रयोक्तव्यं अस्वाशव्द B. 19-20) °कारः। सर्वत्र नियमस्तेनान्यत्रापि A, B.

[निर्वहण]

नाटके पञ्चमः सन्धिरसौ *निर्वहण*मिति केचित् । (see NŚ XIX.37)

[हण्डे हञ्जे हलाह्वानं नीचां चेटीं सखीं प्रति ।। १५ ।।]

[हण्डे , हञ्जे]

हण्डे हञ्ज इत्येकारान्त*माह्वानम्* ।

[हला]

हलेत्याकारान्तम्। यथा ***हला सउन्तले*** (Śā. I.15+,17+, 18+ *passim*) इति।

[अङ्गहारोऽङ्गविक्षेपः]

[अङ्गहार]

अष्टोत्तरशतकरण(see NŚ IV.27-173)निषपन्नः स्थिरहस्तपर्यस्तकादिनामको द्वात्रिंशत्प्रकारो*ऽङ्गहारः* (see NŚ IV.174-247)।

[व्यञ्जकाभिनयौ समौ ।]

[अभिनय , व्यञ्जक]

भाव(see AK I.7.21c)स्य चान्यस्य च विभावको*ऽभिनयः* । नाटककृतः कवेर्हृदयगत*भावस्य व्यञ्जको*ऽ*भिनय* इत्यन्ये।

[निर्वृत्ते त्वङ्गसत्त्वाभ्यां द्वे त्रिष्वाङ्गिकसात्त्विके ।। १६ ।।]

[आङ्गिक]

अङ्गेन भ्रूलतादिना *निर्वृत्तमाङ्गिकं* कर्म, *आङ्गिकोऽभिनयः, आङ्गिकी* चेष्टा। ***निर्वृत्तेऽक्षद्यूतादिभ्यः*** (P. IV.4.19) इत्यत्र ***निर्वृत्ते*** इति योगविभागाट् ठक्।

आङ्गिकाभिनयस्यैव वाचिकाभिनय आहार्याभिनयश्च प्रभेदः।

---

2) पञ्चमः। सन्धिरसो A, B. निर्द्दहण° A, B. 5) हञ्जे A, हणज B. *Daṇḍa* in A after हञ्जे. इत्येकारान्तं। आहा° A, इत्येकारान्तं।। आह्वा° B. No *daṇḍa* in A, B. 7) °कारान्तं। हला A, B. सउत्त° B. 7, 10) °लेति यथा। अष्टो° A, B. 10) °निष्प° B. °न्तः। स्थिर° A, B. °पर्यन्नकादि° B. 14) भावस्यो वालस्ये व विभावको° B. कवेहृदय° A, B. 15) °शतभावस्ये व्यंज° B. °नयः।। इत्यन्ये B. 18) निर्वृत्तमालिङ्गिकं कर्म आङ्गिको° B. 19) निर्वृत्तेकृद्युतादि° B. निर्वृत्ता इति A, निर्वृत्ता।। इति B. °विभागाट्टक् B. 20) चाचिकाभिनय B. आर्हार्या° A, आहार्यो° B.

[I.7.16-17]

[सात्त्विक]

सत्त्वं तु चित्तावधानम्। ... ***सत्त्वं नाम मनःप्रभवम्। तच्च समाहितमनस्कत्वादुत्पद्यते।*** (NŚ VII.93+)

तेन निर्वृत्तं (see P. IV.4.19) *सात्त्विकं* मुखवैवर्ण्यादि।

स्तम्भः स्वेदोSथ रोमाञ्चः स्वरभेदोSथ वेपथुः।
वैवर्ण्यमश्रु प्रलय इत्यष्टौ सात्त्विकाः स्मृताः॥ (NŚ VI.22,VII.94)

सात्त्विकोSभिनयः, *सात्त्विकी नष्टचेष्टता* (see AK I.7.33^{d}) इति।।

[शृङ्गारवीरकरुणाद्भुतहास्यभयानकाः ।
बीभत्सरौद्रौ च रसाः]

[शृङ्गार१-८ = रस]

रसनाश्च *रसा* ***आस्वाद्यत्वात्।*** ...
यथा नानाव्यञ्जनसंस्कृतमन्नं भुञ्जाना रसानास्वादयन्ति सुमनसः पुरुषा हर्षांश्चाधिगच्छन्ति तथा चाभिनयव्यञ्जितान् वागङ्गसत्त्वोपेतान् स्थायिभावानास्वादयन्ति सुमनसः। (NŚ VI.31+)

इति।

ननु तन्त्रान्तरे नवमः शान्तरसोSप्युक्तः। स इह कस्मान्न प्रदर्शितः। उच्यते

हासो रतिश्च शोकश्च क्रोधोत्साहो भयं तथा।
जुगुप्सा विस्मयश्चैव स्थायिभावाः प्रकीर्तिताः॥ (NŚ VI.17)

हासादि*भाव*प्रभवाश्च *शृङ्गारादयो रसा* इत्यागमः (see NŚ VI.33+)। तेन प्रकृतेरष्ट-

---

2) No first sentence in A. ससत्वं तु चिन्तावधा° MS. No *daṇḍa* in MS. सत्वन्नाम A, त्वन्नाम B. 2, 4) °दुत्पद्यते।। तेन A. 4) सात्वि° A, B. 5) रोमाञ्चः स्वरभेदोSथ रोमाञ्चः स्वरभेदोSथ B. 6) सात्विकाः A, B. 6-7) स्मृ >--< कोSभिनयः broken off in A. 7) सात्विको° B. सात्विकी A, B. No additional *daṇḍa* in B. 11) रसानाश्च A, रसाताश्च B. आश्वाद्यत्वान् B. 12) नानासंस्कृत° A, B. °ञ्जानं।। रसानाश्वादया° B.) °न्ति। सुमनसः A, B. 13) हर्षाञ्चाधि° A, हर्षाश्चाधि° B. °गच्छं>--<भिनय° broken off in A. °गच्छन्ति।। नथा B. °व्यंजिनान् A, B. वागंग° B. °सत्वोपेतान् A, °संधोपेतान् B. 13-14) °भावान् आस्वादयन्ति A, °भावान् आश्वादयन्ति B. 16) प्रदर्शिनः B. 16-17) उच्यने। हासो A, B. 17) Upper half of the first three *akṣara*-s and loop of the medial *i* of नि broken off in A. रतिस्च A. 17-18) °था।। जुगुप्सा A. 18) स्थायी° B. 18-19) °भावाः। प्रकीत्तिनाः। हासादि° A. 19) °प्रभवास्च सृङ्गारादयो A. इन्यागमस्नेन A, B.

सङ्ख्यत्वाद् (see BhG VII.4) अष्टावेव तूक्ताः। शान्तरसश्चायं धर्मशृङ्गारत्वाच्छृङ्गाररस एवानुप्रविष्टः। धर्मार्थकामभेदेन हि त्रिविधः शृङ्गारः शास्त्रे व्यवस्थापितः (see NŚ XVIII.72-75)।

[शृङ्गारः शुचिरुज्ज्वलः ।। १७ ।।]

[शृङ्गार]

शुचिर्मेध्य उज्ज्वलो दर्शनीयो वा पदार्थो (see NŚ VI.45+) वा नेपथ्यक्रियात्मकः (see NŚ VI.77b) *शृङ्गार* उच्यते। अत एवोज्ज्वलवेशो लोके शृङ्गारवानिति व्यपदिश्यते (see NŚ VI. 45+)।

[शुचि , उज्ज्वल]

शुचिरुज्ज्वल इति *शृङ्गारस्य* विवरणं न पर्यायः।

[उत्साहवर्धनो वीरः]

[उत्साहवर्धन , वीर]

तथो*त्साहवर्धनं* इति *वीरस्य* विवरणम्।

[कारुण्यं करुणा घृणा ।

कृपा दयानुकम्पा स्यादनुक्रोशोऽपि]

[कारुण्य ... , करुण]

कारुण्यादयः पर्यायाः। *करुणरस* एव *कारुण्यादिः*।

[अथो हसः ।। १८ ।।

हासो हास्यं च]

[हास ... , हास्य]

हासादिर्हास्यो भावश्च। तस्य विशेषान् वक्ष्यति।

---

1) तूक्तः A, भूक्तः B. सान्त° A. °रसस्चा° A, °रसस्सो° B. 1-2) °शृङ्गारन्वात्। शृङ्गार° A, B. 2) त्रिविधः।। शृ° B. °ङ्गार A, °ङ्गाल B. सास्त्रे A. 6) शुचिर्मेध्ये B. उज्ज्वल A, उज्वल B. दर्शनायो B. द्रेयपथ्य° B. 7) शृगार B. उच्यते।। अत A. एवोज्वलवेशो A, B. 8) व्यपदिण्यने B. 10) शुचिरुज्वल B. विवरणन्ने B. 13) तथा उत्साह° A, B. 17) कारुण्यादयः। प° A, B. कारुण्यादि A, कारुण्यादौ B. No *daṇḍa* in B. 21) हासादि हास्यो A, हासादि हासादि हास्यो B.

[हस]

स्वनहसोर्वा (P. III.3.62) इत्यप्।

[हास , हास्य]

घञ्(see P. III.3.18)ण्यतौ (see P. III.1.124) च।

[बीभत्सं विकृतं त्रिष्विदं द्वयम् ।]

[विकृत]

जुगुप्सा*भावात्मकं* (see NŚ VI.72+) *विकृतम्* ।

[बीभत्स]

बीभत्सं नाम *रसस्तद्व्यञ्जकमपि बीभत्सादुच्यते*। तत्र वै त्रिलिङ्गौ। ***स चाहृद्याप्रियावेक्षणारिष्टश्रवणदर्शनपरिकीर्तनैः*** (NŚ VI.72+) रूप***गन्धरसस्पर्शशब्ददोषैः*** ... ***उद्घट्टनैश्च बहुभिर्बीभत्सरसः समुद्भवति*** (NŚ VI.73^{b-d})। ***अस्य सर्वाङ्गसंहारमुखनेत्रविकूणन***(NŚ VI.72+)***नासाप्रच्छादन***(NŚ VI.74^{b})आस्यावनमनाव्यक्तपादपतन-(see NŚ VI.74^{b-c})***उल्लेखननिष्ठीवनोद्वेजनादिभिरनुभावैरभिनयः*** (NŚ VI.72+) प्रयुज्यते।

[विस्मयोऽद्भुतमाश्चर्यं चित्रमपि]

[विस्मय ...]

रसो *भावो विस्मयादिः*।

[अथ भैरवम् ।। १९ ।।
दारुणं भीषणं भीष्मं घोरं भीमं भयानकम् ।
भयङ्करं प्रतिभयम्]

---

2) श्वनूहस्ये° B. 2, 4) °पृ घ° B. 4) °ञ्। ण्यतौ A, °ण।। ण्यतौ B. च् B. 7) °भावात्मकम्विकृ° A, B. 9) रसस्तु° A, B. Excluding the last four *akṣara*-s, the whole line has been retraced in A. The three *akṣara*-s preceding मपि are difficult to read and look like द्वचुद्युक्ष्म in A. °द्युज्येप्कमतिं बिभत्सा° B. °दुच्य तत्र A, °दुच्ये तत्र B. 9-10) चाहूयाप्रियावेक्षनारिष्ट° A, B. 10) °पविकीर्त्तनैर्वचगन्ध° A, °परिकीत्तंनैवंचगन्ध° B. 10-11) °दोषैरुत्घट्टनै° A, °दोषैरुद्धटनै° B. 11) °संघार° A, °संघा।। B. °मूख° B. 12) °नेत्रविकून° A, °नेत्रविकृत° B. °नासोप्रच्छाद° B. °व्यक्तवादय° A, B. 12-13) °तभोल्लेखन° A, °नखोल्लेखन° B. 13) °निष्टीवनो° A, B. 13-14) °नयः। प्रयुज्यते A, B. 17) भाव विस्मयादि A, B. No *daṇḍa* in B.

[भैरव]

रसो रसयुक्तश्च भयहेतु*र्भैरवादिः* ।

[भयङ्कर]

*भयङ्कर*मिति ***मेघर्तिभयेषु कृञः*** (P. III.2.43) इति खच् ।

[रौद्रं तूग्रम्]

[रौद्र]

रक्षोदानवादीनां सङ्ग्रामहेतुकः क्रोध एव परां कोटिमारूढो *रौद्ररसा*त्मकः (see NŚ VI.63+) । यस्य ***नानाप्रहरणसङ्कुलशिरःकबन्धभुजकर्तनैः*** ... ***अभिनयः*** (NŚ VI.65) क्रियते ।

[अमी त्रिषु ।। २० ।। चतुर्दश]

[अद्भुत[1]-१४]

अद्भुतादयश्चतुर्दश त्रिषु । तत्रा*द्भुताद*यो *विस्मय*हेतुस्त्रिलिङ्गाः ।

[आश्चर्य]

आश्चर्यं वडवानलः ... । (Bh. acc. to Kṣe. 89 / Ke. acc. to Vidyā. 1198)
शाखाश्च मन्दिराण्येषाम् । (KĀd. II.290^{C})

[चित्र ...]

*चित्र*मित्यादौ तु विशेष्यत्वात् स्वलिङ्गता ।

[भैरव ...]

भैरवादिस्तु रसे पुमान् भयहेतौ त्रिलिङ्गः ।

---

2) युक्तश्च ।। रूप° B. °तेतु° A, B. °भैर° B. °वादि A, B. No *daṇḍa* in B. 4) शब्देर्तिभयेषु B. कृञ् इति A, कृण् इति B. 7) परं A, B. 8) नानाप्रहरणं° A, B. °गिरःकबन्ध° B. °भूज° A, °तुज° B. °वर्त्तनै° A, B. 13) अद्भुतादयस्चतुर्दश A. °हेतु । त्रिलिंगाः A, °हेतु त्रिलिंगाः B. 15) आश्चर्यम्वड° A, आश्चर्य्यम्वड° B. 15-16) °वा >--< ाखाश्च broken off in A. °वानलः सास्वा° B. 16) °श्च । मन्दिरा° A, B. °न्येषां A, °न्येर्षां B. No *daṇḍa* in A, B. 18) विशेष्यत्वाल्स्वलिंगता B. 20) भैरादिस्तु A. पुमान् । भय° A, B.

[रौद्र ...]

रौद्रादिस्तु रसे नपुंसकं तद्व्यञ्जके द्रव्ये त्रिलिङ्गम्।

[दरत्रासौ भीतिर्भीः साध्वसं भयम् ।]

[विकारो मानसो भावः]

[भाव]

रतिशोकक्रोधनिर्वेदग्लानानि मनो*विकारो भावः* । कामक्रोधादिकृतश्चित्त*विकारो* वा *भावः* ।

[अनुभावो भावबोधकः ।। २१ ।।]

[अनुभाव]

तत्संसूचको धर्मो गुणक्रियादिर*नुभावः* ।

[गर्वोऽभिमानोऽहङ्कारः]

[मानश्चित्तसमुन्नतिः ।]

[अनादरः परिभवः परिभावस्तिरस्क्रिया ।। २२ ।।

रीढावमाननावज्ञावहेलनमसूर्क्षणम् ।]

[परिभाव , परिभव]

परौ भुवोऽवज्ञाने (P. III.3.55) इति घञ्। *परिभावः* । *परिभवः* ।

[तिरस्क्रिया , अनादर]

तिरोऽन्तर्धौ (P. I.4.71), ***विभाषा कृञि*** (P. I.4.72) इत्यन्तर्धौ ... ***तिरःशब्दो गतिसञ्ज्ञो भवति*** (K. on P. I.4.71) नानादरे। ततश्च ***कुप्रादयः*** ... (CV II.2.24) इति समासः । ***नमस्पुरसोर्गत्योः*** (P. VIII.3.40), ***तिरसोऽन्यतरस्याम्*** (P. VIII.3.42) इति

---

2) *Daṇḍa* in A, B त. °द्वयंजके A, B. 6) रत्रि° A, रिति° B. °शोक >--< ग्लानानि broken off in A. °कृतस्चित्त° A, °कृतम्वितु° B. 7, 10) भावस्तत्सं° A, B. 10) °सूचकें B. °तनुभावः A. 16) परो B. 16, 18) घञ।। पंरिभावः।। ति° B. °न्तद्धौ B. 18) No *daṇḍa* in A, B before विभा°. °षां कृठात्यन्तद्वै B. *Daṇḍa* in A, B after तिरः°. °सब्दो A. 19) भवति। नानादरे A, B. ततस्च A. On this quotation of a Cāndra *sūtra*, see § 6.9.4. 20) समासो नम° A, B. °स्पूरसो° B. °गत्योस्तिरसो° A, °गत्योस्त्रिरसो° B. °न्यतस्या° A, B. °निति B.

सत्वं च नास्तीति *तिरस्क्रियेति* न सिध्यति। उच्यते ***अत्राप्यन्तर्धावेव तिरःशब्दो वर्तते समुदायस्य तिरस्क्रियाशब्दस्यानादरवृत्तित्वात् तस्य च व्यवधानाव्यभिचारात्, तथा हि यो येनानादृतः स ततोऽवश्यमेव कायवाङ्मनसामन्यतमेन व्यवधीयते*** इति।

[मन्दाक्षं ह्रीस्त्रपा व्रीडा लज्जा]
[सापत्रपान्यतः ।। २३ ।।]

[अपत्रपा]

परसकाशाल्ल*ज्जापत्रपा* ।

[क्षान्तिस्तितिक्षा]
[अभिध्या तु परस्य विषमस्पृहा ।]

[विषमस्पृहा]

विषमस्पृहा जिघृक्षा।

[अक्षान्तिरीर्ष्या]
[असूया तु दोषारोपो गुणेष्वपि ।। २४ ।।]

[असूया]

सत्स्वपि गुणेषु मनसा वचसा वा दोषाणामध्यारोपण*मसूया* ।

[वैरं विरोधो विद्वेषः]
[मन्युशोकौ तु शुक् स्त्रियाम् ।]
[पश्चात्तापोऽनुतापश्च विप्रतीसार इत्यपि ।। २५ ।।]

[विप्रतीसार]

विप्रतीसार इति ***उपसर्गस्य घञ्यमनुष्ये बहुलम्*** (P. VI.3.122) इति दीर्घः।

---

1) नास्तीति रस्त्रियेति B. उच्यते। अत्रा° A, B. 2) °ते। समु° A, B. °दायस्ये B. °शव्दस्यानदरे° B. °वृत्तित्वात्। तस्य A, B. 3) येनादृतः A, B. °वाङ्मनसोमन्येतमेत B. व्यधीयत A, B. 7) परसकाणाल्लज्जा° B. 7, 11) °त्रपा विषमस्मृहा B. 15) ग्ननसा वचसा B. 20) इति। उप° A, B. घञ्मनुष्ये A, घजमनुष्ये B. ववहुल° A, बचहुल° B.

[I.7.26-28]

[कोपक्रोधामर्षरोषप्रतिघा रुट्क्रुधौ स्त्रियौ ।]
[शुचौ तु चरिते शीलम्]
[उन्मादश्चित्तविभ्रमः ।। २६ ।।]

[विभ्रम]

विभ्रमो भ्रान्ति(see ŚāK 639[b])र्द्युतिहावयो(see ŚāK 639[b])र्वा।

[प्रेमा ना प्रियता हार्दं प्रेम स्नेहः]

[प्रेमन् , प्रेमन्]

*प्रेमा प्रेमे*ति द्विरुपादानं पुन्नपुंसकार्थम्। अस्त्री प्रेमेति नोक्तं मतभेदसूचनाय।

[स्नेह]

ष्णिहेर् (see Dh. IV.91) घञ् (see P. III.3.18)। *स्नेहः* ।

ककारवद् विकृतमुच्चारणत्वं शक्तिजं वेदितव्यं तकारस्य लक्षणाभावात्। यथा लक्ष्मीः। व्याकरणमिति कस्य लक्षणविदोऽपि कुतश्चित् करणदोषादशक्तिजं विकृतमुच्चारणम्।

[अथ दोहदम् ।
इच्छा काङ्क्षा स्पृहेहा तृड् वाञ्छा लिप्सा मनोरथः ।। २७ ।।
कामोऽभिलाषस्तर्षश्च]

[इच्छा , दोहद]

इच्छाविशेषो दोहदमिति हेतुसामान्यविवक्षयेच्छापर्यायार्थम्।

[स महाँल्लालसा द्वयोः ।]

[तर्ष]

स इति *तर्ष* उच्यते।

---

5) विभ्रमे B. भ्रान्तिर्द्योत्तेयोवा A, भ्रान्तिप्यॊत्तेयोवा B; see App. 1, no. 31. 8) °दानं। पु° A, B. पेमेति नोक्तं मतदसुचनाय B. 10) ष्णिहेर्घञ स्नेहः B. 11-13) The connection of this passage with AK is not clear to me. 11) °मुच्चार >--< जं broken off in A. वदित° B. *Daṇḍa* in A, B before तकारस्य. 12) कुतस्चित् A. 12-13) °दोषोदशक्तिजं पिकृत° B. 18) दोहदमिति >--< विवक्ष° broken off in A. °या। इच्छा° A, B. °पय्र्याया° B.

[उपाधिर्ना धर्मचिन्ता]
[पुंस्याधिर्मानसी व्यथा ।। २८ ।।]
[स्याच्चिन्ता स्मृतिः]
[आध्यानमुत्कण्ठोत्कलिके समे ।]

[उत्कण्ठा , उत्कलिका]

उत्कण्ठोत्कलिके एव *समे* तुल्यलिङ्गे न तु तुल्यार्थे इत्यर्थः।

[आध्यान , उत्कण्ठा]

आध्यानमप्युत्कण्ठैव।

[उत्साहोऽध्यवसायः स्यात्]

[अध्यवसाय]

प्रचिकीर्षाप्रसरो*ऽध्यवसायः* ।

[स वीर्यमतिशक्तिभाक् ।। २९ ।।]

[अतिशक्तिभाज् उत्साह , वीर्य]

अतिशक्तिभागुत्साहो वीर्यम् ।

[कपटोऽस्त्री व्याजदम्भोपधयश्छद्मकैतवे ।
कुसृतिर्निकृतिः शाठ्यम्]

[छद्मन्]

छद्मेति छादेर् (see Dh. X.290) मनिन् (see U. IV.144)। **इस्मन्त्रन्क्विषु च** (P. VI.4.97) इति ह्रस्वः।

[निकृति]

कृञ् हिंसायाम् (Dh. V.7)। क्तिन् (see P. III.3.94)। *निकृतिः* ।

---

6) तुल्यलिङ्गे। न तु तुल्यार्थ A, B. 8) आव्यामपि कृतकण्ठैच A, आव्यामपि कृत।। कण्ठेच B; see App. 1, no. 32. 11) प्रचिकीर्षी° A, B. Upper part of घ्य broken off in A. °वशायः A. 14) °भागुतसाहो B. 18) छद्मेति।। छादे° B. इष्मन्त्रन्क्विषु A, इष्मतुक्षिषु B. 21) कृञ B. हिन्सा° A.

[प्रमादोऽनवधानता ।। ३० ।।]

[कौतूहलं कौतुकं च कुतुकं च कुतूहलम् ।]

[कौतूहल ...]

कौतूहलादौ पक्षे स्वार्थिकोऽण् (see P. V.4.38) ।। ० ।।

[स्त्रीणां विलासविव्वोकविभ्रमा ललितं तथा ।। ३१ ।।
हेला लीलेत्यमी हावाः क्रियाः शृङ्गारभावजाः ।]

[विलास , विव्वोक ... = हाव]

स्त्रीणां विलासविव्वोकादयो रति*भावजाः क्रिया हाव*शब्देनोच्यन्ते।

[इति]

इतिशब्देन नाटचार्थेन विच्छित्तिकिलिकिञ्चितमोट्टायितकुट्टमितविहतानां ग्रहणम्। एषां स्वरूपमुच्यते।

[विलास]

स्थानासनगमनानां हस्तभ्रूनेत्रकर्मणां चैव ।
उत्पद्यते विशेषो यः श्लिष्टः स तु विलासः स्यात् ॥ (NŚ XXII.15)

[विव्वोक]

इष्टानां भावानां प्राप्तावभिमानगर्वसम्भूतः ।
स्त्रीणामनादरकृतो विव्वोको नाम विज्ञेयः ॥ (NŚ XXII.21)

[विभ्रम]

विविधानामर्थानां वागङ्गाहार्यसत्त्वयोगेन ।
मदरागहर्षजनितो व्यत्यासो विभ्रमः प्रोक्तः ॥ (NŚ XXII.17)

---

4) कौतुहलादौ B. स्वार्थेकोऽण् B. 8) स्त्रीणाम्विलास° A, B. °भावजा A, B. हावणब्देनोच्यन्ते B. 10) इतिसब्दे A, इतिशब्देना B. नाटचर्थेन A, B. विच्छत्ति° A, विच्छन्ति° B. °माद्यपित्यक्तदूमित-विहतानां B. 13) °कर्माणां A, °कर्म्माणां B. 13-14) चैव उत्पद्यते B. 14) स्यात B. No additional *daṇḍa* in A, B. 16) °मानागन्धर्व्वं° B. 17) विब्भोको B. ज्ञेविज्ञेयः A. No additional *daṇḍa* in B. 19) वागङ्ग° A, B. °दार्य्यं° B. °सत्व° A, °सन्ध° B. 19-20) °योगेन मद° B. 20) °हर्षे° B. विभ्रमः। प्रोक्तः A. No additional *daṇḍa* in A, B.

[ललित]

हस्तपादाङ्गविन्यासाद् भ्रूनेत्रौष्ठप्रयोजितम् ।
सौकुमार्यं भवेद् यत् तु ललितं तत् प्रकीर्तितम् ॥ (NŚ XXII.22)

[हाव]

तत्राक्षिभ्रूविकाराढ्यः शृङ्गाराकारसूचकः ।
सग्रीवारेचको ज्ञेयो हावो भावसमुत्थितः ॥ (NŚ XXII.10)

[हेला]

य एव हावः सैवैषा शृङ्गाररससम्भवा ।
समाख्याता बुधैर्हेला ललिताभिनयात्मिका ॥ (NŚ XXII.11)

[लीला]

वागलङ्कारैः सुश्लिष्टैः प्रीतिप्रयोजितैर्मधुरैः ।
इष्टजनस्यानुकृतिर्लीला ज्ञेया प्रयोगज्ञैः ॥ (NŚ XXII.14)

[विच्छित्ति]

माल्याच्छादनविलेपनभूषणानामनादरन्यासः ।
स्वल्पोऽपि परां शोभां जनयति यः सा तु विच्छित्तिः ॥ (NŚ XXII.16)

[किलिकिञ्चित]

स्मितरुदितहसितभयगर्वश्रमाभिलाषाणाम् ।
सङ्करकरणं हर्षादसकृत् किलिकिञ्चितं ज्ञेयम् ॥ (NŚ XXII.18)

[मोट्टायित]

इष्टजनस्य कथायां हेलालीलादिदर्शने वापि ।
तद्भावभावनकृतं मोट्टायितमभिख्यातम् ॥ (NŚ XXII.19)

---

2) °वित्या° B. °सात् A, B. *Daṇḍa* in B before भ्रू°. °नेत्रौष्ट° B. 3) सोकुमार्यम्भवेद्युत्तु A, शाक्तनोर्य्यम्भवेद्युतु B. ललितं। त° A, B. No additional *daṇḍa* in A, B. 5) °भ्रूविकाराद्यः A, B. 6) हावे B. No additional *daṇḍa* in B. 9) बुधैहेला B. लललिता° A. त्मिका om. in B. No *daṇḍa* in B. 12) °जनस्यामुवृ॰तिलीला B. No additional *daṇḍa* in B. 14) °भूषणामनादरन्यासः A, B. 15) जनप्रति A, B. No additional *daṇḍa* in B. 17) °भयग्रर्व्वं° A. No *daṇḍa* in A, B. 18) संकरणं B. किल° B. No additional *daṇḍa* in A, B. 20-21) वापि त° B. 21) °भावनं कृतं A, B. मोट्टामित° B. No additional *daṇḍa* in A, B.

[कुट्टमित]

केशस्तनाधरादिग्रहणादतिहर्षसम्भ्रमोत्पन्नम् ।
कुट्टमितं वदन्ति हि सुखं तु दुःखोपचारेण ॥ (NŚ XXII.20)

[विहत]

वाक्यानां प्रीतियुक्तानां प्राप्तानां यदभाषणम् ।
व्याजात् स्वभावतो वापि विहतं तत् प्रकीर्तितम् ॥ (NŚ XXII.24)

[द्रवकेलिपरीहासाः क्रीडा लीला च नर्म च ।। ३२ ।।]

[द्रव - नर्मन् , परिहास]

वल्लभादीनां *परिहासो द्रवादयो नर्मान्ताः* ।

[व्याजोऽपदेशो लक्ष्यं च]

[अपदेश]

अपदेशो निमित्तम् । (see ŚāK 256[a, b])

[क्रीडा खेला च कुर्दनम् ।]

[क्रीडा , खेला , कुर्दन]

बालादीनां कोणिकादिप्रकारेण खेलायितं *क्रीडाखेलादि* । पूर्वः *क्रीडाशब्दः* (see AK I.7.32[d]) परिहासक्रीडायाम् । यद् वा पुनरपि पूर्वकथिताया नाम कथ्यते । *खेलाकुर्दनशब्दाभ्यामन्यस्यैतन्नामद्वयं* न भवति । किं नाम क्रीडाया इति दर्शनार्थं पुनः *क्रीडाशब्दः* प्रयुक्तः ।

[घर्मो निदाघः स्वेदः स्यात्]

[प्रलयो नष्टचेष्टता ।। ३३ ।।]

[नष्टचेष्टता]

नष्टचेष्टता परिस्पन्दनाशः ।

---

3) सुख दुःखोपचारणे A, B. Single *daṇḍa* in A, no *daṇḍa* in B. 6) व्याजा B. No additional *daṇḍa* in A, B. 9) नर्म्मान्ताः B.15) खेलापितं A, B. पूर्व्व B. 17) °शब्दभ्यां। अन्यस्यै° A, °शब्दाभ्यां।। अन्यस्यै° B. No *daṇḍa* in A, B. क्रीडार्था B. इति। दर्श° A, B. 17-18) °नार्थं ` पुनः B.

[अवहित्थाकारगुप्तिः]

[अवहित्था]

अङ्गविकृत*माकारः* (see ŚāK 254d)। तस्य लज्जाभयगौरवादिभिः प्रच्छादन*मवहित्था* ।

[समौ संवेगसम्भ्रमौ ।]

[सम्भ्रम]

उत्पातवर्षादिकृत आवेगः *सम्भ्रमः* ।

[स्यादाच्छुरितकं हासः सोत्प्रासः]

[सोत्प्रास]

सोत्प्रासः सोपहासः सोल्लुण्ठ इति यावत्। (see ARM I.149c-d)

[स मनाक् स्मितम् ।। ३४ ।।]

[मध्यमः स्याद् विहसितम्]

[रोमाञ्चो रोमहर्षणम् ।]

[क्रन्दितं रुदितं क्रुष्टम्]

[जृम्भस्तु त्रिषु जृम्भणम् ।। ३५ ।।]

[जृम्भा]

जृम्भा हादिका।

[विप्रलम्भो विसंवादः]

[विसंवाद]

मिथ्याफलाख्यानं *विसंवादः* ।

[रिङ्गणं स्खलनं समे ।]

---

3) °माकारस्तस्य A, B. 7) आवेगः।। सम्भ्रमः B. 10) सोल्लण्ठ A, B. 20) विसम्वा° A, विसेम्वा° B. No *daṇḍa* in B.

[रिङ्गण]

इगि रिगि** ... **गत्यर्थाः (Dh. I.163-165) । ल्युट् (see P. III.3.115) ।

[रिङ्गण , स्खलन]

रिङ्गणं स्वधर्मादेः *स्खलनम्* ।

[स्यान्निद्रा शयनं स्वापः स्वप्नः संवेश इत्यपि ।। ३६ ।।]
[तन्द्रा प्रमीला]

[तन्द्रा]

अत्यन्तपरिश्रमादिकारणात् सर्वाङ्गनिमीलनं *तन्द्रा* ।

[भ्रकुटिर्भुकुटिर्भ्रूकुटिः स्त्रियाम् ।]

[भ्रुकुटि , भ्रूकुटि , भ्रकुटि]

भ्रुकुंसादि(see AK I.7.11^{a-b})वद् *भ्रुकुट्यादित्रयम्*। ***क्रोधस्थानेषु दीप्तेषु*** (NŚ VIII.126^{c}) द्वयोर् ***भ्रुवोर्मूलसमुत्क्षेपाद् भ्रुकुटी*** (NŚ VIII.121^{c-d}) भवति ।

[अदृष्टिः स्यादसौम्येऽक्षिण]

[असौम्य अक्षि]

असौम्येऽक्षिण सरोषदृष्टौ ।

[संसिद्धिप्रकृती त्विमे ।। ३७ ।।
स्वरूपं च स्वभावश्च निसर्गश्च]

[अथ वेपथुः ।
कम्पः]

[अथ क्षण उद्धर्षो मह उद्धव उत्सवः ।। ३८ ।।]

[मह]

महो ना ।

---

2) गत्यर्था B. 4) रिङ्गणं । स्वदर्मादेः A, लिङ्गसं ।। स्वदर्शादेः B. 8) तन्त्रा A, B. 11) भुकुंसादिवद्भुकुंटचादिं° A, भ्रूक्तंसादिवद्भ्रुक्तंशादि° B. 11-12) दीप्तेषु । द्वयो° A, B. 12) °ब्भ्रुवोर्मूल° B. °समूत्क्षेपाद्भ्रूकुटी° A, °समूक्षेपाभ्रुकुटी B. 12, 15) भवति असौमे° B. 22) No *daṇḍa* in A, B.

[महस्]

नपुंसकमप्यस्ति महः ।। ।।

स्वर्गवर्गः ।। ० ।।

[अधोभुवनपातालबलिसद्मरसातलम् ।
नागलोकः]
[अथ कुहरं शुषिरं विवरं बिलम् ।। १ ।।
छिद्रं निर्व्यथनं रोकं रन्ध्रं श्वभ्रं वपा शुषिः ।]
[गर्तावटौ भुवि श्वभ्रे]

[छिद्र , गर्त ...]

भूमिच्छिद्रे *गर्ता*दि ।

[सरन्ध्रे शुषिरं त्रिषु ।। २ ।।]

[शुषिर]

ऊषशुषिमुष्कमधो रः (P. V.2.107) । *शुषिरम्* ।

[सरन्ध्र , शुषिर]

सरन्ध्रे रन्ध्रयुक्ते काष्ठादौ *शुषिर*शब्दः ।

[अन्धकारोऽस्त्रियां ध्वान्तं तमिस्रं तिमिरं तमः ।]

---

2) °मप्येस्ति B. 3) इति स्वर्ग्ग° B. B ends here. 13) उषशुषिमुज्य° MS.

[I.8.3-5]

[ध्वान्ते गाढेऽन्धतमसम्]

[अन्धतमस]

अन्धयतीत्यन्धम्। अन्धं तमोऽ*न्धतमसम्* ।

[क्षीणेऽवतमसम्]

[अवतमस]

अवहीनं तमसोऽवहीनं वा तमोऽ*वतमसम्* ।

[तमः ।। ३ ।।

विष्वक् सन्तमसम्]

[सन्तमस]

सन्ततं तमसा सन्ततं वा *तमः सन्तमसम्* । ***अवसमन्धेभ्यस्तमसः*** (P. V.4.79) इत्यच्।

[नागाः काद्रवेयाः]

[काद्रवेय]

काद्रवेया इति शुभ्रादि(see GP 51 to P. IV.1.123)त्वाड्ढक् (see P. IV.1.123)।

[तदीश्वरः ।

शेषोऽनन्तः]

[वासुकिस्तु सर्पराजः]

[अथ गोनसे ।। ४ ।।

तिलित्सः स्यात्]

[गोनस]

गोनस इति। गोरिव नासिकास्येति ***अञ् नासिकायाः सञ्ज्ञायाम्*** ... (P. V.4.118)

---

3) अन्धयतीति। अ° MS. °मोऽन्धन्तम° MS. 6) °वहीनम्वा MS. 10) °तम्वा तमः MS. अवसमन्धभ्य° MS. 14) इति। शुभ्रादित्वाड्ढक् MS. 21) गौरिव MS. °स्येति। अ° MS.

इत्यच्। स च वोडः।

[अजगरे शयुर्वाहस इत्युभौ ।]

[अलगर्धो जलव्यालः]

[अलगर्ध]

कृष्णसर्पाकारो जलचरोऽ*लगर्धः* ।

[समौ राजिलडुण्डुभौ ।। ५ ।।]

[डुण्डुभ]

डुण्डु*भो* धोण्डः।

[मालुधानो मातुलाहिः]

[मातुलाहि]

माहुलासर्पो *मातुलाहिः* । मालुआसर्प इति केचित्।

[निर्मुक्तो मुक्तकञ्चुकः ।]

[निर्मुक्त]

अनन्तरं *मुक्त*कोषको *निर्मुक्त*कः।

[सर्पः पृदाकुर्भुजगो भुजङ्गोऽहिर्भुजङ्गमः ।। ६ ।।
आशीविषो विषधरश्चक्री व्याडः सरीसृपः ।
कुण्डली गूढपाच्चक्षुःश्रवाः काकोदरः फणी ।। ७ ।।
दर्वीकरो दीर्घपृष्ठो दन्दशूको बिलेशयः ।
उरगः पन्नगो भोगी जिह्मगः पवनाशनः ।। ८ ।।]

[आशीविष]

आशिषि दंष्ट्रायां (see AK III.3.226^{a-b}) विषमस्येत्य*ाशीविषः*। पृषोदरादित्वाद्

---

1) वाट्ठः MS.; the reading of the first *akṣara* is somewhat uncertain, and the head-mark is lacking; see App. 1, no. 33. 8) धोण्टः MS.; see § 4, no. 42. 11) माहलासर्पो MS.; see § 4, no. 64. 21) दष्ट्रायां विषमस्येति। आशिविषः पृषोदरादि° MS.

[I.8.6-I.9.2]

रलोपः (see P. VI.3.109) ।

[सरीसृप]

कुटिलं सर्पतीति *सरीसृपः* । ***नित्यं कौटिल्ये गतौ*** (P. III.1.23) इति यङ् । पचाद्यच् (see P. III.1.134) आदि ।

[गूढपाद्]

गूढपादिति ***पादस्य लोपोऽहस्त्यादिभ्यः*** (P. V.4.138) इत्यन्तलोपः ।

[दर्वीकर]

दर्वीकर इति ***कृञो हेतुताच्छील्य*** ... (P. III.2.20) इति टः ।

[त्रिष्वाहेयं विषास्थ्यादि]
[स्फटायां तु फणा द्वयोः ।]
[समौ कञ्चुकनिर्मोकौ]
[क्ष्वेडस्तु गरलं विषम् ।। ९ ।।]
[पुंसि क्लीबे च काकोलकालकूटहलाहलाः ।
सौराष्ट्रिकः शौक्लिकेयो ब्रह्मपुत्रः प्रदीपनः ।। १० ।।
दारदो वत्सनाभश्च विषभेदा अमी नव ।]
[विषवैद्यो जाङ्गुलिकः]
[व्यालग्राह्याहितुण्डिकः ।। ११ ।।]

[स्यान्नारकस्तु नरको निरयो दुर्गतिः स्त्रियाम् ।]
[तद्भेदास्तपनावीचिमहारौरवरौरवाः ।। १ ।।
संहारः कालसूत्रं चेत्याद्याः]

---

3) सर्पतीति । सीरीसृपः MS. 8) इति । कृञो हेतुनाच्छीलेनि MS. One folio containing the text from the fifth *akṣara* of I.8.8[a] to the beginning of I.10.3[a] is missing.

[सत्त्वास्तु नारकाः ।

प्रेताः]

[वैतरणी सिन्धुः]

[स्यादलक्ष्मीस्तु निर्ऋतिः ।। २ ।।]

[विष्टिराजूः]

[कारणा तु यातना तीव्रवेदना ।]

[पीडा बाधा व्यथा दुःखमामनस्यं प्रसूतिजम् ।। ३ ।।

स्यात् कष्टं कृच्छ्रमाभीलम्]

[त्रिष्वेषां भेद्यगामि यत् ।]

[समुद्रोऽब्धिरकूपारः पारावारः सरित्पतिः ।

उदन्वानुदधिः सिन्धुः सरस्वान् सागरोऽर्णवः ।। १ ।।

रत्नाकरो जलनिधिर्यादःपतिरपाम्पतिः ।]

[तस्य प्रभेदाः क्षीरोदो लवणोदस्तथापरे ।। २ ।।]

[आपः स्त्री भूम्नि वार्वारि सलिलं कमलं जलम् ।

पयः कीलालममृतं जीवनं भुवनं वनम् ।। ३ ।।

कबन्धमुदकं पाथः पुष्करं सर्वतोमुखम् ।

अम्भोऽर्णस्तोयपानीयनीरक्षीराम्बुशम्बरम् ।। ४ ।।

मेघपुष्पं घनरसम्]

[अप् / आपस्]

(सान्तत्वा)देकत्वादौ लिङ्गान्तरे वा।

---

20) See App. 1, no. 34 for the parenthesised word.

[I.10.1-5]

[वार् ...]

वाः स्त्री पूर्वेण साहचर्यात्। अन्यानि नपुंसके।

[पाथस्]

पाथ इति सकारान्तम्।

[घनरस]

घनरसः पुमानिति केचित्।

[कबन्ध]

*कबन्ध*मिति बकारोऽयम्।

[अन्ध , क]

अन्ये त्वन्धं कमिति विगृहीतमेवेच्छन्ति।

[सर्वतोमुख]

निम्नोन्नतप्रवृत्त्या *सर्वतोमुखम्* ।

[त्रिषु द्वे आप्यमम्मयम् ।]

[आप्य]

आप्यं वा (CV III.3.123) इति चान्द्रव्याकरणे निपातनाद् विकारावयवयो*राप्यम्* । यञ् (see P. IV.1.76) च।

[अम्मय]

पक्षे*ऽम्मय*मित्यपि। ***तत्प्रकृतवचने मयट्*** (P. V.4.21) इत्यभिधाने मयट्। जलबहुले*ऽप्यम्मय*मिति।

[भङ्गस्तरङ्ग ऊर्मिर्वा स्त्रियां वीचिः]

[ऊर्मि , वीचि]

*वा स्त्रियां वीचि*रिति परेणापि सम्बन्धः।

---

2) वा MS. 6) घनरस MS. 10) त्वन्ध MS. 15) अप्यम्वा। इति चन्द्र° MS. °कारावयो° MS. 16) On the derivation of *āpya* through P. IV.1.76 see Sar. on I.10.5 and Br. on I. 233. 18) पक्षे अम्मय° MS. °कृतिवचने MS. 22) स्त्रियाम्वीचीरिति MS.

[अथोर्मिषु ।। ५ ।।

महत्सूल्लोलकल्लोलौ]

[स्यादावर्तोऽम्भसां भ्रमः ।]

[पृषन्ति बिन्दुपृषताः पुमांसो विप्रुषः स्त्रियः ।। ६ ।।]

[पृषत्]

*पृषन्ती*ति रूपभेदेन नपुंसकं विज्ञेयम्।

[बिन्दु , पृषत]

बिन्दवश्च पृषताश्च *बिन्दुपृषताः* । प्रायेण *पृषता*दीनां बहुत्वे प्रयोग इति बहुवचनोच्चारणम्।

[वक्राणि पुटभेदाः स्युः]

[वक्र]

वक्राणि वाङ्क इति यस्य ख्यातिः।

[भ्रमाश्च जलनिर्गमाः ।]

[जलनिर्गम]

जलनिर्गमा जलपथाः।

[भ्रम , आवर्त]

गुडकाकारं गत्वा छडायमानं यत् पयो भवति तद् *भ्रमा* इति केषाञ्चिन्मतम्। अथवा*वर्त*भेद इति।

[कूलं रोधश्च तीरं च प्रतीरं च तटं त्रिषु ।। ७ ।।]

[रोधस्]

रुधेरसुन् (see U. IV.188) । *रोधः* ।

[पारावारे परार्वाची तीरे]

---

6) नपुंसकम्विज्ञे° MS. 8) बिन्दवस्च पृषडास्च बिन्दुपृषडाः प्रायेण पृषडादीनां MS. इति। वहु° MS. 17) केचिन्म° MS. 18) अथवा आव° MS.

[I.10.8-10]

[पात्रं तदन्तरम् ।]

[द्वीपोऽस्त्रियामन्तरीपं यदन्तर्वारिणस्तटम् ।। ८ ।।]

[द्वीप , अन्तरीप]

द्वीपमन्तरीपमिति ***ऋक्पूरब्धूःपथामानक्षे*** (P. V.4.74) इत्यकारः, ***द्व्यन्तरुपसर्गेभ्योऽप ईत्*** (P. VI.3.97)। *अस्त्रियामन्तरीपमिति* केचित्।

[तोयोत्थितं तत् पुलिनम्]

[पुलिन]

तत् क्षणतोयमुक्त*मन्तरीपं पुलिनम्* ।

[सैकतं सिकतामयम् ।]

[सैकत]

बालुकारब्धं *तटं सैकतम्* ।

[निषद्वरस्तु जम्बालः पङ्कोऽस्त्री शादकर्दमौ ।। ९ ।।]

[निषद्वर]

निषद्वर इति ***सदिरप्रतेः*** (P. VIII.3.66) इति षत्वम्।

[शाद]

शद्लृ शातने (Dh. I.908)। घञ् (see P. III.3.121)। *शादः* ।

[जलोच्छ्वासाः परीवाहाः]

[परीवाह]

परिपूर्यासम्मितसमधिकजलस्य सर्वतो वहनं प्रसारः *परीवाहः* ।

[कूपकास्तु विदारकाः ।]

---

4) ऋक्पूरन्धूःपथामानक्व इत्यकारः MS. 5) इन् MS. 8) क्षणन्तोमयुक्तमन्तरीपम् MS. 16) सातने MS. 19) परिपूर्य असाम्मतः। समधिक° MS. वहनं। प्रसारः। परिहाहः MS.

[कूपक]

जलगता गुरुशिलादयः स्रोतसो भेदनाद् द्विधाकारिणः *कूपकाः* ।

[नाव्यं त्रिलिङ्गं नौतार्ये]

[नाव्य]

नाव्यमिति ***नौवयोधर्मविषमूलमूलसीता*** ... (P. IV.4.91) इत्यादिना यत्।

[स्त्रियां नौस्तरणिस्तरिः ।। १० ।।]

[तरि]

*तरि*रुभयलिङ्गः।

[उडुपं तु प्लवः कोलः]

[प्लव]

प्लवो भेलकः।

[स्रोतोऽम्बुसरणं स्वतः ।]

[आतरस्तरपण्यं स्यात्]

[द्रोणी काष्ठाम्बुवाहिनी ।। ११ ।।]

[काष्ठाम्बुवाहिनी]

काष्ठस्याम्बुवाहिनी *काष्ठाम्बुवाहिनी* ।

[सांयात्रिकः पोतवणिक्]

[सांयात्रिक]

संयात्रा प्रयोजनमस्य *सांयात्रिकः* । ...***तदस्य*** ... (P. V.1.104), ***प्रयोजनम्*** (P. V.1.109) इति ठञ्।

[पोत]

पोतो वहित्रम्।

---

2) गुरुशिलादयः। स्रोतसो MS. भेदना MS. 5) तौवयो° MS. 19) सम्यात्रा MS. 19-20) तदस्य प्रयोनमिति ठक् MS.

[कर्णधारस्तु नाविकः ।]

[नाविक]

नावा तरति नाविकः (K. on P. IV.4.7) । ***नौद्व्यचष्ठन्*** (P. IV.4.7) ।

[नियामकाः पोतवाहाः]

[कूपको गुणवृक्षकः ।। १२ ।।]

[नौकादण्डः क्षेपणी स्यात्]

[क्षेपणी]

क्षेपणी वाहाडिः ।

[अरित्रं केनिपातकः ।]

[केनिपातक]

केनिपात इति ***हलदन्तात् सप्तम्याः*** ... (P. VI.3.9) इत्यलुक् ।

[अभ्रिः स्त्री काष्ठकुद्दालः]

[अभ्रि]

वहित्रस्य नीलिकादिमलचञ्चनार्थो*भ्रिः* ।

[सेकपात्रं तु सेचनम् ।। १३ ।।]

[त्रिष्वागाधात्]

[प्रसन्नोऽच्छः]

[अगाध , प्रसन्न ...]

*आऽगाध*शब्दात् *प्रसन्नादयस्त्रिषु* ।

[कलुषोऽनच्छ आविलः ।]

---

3) चरति MS. 8) क्षेपणी । वाहाडिः MS. 11) इति । हल° MS. 14) नेलिकादिमलञ्चञ्चनार्थो° MS. 19) आ अगाध° MS.

[निम्नं गभीरं गम्भीरम्]

[उत्तानं तद्विपर्यये ।।१४ ।।]

[अगाधमतलस्पर्शम्]

[अतलस्पर्श]

*अतलस्पर्शम*स्थारम्।

[कैवर्ते दाशधीवरौ ।]

[दाश]

दंशेश्च (U. V.11) इति दंसेष्टटनोर् (see U. V.10) अन्यत्र नो नकारस्य चात्। दाशः ।

[मत्स्यधानी कुवेणी स्यात्]

[मत्स्यधानी]

मत्स्यधानी मत्स्यबन्धनी।

[बडिशं मत्स्यवेधनम् ।।१५ ।।]

[बडिश , बडिशी]

अपचयविवक्षायां बडिशीत्यपि भवति।

[पृथुरोमा झषो मत्स्यो मीनो वैसारिणोऽण्डजः ।
विसारः शकली च]

[वैसारिण]

ग्रहादित्वाद् (see P. III.1.134) ***विसारिणः*** (P. V.4.16) इति निपातनाद् वा णिनिः। विसारिन्। ***विसारिणो मत्स्ये*** (P. V.4.16) इति स्वार्थेऽण्। *वैसारिणः* ।

---

5) अलस्पर्श अस्थालं MS. 8-9) दंशेस्चेति दंशेष्टनोरन्यत्र रो नकांरस्य चास दाशः MS. 12) मत्स्यधानी। मत्स्य° MS.

[I.10.16-17]

[अथ गडकः शकुलार्भकः ।। १६ ।।]

[शकुलार्भक]

शकुलार्भक इत्यौपमानिकोऽयम्।

[सहस्रदंष्ट्रः पाठीनः]

[सहस्रदंष्ट्र , पाठीन , तिमि , शिशुमार , उद्र]

एवमनुश्रूयते काश्यप्या मीनायास्तनयाः पञ्च *सहस्रदंष्ट्रः*, *पाठीनः*, *तिमिः* (see AK I.10. 18[d]), *शिशुमारः* (see AK I.10.19[c]), उद्र (see AK I.10.19[c]) इति।

[सहस्रदंष्ट्र]

सहस्रदंष्ट्रो वदालः।

[पाठीन]

*पाठीन*श्चित्रवदालः। तत्र वदालशब्दसाम्यात् किञ्चिदाकारसाम्याच्च वदालोऽप्यत्र *पाठीन* उक्तः।

[उलूपी शिशुकः समौ ।]

[उलूपिन्]

शिशुमाराकृतिर्मत्स्यविशेष उलूपी ।

[चुलूपिन् / चुलूपी]

त्रिकाण्डे तु ***चुलूपी शिशुकः स्मृतः*** इति पाठो दृश्यते, स च शिशुमार एवोच्यत इत्याहुः, रत्नकोशादौ हि ***शिशुमारश्चुलूपी स्त्री*** इत्युक्तमिति।

[नलमीनश्चिलिचिमः]

[नलमीन / तलमीन]

वल्लिपाडको *नलमीनः* । तलमीनः इति केचित्।

---

6) काश्यप्यां MS. 7) शिषुमारः MS. 9) सहस्रदंष्ट्रः। वदालः MS. 11) °स्चित्र° MS. 15) °कृतिमत्स्यविशेष उलुपी MS. 17) लुलुपिक शिशुकः। स्मृ° MS. 18) शिशुमारस्चुलपी MS.; see App. 1, no. 35 for the quotations in the present and the preceding lines.

[प्रोष्ठी तु शफरी द्वयोः ।। १७ ।।]

[क्षुद्राण्डमत्स्यसङ्घातः पोताधानम्]

[पोताधान]

अण्डादनन्तरनिर्गतानां क्षुद्रमत्स्यानां संहातः *पोताधानम्* । एतेन *तिमिङ्गिलादीनां* (see AK I.10.18^{b}-19^{a}) बृहदण्डमत्स्यानां पोषणं भवति।

[अथो झषाः ।

रोहितो मद्गुरः शालो राजीवः शकुलस्तिमिः ।। १८ ।।

तिमिङ्गिलादयश्च]

[झष]

झषा इति झषविशेषाः।

[राजीव]

राजीवो राइगीवा कुडिशाकृतिः।

[आदि]

*आदिशब्देन तिमिङ्गिल*गिलराजमत्स्यनन्दीवरादयः सामुद्रा अन्येऽप्याडिवागुसगोमत्स्यादयः।

[अथ यादांसि जलजन्तवः ।]

[तद्भेदाः शिशुमारोद्रशङ्कवो मकरादयः ।। १९ ।।]

[मकरादि]

मकरादय इत्यादिशब्देन *ग्राह*(see AK I.10.20^{c})*कुम्भीरा*(see AK I.10.20^{d})दयः।

[स्यात् कुलीरः कर्कटकः]

[कूर्मे कमठकच्छपौ ।]

[ग्राहोऽवहारः]

---

4) संहातः। पौता° MS. 4-5) मितिलिङ्गादीनाम्बृहदण्डस्यन पोषणको भवति MS. 10) झषा झष इति विशेषाः MS. 14) °गिलः। राजमत्स्य। नन्दीवरादयस्सामुद्रा MS. °पि आडि। वागुस। गोमत्स्यादयः MS. 18) मकारादय MS. °सब्देन MS.

[I.10.20-22]

[ग्राह]

लताकारो *ग्राहः* ।

[अवहार]

अवहरतीत्य*वहारः* । ***श्याद् व्यध*** ... (P. III.1.141) इत्यादिना णः ।

[नक्रस्तु कुम्भीरः]

[अथ महीलता ।। २० ।।]

[गण्डूपदः किञ्चुलुकः]

[निहाका गोधिका समे ।]

[रक्तपा तु जलौकायां स्त्रियां भूम्नि जलौकसः ।। २१ ।।]

[ओक]

ओक उचः के (P. VII.3.64) इति निपातना**दोकः** (AK III.3.230[c]) ।

[जलौका]

जलमोकोऽस्या इति *जलौका* ।

[मुक्तास्फोटः स्त्रियां शुक्तिः]

[शङ्खः स्यात् कम्बुरस्त्रियौ ।]

[शङ्ख , कम्बु]

शङ्खकम्बुशब्दावस्त्रियौ ।

[क्षुद्रशङ्खाः शङ्खनकाः]

[शम्बूका जलशुक्तयः ।। २२ ।।]

[शम्बूक]

शम्बूकाः पुंसि वृतकोशकाः ।

---

2) लत्राकारो MS. 4) स्याद्व्हेत्यादिनाण् MS. 11) ओक उकः MS. 17) गङ्खकम्बशब्दौऽस्त्रियौ MS. 21) सम्बूकाः । पुंसि MS.

[भेके मण्डूकवर्षाभूशालूरप्लवदर्दुराः ।]
[शिली गण्डूपदी]

[शिली , गण्डूपदी]

किञ्चुलुकस्य स्त्री *शिली गण्डूपद्युच्यते*।

[भेकी वर्षाभ्वी]

[वर्षाभ्वी , भेकी]

भेकस्य स्त्री *वर्षाभ्वी भेकी* ।

[गण्डूपदी ...]

*गण्डूपदी*त्यादिषु जातौ (see P. IV.1.63) पुंयोगे (see P. IV.1.48) वा ङीष्।

[कमठी दुलिः ।। २३ ।।]

[मद्गुरस्य प्रिया शृङ्गी]

[मद्गुरस्य प्रिया]

आकारसादृश्याद् योग्यतया *मद्गुरस्य प्रियेत्युक्तम्*।

[दुर्नामा दीर्घकोशिका ।]

[दुर्नामा]

दुर्नामा सिताडकी।

[जलाशया जलाधाराः]
[तत्रागाधजलो ह्रदः ।। २४ ।।]

[आहावस्तु निपानं स्यादुपकूपजलाशये ।]

---

4) गण्डूपदी उच्यते MS. 7) वर्षाभ्वी। भेकी MS. 9) गण्डूपदीत्यांदिषु जातौ पुयोगे MS. 9, 13) डीष् आकार° MS. 13) प्रियेत्युक्त MS. 16) सित्ताडकी MS.; see § 4, no. 78.

[I.10.25-26]

[आहाव]

आहूयन्ते पशवोऽस्मिन् पानार्थमित्याहावो **निपानमाहावः** (P. III.3.74) इति निपातनात्।

[निपान]

निपिबन्त्यस्मिन्निति निपानम् ...। (K. on P. III.3.74)

[आहाव , निपान]

कूपनिकटेऽवघट्टे कूपतटस्थे प्रस्तरादिरचिते *जलाधार* एतौ।

[पुंस्येवान्धुः प्रहिः कूप उदपानं तु पुंसि वा ।। २५ ।।]
[नेमिस्त्रिकास्य]

[नेमि]

नेमिः सर्वेषामुपरितलस्थकूपपट्टस्य प्रान्तदेशः।

[त्रिका]

तेन समो भूभागस्त्रिकोच्यत इति केचित्।

[वीनाहो मुखबन्धनमस्य यत् ।]

[वीनाह]

नान्दीपट्टो *वीनाहः* ।

[पुष्करिण्यां तु खातं स्यात्]

[पुष्करिणी]

पुष्कराणि जलान्य(see AK I.10.3b, 4b)स्यां सन्तीति *पुष्करिणी* । ***पुष्करादिभ्यो देशे*** (P. V.2.135) इतीनिः।

[अखातं देवखातकम् ।। २६ ।।]

---

2) पानार्थमित्याहावः। निपान° MS. 2, 4) निपातनात् निपिब° MS. 6) °निकट्टे अहट कूप° MS. जलाधारे MS. 10) °तलस्य कूप° MS. प्रान्तदेसः MS. 12) °स्त्रीकोच्यत MS. 15) नन्दीपट्टो MS.; see App. 1, no. 36. 18) पुष्करणी MS. 19) देसे MS.

[देवखात]

देवखातं सुरादिखातमपौरुषेयं देवनिर्मितमिति यावत्।

[पद्माकरस्तटागोऽस्त्री]

[पद्माकर]

पद्मानां जन्मस्थाने पद्मयुक्ते *पद्माकरः* । पद्मशून्येऽपि क्वचिद् योग्यतया।

[तटाग]

तटागम्।

[कासारः सरसी सरः । वेशन्तः पल्वलं च]

[सरस् , सरसी]

दक्षिणापथे महान्ति सरांसि सरसीत्युच्यन्ते। (Bhāṣ. on Kār. 2b to P. I.1.19)

[वेशन्त]

वैद्यकाभिधाने च तृणगुल्मवेष्टितं महासरो *वेशन्त* इति।

[पल्वल , अल्पसरस्]

तदर्थं पल्वलं त्वल्पसरः इति केषाञ्चित् पाठः।

[अल्पसरः]

[अल्पसरस्]

अल्पं च सरः। यत्र वर्षास्वस्थाघं भवति ग्रीष्मे च जानुमात्रं पयः शुष्यत्येवेति यावत्।

[वापी तु दीर्घिका ।। २७ ।।]

[दीर्घिका , वापी]

आवासिन्यादिष्वभ्यन्तरस्थिता *दीर्घिका वापी* न बहिःस्थिता।

---

2) देवखातम सुरादिखातमपौरुषेयं। देव° MS. 2, 5) यावत्।। पद्मानां जर्म° MS. 5, 7) °तया ततागम् MS. 13) वैदकाभिधाने MS. °गुल्मवेष्ठि° MS. वेसन्त MS. 18) सरो यत्र MS. वर्षासु। अस्थाघो भवति। ग्रीष्मे MS. जानुमात्रम्। पयः सुष्यत्यवेति MS. 19, 22) यावत्।। आवासिन्यादि° MS. 22) वापी। न MS.

[I.10.28-30]

[खेयं तु परिखा]

[खेय]

ई च खनः (P. III.1.111)। *खेयं* खाइका।

[आधारस्त्वम्भसां यत्र धारणम् ।]

[आधार]

यत्र सस्यार्थं बद्ध्वा जलं स्थाप्यते स *आधारो* बन्ध इति यस्य श्रुतिः।

[स्यादालवालमावालमावापः]

[आलवाल१-३]

वृक्षकार्थे स्वल्पे *जलाधार आलवाला*दित्रयम्। अत्राप्या*धारो* वर्तते*ऽम्भोधारणात्* (see ŚāK 385^{c-d})।

[अथ नदी सरित् ।। २८ ।।]

[तरङ्गिणी शैवलिनी तटिनी ह्रदिनी धुनी ।
स्रोतस्वती द्वीपवती स्रवन्ती निम्नगापगा ।। २९ ।।]

[आपगा]

आऽपगच्छतीत्य*ापगा* ।

[गङ्गा विष्णुपदी जह्नुतनया सुरनिम्नगा ।
भागीरथी त्रिपथगा त्रिस्रोता भीष्मसूरपि ।। ३० ।।]

[गङ्गा]

गां गतेति *गङ्गा* ।

[विष्णुपदी]

विष्णुपदार्घसम्भूतेति *विष्णुपदी* ।

---

3) इ च खनः खेयं। खाइका MS. 6) बध्वा ज स्थाप्यते MS. स्रुतिः MS. 9) आलवालावि° MS. अत्राप्याधार MS. °ते। अम्बो° MS. 15, 19) आ अपगच्छतीत्यापगा गां MS. 19) गच्छा MS. 21) विष्णुपादार्घसंघभूतेति। विष्णुपदी MS.

[जह्नुतनया]

जह्नर्षेर्निर्गतेति *जह्नुतनया* ।

[भागीरथी]

भगीरथेन राज्ञावतारितेति *भागीरथी* ।

[त्रिपथगा]

त्रीन् स्वर्गमर्त्यपातालपथान् गतेति *त्रिपथगा* ।

[भीष्मसू]

भीष्मं सूत इति सा *भीष्मसूः* ।

[कालिन्दी सूर्यतनया यमुना शमनस्वसा ।]

[कालिन्दी]

कलिन्दाचलप्रभूतेति *कालिन्दी* ।

[शमन]

शमनो यमः । (see AK I.1. 58[d])

[शमनस्वसृ]

तस्य स्वसा *शमनस्वसा* ।

[रेवा तु नर्मदा सोमोद्भवा मेकलकन्यका ।। ३१ ।।]

[सोमोद्भवा]

सोमवंश्येन पुरूरवसावतारितत्वात् *सोमोद्भवा* ।

[करतोया सदानीरा]

[करतोया]

गौरीविवाहे तद्भर्तुः करतलगलिततोयसम्भवेति *करतोया* ।

---

2) जह्नुऋषे° MS. 4) भगीराथे MS. °तारतेति MS. 4, 6) भागीरथी।। त्रीन् MS. 8) भीष्मात् सूत MS. 8, 11) स भीष्मसू कालिन्दाचल° MS. 13, 15) यम। : तस्य स्वसा। शमनस्वसा MS. 18) सोमवंशे पुरु° MS. 18, 21) °तारितत्वात्।। सोमोद्ववा।। गौरी° MS. 21) करतलगतसम्भवेति MS.; see App. 1, no. 37.

[I.10.32-36]

अतःप्रभृति *शरावत्याः* (see AK I.10.33[c]) प्राक् पादेन।

[बाहुदा सैतवाहिनी ।]

[बाहुदा]

शङ्खस्य बाहुं दत्तवती *बाहुदा* ।

[सैतवाहिनी]

अर्जुनीति *सैतवाहिनी* ।

[शतद्रुस्तु शुतुद्रिः स्यात्]

[शतद्रु]

पुत्रशोकादुदरे शिलां बद्ध्वा मर्तुं प्रविष्टे वसिष्ठर्षौ शतधा द्रुतेति *शतद्रुः* ।

[विपाशा तु विपाट् स्त्रियाम् ।। ३२ ।।]

[शोणो हिरण्यबाहुः स्यात्]

[कुल्याल्पा कृत्रिमा सरित् ।]

[शरावती वेत्रवती चान्द्रभागा सरस्वती ।। ३३ ।।
कावेरी सरितोऽन्याश्च]

[सम्भेदः सिन्धुसङ्गमः ।]

[द्वयोः प्रणाली पयसः पदव्याम्]

[त्रिषु तूत्तरौ ।। ३४ ।।]

[देविकायां सरय्वां च भवे दाविकसारवौ ।]

[सौगन्धिकं तु कह्लारम्]

[हल्लकं रक्तसन्ध्यकम् ।। ३५ ।।]

[स्यादुत्पलं कुवलयम्]

[अथ नीलाम्बुजन्म च ।
इन्दीवरं च नीलेऽस्मिन्]

---

1) अतप्रबृति शरावत्या। : प्राक MS. 4) संखस्य MS. 6) सैतवाहुनी MS. 9) शिलाम्बध्वा मर्तु प्रविष्टेति वसिष्ठर्षो MS. 10) One folio containing the text from I.10.32[d] to the beginning of I.10.42[c] is missing.

[सिते कुमुदकैरवे ।। ३६ ।।]

[शालूकमेषां कन्दः स्यात्]

[वारिपर्णी तु कुम्भिका ।]

[जलनीली तु शेवालं शैवलः]

[अथ कुमुद्वती ।। ३७ ।।

कुमुदिन्याम्]

[नलिन्यां तु बिसिनीपद्मिनीमुखाः ।]

[वा पुंसि पद्मं नलिनमरविन्दं महोत्पलम् ।। ३८ ।।

सहस्रपत्रं कमलं शतपत्रं कुशेशयम् ।

पङ्केरुहं तामरसं सारसं सरसीरुहम् ।। ३९ ।।

बिसप्रसूनराजीवपुष्कराम्भोरुहाणि च ।]

[पुण्डरीकं सिताम्भोजम्]

[अथ रक्तसरोरुहे ।। ४० ।।

रक्तोत्पलं कोकनदम्]

[नाला नालम्]

[अथास्त्रियाम् ।

मृणालं बिसम्]

[अब्जादिकदम्बे षण्डमस्त्रियाम् ।। ४१ ।।]

[करहाटः शिफाकन्दः]

[किञ्जल्कः केसरोऽस्त्रियाम् ।]

[संवर्तिका नवदलम्]

[संवर्तिका]

(*नवं*) पत्रं *संवर्तिका* । शरपत्रिकेति यस्य प्रसिद्धिः ।

[बीजकोषो वराटकः ।। ४२ ।।]

[I.10.42-44]

[बीजकोष , वराटक]

यत्र पद्मबीजं तिष्ठति पुष्करभागः स *बीजकोषो वराटकश्चोच्यते*।

[उक्तं स्वर्व्योमदिक्कालधीशब्दादि सनाट्यकम् ।
पातालभोगिनरकं वारि चैषां च सङ्गतम् ।। ४३ ।।]

शब्दादीत्यादिशब्देन रूपरसगन्धादयः (see AK I.5.7$^{c\text{-}d}$ ff.) । *सनाट्यकं गीतनृत्तवाद्य*-(see AK I.7.10$^{c\text{-}d}$)युक्तम्। एषां च स्वरादीनां (see AK I.1.6 ff.) *सङ्गतं* सम्बद्धमुक्तम् । तद् यथा *स्वर्ग*(see AK I.1)*सङ्गतमुक्तं* देवादि (see AK I.1.7 ff.), *व्योम*-(see AK I.2)*सङ्गतमुक्तं* मेघादि (see AK I.3.5^{c} ff.), *दिक्*(see AK I.3)*सङ्गतं* दिग्गजादि (see AK I.3.3^{c} ff.), *काल*(see AK I.4)*सङ्गतमुपरागादि* (see AK I.4.9^{c} ff.), *धी*(see AK I.5)*सङ्गतं विचारणादि* (see AK I.5.2^{d} ff.), *शब्द*(see AK I.6)*सङ्गतम्* **उदात्ताद्यास्त्रयः स्वराः** (AK I.6.4^{d}) इति। *आदिशब्देन रूपरसादि*-(see AK I.5.7^{c} ff.)*सङ्गतं यशो*(see AK I.6.11^{c})*निन्दादि* (see AK I.6.13 ff.), *नाट्य*(see AK I.7)*सङ्गतं भ्रूकुंसादि* (see AK I.7.11 ff.), *पाताल*(see AK I.8)-*सङ्गतं कुहरादि* (see AK I.8.1^{c} ff.), *भोगि*(see AK I.8)*सङ्गतं विषादि* (see AK I.8.9^{d} ff.), *नरक*(see AK I.9)*सङ्गतमलक्ष्म्यादि* (see AK I.9.2^{d} ff.), *वारि*-(see AK I.10)*सङ्गतं* च नौकादिक(see AK I.10.10^{c} ff.)मुक्तमिति।

[इत्यमरसिंहकृतौ नामलिङ्गानुशासने ।
स्वरादिकाण्डः प्रथमः साङ्ग एव समर्थितः ।। ४४ ।।]

स्वरादिकाण्ड इत्यादिशब्देन *पातालस्य* ग्रहणं तस्यापि स्वर्गतुल्यत्वात्।। काण्डः प्रस्तावपरिच्छेदो वर्गसमुदायात्मक इति।। ० ।।

---

2) वराटकस्चोच्यते MS. 5) °सब्देन रूपरगन्धादयः सनाटचकं MS. °वाद° MS. 8) °मुक्त मेयादि MS. दिक° MS. 11) °स्त्रय MS. 12) यसो° MS. 14) रोगि° MS. 15) °सङ्गतंमलक्ष्म्यादि MS. 16) नौकादि। क° MS. 19) °काण्डमित्यादिसब्देन MS. 20) काण्ड प्रस्तावपरिच्छेदः। वर्ग° MS.

[वर्गाः पृथ्वीपुरक्ष्माभृद्वनौषधिमृगादिभिः ।
नृब्रह्मक्षत्रविट्शूद्रैः साङ्गोपाङ्गैरिहोदिताः ।। १ ।।]

इह भूकाण्डे *साङ्गैः* सोपाङ्गैश्च पृथिव्यादिभिर्दशभिर्भूमिवर्गादिनामका दश *वर्गा* उक्ता इति सङ्ग्रहः। *मृगादिभि*रिति सिंहादिभिरित्यर्थः।

[भूर्भूमिरचलानन्ता रसा विश्वम्भरा स्थिरा ।
धरा धरित्री धरणी क्षोणिर्ज्या काश्यपी क्षितिः ।। २ ।।
सर्वंसहा वसुमती वसुधोर्वी वसुन्धरा ।
गोत्रा कुः पृथिवी पृथ्वी क्ष्मावनिर्मेदिनी मही ।। ३ ।।]

[भू]

भवन्त्यस्यां लोका इति *भूः* । बहुलवचनाद् (see P. III.3.113) अधिकरणे क्विप् (see P. III. 2.178)।

[विश्वम्भरा , सर्वंसहा , वसुन्धरा]

*विश्वम्भरा सर्वंसहा वसुन्धरे*ति ***सञ्ज्ञायां भृतॄवृजि*** ... (P. III.2.46) इत्यादिना खच्।

[काश्यपी , गोत्रा]

काश्यपीत्वादेव *गोत्रा* । गां जलं (see AK III.3.24) त्रायत इति वा।

[पृथिवी]

प्रथेः षिवन् सम्प्रसारणं च (U. I.150)। *पृथिवी* ।

[पृथ्वी]

पृथोर्भार्येति *पृथ्वी* ।

[मही / महि]

महिशब्दोऽप्यस्ति।

[मृन्मृत्तिका]

[मृत्तिका]

मृदस्तिकन् । (P. V.4.39)

---

3) सोपाङ्गैस्च पृथिव्यादिभिर्दशत्तिभूमि° MS. 4) सग्रहः MS. °दिभिरति MS. 10) इति।। भूः MS. बहुलवचनाधिकरणै MS. 13) चिस्वम्भरा MS. °सहा। वसुन्धरे सज्ञायां भृतॄवृतित्यादिना MS. 15) कास्यपीत्वादेव गात्रा। गो MS. 17) पिवन पुसारणञ्च पृथिवी MS. 19) पृथोभार्ययिति MS. 21) °सब्दो° MS.

[II.1.4-5]

[प्रशस्ता तु मृत्सा मृत्स्ना च मृत्तिका ।]

[मृत्सा]

सस्नौ प्रशंसायाम् (P. V.4.40) । *मृत्सा* ।

[उर्वरा सर्वसस्याढ्या]

[उर्वरा]

*सर्वसस्य*योग्यातिसारो*र्वरा* ।

[स्यादूषः क्षारमृत्तिका ।। ४ ।।]

[ऊषवानूषरो द्वावप्यन्यलिङ्गौ]

[ऊषर]

शुषिर(see *supra*, I.8.2 under शुषिर)वदू*षरः* ।

[ऊषवत् , ऊषर , अन्यलिङ्ग]

*ऊषवानूषर*शब्दा*वन्यलिङ्ग*कावभिधेयलिङ्गकौ ।

[स्थलं स्थली ।]

[स्थली]

अकृत्रिमा *स्थली* (see K. on P. IV.1.42) । ***जानपदकुण्ड*** ... (P. IV.1.42) इत्यादिना ङीष् ।

[स्थला]

कृत्रिमा तु स्थला ।

[समानौ मरुधन्वानौ]

[मरु]

*मरु*र्निर्जलो दूरजलो वा देशः ।

---

3) सस्तौ प्रसशा° MS. 3, 6) मृत्सा स° MS. 6) °योग्या अनिसारा उर्द्दरा MS. 10) °वत्। ऊषरः MS. 12) ऊषवाभूवेरशब्दारन्यलिङ्गकौ। अबिधेय° MS. 15) अकृतिमा MS. 15-16) जानु-पदकुण्डेत्यादिवा MS. 18) कृतिमा MS. 21) मरुनिङ्गलो MS.

[द्वे खिलाप्रहते समे ।। ५ ।।

त्रिषु]

[अथो जगती लोकः पिष्टपं भुवनं जगत् ।]

[पिष्टप]

पुंलिङ्गोऽपि *पिष्टप*शब्दो रत्नकोषे दर्शितः।

[लोकोऽयं भारतं वर्षम्]

[भारत वर्ष , भारत लोक / भारत , वर्ष , लोक]

अयं मानुषलोको जम्बूद्वीपस्य नवमः खण्डो नवसहस्रयोजनायामो हिमालयाद् दक्षिणेन समुद्रान्तं भरतस्येदम् (see P. IV.3.120) अभूदिति *भारतं वर्षम्* , *भारतो लोकः*, *भारतो वर्षः* इति संहातेनोच्यते। अर्थप्रकरणादिना विशेषप्रतीतौ विगृहीतेनापि।

[शरावत्यास्तु योऽवधेः ।। ६ ।।

देशः प्राग्दक्षिणः प्राच्यः

उदीच्यः पश्चिमोत्तरः ।]

[प्राग्दक्षिण देश , प्राच्य देश ; पश्चिमोत्तर देश , उदीच्य देश]

अस्मिंश्च भारते वर्षे *शरावती* नाम नद्यैशान्या दिशा भवन्ती नैर्ऋत्या दिशा पश्चिमसमुद्रगामिनी वहति। तस्या *अवधेर्यः प्राग्दक्षिणो देशः* स *प्राच्यः* । यश्च *पश्चिमोत्तरः* स *उदीच्यः* । प्राक्सहचरितो दक्षिणः *प्राग्दक्षिणः* । पश्चिमसहचरित उत्तरः *पश्चिमोत्तरः* । शाकपार्थिवादित्वान्मध्यपदलोपी समासः (see Vā. 8 to P. II.1.69)। दक्षिणेऽपि प्राक्छब्द उदक्छब्दश्च पश्चिमेऽपि साहचर्याद् वर्तते। प्राग्दिशि भवः *प्राच्यः* । उदग्दिशि भव *उदीच्यः* । ***द्युप्रागपागुदक्प्रतीचो यत्*** (P. IV.2.101)।

[प्रत्यन्तो म्लेच्छदेशः स्यात्]

5, 8) रत्नुकोषे दर्शित अ° MS. 9) भवतस्येदमभूत्। इति भावयतं MS. 10) संहातनोच्यते MS. निगृहीतेनापि MS. 15) भावते वर्ष शरावति नाम नदी। ऐशान्या MS. 15-16) नैऋत्या दिशा पस्चिमसमुगामिनी MS. 16) तस्यावधेर्यः MS. 16-17) प्राच्य प्रश्च पश्चिमोत्तरः। स उतीच्यः प्राकसह° MS. 17-18) °चरित्त उत्तरः पस्चिमोत्तरः MS. 18) °पाथिवादि° MS. 18-19) समासः दक्षिणे° MS. 19) प्राक्छब्दोस्च पस्चिमे° MS. प्राग्दिसि MS. 20) द्युप्रागुपागुदक° MS.

[II.1.7-9]

[म्लेच्छदेश]

भारतवर्षस्यान्तदेशः शिष्टाचाररहितो *म्लेच्छदेशः* कामरूपादिः ।

[मध्यदेशस्तु मध्यमः ।। ७ ।।]

[मध्यदेश]

हिमवद्विन्ध्ययोर्मध्ये यः प्राग् विनशनादपि ।
प्रत्यगेव प्रयागाच्च मध्यदेशः स उच्यते ॥ (MaS II.21)

[आर्यावर्तः पुण्यभूमिर्मध्यं विन्ध्यहिमागयोः ।]

[आर्यावर्त]

आसमुद्रात् तु वै पूर्वादाऽब्धेः पश्चिमतस्तथा ।
अनयोरन्तरं गिर्योरार्यावर्तं विदुर्बुधाः ॥ (MaS II.22)

यदि पूर्वसमुद्रादवधेरा*र्यावर्त*स्तदा गङ्गायाः पूर्वकूलमपि स्यात् । नैष दोषः । पूर्वं किल गङ्गाया अदूरे यः पश्चिमो देशस्तत्रासीत् समुद्रः ।

[नीवृज्जनपदः]

[जनपद]

जनपदः पञ्चालादिः ।

[देशविषयौ तूपवर्तनम् ।। ८ ।।]

[देश]

जनपदो जनपदसमुदायो जनपदैकदेशोऽपि *देशः* ।

[त्रिष्वागोष्ठात्]

*गोष्ठ*शब्दात् (see AK II.1.13c) प्राक् *त्रिषु* ।

---

2) भारवर्षस्यान्तदेशः शिष्टाचरहितो MS. 2, 5) कामरूपादि हिम° MS. 5) °योमध्ये MS. प्राग्विवसनादपि MS. 6) प्रयागाच्च। मध्यदेशस्स MS. 6, 9) उच्यते। आसमुद्रान्तु वै पूर्वादाब पश्चिमस्ततथा MS. 10) अनयोरेकान्तरं MS. 10-11) °रार्यावर्त्त विदुबुधाः। यदि MS. 11) °रार्यावर्त्ततदा MS. °कूलमपि स्यात्।। नैष दोषः पूर्वं MS. 12) पस्चिमो देशत्रासी° MS. 12, 15) °मुद्रः जनपद MS. 18) जनषदशमुदायो MS. °देशोवि देशः MS. 20) प्राक MS.

[नडप्राये नड्वान् नड्वल इत्यपि ।]
[कुमुद्वान् कुमुदप्राये]
[वेतस्वान् बहुवेतसे ।। ९ ।।]

[नड्वत् , कुमुद्वत् , वेतस्वत् ; नड्वल]

कुमुदनडवेतसेभ्यो ड्मतुप् (P. IV.2.87) । ***नडशादाड् ड्वलच्*** (P. IV.2.88) । टिलोपः (see P. VI.4.143) ।

[शाद्वलः शादहरिते]

[शाद्वल , शादहरित]

*शादो*ऽस्मिन् देशेऽस्तीति *शाद्वलः* शष्प*हरितो* न तु पङ्कस्थाने, अनभिधानात् ।

[सजम्बाले तु पङ्किलः ।]

[पङ्किल]

पिच्छादि(see GP 8 to P. V.2.100)त्वादिलच् (see P. V.2.100) । *पङ्किलः* ।

[जलप्रायमनूपं स्यात् पुंसि कच्छस्तथाविधः ।। १० ।।]

[अनूप]

*अनूप*मिति ***ऊदनोर्देशे*** (P. VI.3.98) ।

[स्त्री शर्करा शर्करिलः शार्करः शर्करावति ।]

[शार्कर , शर्करावत् ; सैकत , सिकतावत्]

सिकताशर्कराभ्यामण् भवति (see P. V.2.104) । सर्वत्राणप्रकरणे ... ***अन्यतरस्याम्*** (P. V.2.96)ग्रहणान्मतुप् समुच्चीयत (see K. on P. V.2.99) इति मतुब् (see P. V.2.94) अपि । तेन सामान्येन द्वे द्वे ।

---

5) कुमुदनभवेत्रसेभ्यो MS. नड्शादा MS. 9, 12) सष्पहरितो न तु मङ्कस्थाने अनबिधानात् ।। पिच्छादि° MS. 12, 15) पङ्किलः अभूप° MS. 15, 18) °र्देश सिर्कतासकरा° MS. 18) °त्रात्रप्ररणे° MS. 19) °ग्रहाणंमतुप् MS.

[II.1.11-13]

[देश एवादिमौ]

[शर्करा देश , शर्करिल देश ; शार्कर , शर्करावत्]

देशे लुबिलचौ च (P. V.2.105) इति देशेऽभिधेये सिकताशर्कराभ्यां विहितस्याणः पक्षे लुब् भवतीलच्प्रत्ययश्च। तेन विशेषेणापि द्वे द्वे। यदा च लुप् तदा ***लुपि युक्तवद् व्यक्तिवचने*** (P. I.2.51) इति प्रकृतिवल्लिङ्गं स्त्रीत्वम्।

आदिमौ शर्कराशर्करिलौ शब्दौ *देश एवान्तिमौ* तु देशे चान्यत्र च।

[एवमुन्नेयाः सिकतावति ।। ११ ।।]

[सिकता देश , सिकतिल देश ; सैकत , सिकतावत्]

एवमनेन प्रकारेण *सिकतावति स्त्री सिकता, सिकतिलः, सैकत* इत्युन्नेयाः । तत्र च देश *एवादिमौ सिकतासिकतिल*शब्दावितरौ तु देशेऽन्यत्र च।

[देशो नद्यम्बुवृष्टयम्बुसम्पन्नसस्यपालितः ।
स्यान्नदीमातृको देवमातृकश्च यथाक्रमम् ।। १२ ।।]

[सस्यपालित]

तृतीया तु *सस्यपालित*शब्देन। तत्पुरुषः (see P. II.1.32)।

[देवमातृक]

देवो मातास्य *देवमातृकः* । ***नद्यृतश्च*** (P. V.4.153) इति कप्।

[सुराज्ञि देशे राजन्वान् स्यात्]

[राजन्वत्]

राजन्वान् सौराज्ये (P. VIII.2.14) इति निपातनात्।

[ततोऽन्यत्र राजवान् ।]

[गोष्ठं गोस्थानकम्]

---

3) लुबिलवौ MS. देशऽभिधेये MS. 4) °ति। इलच्° MS. 5) इति वल्लिंग MS. 6) एव। अन्तिमौ MS. च् MS. 9) एवंमनेन MS. सिकाता MS. सिकतिलः शैकत MS. 14) स्यपालितशब्देन पुरुषुः MS. 19) पातनात् MS.

[गोष्ठ]

गावस्तिष्ठन्त्यस्मिन्निति *गोष्ठम्* । ***घञर्थे कविधानम्*** ... (Vā. 4 to P. III.3.58) इति कः। ***अम्बाम्बगोभूमि*** ... (P. VIII.3.97) इत्यादिना षत्वम्।

[तत् तु गौष्ठीनं भूतपूर्वकम् ।।१३ ।।]

[गौष्ठीन]

*गौष्ठीन*मिति ***गोष्ठात् खञ् भूतपूर्वे*** (P. V.2.18)।

[पर्यन्तभूः परिसरः]

[परिसर]

ग्रामादेः परिभूमिः *परिसरः* ।

[सेतुरालौ स्त्रियां पुमान् ।]

[सेतु]

सेतुशब्दः *पुमान्* ।

[आलि]

आलिः स्त्रियां वर्तत इत्येष सत्यः।

[वामलूरश्च नाकुश्च वल्मीकं पुन्नपुंसकम् ।।१४ ।।]

[वल्मीक]

*वल्मीक*स्यैव कृमिपर्वतः शक्रमूर्धेति नामद्वयम्।

[अयनं वर्त्म मार्गाध्वपन्थानः पदवी सृतिः ।
सरणिः पद्धतिः पद्या वर्तन्येकपदीति च ।। १५ ।।]

[अयन , वर्त्मन्]

द्वे *अयनवर्त्मनी* नपुंसके।

---

2) गावष्ठन्त्यस्मिन्निति MS. घञर्थे MS. 3) सत्वं MS. 14) आनि स्त्रियाम्व° MS. इति एष MS. 17) °पर्वतः। शक्र° MS. 21) य अयनवर्त्मानी MS.

[II.1.15-16]

[वर्त्मन्]

वृतेर् (see Dh. I.795) मनिन् (see U. IV.144)।

[पद्धति]

पादाभ्यां हन्यत इति *पद्धतिः* । ***हिमकाषिहतिषु*** ... (P. VI.3.54) पादस्य पत्।

[पद्या]

पदेर् (see Dh. IV. 60) ण्यत् (see P. III.1.124)। पूर्ववृद्ध्यभावः। *पद्या* ।

[अयन - एकपदी , मार्ग]

अयनादय एकपद्यन्ता मार्गे ।

[अतिपन्थाः सुपन्थाश्च सत्पथश्चार्चितेऽध्वनि ।]

[सत्पथ]

सत्पथ इति ***ऋक्पूर्*** ... (P. V.4.74) इत्यादिनाकारः।

[अतिपथिन् , सुपथिन्]

स हि ***न पूजनात्*** (P. V.4.69) इति स्वतिग्रहणाद् (see Vā. 1 to P. V.4.69) *अतिपन्थाः सुपन्था* इत्यत्रैव प्रतिषेधः।

[व्यध्वो दुरध्वो विपथः कदध्वा कापथः समाः ।। १६ ।।]

[व्यध्व , दुरध्व]

व्यध्वो दुरध्व इति ***उपसर्गादध्वनः*** (P. V.4.85) इत्यच्।

[विपथ , कापथ]

विपथः कापथ इत्यकारः (see P. V.4.74)। ***का पथ्यक्षयोश्च*** (P. VI.3.104) इति का।

---

2) ततेर्मनित् MS. 4) पदाभ्यां MS. इतिः पद्धतिः हिमकाशि। हतिषु MS. 4, 6) पत्।। पदेन्यत् MS. 11) सत्पर्थ इति। ऋकपू° MS. °त्यादिना अकारः MS. 13) त पूजना° MS. 13-14) °ग्रहनादतिपच्छाः। सुपन्था MS. 17) इताच् MS. 19) विपथ MS. 19-20) °ति। का MS.

[कदध्वन्]

कोः कत् तत्पुरुषेऽचि (P. VI.3.101) इति *कदध्वा* ।

[अपन्थास्त्वपथम्]

[अपथ , अपथिन्]

अपथादौ ***नञस्तत्पुरुषात्*** (P. V.4.71), ***पथो विभाषा*** (P. V.4.72) इति विकल्पः । ***अपथं नपुंसकम्*** (P. II.4.30) ।

[तुल्ये शृङ्गाटकचतुष्पथे ।]

[प्रान्तरं दूरशून्योऽध्वा]

[दूरशून्य]

दूरशून्यः पोल्लवाटः ।

[कान्तारं वर्त्म दुर्गमम् ।। १७ ।।]

[दुर्गम , कान्तार]

चौरकण्टकादिदोषेण *दुर्गमं कान्तारम्* ।

[गव्यूतिः स्त्री क्रोशयुगम्]

[नल्वं किष्कुचतुःशतम् ।]

[नल्व]

चतुःशतहस्तप्रमाणं नल्वम् ।

[घण्टापथः संसरणम्]

[घण्टापथ]

दशधन्वन्तरो राजमार्गो घण्टापथः ...। (Cā. acc. to Bṛ. and Bhā.)

[तत् पुरस्योपनिष्करम् ।। १८ ।।]

2, 5) कत्ततपुरुषेचेति । कदध्वा अपथादौ MS. 5) नञ् तत्पुरुषेत्यथा MS. 6) नपुन्स° MS. 10) पोल्लावटः MS. 13) °कण्ठकादिदोषेन MS. कान्तारः MS. 17) चतुःसत° MS. 20) दस° MS. गज° MS.

[पुर]

पुरस्येति दुर्गपुरस्य। अन्यपुरस्य तु *घण्टापथ* एव।

भूम्यादित्वाद् भूमिवर्गोऽयम्। अथवाङ्गोपाङ्गापेक्षया भूमिरेव प्रधानं ***प्राधान्येन च व्यपदेशा भवन्ति*** इति स भूमिवर्ग इति व्यपदेशः।। ० ।।

[पूः स्त्री पुरीनगर्यौ वा पत्तनम् पुटभेदनम् ।]
[स्थानीयं निगमः]

[नगर]

अष्टशतग्रामीव्यवहारस्थानं तन्मध्यवर्ति च प्रधानभूतं *नगरम्* ।

[पुरी , पुर ; नगरी , नगर]

पुरीनगर्यौ वा स्त्रियौ । पक्षे नपुंसकं *पत्तन*शब्दसाहचर्यात्।

[पत्तन]

यत्र राजधान्युपकारिका (see AK II.2.10b) तिष्ठति तत् *पत्तनम्* ।

[स्थानीय , निगम]

स्थानीयनिगमौ दुर्गनगरं योजनविस्तीर्णं *प्राकारा*(see AK II.2.3c)दिवेष्टितम्।

[अन्यत् तु यन्मूलनगरात् पुरम् ।। १ ।।
तच्छाखानगरम्]

2) दुर्गपुरुष्य MS. 3) प्रधानं। प्राधान्येन MS. 8) No *daṇḍa* in MS. 10) स्त्रीयौ MS. नपुन्सकं। पन्तन° MS. 12) यत्रऽराजानी उपकारिका MS.; see § 5, fn. 19. 14) दुर्गनगरं। योजन° MS.

[शाखानगर]

सरिदङ्के सरोऽङ्के वा *मूलनगरा*दाकृष्य कल्पितं *पुरं शाखानगरम्* ।

[वेशो वेश्याजनसमाश्रयः ।]

[वेश]

दारिकाणां निवासस्थानं *वेशः* ।

[आपणस्तु निषद्यायाम्]

[निषद्या]

निषीदन्त्यस्यामिति *निषद्या* । सुवर्णकाराणां वीथीत्यन्ये। ***सञ्ज्ञायां समजनिषद*** ... (P. III.3.99) इत्यादिना क्यप्।

[विपणिः पण्यवीथिका ।। २ ।।]

[वीथिका , विपणि]

विक्रयाय प्रसारितनानाद्रव्या वणिजां *वीथिका विपणिः* ।

[रथ्या प्रतोली विशिखा]

[रथ्या[1]-३]

यद् दुर्ग*नगरद्वारेऽ*ट्ट(see AK II.2.12[b])प्रयोजनाश्रयः क्रियते सा *रथ्या* । अभ्यन्तर-ग्राममार्गो लच्छोऽपि *रथ्ये*त्युच्यते। त्रयम्।

[स्याच्चयो वप्रमस्त्रियाम् ।]

[चय , वप्र]

दुर्ग*नगरे* परिखामृत्तिकां कूटीकृत्य गोभिर्हस्तिभिश्च तां मर्दयित्वा (see AŚ II.3.5) त्रिंशद्धस्तप्रमाणा प्राकारस्य तलीक्रियते स ***प्राकारमूलबन्धः*** (ŚāK 393[c]) *चयो वप्रं* च। (see AŚ II.3.5)

---

2) सरिदंके सरोंके वा। मूल° MS. पुर शाखा° MS. 5, 8) वेशः निषीदन्त्यस्मिन्निति MS. 8) वीथीत्यन्ये सज्ञायां सम। जनिथ° MS. 9) कृप् MS. 12) वणिजाम्वीथिका विपनि।ः MS. 15) °प्रयोजना-श्रय।ः क्रियते MS. 16) रथ्येत्युच्यते त्रयम् MS. 19) ता MS. 20) तलीक्रियते। स प्रारोकारो मूल° MS.

[प्राकारो वरणः सालः]

[प्राकार]

इष्टकादिरचितः *प्राकारः* ।

[वरण]

वृणोति व्रियते वानेनेति *वरणः* ।

[प्राचीरं प्रान्ततो वृतिः ।। ३ ।।]

[प्राचीर]

दुर्ग*नगरे* बहिः कुचाविकादिकण्टीकृतं कण्टावंशादिकृतं वा वेष्टनं *प्राचीरं* मृत्तिकादि*प्राकारे*ऽप्युपचारात्।

[भित्तिः स्त्री कुडचम्]

[एडुकं यदन्तर्न्यस्तकीकसम् ।]

[एडुक]

एडुकमिति मध्यह्रस्वम्।

[गृहं गेहोदवसितं वेश्म सद्म निकेतनम् ।। ४ ।।
निशान्तवस्त्यसदनं भवनागारमन्दिरम् ।
गृहाः पुंसि च भूम्न्येव निकाय्यनिलयालयाः ।। ५ ।।
वासः कुटी द्वयोः शाला सभा]

[वेश्मन्]

विश प्रवेशने (Dh. VI.130)। मनिन् (see U. IV.144) । *वेश्म* ।

[निशान्त]

निशम्यतेऽस्मिन्निति *निशान्तम्* ।

---

5) व्रिजते MS. 8) बहिः। कुचाविकादिकण्टिकृतं कण्टावशांदिकृतं वा वेष्टनं। प्राचीरं MS. 13) एडकमिति MS. 19) विस MS. मनिन् वेस्म MS. 21) निशम्यते। ऽस्मिन्निति निशात्तं MS.

[वस्त्य]

वसु स्तम्भे (Dh. IV.105)। क्तिन् (see P. III.3.94)। वस्तिः। वस्तौ साधुरित्यर्थे यत् (see P. IV.4.98)।

[अगार]

*अगार*मिति ह्रस्वादि।

[गृह]

*गृह*शब्दः पुंलिङ्गो बहुत्व एव नैकत्वादौ नपुंसकलिङ्गे त्वेकत्वादावपि।

[निकाय्य]

पाय्यसान्नाय्यनिकाय्यधाय्याः ... (P. III.1.129) इति निपातनान्*निकाय्यः* ।

[निलय ...]

*निलया*दौ लीङो(see Dh. IV.31)ऽधिकरणे ***पुंसि सञ्ज्ञायां घः प्रायेण*** (P. III.3.118) इति घः।

[सञ्जवनं त्विदम् ।
चतुःशालम्]

[चतुःशाल]

चतसृणां शालानां समाहारश्च*चतुःशालम्* ।

[मुनीनां तु पर्णशालोटजोऽस्त्रियाम् ।। ६ ।।]

[पर्णशाला]

पर्णप्रधानत्वात् *पर्णशाला* ।

[चैत्यमायतनं तुल्ये]

---

2) साधुरित्यताथी MS. 7) वसुत्व एव। नैकत्वादौ। नपुन्सक° MS. 7, 9) त्वेकत्वादावपि।। पाय्य° MS. 9) °धाय्य इति निपातनात्। निकाय्य।: MS. 12, 16) घः।। चतसृणां MS. 16) समाहारः। चतुः° MS.

[II.2.7-8]

[चैत्य , आयतन]

मुखरहिते देवकुलसदृशे वर्तमानयोरेव *चैत्यायतन*योः पर्यायत्वम्। अचैत्येऽपि देवकुलादा*वायतन*शब्दः। तथानायतनेऽप्युद्देशपादपे *चैत्य*शब्दो दृश्यत इति (see ŚāK 460^{a-b})।

[वाजिशाला तु मन्दुरा ।]

[आवेशनं शिल्पिशाला]

[शिल्पिशाला]

शिल्पिशाला जेणीशालादि।

[प्रपा पानीयशालिका ।। ७ ।।]

[प्रपा]

प्रपिबन्त्यस्यामिति प्रपा (Bhāṣ. on Vā. 4 to P. III.3.58)। ***घञर्थे कविधानम्*** ... (Vā. 4 to P. III.3.58) इति कः।

[मठश्छात्रादिनिलयः]

[छात्रादि ...]

*छात्रादी*त्यादिशब्देन परिव्राजकतपस्विनाम्।

[गञ्जा तु मदिरागृहम् ।]

[मदिरागृह , गञ्जा]

*मदिरा*सन्धानादि*गृहं गञ्जा* ।

[गर्भागारं वासगृहम्]

[गर्भागार]

गर्भागारं निवातत्वाच्छयनयोग्यमिति।

---

2) वर्त्तमायोरेव चैतमायतनयोः MS. 3) °पादये MS. 8) सिल्पिशाला। जेणी° MS. 11) प्रया MS. 12) क।: MS. 15) प्ररिव्राजकतपस्वी° MS. 18) A sign which looks like ६ follows गञ्जा in MS.

[वासगृह]

वासगृहं वासहरे।

[अरिष्टं सूतिकागृहम् ।। ८ ।।]

[अरिष्ट]

यत्र *गृहे* स्त्री प्रसूते तद*रिष्टम्* । प्रान्ते † ह घर*मरिष्ट*मिति केचित्।

[वातायनं गवाक्षः]

[अथ मण्डपोऽस्त्री जनाश्रयः ।]

[मण्डप]

राजकीयं सोपस्थानं करण*मण्डपा*दि।

[हर्म्यादि धनिनां वासः]

[हर्म्य]

व्यवहारकादीनां *हर्म्यम्* ।

[आदि]

*आदि*शब्देन मेटाट्टालं *भवनम्* ।

[प्रासादो देवभूभुजाम् ।। ९ ।।]

[प्रासाद]

देवानां राज्ञां च *गृहं प्रासादो*ऽल्पस्यापि सादृश्यात्। प्रात् ***सादकारयोः सञ्ज्ञायाम्*** (Vā. 1 to P. VI.3.122) इति वचनाद् दीर्घः। तेन *प्रासादः* ।

[सौधोऽस्त्री राजसदनम्]

[राजसदन]

राजार्हत्वाद् *राजसदनम्* ।

---

5) MS. leaves some space blank between ह and घ. 9) In the MS. this line follows निषद्या। in 175:8. राजकीय सापस्थानं। करण° MS. 12) हर्स्यं MS. 14) आदिसब्देन मेडाट्टालं MS. 17) प्रासादः। अल्प° MS. °करयोः MS. 18) दीर्घ तेन MS.

[II.2.10-11]

[उपकार्योपकारिका ।]

[स्वस्तिकः सर्वतोभद्रो नन्द्यावर्तादयोऽपि च ।। १० ।।
विच्छन्दकप्रभेदा हि भवन्तीश्वरसद्मनाम् ।]

[नन्द्यावर्तादि]

नन्द्यावर्तादय इति।

[आदि]

*आदि*शब्देन रुचकादि।

[विच्छन्दकप्रभेद]

विच्छन्दकप्रभेदा रुचकादयो रचनाविशेषाः।

[स्वस्तिक]

स्वस्तिकं प्राङ्मुखं पश्चादालिन्द्यनुगतं भवेत् ।

[सर्वतोभद्र]

अप्रतिषिद्धालिन्दं समन्ततो वास्तु सर्वतोभद्रम् ।
नृपविबुधसमूहानां कार्यं द्वारैश्चतुर्भिरिति ॥ (BS LII.31)

[नंन्द्यावर्त]

नन्द्यावर्तमलिन्दैः शालाकुड्यात् प्रदक्षिणान्तगतैः ।
द्वारं पश्चिममस्मिन् विहाय शेषाणि कार्याणि ॥ (BS LII.32)

[रुचक]

प्राक्पश्चिमावलिन्दावन्त्यगतौ तदधिष्ठितौ शेषौ ।
रुचकं द्वारं न शुभमुत्तरतोऽन्यानि शस्तानि ॥ (BS LII.35)

[वर्धमान]

द्वारालिन्दोऽन्त्यगतः प्रदक्षिणोऽन्यस्ततस्ततश्चान्यैः ।
रुद्धश्च वर्धमानो द्वारं तु दक्षिणं कार्यम् ॥ (BS LII.33)

---

5) नन्द्रादय MS. 7) आदिसब्देन MS. 9) °प्रभेदा रचका च्छन्दकप्रभेदा रचनाविशेषा।: MS. 11) पस्चादालिन्द्युनुगतं MS. 13) अप्रतिषिद्धालिन्द MS. 14, 16) °सामूहानां कार्यः द्वारेचतुर्भिरिति नन्द्या° MS. 16) °कुडयान्। प्रदक्षिणांन्तगतैः MS. 17) द्वार MS. 17, 19) शेषाणि। कार्याणि प्राक्° MS. 19) °गतौ। तदधिष्टि शेषौ MS. 20) द्वारंन्न MS. 20, 22) शस्तानि। द्वारा° MS. 22) °गत।: प्रदक्षिणो° MS. 23) कार्य MS. Single *daṇḍa* in MS.

[स्त्र्यगारं भूभुजामन्तःपुरं स्यादवरोधनम् ।। ११ ।।
शुद्धान्तश्चावरोधश्च]

[अन्तःपुर[1] , स्त्र्यगार - ४]

*अन्तःपुरादि*चतुष्कं *स्त्र्यगारे* । तात्स्थ्यादुपचारेण स्त्रीष्वपि।

[अवरोधन]

अवरुध्यत इत्य*वरोधनम्* ।

[स्यादट्टः क्षोममस्त्रियाम् ।]
[प्रघाणप्रघणालिन्दा बहिर्द्वारप्रकोष्ठके ।। १२ ।।]

[प्रघाण ...]

गृहद्वाराद् बाह्यपिण्डिकावीथ्यां *द्वार*(see AK II.2.16[a])पिण्डक एव *प्रघाणादयः*। ***अगारैकदेशे प्रघणः प्रघाणश्च*** (P. III.3.79)।

[आलिन्द]

*आलिन्द*शब्दोऽन्यपिण्डकेऽपि।

[गृहावग्रहणी देहली]

[देहली , गृहावग्रहणी]

देहल्यां *गृहावग्रहणी*शब्दः।

[अङ्गणं चत्वराजिरे ।]

[चत्वर]

वृक्षचत्वरमित्युपमानात्।

[अधस्ताद् दारुणि शिला]

[शिला]

अधःकाष्ठे द्वारस्य *शिला* ।

4, 6) तत्स्थ्यादुपचारेण स्त्रीष्वधि अव° MS. 10) द्वारपिण्डिक MS. 10-11) अघारैकदेशे प्रघनः MS. 13) °सब्दो° MS. 16) गृहाग्रणीशब्दः MS. 22) °काष्टे MS.

[नासा दारूपरि स्थितम् ।। १३ ।।]

[उपरि स्थित दारु , नासा]

तस्या *उपरि स्थितं दारु नासा* । अन्यत्रापि ह्युक्तं

शिलानासा विधारणी इति।

[प्रच्छन्नमन्तर्द्वारं स्यात्]

[अन्तर्द्वार]

प्रकोष्ठद्वारं *गृहाभ्यन्तरकोह्लकादिद्वारं* चान्तर्द्वारं खडिकीद्वारम् ।

[पक्षद्वारं तु पक्षकः ।]

[पक्षद्वार , पक्षक]

गृहस्य च *पक्षद्वारं पक्षकः* ।

[वलीकनीध्रे पटलप्रान्ते]

[पटलप्रान्त]

*पटल*ओहालादौ।

[अथ पटलं छदिः ।। १४ ।।]

[पटल]

पटलं पिटकम्। (see ŚāK 764c)

[गोपानसी तु वडभीच्छादने वक्रदारुणि ।]

[वडभी , गोपानसी]

वडभी । तच्छादनार्थं धरकं *वक्री*कृत्य यत् काष्ठं दीयते सा *गोपानसी* ।

[कपोतपालिकायां तु विटङ्कं पुन्नपुंसकम् ।। १५ ।।]

---

4) शलानासा MS. 7) द्वारञ्चन्तद्वारं। खडिकी° MS. No *daṇḍa* in MS. 10) पक्षणद्वार MS. 16) पिड° MS. 19) वडभी त° MS. दीयते। सा MS.

[विटङ्क]

सौधादिवेश्मसु छेकपक्षिवासार्थं यद् बहिष्कृत्य काष्ठैकदेशे स्थाप्यते तद् *विटङ्कम्* ।

[स्त्री द्वाद्वारं प्रतीहारः]

[स्याद् वितर्दिस्तु वेदिका ।]

[वितर्दि]

आवासिन्याम*ङ्गण*मध्ये या चतुष्किका सा *वितर्दिः* ।

[तोरणोऽस्त्री बहिद्वारम्]

[बहिद्वार , तोरण]

उपरि स्रगादियुक्तं शोभनं स्तम्भद्वयमुभयतो निखन्य यद् *बहिद्वारं* कल्प्यते तत् *तोरणम्* ।

[पुरद्वारं तु गोपुरम् ।।१६ ।।]

[कूटं पूर्द्वारि यद्धस्तिनखस्तस्मिन्]

[कूट , हस्तिनख]

यद् दुर्ग*पुरद्वारे* मृत्तिकाकूटं क्रियते बहिरतटप्रधानमभ्यन्तरेण *सोपान*(see AK II.2.18[a])युक्तं यस्मिन्नुत्थाय पारकाणां काण्डादिकं दीयते स *हस्तिनखः* ।

[अथ त्रिषु ।

कवाटमररं तुल्ये]

[कवाट / कपाट]

कपाटमित्यपि दृश्यते।

[कवाटी]

स्त्रियां कवाटी।

[तद्विष्टम्भ्यर्गलं न ना ।।१७ ।।]

---

2) °वेस्मसु छेकपक्षाकासार्थं MS. °हिकृत्य काष्ठेकदेशं स्थापते MS. No *daṇḍa* in MS. 6) °मङ्गणम्मध्ये MS. वितर्द्रि MS. 9) स्रगादि।। युक्तं MS. 13) °पुरेद्वारे MS. क्रियते। बहि° MS. 14, 18) हस्तिनखः कपाट° MS.

[II.2.17-19]

[विष्टम्भिन् , अर्गला]

कवाटविष्टम्भी पथालीदण्डो*ऽर्गला* ।

[आरोहणं स्यात् सोपानम्]

[सोपान]

*सोपान*मिष्टकादिरचितं खडखडीति यस्य नाम।

[निश्रेणिस्त्वधिरोहणी ।]

[निश्रेणि , अधिरोहणी]

निश्रेण्यां चा*धिरोहणी*शब्दः।

[सम्मार्जनी शोधनी स्यात्

[सङ्कारोऽवकरस्तया ।। १८ ।।

क्षिप्ते]

[सङ्कार , अवकर]

तया सम्मार्जन्या क्षिप्ते तृणादौ *सङ्कारावकर*शब्दौ वर्तेते।

[मुखं निःसरणम्]

[निःसरण , मुख]

*निःसरणं मुख*मुच्यते। निःसरन्ति लोका येन। यथा ***पूर्वमुखावासिनी*** इति।

[सन्निवेशो निकर्षणः ।]

[सन्निवेश]

सन्निवेशः संवासः।

[समौ संवसथग्रामौ]

5) खट्टखडीति MS.; see § 4, no. 24. 8) निस्रेण्यां चादिरोहनीशब्दः MS. 13) संमार्जन्य MS. °वकारशब्दौ वर्त्तते MS. 16) पूर्वामुखा° MS. 19) सन्निवेस्मम्वासः MS.; see App. 1, no. 38.

[वेश्मभूर्वास्तुरस्त्रियाम् ।। १९ ।।]

[ग्रामान्त उपशल्यं स्यात्]

[सीमसीमे स्त्रियामुभे ।]

[सीमन् , सीमा]

सीमसीमे इति ***डाबुभाभ्यामन्यतरस्याम्*** (P. IV.1.13) इति पक्षे डाप्।

[घोष आभीरपल्ली स्यात्]

[घोष]

आभीराणां कुटीसंहातो *घोषः* ।

[पक्कणः शबरालयः ।। २० ।।]

[पक्कण]

शबराणां कुटीसंहातः *पक्कणोऽस्त्री* ।। ० ।।

[महीध्रे शिखरिक्ष्माभृदहार्यधरपर्वताः ।
अद्रिगोत्रगिरिग्रावाचलशैलशिलोच्चयाः ।। १ ।।]

[महीध्र]

मही धरतीति *महीध्रः* । मूलविभुजादित्वात् कः (see Vā. 2 to P. III.2.5)।

[अहार्य]

हर्तुं न शक्यत इत्य*हार्यः* ।

[धर]

धरतीति *धरः* ।

---

5) सीमसीमेति। ताबुभाभ्यामन्यतरस्व्या° MS. ताप् MS. 11) कुटीसहातः। पक्षणोऽस्त्री MS. 17) हन्तुन्न शक्यते MS.

[पर्वत]

पर्वमरुद्भ्यां तप् (Vā. 10 to P. V.2.122) । *पर्वतः* ।

[गोत्र]

गां पृथ्वीं (see AK III.3.24) त्रायत इति *गोत्रः* ।

[शैल]

शैल इति ज्योत्स्नादित्वान्मत्वर्थेऽण् । (see Vā. 2 to P. V.2.103)

[लोकालोकश्चक्रवालः]

[लोकालोक]

अभ्यन्तरे भूरादिलोके लोको बाह्ये चालोक इति *लोकालोकः* ।

[चक्रवाल]

मण्डला(see *supra*, I.3.5 under मण्डल, चक्रवाल)कारेण परिवेष्ट्य स्थित इति *चक्रवालः* ।

[त्रिकूटस्त्रिककुत् समौ ।]

[त्रिककुद्]

त्रीणि ककुदान्यस्येति त्रिककुत् ... (K. on P. V.4.147) । ***त्रिककुत् पर्वते*** (P. V.4.147) इत्यन्तलोपः ।

[अस्तस्तु चरमक्ष्माभृत्]

[चरमक्ष्माभृत् , अस्त]

चरमक्ष्माभृत् पश्चिमपर्वतो*ऽस्त*सञ्ज्ञकः ।

[उदयः पूर्वपर्वतः ।। २ ।।]

---

2) धर्वमरुद्भ्यान्तुः MS. 6) ज्येत्स्नादित्वान्मर्थेऽण् MS. 9) च आलोक MS. 12) चक्रवातः MS. 15) ककुदास्येति MS. 16) इत्यन्तलोप्ः MS. 19) चरमः क्ष्माभृत पस्चिमपर्वतः । अस्त° MS.

[पूर्वपर्वत]

सुमेरो(see AK I.1.49^{c})रेवैकदेशः *पूर्वपर्वत* इति व्यपदिश्यते। *सुरालयत्वान्मेरुः* पूर्वमुक्तः (see AK I.1.49^{c-d})।

[हिमवान् निषधो विन्ध्यो माल्यवान् पारियात्रकः ।
गन्धमादनमन्ये च हेमकूटादयो नगाः ।। ३ ।।]

[आदि]

*आदि*शब्देन मलयदर्दुरादयः।

[पाषाणप्रस्तरग्रावोपलाश्मानः शिला दृषत् ।]

[दृषद्]

दृणातेः पुक् ह्रस्वश्च (U. I.130)। दृषत् स्त्री।

[कूटोऽस्त्री शिखरं शृङ्गम्]
[प्रपातस्त्वतटो भृगुः ।। ४ ।।]

[अतट]

अवडि*रतटः* ।

[कटकोऽस्त्री नितम्बोऽद्रेः]
[स्नुः प्रस्थः सानुरस्त्रियौ ।]

[स्नु]

स्नुः पुमान्।

[प्रस्थ]

*प्रस्थ*श्चाद्रेः समा भूमिः।

[उत्सः प्रस्रवणम्]

2) °देशः। पूर्व° MS. 2-3) सुरायलत्वात्मेरुः। पूर्व उक्तः MS. 7) °दुर्दुरादयः MS. 10) ह्रस्वस्च MS. 14) अवहि° MS.; see § 4, no. 8. 14, 18) °रतटः स्तुः MS. 20) प्रस्थ। प्रस्थश्चाद्धेः MS.

[उत्स]

यत्र स्थाने पानीयं स्रुत्वा स्रुत्वा सङ्गतमेति वहतु न वहतु वा स उत्सः ।

[वारिप्रवाहो निर्झरो झरः ।। ५ ।।]

[वारिप्रवाह , निर्झर , झर]

वहति *वारिप्रवाहे* पर्वतादीनां *निर्झरझर*शब्दौ। **झृष्** (Dh. IV.23) इत्यस्मात् पचाद्यच् (see P. III.1.134) निःपूर्वात् केवलाच्च।

[झरी]

झरीत्यपि दृश्यते।

[दरी तु कन्दरो वा स्त्री]

[कन्दर]

कृत्रिमोऽकृत्रिमः सजलो निर्जलो वा *कन्दरः* ।

[दर]

दर इत्याकृत्यन्तरे।

[कन्दरा]

स्त्रियां *कन्दरा* ।

[देवखातबिले गुहा ।
गह्वरम्]

[गुहा]

अकृत्रिमे पर्वत*बिले गुहा* ।

[गण्डशैलास्तु च्युताः स्थूलोपला गिरेः ।। ६ ।।]

[स्थूलोपल]

स्थूलोपलप्रधानत्वात् स्थूलोपला चैष्विति *स्थूलोपलाः* ।

---

2) संगतेति MS. 2, 5) उत्सः वहति वारिप्रवाह MS. 5) निझरझरशब्दौ झृष MS. 5-6) पचाद्यच्। निरपूर्वात् MS. 11) कृत्रिमोऽकृत्रिमस्मजलो MS. 19) अकत्रिमे MS. 22) स्थूलोपनप्रधानत्वात् स्थूला उपला च। एष्विति MS.

[च्युत]

च्युता इति भूकम्पादिना।

[खनिः स्त्रियामाकरः स्यात्]

[खनि]

धातुलोहरत्नादीनामुत्पत्तिस्थानं *खनिः* ।

[पादाः प्रत्यन्तपर्वताः ।]

[पाद]

मूलपर्वतस्यान्ते परिवृत्य स्थिताः स्वल्प*पर्वताः पादाः* ।

[उपत्यकाद्रेरासन्ना भूमिः]

[ऊर्ध्वमधित्यका ।। ७ ।।]

[अधित्यका]

*अद्रेरु*परिष्टाद् *भूमिरधित्यका* । ***उपाधिभ्यां त्यकन्नासन्नारूढयोः*** (P. V.2.34), ***यासयोः प्रतिषेधे त्यकन उपसङ्ख्यानम्*** (Vā. 1 to P. VII.3.45) इतीत्त्वाभावः।

[उपत्यका]

भट्टिस्तु पर्वतादन्यस्याप्य*ासन्ना* भूमि*रुपत्यके*तीच्छति।

समुद्रोपत्यका हैमी पर्वताधित्यका पुरी ।
रत्नपारायणं नाम्ना लङ्केति मम मैथिलि ॥ (BhK V.89)

[धातुर्मनःशिलाद्यद्रेः]

[मनःशिलादि , धातु]

*अद्रेर्मनःशिला*हरिताला*दि धातुः* । प्रत्येकं *मनःशिलादी*नां *धातु*रिति नाम *विशेषतो गैरिकस्य* च।

---

2) च्युत MS. 5) °रत्नदीनामुत्पतिस्थानं खनि।ः MS. 8) पदाः MS. 12) अर्द्रेरुपरिष्ठाद्भूमिरथिका MS. 13) ˙पासयोः। प्रतिषेधे MS. °तीत्वाभावः MS. 15) पर्वतादन्यस्यापि। आसन्ना MS. 16) पुरि MS. 17) लङ्कोति MS. 17, 20) मैथिलि। अद्रे° MS. 20) °हारितालादि धातुः प्रत्ये° MS. नाम। विशेषतो MS.

[गैरिकं तु विशेषतः ।]

[गैरिक]

एतदुक्तं सर्वं *मनःशिलादि धातुसञ्ज्ञं* सामान्येन *विशेषतो गैरिकम्* ।

[निकुञ्जकुञ्जौ वा क्लीबे लतादिपिहितोदरे ।। ८ ।।]

[निकुञ्ज , कुञ्ज]

पर्वतादेर्गह्वरदेशे *लता*पल्लवतृणा*दिभिः* समन्ताच्छादिते *निकुञ्जकुञ्ज*शब्दौ। तौ च *वा क्लीबे* पुन्नपुंसकावित्यर्थः।। ० ।।

[अटव्यरण्यं विपिनं गहनं काननं वनम् ।]

[अरण्य]

*अरण्य*मिति ***अदकुप्*** ... (P. VIII.4.2) आदिसूत्रेण णत्वम्।

[महारण्यमरण्यानी]

[महारण्य]

महाद्रुमलतावनं महारण्यम् ।

[गृहारामास्तु निष्कुटाः ।। १ ।।]

[गृहाराम]

गृहसमीप आरामाः ।

[निष्कुट]

कुटान्निष्क्रान्ता *निष्कुटाः* ।

[आरामः स्यादुपवनं कृत्रिमं वनमेव यत् ।]

---

3) °सज्ञां MS. 6) °देश MS. °तृणादिभिः। समन्ताच्छादिते। निकुञ्चकुञ्जशब्दो तौ MS. 10) अरण्यमिति। अ° MS. 13) महाद्रूम° MS. 16) °समीपे आममाः MS. 18) कुटान्निष्कान्ता MS.

[उपवन , कृत्रिम वन]

अवान्तरं वनमुपगतं वा वन*मुपवनम्* । *कृत्रिमं वनमेव यन्न* तु वनस्य समीपं ततोऽन्यदित्यर्थः ।

[अमात्यगणिकागेहोपवने वृक्षवाटिका ।। २ ।।]
[पुमानाक्रीड उद्यानं राज्ञः साधारणं वनम् ।]

[आक्रीड]

सर्वलोकैः *साधारणो*पभोग्यं *राजोपवनम्* । आक्रीडन्त्यस्मिन्नित्य*ाक्रीड* उच्यते। यत्र राजा चान्ये च रमन्ते।

[स्यादेतदेव प्रमदवनमन्तःपुरोचितम् ।। ३ ।।]

[अन्तःपुरोचित , प्रमदवन]

*राजोपवन*मेवोपकारिकासन्निहितं पुरसन्निहितं वा*न्तःपुरोचितं प्रमदवनम्* । यत्रान्तःपुर-सहित एव राजा विहरत्यन्यजनप्रवेशो नास्ति।

[प्रमदावन]

प्रमदावनमित्यपि काव्ये दृश्यते।

दृष्ट्वा सुषुप्तं राजेन्द्रं पापोऽयं विषमाशयः ।
चारकर्मणि निष्णातः प्रविष्टः प्रमदावनम् ॥ (BhK IX.82)

इति।

[वीथ्यालिरावलिः पङ्क्तिः श्रेणी]

[पङ्क्ति]

सान्तराला *पङ्क्तिः* ।

[लेखास्तु राजयः ।]

2-3) समीपं। ततो° MS. 7) सर्वलोकैस्साधारणोपभोगं MS. आक्रीडंत्य° MS. 11) °करिकासन्निहितं। पुर° MS. वा अन्तपुरो° MS. 14) काव्य MS. 15) सुसुप्तं MS. 16) निष्णातः MS. 20) सां राला MS., with some space blank between सां and रा . पंक्तिः MS.

[II.4.4-6]

[लेखा]

लेखा तु घना।

[वन्या वनसमूहे स्यात्]

[वन्या]

*वन्ये*ति पाशादि(see GP 14 to P. IV.2.49)त्वाद् यः (see P. IV.2.49)।

[अङ्कुरोऽभिनवोद्भिदि ।। ४ ।।]

[अङ्कुर]

अभिनव उद्भिद्यमानेऽङ्कुरः ।

[वृक्षो महीरुहः शाखी विटपी पादपस्तरुः ।
अनोकहः कुटः सालः पलाशी द्रुद्रुमागमाः ।। ५ ।।]

[शाखिन्]

*शाखी*ति व्रीह्यादित्वाद् इनिः। (see P. V.2.116)

[पादप]

पादेन पिबतीति *पादपः* ।

[अनोकह]

अनसः शकटस्या(see AK II.8.53[a])कं गमनं हन्तीत्य*नोकहः* ।

[द्रुम]

द्युद्रुभ्यां मः (P. V.2.108)। *द्रुमः* ।

[अगम]

न गच्छन्तीत्य*गमाः* ।

[वानस्पत्यः फलैः पुष्पात्]

---

8) अभिनवे उद्विद्यमाने। अंकुरः MS. 16) हन्तीति। अनोकहः MS. 20) गच्छन्तीत्यगाः MS.

[वानस्पत्य]

पुष्पाज्जातैः फलैर्वानस्पत्य आम्रादिः।

[तैरपुष्पाद् वनस्पतिः ।]

[वनस्पति]

वनस्पतिरश्वत्थादिः (see AK II.4.20[c] ff.)। ततोऽन्यस्मिन् वृक्षेऽपि *वनस्पति*शब्दो दृश्यते।

[ओषधिः फलपाकान्ता]

[ओषधि]

ओषधिर्धान्यमाषादिः। (see AK II.9.21[c] ff.)

[स्यादबन्ध्यः फलेग्रहिः ।। ६ ।।]

[फलेग्रहि , अबन्ध्य]

फलेग्रहिरात्मम्भरिश्च (P. III.2.26) इति निपातनात् *फलेग्रहिरबन्ध्यतरुः*।

भट्टिस्तु सामान्येन *फलेग्रहि*शब्दमिच्छति। यदाह

आत्मम्भरिस्त्वं पिशितैर्नराणां फलेग्रहीन् हंसि वनस्पतीनाम्।
शौवस्तिकत्वं विभवा न येषां व्रजन्ति तेषां दयसे न कस्मात्॥

(BhK II.33) इति।

[बन्ध्योऽफलोऽवकेशी च]

[अवकेशिन्]

*अवकेशी*ति ***सौ च*** (P. VI.4.13) इति दीर्घः।

[फलवान् फलिनः फली ।]

---

2) पुष्पाजातैः फलैर्वानस्पत्यः MS. 5) °रस्वत्थादिः MS. 9) ओषधिर्द्धार्यमासादिः MS. 12) फलग्रहि° MS. 13) भष्टिस्तु MS. °सब्द° MS. 13-14) यदाह। आत्म° MS. 15) सौवस्तित्वम्विभवा न् येषां MS. 19) अवकेसीति गौ MS.

[फलिन]

फलबर्हाभ्यामिनच् (Vā. 4 to P. V.2.122) । फलयुक्तः *फलिनः* ।

[प्रफुल्लोत्फुल्लसम्फुल्लव्याकोशविकचस्फुटाः ।। ७ ।।
फुल्लश्चैते विकसिते]

[फुल्ल]

अनुपसर्गात् फुल्लक्षीव ... (P. VIII.2.55) इति निपातनात् *फुल्लः* ।

[उत्फुल्ल ...]

उत्फुल्लसम्फुल्लयोरुपसङ्ख्यानं वक्तव्यम् (see Bhāṣ. on Vā. to P. VIII. 2.55) । उत्फुल्लादौ लत्वम् ।

[स्युरबन्ध्यादयस्त्रिषु ।]

[अबन्ध्य - विकसित]

अबन्ध्यादयस्त्रिष्विति । *अबन्ध्यादिविकसित*शब्दपर्यन्तं ये शब्दास्ते वाच्यलिङ्गा इत्यर्थः ।

[स्थाणुर्वा ना ध्रुवः शङ्कुः]

[स्थाणु]

स्थाणुर्मुण्डकः ।

[ह्रस्वशाखाशिफः क्षुपः ।। ८ ।।]
[अप्रकाण्डे स्तम्बगुल्मौ]
[वल्लिस्तु प्रततिर्लता ।]
[लता प्रतानिनी वीरुद् गुल्मिन्युलप इत्यपि ।। ९ ।।]
[नगाद्यारोह उच्छ्राय उत्सेधश्चोच्छ्रयश्च सः ।]
[अस्त्री प्रकाण्डः स्कन्धः स्यान्मूलाच्छाखावधिस्तरोः ।।१० ।।]

6, 8) फुल्लः उत्फुल्ल° MS. 8) वर्त्तव्यं MS. 12) अतीतबन्ध्यादिस्थाणुशब्द° MS. 16) स्थाणुर्मुण्टकः MS.
17) Two folios containing the text from II.4.8^{d} to II.4.19^{b} are missing.

[समे शाखालते]
[स्कन्धशाखाशाले]
[शिफाजटे ।]
[शाखाशिफावरोहः स्यात्]
[मूलाच्चाग्रं गता लता ।। ११ ।।]
[शिरोऽग्रं शिखरं वा ना]
[मूलं बुध्नोऽङ्घ्रिनामकः ।]
[सारो मज्जा नरि]
[त्वक् स्त्री वल्कं वल्कलमस्त्रियाम् ।। १२ ।।]
[काष्ठं दारु]
[इन्धनं त्वेध इध्ममेधः समित् स्त्रियाम् ।]
[निष्कुहः कोटरं वा ना]
[वल्लरिर्मञ्जरिः स्त्रियौ ।। १३ ।।]
[पत्त्रं पलाशं छदनं दलं पर्णं छदः पुमान् ।]
[पल्लवोऽस्त्री किसलयम्]
[विस्तारो विटपोऽस्त्रियाम् ।। १४ ।।]
[वृक्षादीनां फलं सस्यम्]
[वृन्तं प्रसवबन्धनम् ।]
[आमे फले शलाटुः स्यात्]
[शुष्के वानम्]
[उभे त्रिषु ।। १५ ।।]
[क्षारको जालकं क्लीबे]
[कलिका कोरकः पुमान् ।]
[स्याद् गुत्सकस्तु स्तबकः]
[कुड्मलो मुकुलोऽस्त्रियाम् ।। १६ ।।]

[II.4.17-20]

[स्त्रियः सुमनसः पुष्पं प्रसूनं कुसुमं सुमम् ।]
[मकरन्दः पुष्परसः]
[परागः सुमनोरजः ।।१७ ।।]
[द्विहीनं प्रसवे सर्वम्]
हरीतक्यादयः स्त्रियाम् ।]
आश्वत्थवैणवप्लाक्षनैयग्रोधैङ्गुदं फले ।।१८ ।।
बार्हतं च]
[फले जम्ब्वा जम्बूः स्त्री जम्बु जाम्बवम् ।]
[पुष्पे जातिप्रभृतयः स्वलिङ्गाः]
[व्रीहयः फले ।।१९ ।।]
[विदार्याद्यास्तु मूलेऽपि]

[विदार्याद्य]

... र्शनम् । *फलपुष्पयो*रपि ***पुष्पमूलेषु बहुलम्*** (Vā. 2 to P. IV.3.166) इत्यनुदात्तादि-लक्षणस्याञो लुपि (see Ny. on K. under P. IV.3.166) युक्तवद्भावे (see P. I.2.51) च कृते ***विदार्या मूलं विदारी*** (K. on Vā. 2 to P. IV.3.166) मूलम् । ***गम्भारी*** (AK II.4.35c) ***बृहती*** (AK II.4.93d) इति *मूले विदार्या*दीनां स्त्रीत्वम् । *पुष्पेऽपि* तत एव वचनाल्लुपि कृते गम्भारी पुष्पं बृहती पुष्पम् इति भवति ।

फलेऽपि यदि गम्भारी फलमिति दृश्यते तदा ***पुष्पमूलेषु बहुलम्*** (Vā. 2 to P. IV. 3.166) इत्यनेनैव बहुलवचनाल्लुब्विज्ञेयः । बृहती फलमित्यपि यदि दृश्यते तदा विकारे प्रकृत्युपचारेण समर्थनीयम् ।

[पुष्पे क्लीबेऽपि पाटला ।]

[पाटली / पाटला , पाटल]

पुष्पे क्लीबेऽपि पाटला ।

---

13) °ति । अनुदात्तादि° MS. 16) विर्यादीनां MS. 17) पुष्पं । बृहती MS. 19) °वचनात लुब्विज्ञेयः MS. दृश्यते । तदा MS. 23) पुष्पै MS.

एकदेशविकृतस्यानन्यत्वाद् (see PBh. 37) उपलक्षणत्वाद् वा पाटलीशब्दोऽपि गृह्यते। *अपि*शब्दात् *स्त्रियाम*पि *पाटला*पाटलीशब्दावित्यर्थः। तत्रानुदात्तादिलक्षणस्याञो (see P. IV.3.140) लुपि (see Ny. on K. under P. IV.3.166) *पाटला पुष्पम्*। बिल्वाद्यणश् (see P. IV.3.136) च लुपि (see Vā. 2 to P. IV.3.166) पाटली पुष्पम्। बहुलवचनाल् (see Vā. 2 to P. IV.3.166) लुबभावपक्षे च द्वयोरपि *पाटलं* पुष्पमिति भवति।

[बोधिद्रुमश्चलदलः पिप्पलः कुञ्जराशनः ।। २० ।।
अश्वत्थे]

[बोधिद्रुम]

बोधौ स्थितो जिनोऽस्मिन् द्रुम इति *बोधिद्रुमः* । बोधिश्चासौ द्रुमश्चेति *बोधिद्रुमः* ।

[अश्वत्थ , बोधिद्रुम ...]

अश्वत्थे बोधिद्रुमादयः।

[अथ कपित्थे स्युर्दधित्थग्राहिमन्मथाः ।
तस्मिन् दधिफलः पुष्पफलदन्तशठावपि ।। २१ ।।]

[कपित्थ[1]-७]

कपित्थादयः सप्त कङ्बिल्वे।

[दधित्थ]

तत्र दधीव तिष्ठतीति *दधित्थः* । पृषोदरादित्वाद् वर्णविकारः (see P. VI.3.109)।

[ग्राहिन्]

ग्रहादित्वाण् णिनिः (see P. III.1.134)। *ग्राही* ।

[दन्तशठ]

अम्लत्वाद् *दन्तशठः* ।

---

1) °त्वात्। उप° MS. 2) अपिशब्दात्। स्त्रियामपि पालापाटलीशब्दावित्यर्थम् MS. 3) लुपि। पाटली। पु° MS. 10) इति। बोधि° MS. द्रुमस्चेति MS. 12, 16) बोधिद्रुमादय कपित्थादयः। सप्त MS. 16) कबिण्व MS.; see App. 1, no. 39. 18) तिष्ठति MS. 20) ग्राहादित्वाद्वर्ण्णिति ग्रांही MS. 22) °त्वाद्द शठ। :। MS., with some space blank between द्द and श.

[उदुम्बरो जन्तुफलो यज्ञाङ्गो हेमदुग्धकः ।]

[उदुम्बर - हेमदुग्धक]

उदुम्बरेत्यादिहेमदुग्धकान्तं दुम्बरिका।

[हेमदुग्धक]

हेमवर्णदुग्धत्वाद्धेमदुग्धकः ।

[कोविदारे चमरिकः कुद्दालो युगपत्त्रकः ।। २२ ।।]

[कोविदार - युगपत्त्रक]

कोविदारेत्यादि युगपत्त्रकान्तं रक्तलोचनः।

[सप्तपर्णे विशालत्वक् शारदी विषमच्छदः ।]

[सप्तपर्ण - विषमच्छद]

सप्तपर्णादिविषमच्छदान्तं छत्तिवन्नकः।

[शारदी]

शरदि पुष्यतीति *शारदी* । सा च स्त्री।

[आरग्वधे राजवृक्षसम्पाकचतुरङ्गुलाः ।। २३ ।।
आरेवतव्याधिघातकृतमालसुवर्णकाः ।]

[आरग्वध ...]

आरग्वधादिः सुन्नहालिका श्लोकेन।

[स्युर्जम्बीरे दन्तशठजम्भजम्भीरजम्भलाः ।। २४ ।।]

[जम्वीर[1]-५]

जम्वीर इत्यर्धेन *जम्वीरस्य* पञ्च।

---

3) उदुम्वरइत्यादिहेमदुग्धकान्तं। दुम्वरिका MS. 5) °त्वाद्धेसदुग्धकः MS. 8) कोविदारेयुग° MS. 11) °च्छदातुं MS. 13) पुष्यतीति MS. 20) °न। जम्वीरस्य MS. No *daṇḍa* in MS.

[वरुणे वरणः सेतुस्तिक्तशाकः कुमारकः ।]

[वरुण ...]

वरुण इत्यर्धेन *वरुणस्य*।

[पुन्नागे पुरुषस्तुङ्गः केसरो देववल्लभः ।। २५ ।।]

[पुन्नाग ...]

पुन्नाग इत्यर्धेन *पुन्नागस्य*।

[पारिभद्रे निम्बतरुर्मन्दारः पारिजातकः]

[पारिभद्र ...]

पालिद्दकोऽप्यर्धेन।

[मन्दार]

तद्विशेषत्वान्*मन्दारो*ऽपि तत्रैव।

[तिनिशे स्यन्दनो नेमी रथद्रुरतिमुक्तकः ।। २६ ।।
वञ्जुलश्चित्रकृच्च]

[तिनिश - चित्रकृत्]

तिनिशादिचित्रकृदन्तेन तिनिशस्य।

[नेमि]

नेमी न ङीषन्तः। ***ढ्रलोपे*** ... (P. VI.3.111) इति दीर्घः।

[तिनिश]

तिनिशो महानिम्बः।

[अथ द्वौ पीतनकपीतनौ ।
आम्रातके]

---

9) पालिद्दको° MS.; see § 4, no. 49. 11) °त्वान्मन्दारो तत्रैव MS. 15) डिनिश इति चित्रकृदन्तेन निशस्य MS. 17) नेमी ङीषन्तः MS. ढ्रल्लो° MS. 19) महाबिम्बः MS.

[कपीतन]

*कपीतनो*ऽम्बाडकः।

[मधूके तु गुडपुष्पमधुद्रुमौ ।। २७ ।।
वानप्रस्थमधुष्ठीलौ]

[मधूक[1]-५]

*मधूका*दिपञ्च महुवाके।

[जलजेऽत्र मधूलकः ।]

[जलज / गिरिज]

जलज इति प्रमादपाठः सम्भवति। यतः

गिरिजो गौरशाकश्च मधूलो नाम नामतः।
स च ह्रस्वतरैः पत्रैर्मधुद्रुमसमो भवेत्॥

इत्युक्तम्।

[पीलौ गुडफलः स्रंसी]

[पीलु - स्रंसिन्]

पील्वादिस्रंस्सिपर्यन्तं पीलुः पुमान्। स चानेनैव प्रसिद्धः।

[स्रंसिन्]

स्रंसयतीति *स्रंसी* ।

[तस्मिंस्तु गिरिसम्भवे ।। २८ ।।
अक्षोटकर्परालौ द्वौ]

[अक्षोट , कर्पराल]

तस्मिंस्तु गिरिसम्भवे पीलावक्षोटकर्परालौ द्वौ वर्तेते।

2, 6) कपीतनो अम्बाडकः मधूकादि° MS. 6) महवाके MS.; see § 4, no. 61. 9-10) प्रमोदपाठस्सभवति यतः। गिरिजो MS. 11) °मधु° MS. 15) °स्रंशी° MS. पुमान् स MS. 17) सुंसयतीति MS. 21) पीलौ अक्षोतकपरालौ MS. Double *daṇḍa* in MS.

[अङ्कोठे तु लिकोचकः ।]

[अङ्कोठ , लिकोचक]

अङ्कोठादिलिकोचकान्तमङ्कोटः।

[पलाशे किंशुकः पर्णो वातपोथः]

[पलाश - वातपोथ]

पलाशादिवातपोथान्तं केङ्गुः।

[वातपोथ]

पुथ हिंसायाम् (Dh. IV.12)। अण् (see P. III.2.1)। *वातपोथः* ।

[अथ वेतसे ।। २९ ।।

रथाभ्रपुष्पविदुलशीतवानीरवञ्जुलाः ।]

[वेतस - वञ्जुल]

वेतसादिवञ्जुलान्तं वेयसे।

[रथाभ्रपुष्प / रथ , अभ्रपुष्प]

संहातविगृहीतोऽयम्। *रथाभ्रपुष्पः, रथः, अभ्रपुष्प* इति।

[द्वौ परिव्याधविदुलौ नादेयी चाम्बुवेतसे ।। ३० ।।]

[परिव्याध - नादेयी , अम्बुवेतस]

*परिव्याधादिनादेयीपर्यन्तमम्बु*वेयसः।

[शोभाञ्जने शिग्रुतीक्ष्णगन्धकाक्षीबमोचकाः ।]

[शोभाञ्जन[१]-५]

शोभाञ्जन इत्यर्धेन पञ्च *शोभाञ्जनस्य*।

---

3) °लिकोचकान्तं। अंकोटः MS. 6) पलासादि° MS. *Daṇḍa* in MS. after °वातपोथान्तं. केङ्गुः MS.; see § 4, no. 21. 8) अच् MS. 12) °वञ्जुलान्तं। वेयसे MS. 14) सहात° MS. रथापुष्पः MS. 17) °पर्यन्तं अम्बु° MS. 20) सोभांजन MS. पञ्च् MS.

[II.4.31-33]

[रक्तोऽसौ मधुशिग्रुः स्यात्]

[मधुशिग्रु]

रक्तोऽसौ शोभाञ्जनो मधुशिग्रुः स्यात् ।

[अरिष्टः फेनलः समौ ।। ३१ ।।]

[अरिष्ट , फेनल]

अरिष्टादिफेनलान्तं हारिद्रकः।

[बिल्वे शाण्डिल्यशैलूषौ मालूरश्रीफलावपि ।]

[बिल्व - श्रीफल]

बिल्वादिश्रीफलान्तं बेल्लः।

[प्लक्षो जटी पर्कटी स्यात्]

[प्लक्ष - पर्कटी]

प्लक्षादिपर्कटीपर्यन्तं पाकटी।

[न्यग्रोधो बहुपाद् वटः ।। ३२ ।।]

[न्यग्रोध - वट]

न्यग्रोधादिवटान्तं वटः ।

[गालवः शाबरो लोध्रस्तिरीटस्तिल्वमार्जनौ ।]

[गालव , ... लोध्र ...]

गालव इत्यर्धेन श्वेतलोध्रे ।

[आम्रश्चूतो रसालः]

---

3) शोभाञ्जना MS. 6) हारिद्रक् MS.; see § 4, no. 85. 9) °श्रीफलान्तं। बेल्लः MS. 12) °पर्कदीपर्यतु MS. *Daṇḍa* in MS. after °पर्यतुं. पाकती MS.; see § 4, no. 46. 15) °वटान्तं। वटः MS. 18) स्वेन्माध्रे MS.; see App. 1, no. 40.

[आम्र[1]-३]

आम्रादित्रयम् आमः।

[असौ सहकारोऽतिसौरभः ।। ३३ ।।]

[सहकार]

सुगन्धि*राम्रः सहकारः* ।

[कुम्भोलूखलकं क्लीबे कौशिको गुग्गुलुः पुरः ।]

[कुम्भ - पुर , गुग्गुलु]

कुम्भादिपुरान्तं गुग्गुलौ ।

[कुम्भोलूखलक / कुम्भोलू , खलक]

कुम्भोलूखलकम् , कुम्भोलू , खलकमिति सङ्घातविगृहीतम्।

[शेलुः श्लेष्मातकः शीत उद्दालो बहुवारकः ।। ३४ ।।]

[शेलु - बहुवारक]

शेल्वादि*बहुवारकान्तं* बहुवारस्य।

[राजादनं पियालः स्यात् सन्नकद्रुर्धनुष्पटः ।]

[राजादन[1] , पियाल - ४ / ५]

राजादनादयश्चत्वारः पञ्च वा *पियाले* । मधुराम्रफलश्चार इति प्रसिद्धः।

[धनु]

धनुरुदन्तः।

[गम्भारी सर्वतोभद्रा काश्मरी मधुपर्णिका ।। ३५ ।।
श्रीपर्णी भद्रपर्णी च काश्मर्यश्चापि]

---

2) °त्रयं। आमः MS. 5) सुगन्धिराम्रः। सहकारः MS. 8) °पुरान्तं। गुग्गुलौ MS. 10) कुम्भालूखनकं कुम्भलू खनमिति संपात° MS. 13) सेल्वादिबहुवारकान्तं। बहुवारास्य MS. 16) °स्चत्वारः। पञ्च MS. पियाले मधुराम्रकलश्चार MS. 18) धनुरुदात्तः MS.; see App. 1, no. 41.

[गम्भारी - काश्मर्य]

*गम्भारी*प्रभृति*काश्मर्य*न्ता *गम्भारी* ।

[अथ द्वयोः ।
कर्कन्धूर्बदरी कोलिः कोलम्]

[कर्कन्धू ... , कोलि ...]

कर्कन्ध्वादि *कोलि*तरौ। सृगाल*कोलि*रपि *कर्कन्धू*रुच्यते।

[कुवलफेनिले ।। ३६ ।।]

[कुवल[1]-२ / ३]

*कुवला*दिद्वयं त्रयमेव वा।

[कोल ...]

*कोला*दि *कोलि*तरोः फले।

[सौवीरं बदरं घोण्टापि]

[सौवीर ... , घोण्टा]

अणुफलवृक्षे *सौवीरा*दि। यदाह

सौवीरं बदरत्वक् च ।

एकार्णवेऽपि यदुक्तं

बदरीसदृशाकारो वृक्षः सूक्ष्मफलो भवेत् ।
अटव्यामेव सा घोण्टा गोपघण्टेति चोच्यते ॥

इति।

अन्यस्तु ***हलिः कोलिर्गोपघण्टा घोण्टा सा बदरीच्छदा*** इत्याह।

एकार्णवोऽपि ***बदरीसदृशाकारो वृक्षः स्वादुफलो भवेत्*** इति पठति।

---

2) °कार्श्मयन्ता गम्भीरी MS. 6) कर्क्कवादि MS. 11) कोरादि MS. 14) अणफल° MS. 15) बचरत्वञ्च MS. 16) *Daṇḍa* in MS. before बदरी°. 17) °शऽशाकारो वृक्षः। सूक्ष्म° MS. 18) °घण्टेति रोच्य° MS. 20) हलि MS. 21) एकार्ण्णवे° MS. वृक्षः। स्वादु° MS. Double *daṇḍa* in MS.

[सौवीर , बदर]

*सौवीरबदर*शब्दौ तु *बदरी*फलेऽपि वर्तेते। यदुक्तं तत्रैव

सौवीरं बदरं कोलं बदरीणां फलं मतम् ।

इति।

[अथ स्यात् स्वादुकण्टकः ।
विकङ्कतः स्रुवावृक्षो ग्रन्थिलो व्याघ्रपादपि ।। ३७ ।।]

[स्वादुकण्टक - व्याघ्रपाद्]

स्वादुकण्टकादयो व्याघ्रपादन्ता वाहेवी।

[ऐरावतो नागरङ्गो नादेयी भूमिजम्बुका ।]

[ऐरावत[1] , नागरङ्ग-४]

*ऐरावता*दिचतुष्टयं *नागरङ्गे* ।

[तिन्दुकः स्फूर्जकः कालस्कन्धश्च शितिसारके ।। ३८ ।।]

[तिन्दुक - शितिसारक]

*तिन्दुका*दि*शितिसारकान्तं* किन्दुः।

[काकेन्दुः कुलकः काकपीलुकः काकतिन्दुके ।]

[काकेन्दु ...]

*काकेन्द्वा*दयो मर्कटकेन्दौ।

[गोलीढो झाटलो घण्टापाटलिर्मोक्षमुष्ककौ ।। ३९ ।।]

[गोलीढ[1] , घण्टापाटलि-५]

गोलीढ इत्यर्धेन पञ्च *घण्टापाटलि*र्दुर्नामक्षारोपयुक्ता।

---

2) °बचरशव्दो MS. वर्त्तेतो MS. 2-3) तत्रैव।। सौवीरं MS. 4, 8) °ति।। स्वादुकण्ठकादयः। व्याघ्रपादन्ता।: MS. 11, 14) °रम्भे।। बिन्दुकादिश्रीमान्। सितिसारकान्तं MS. 17, 20) मर्कटकन्दौ।। गोलीढ MS. 20) घण्टापाटलिः। दुर्नाम्नि° MS. Double *daṇḍa* in MS.

[तिलकः क्षुरकः श्रीमान्]

[तिलक – श्रीमत्]

तिलकादिश्रीमान्पर्यन्तं तिलकः । स चानेनैव प्रसिद्धः ।

[समौ पिचुलभावुकौ ।]

[पिचुल , झावुक]

पिचुलादिझावुकान्तं झावुः ।

[श्रीपर्णिका कुमुदिका कुम्भी कैटर्यकट्फलौ ।। ४० ।।]

[श्रीपर्णिका[1]-५]

श्रीपर्णिकाद्याः पञ्च कप्फले ।

[क्रमुकः पट्टिकाख्यः स्यात् पट्टी लाक्षाप्रसादनः ।]

[क्रमुक - लाक्षाप्रसादन]

क्रमुकादिप्रसादनान्तं पट्टियालोध्रः ।

[पट्टिकाख्य]

पट्टिकाख्यः पट्टिकः ।

[लाक्षाप्रसादन]

तस्मिन् क्षिप्ते लाक्षा द्रुता भवतीति *लाक्षाप्रसादनः* ।

[नूदस्तु यूपः क्रमुको ब्रह्मण्यो ब्रह्मदारु च ।। ४१ ।।
तूलं च]

[नूद - तूल , ब्रह्मदारु]

नूदादि*तूलान्त*मश्वत्थाकारो *ब्रह्मदारुः* ।

---

3) °पर्यतुं। तिलकः MS. 3, 6) प्रसिद्धः।। पिचुलादिमावुकान्तं। झाटुः MS. 9, 12) कप्फले।। क्रमुकादि° MS. 12) पट्टिपा° MS.; see § 4, no. 43. 14, 16) पट्टिकाख्यः। पट्टिकस्तस्मिन् क्षिप्ते। लाक्षा MS. 20) °तूलान्तं। अस्वत्थाकारो MS.

[नीपप्रियककदम्बास्तु हलिप्रिये ।]

[कदम्ब , नीप]

महाकदम्बो *नीपस्य* च। *नीप* इति प्रसिद्धो धाराकदम्ब इति च।

[तूल ... , कदम्ब , हलिप्रिय]

तूलादि कदम्बमात्रं च *हलिप्रियादि*। अभेदोपचारादेकत्वम्।

[वीरवृक्षोऽरुष्करोऽग्निमुखी भल्लातकी त्रिषु ।। ४२ ।।]

[वीरवृक्ष - भल्लातकी]

वीरवृक्षादि भल्लातकीपर्यन्तं भल्लावः।

[गर्दभाण्डे कन्दरालकपीतनसुपार्श्वकाः ।
प्लक्षश्च]

[गर्दभाण्ड - प्लक्ष]

गर्दभाण्डादिप्लक्षान्तं गन्धमुण्डः।

[तिन्तिडी चिञ्चाम्लिका]

[तिन्तिडिका - अम्लिका]

तिन्तिडिकाद्यम्लिकान्तं तेन्तुली।

[अथो पीतसालके ।। ४३ ।।
सर्जकासनबन्धूकपुष्पप्रियकजीवकाः ।]

[पीतसाल[१]-जीवक[६]]

पीतसालादि जीवकान्ताः षट् पियासालः।

[असन]

असन इति ह्रस्वादिः।

---

3) च नीप MS. 5) कर्तुलादि कदम्ब° MS. हलिप्रेयादि MS. 8) °पर्यन्तं। भल्लावः MS. 15) डिन्तितिकाद्यऽष्टिकान्तं MS. *Daṇḍa* in MS. after °ष्टिकान्तं. तेतुली MS.; see § 4, no. 37. 19) पीडशालादिजिवकान्ताः। षट् MS. 21) असनेति ह्रस्वादि MS.

[II.4.43-46]

[बन्धूकपुष्प]

बन्धूकपुष्प इति छेदः।

[साले तु सर्जकार्श्यश्वकर्णकाः सस्यसंवरः ।। ४४ ।।]

[साल[१]-५]

साल इत्यर्धेन पञ्च *सालस्य*।

[कार्श्य , अश्वकर्णक]

कार्श्यः, अश्वकर्णक इति पदच्छेदः।

[सस्यसंवर]

सस्यसंवर इति समस्तमेकं पदम्।

[नदीसर्जो वीरतरुरिन्द्रद्रुः ककुभोऽर्जुनः ।]

[नदीसर्ज[१]-५]

नदीसर्ज इत्यर्धेन पञ्च अजुणः।

[नदीसर्ज , वीरतरु]

नद्यां जातः सर्जो *वीरतरुर्नदीसर्जः* ।

[राजादनः फलाध्यक्षः क्षीरिकायाम्]

[राजादन - क्षीरिका]

राजादनादिक्षीरिकान्तं क्षीरिका । सा च *निम्ब*(see AK II.4.62c)फलसमानाकारे फलेऽत्यन्तमधुरे।

[अथ द्वयोः ।। ४५ ।।

इङ्गुदी तापसतरुः]

---

2) बन्दूकपुष्पेति MS. 7) कार्स्य MS. अस्व° MS. 9) सस्यसम्वर MS. 14) नन्द्या जातः MS. °तरुनदी° MS. 17-18) °क्षीरिकान्तं। क्षीरिका।। सा च निम्बकलसमानाकारे कले अत्यन्त° MS. 18) Double *daṇḍa* in MS.

[इङ्गुदी]

फलवल्कलादिभि*स्तापसो*पयुक्ते अङ्गारिद्रुमः।

[भूर्जे चर्मिमृदुत्वचौ ।]

[चर्मिन् , मृदुत्वच , भूर्ज]

*चर्मिमृदुत्वच*शब्दौ *भूर्जे* भुजवाते।

[पिच्छिला पूरणी मोचा स्थिरायुः शाल्मलिर्द्वयोः ।। ४६ ।।]

[पिच्छिला[१] - शाल्मलि[५]]

*पिच्छिले*त्यर्धेन पञ्च *शाल्मलि*वृक्षस्य।

[पिच्छा तु शाल्मलीवेष्टे]

[पिच्छा , शाल्मलीवेष्ट]

*पिच्छा*दि*वेष्ट*पर्यन्तं सम्बलिअड्ढः।

[रोचनः कूटशाल्मलिः ।]

[रोचन , कूटशाल्मलि]

*रोचना*दि*कूटशाल्मलि*पर्यन्तं कासिम्बलः।

[चिरिबिल्वो नक्तमालः करजश्च करञ्जके ।। ४७ ।।]

[चिरिबिल्व - करञ्जक]

*चिरिबिल्वा*दि*करञ्जका*न्तं *करञ्जः* ।

[प्रकीर्यः पूतिकरजः पूतीकः कलिमारकः ।]

[प्रकीर्य - कलिमारक]

*प्रकीर्या*दि*कलिमारका*न्तं कण्टकरञ्जः।

8, 11) साल्मलिवृक्षस्य।। पिच्छादिवेष्टपर्यन्त MS. 11) सम्बलिअद्वः MS.; see § 4, no. 75. 17) °करञ्जकान्तं। करंजः MS. 20) °कलिमारकान्तं। कण्टकरंजः MS.

[करञ्जभेदाः षड्ग्रन्थो मर्कटयङ्गारवल्लरी ।। ४८ ।।]

[षड्ग्रन्थ]

षट्पर्वा *षड्ग्रन्थः* ।

[मर्कटी]

मर्कटीवर्णत्वान्*मर्कटी* ।

[अङ्गारवल्लरी]

अङ्गारवर्णा तस्य वल्ल*र्यङ्गारवल्लरी* ।

[करञ्जभेद]

इति *करञ्जभेदाः* ।

[रोही रोहितकः प्लीहशत्रुर्दाडिमपुष्पकः ।]

[रोहिन्[1]-४]

*रोह्यादि*चतुष्कं रोहडः।

[गायत्री बालतनयः खदिरो दन्तधावनः ।। ४९ ।।]

[गायत्री - दन्तधावन , खदिर]

*गायत्री*प्रभृति*दन्तधावना*न्तं *खदिरः* ।

[बालतनय]

अल्पप्रसवत्वाद् *बालतनयः* ।

[अरिमेदो विट्खदिरे]

[अरिमेद , विट्खदिर]

*अरिमेदादिविट्खदिरा*न्तं *विट्खदिरो* मरुदेशजः स्वल्पखदिरः। कण्टकशून्योऽसौ खदिर इति केचित्। खदिराकारत्वात् खदिरः। तस्मिञ्जात्यन्तरे च स इति।

---

3) षट्ग्रन्थः MS. 5) °त्वान् मर्कटी MS. 7) वल्लरी अङ्गार° MS. 9) करंजभेदाः MS. 12) रोहादि° MS. रोहतः MS.; see App. 1, no. 42. Double *daṇḍa* in MS. 15) °दन्तधावनान्तं। खदिर MS. 17) °लयतनयः MS. 20) अरिमेदाविविट्खदिरातु MS. मधुदेशजः। स्वल्प° MS. °शून्यः। असौ MS. 21) तस्मिन् जात्यन्तरे MS.

[कदरः खदिरे सिते ।
सोमवल्कोऽपि]

[कदर]

मरुदेशभवे कदरः ।

[अथ व्याघ्रपुच्छगन्धर्वहस्तकौ ।। ५० ।।
एरण्ड उरुवूकश्च रुवुकश्चित्रकश्च सः ।
चञ्चुः पञ्चाङ्गुलो मण्डवर्धमानव्यडम्बकाः ।। ५१ ।।]

[व्याघ्रपुच्छ - व्यडम्बक , एरण्ड]

*व्याघ्रपुच्छा*दि*व्यडम्बका*न्त*मेरण्डः* ।

[रुवुक]

रुवुक इति पदम् ।

[अल्पा शमी शमीरः स्यात्]

[अल्पा शमी]

*अल्पा शमी*ति लताशमी ।

[शमीर]

कुटीशमीशुण्डाभ्यो रः (P. V.3.88) । *शमीरः* ।

[शमी सक्तुफला शिवा ।]

[शमी[1] - शिवा[3]]

*शमी*प्रभृति*शिवा*न्तास्त्रयो बृहच्छमी ।

[पिण्डीतको मरुवकः श्वसनः करहाटकः ।। ५२ ।।
शल्यश्च मदने]

---

4) °देशेभवे MS. 9) व्याघ्रमुच्छादिव्यडम्वकान्तं । एरण्डः MS. 11) रुन्वुक MS.; see App. 1, no. 43. Double *daṇḍa* in MS. 14, 16) लताशमी कुटीसमी° MS. 16) समीरः MS. 19) °शिवान्त्रास्त्रयः । वृहत्समी MS.

[पिण्डीतक - मदन]

पिण्डीतकादिमदनान्तं मअनफले।

[शक्रपादपः पारिभद्रकः ।
भद्रदारु द्रुकिलिमं पीतदारु च दारु च ।। ५३ ।।
पूतिकाष्ठं च सप्त स्युर्देवदारुणि]

[शक्रपादप - पूतिकाष्ठ , देवदारु]

शक्रपादपादिपूतिकाष्ठान्तं देवदारुवृक्षः।

[अथ द्वयोः ।
पाटलिः पाटलामोघा काचस्थाली फलेरुहा ।। ५४ ।।
कृष्णवृन्ता कुबेराक्षी]

[पाटलि[१] - कुबेराक्षी[७]]

पाटल्यादिकुबेराक्षीपर्यन्तं सप्तकं पारलिः।

[श्यामा तु महिलाह्वया ।
लता गोवन्दनी गुन्द्रा प्रियङ्गुः फलिनी फली ।। ५५ ।।
विष्वक्सेना गन्धफली कारम्भा प्रियकश्च सः ।]

[श्यामा - प्रियक , प्रियङ्गु]

श्यामादिप्रियकान्तं प्रियङ्गुः।

[गुन्द्रा ... , श्यामा ... , प्रियङ्गु]

गुन्द्रादिः प्रियङ्गुः । *श्यामा*दिरेव वा *प्रियङ्गुः* । यदुक्तं त्रिकाण्डे

प्रियङ्गुः फलिनी कान्ता प्रोक्ता श्यामा तु सारवा।

इति।

2, 7) °फले शक्रमोदपादि° MS. 12) पाटलादि° MS. 12, 17) °पर्यतुं सप्तक पारलिः।। स्यामादिप्रियकान्तं। पिङ्गुः MS. 19) गुन्द्रादि पियङ्गुः स्यामादिरेव MS. 20) पियङ्गुः। फलिनी कान्ता प्रोक्त स्यामा MS.

[श्यामा , लता]

श्यामा लता च स्वरूपतो भविष्यति।

[महिलाह्वया]

यावन्ति महिलाया नामानि तावन्त्यस्या अपीति *महिलाह्वया* ।

[मण्डूकपर्णपत्त्रोर्णनटकट्वङ्गटुण्टुकाः ।। ५६ ।।
स्योनाकशुकनासर्क्षदीर्घवृन्तकुटन्नटाः ।
शोणकश्चारलौ]

[शोणक[1]-१२]

शोणको द्वादश।

[तिष्यंफला त्वामलकी त्रिषु ।। ५७ ।।
अमृता च वयःस्था च]

[तिष्यफला - वयःस्था]

तिष्यफलादिवयःस्थान्तममला।

[त्रिलिङ्गस्तु विभीतकः ।
नाक्षस्तुषः कर्षफलो भूतावासः कलिद्रुमः ।। ५८ ।।]

[विभीतक - कलिद्रुम]

विभीतकादिकलिद्रुमान्तं बहेडा।

[अभया त्वव्यथा पथ्या कायस्था पूतनामृता ।
हरीतकी हैमवती चेतकी श्रेयसी शिवा ।। ५९ ।।]

[अभया - शिवा , हरीतकी]

अभयादिशिवान्तं हरीतकी ।

---

2) सामा लता च परपतो MS.; see App. 1, no. 44. 4, 9, 13) नामालि तावन्त्यस्यापीति महिलाह्वपा।। शोणको द्वादश।। तिष्य° MS. 13, 17, 21) °वयःस्थातुं। अमला।। विभीतकादि-कलिद्रुमान्तं। बहेडा।। अभयादिशिवान्तं।। हरीतकी MS.

[II.4.60-61]

[पीतद्रुः सरलः पूतिकाष्ठं च]

[पीतद्रु , पूतिकाष्ठ , सरल]

पीतद्रुप्रभृतिपूतिकाष्ठान्तं सरलः ।

[अथ द्रुमोत्पलः ।

कर्णिकारः परिव्याधे]

[द्रुमोत्पल - परिव्याध]

द्रुमोत्पलादिपरिव्याधान्तं रुखोपलः।

[द्रुमोत्पल , कर्णिकार]

वृक्षोत्पलः कर्णिकारौ श्येतस्तु सौरभान्वितः ।
कर्णिकारः पीतपुष्पो निर्गन्धः स उदाहृतः ॥

[लकुचो लिकुचो डहुः ।। ६० ।।]

[लकुच - डहु]

लकुचादिडहुपर्यन्तं डहुवा।

[पनसः कण्टकिफलः]

[पनस , कण्टकिफल]

पनसादिकण्टकिफलान्तं कण्टाफले।

[निचुलो हिज्जलोऽम्बुजः ।]

[निचुल , अम्बुज , हिज्जल]

निचुलाद्यम्बुजान्तं हिज्जलः ।

[काकोदुम्बरिका फल्गुर्मलपूर्जघनेफला ।। ६१ ।।]

---

3) °पूतिकाष्ठातु। सरलः MS. 7) °परिव्याधान्तं। रुखोपलः MS. 9) वृक्षोन्पलः। क° MS. मेतस्तु MS. 10) °कारः। पीतपुष्पो MS. Single *daṇḍa* in MS. 13) उहुवा MS.; see § 4, no. 34. Double *daṇḍa* in MS. 16, 19) °कण्टकीफलान्तं। कण्टाफले।। निवुलाद्यम्वुजान्तं। हिज्जलः MS.

[काकोदुम्बरिका - जघनेफला]

काकोदुम्बरिकादिजघनेफलान्तं कोट्ठादुम्बरिका।

[अरिष्टः सर्वतोभद्रहिङ्गुनिर्यासमालकाः ।
पिचुमर्दश्च निम्बे]

[अरिष्ट[१] - निम्ब[६]]

अरिष्टादिनिम्बान्तं निम्बे षट्।

[अथ पिच्छिलागुरुशिंशपा ।। ६२ ।।
कपिला भस्मगर्भा सा]

[पिच्छिला[१], शिंशपा-५]

पिच्छिलाद्याः पञ्च *शिंशपायाम्*।

[अगुरु]

अगुरु नपुंसकम्।

[शिरीषस्तु कपीतनः ।
भण्डिलोऽपि]

[शिरीष - भण्डिल]

शिरीषादिभण्डिलान्तं शिरीषः ।

[अथ चाम्पेयश्चम्पको हेमपुष्पकः ।। ६३ ।।]

[चाम्पेय - हेमपुष्पक]

चाम्पेयादिहेमपुष्पकान्तं चम्पा।

[एतस्य कलिका गन्धफली स्यात्]

---

2) °फलांतं MS. *Daṇḍa* in MS. after °फलांतं. Double *daṇḍa* in MS. 6, 10) °निम्बान्तं। निम्बे षट्।। पिच्छिलाद्याः MS. 12) नपुस° MS. 16) °भण्डिलान्तं। शिरीषः MS. 19) °हेमपुष्पकान्तं।। चम्पा MS.

[II.4.64-66]

[एतद्]

एतस्येति चम्पकस्य ।

[अथ केसरे ।
वकुलः]

[केसर , वकुल]

*केसरादि*वकुलान्तं *केसरः* ।

[वञ्जुलोऽशोके]

[वञ्जुल , अशोक]

वञ्जुलाद्यशोकान्तमशोकः ।

[समौ करकदाडिमौ ।। ६४ ।।]

[करक , दाडिम]

*करकादि*दाडिमान्तं दाडिमः ।

[चाम्पेयः केसरो नागकेसरः काञ्चनाह्वयः ।]

[चाम्पेय - काञ्चनाह्वय , नागकेसर]

चाम्पेयादि*काञ्चनाह्वयान्तं नागकेसरः* ।

[काञ्चनाह्वय]

काञ्चनाह्वय इति *सुवर्ण*पर्याय(see AK II.9.94[c], 96[b])नामा।

[जया जयन्ती तर्कारी नादेयी वैजयन्तिका ।। ६५ ।।]

[जया[१]-५]

जयेत्यर्धेन पञ्च जयन्तस्य।

[श्रीपर्णमग्निमन्थः स्यात् कणिका गणिकारिका ।
जया]

2, 6, 9, 12) चम्पकस्य।। केसरारिवञ्जुलान्तं।। केसरः। अशोकादिदातिमान्तं। अशोकः MS. 15) चम्पेयादिकांचनाह्वयान्तं। नागकेसरः MS. 20) जयेत्यद्धेन MS. जयतुस्य MS.

[श्रीपर्ण[1] , अग्निमन्थ-५]

*श्रीपर्णा*दिपञ्चक*मग्निमन्थके* ।

[अथ कुटजः शक्रो वत्सको गिरिमल्लिका ।। ६६ ।।]

[कुटज - गिरिमल्लिका]

*कुटजा*दि*गिरिमल्लिका*न्तं कुडयः ।

[एतस्यैव कलिङ्गेन्द्रयवभद्रयवं फले ।]

[कलिङ्ग / कलिङ्गा]

कुडयफले कलिङ्गं *कलिङ्गा* वा ।

[कलिङ्गा , इन्द्रयव]

कलिङ्गा स्त्री ***इन्द्रयवः पुमान्*** (AM acc. to Sar. and Br.) इति ।

[कृष्णपाकफलाविग्नसुषेणाः करमर्दके ।। ६७ ।।]

[कृष्णपाक - करमर्दक]

*कृष्णपाका*दि*करमर्दका*न्तं करमन्दः ।

[कृष्णपाकफल / (कृष्णपाक , पाकफल) , पाककृष्णफल]

पुनरन्यत्रोक्तं

कृष्णपाकफलः ... ***पाककृष्णफलः*** (ŚA acc. to Sar. and Mal.) इति ।

संहातविगृहीतविपर्यस्तग्रहणम् ।

[कालस्कन्धस्तमालः स्यात् तापिञ्छोऽपि]

[कालस्कन्ध , तापिञ्छ , तमाल]

*कालस्कन्धा*दि*तापिञ्छा*न्तं *तमालः* । स च शीतलभूमौ भवः स्निग्धनीलो बहुपत्त्रः ।

[अथ सिन्धुकः ।

सिन्दुवारेन्द्रसुरिसौ निर्गुण्डीन्द्राणिकेत्यपि ।। ६८ ।।]

2, 5) °मन्थके ।। कुटजातिगिल्लिमल्लिकान्तं MS. 5) कुडपः MS.; see § 4, no. 20. 8) कलिंगा वा MS. 10) स्त्री इंद्रयवः MS. 10, 13) °ति ।। कृष्ण° MS. 13) °मद्रकान्तं ।। कर° MS. 15) *Daṇḍa* in MS. before कृष्ण°. 17) Double *daṇḍa* in MS. 20) कालस्थत्वादितापिञ्छान्तं । तमालः MS. भवः । स्निग्धनीलो वहुपन्त्र । : MS.

[सिन्धुक - इन्द्राणी , इन्द्रसुरिस]

सिन्धुकादीन्द्राणीपर्यन्तमिन्द्रसुरिसस्य।

[वेणी खरागरी देवताडो जीमूत इत्यपि ।]

[वेणी - जीमूत]

वेणीप्रभृतिजीमूतान्तं बृहत्ताडको *वेणी* ।

[खरागरी]

स चाखुविषजिल्लोमशच्छदश्च।

[श्रीहस्तिनी तु भूरुण्डी]

[श्रीहस्तिनी , भूरुण्डिका]

श्रीहस्तिनीप्रभृतिभूरुण्डिकान्तं थिणिथिणिया इति प्रसिद्धा।

[तृणशूल्यं तु मल्लिका ।। ६९ ।।

भूपदी शतभीरुश्च]

[तृणशूल्य - शतभीरु]

तृणशूल्यादिशतभीरुपर्यन्तं मालिः।

[सैवास्फोता वनोद्भवा ।]

[आस्फोता]

वनमल्लिकास्फोता ।

[शेफालिका तु सुवहा निर्गुण्डी नीलिका च सा ।। ७० ।।]

[शेफालिका - नीलिका]

शेफालिकादिनीलिकापर्यन्तं शेफाली।

---

2) सिन्धुकादिन्द्राणीपर्यन्तं। इन्दु° MS. 5) बृहतातको MS. 7) स चांवविषतिजि° MS.; see App. 1, no. 45. 7, 10) °च्छदश्च।। श्री° MS. 10) °भुरुण्डिकान्तं। थिणिथिणिया MS. 14) कृणसूल्यादिसतभीरुपर्यन्तं। मालिः MS. 17) वणमल्लिका आस्योता MS. 20) सेफालिदिनीलिकापर्यन्तं। सेफाली MS.

[सितासौ श्वेतसुरसा भूतवेश्या]

[श्वेतसुरसा , भूतवेश्या]

सिता(see AK I.5.13[a])*सौ* शुक्ला(see AK I.5.12[c])*सौ शेफालिका श्वेतसुरसा भूतवेश्या* चोच्यते।

[अथ मागधी ।
गणिका यूथिकाम्बष्ठा]

[मागधी - अम्बष्ठा]

*मागधीप्र*भृत्य*म्बष्ठा*न्तं जूही।

[सा पीता हेमपुष्पिका ।। ७१ ।।]

[हेमपुष्पिका]

सा यूथिका पीता हेमपुष्पिका ।

[अतिमुक्तः पुण्ड्रकः स्याद् वासन्ती माधवी लता ।]

[अतिमुक्त - लता]

*अतिमुक्त*कादि*लता*न्तम् अहमङ्कः।

[सुमना मालती जातिः]

[सुमनस् - जाति]

*सुमना*प्रभृति*जात्य*न्तं जायिः।

[सुमनस्]

सुमना इत्यसन्तलक्षणो दीर्घः। (see P. VI.4.14)

[सप्तला नवमालिका ।। ७२ ।।]

3-4) सेफालिका।। स्वेतसुरसा भूतवेस्या वोच्यते MS. 8) °प्रभृतिअम्बष्ठान्तं। जूही MS. 11) पीत MS. 14) अतित्तकादिलडातुं। [illegible] अहमङ्कः MS. 17) °जात्यन्तं। जायिः MS. 19) इति।। असन्त° MS.

[सप्तला]

नेवालीपुष्पं *सप्तला* ।

[माध्यं कुन्दम्]

[कुन्द , माध्य]

कुन्दे माध्यशब्दः ।

[रक्तकस्तु बन्धूको बन्धुजीवकः ।]

[रक्तक - बन्धुजीवक]

रक्तकादिजीवकान्तं बन्धुलिया ।

[सहा कुमारी तरणिः]

[कुमारी , सहा , तरणि]

कुमार्यां सहातरणिशब्दौ ।

[कुमारी]

विटपाकारा *कुमारी* ।

[अम्लानस्तु महासहा ।। ७३ ।।]

[अम्लान , महासहा]

अम्लानके महासहाशब्दः ।

[तत्र शोणे कुरुवकः]

[कुरुवक]

तत्र शोण इति तस्मिन्न*म्लाने* लोहिते (see ŚāK 234) *कुरुवक*शब्दो वर्तते ।

[तत्र पीते कुरुण्टकः ।]

8, 11) °जीविकान्तं । बन्धुलिया कुमार्यां MS. 11) °सब्दौ MS. 13) विदपाकारा MS. 16) अमलानक MS. 19) सोण MS. तस्मिन् अम्लाने MS. कुरुवका° MS.

[नीला भिण्टी द्वयोर्वाणा दासी चार्तगलश्च सा ।। ७४ ।।]

[नीला भिण्टी - अर्तगल]

नीलाद्यर्तगलान्तं नीलभिण्टी ।

[सैरीयकस्तु भिण्टी स्यात्]

[सैरीयक , भिण्टी]

सैरीयक इति सामान्य*भिण्टी* ।

[तस्मिन् कुरवकोऽरुणे ।]

[कुरवक]

*तस्मिन्निति तस्मिन् सैरीयकेऽरुणे कुरवक*शब्दो वर्तते।

[पीता कुरुवको भिण्टी तस्मिन् सहचरी द्वयोः ।। ७५ ।।]

[पीता भिण्टी , कुरुवक]

*पीता कुरुवको भिण्टी*ति सा *पीता भिण्टी कुरुवक*वाच्या।

[सहचरी , सहचर]

*तस्मिन्निति तस्मिन्नेव कुरुवके सहचरी*शब्दो वर्तते। स च द्विलिङ्गः।

[ओड्रपुष्पं जवा]

[ओड्रपुष्प , जवा]

ओड्रपुष्पादिजवान्तम् ओडहलः।

[वज्रपुष्पं पुष्पं तिलस्य यत् ।]

[वज्रपुष्प , तिलपुष्प]

वज्रपुष्पादितिलान्तं तिलपुष्पस्य।

---

3) नीलादिअ° MS. 3, 6) °गलान्तं। नीलभिण्टी।। सैरीयक MS. 6, 9) °भिण्टी।। तस्मिन्निति MS. 9) सैरीयके अरुणे कुरुवक° MS.; see App. 1, no. 46. 12) कुरुवके भिण्टीति MS. 12, 14) °वाच्या तस्मिन्निति MS. 17) °यवान्तं। ओड° MS. 20) °तिलान्तं। तिल° MS.

[प्रतिहासशतप्रासचण्डातहयमारकाः ।। ७६ ।।
करवीरे]

[प्रतिहास - करवीर]

प्रतिहासादिकरवीरान्तं करवीरे ।

[करीरे तु क्रकरग्रन्थिलावुभौ ।]

[करीर - ग्रन्थिल]

करीरादिग्रन्थिलान्तं करीरः । स च पश्चिमदेशे मरुस्थलीप्रदेशे भवति।

[उन्मत्तः कितवो धूर्तो धत्तूरः कनकाह्वयः ।। ७७ ।।
मातुलो मदनश्च]

[उन्मत्त - मदन]

उन्मत्तेत्यादिमदनान्तं धूतूरस्य।

[अस्य फले मातुलपुत्रकः ।]

[मातुलपुत्रक]

धूतूर*फले मातुलपुत्रकः* ।

[फलपूरो बीजपूरः]

[फलपूर , बीजपूर]

फलपूरादिबीजपूरान्तं बीजउरः।

[रुचको मातुलुङ्गके ।। ७८ ।।]

[रुचक , मातुलुङ्गक]

रुचकादिमातुलुङ्गकान्तं मातुलुङ्गः ।

4, 7) °करवीरान्तं। करवीरे।। करीशादिग्रन्थिलान्तं। करीर। :। MS. 11) °मदनान्तं। धूतूरस्य MS. 14) धुतूरफले MS. 17) °बीजपूरान्तं। बीज° MS. 20) रुचकादिसान्तं मातुलुङ्गः MS.

[समीरणो मरुवकः प्रस्थपुष्पः फणिज्झकः ।
जम्बीरोऽपि]

[समीरण[1] , फणिज्झक - ५]

*समीरणे*त्यादिनामपञ्चकं स्वल्पपन्नासस्य। यथोक्तं

स्वल्पपत्त्रः फणिज्झकः इति।

[अथ पर्णासे कठिञ्जरकुठेरकौ ।। ७९ ।।]

[कठिञ्जर , कुठेरक , पर्णास]

*कठिञ्जरकुठेरक*शब्दौ सामान्य*पर्णास*स्य पर्यायौ। बृहत्*पर्णास* इति केचित्।

[सितेऽर्जकोऽत्र]

[सित पर्णास , अर्जक]

सिते शुक्ले (see AK I.5.12[c], 13[a]) *पर्णासेऽर्जक*शब्दः।

[पाठी तु चित्रको वह्निसञ्ज्ञकः ।]

[पाठिन्[1] , चित्रक - ३]

*पाठी*त्यादित्रयं *चित्रक*स्य।

[अर्काह्ववसुकास्फोतगणरूपविकीरणाः ।। ८० ।।
मन्दारश्चार्कपर्णे]

[अर्क - अर्कपर्ण]

*अर्का*द्य*र्कपर्णा*न्त*मर्कपर्णे* ।

[अत्र शुक्लेऽलर्कप्रतापसौ ।]

[अलर्क , प्रतापस]

अत्रार्कपर्णे शुक्लेऽलर्कप्रतापसौ ।

---

4) समीरणइत्यादिनामपञ्चकं। स्वल्प° MS. 4-5) यथोक्तं। स्वल्प° MS. 5) फलिज्झ° MS.
8) °कुठिरकशब्दो सामापर्णासस्य MS. 14) पाठीतित्रयं MS. 18) अर्कादिअर्क° MS. °न्तं। अर्क° MS.
21) *Daṇḍa* in MS. before शुक्ले°. शुक्ले। अर्कप्रतापसौ MS.

[II.4.81-86]

[शिवमल्ली पाशुपत एकाष्ठीलो वुको वसुः ।। ८१ ।।]

[शिवमल्ली[1] , वुक - ५]

शिवमल्लीत्यर्धेन पञ्च *वुकफुल्ले*।

[वन्दा वृक्षादनी वृक्षरुहा जीवन्तिकेत्यपि ।]

[वन्दा[1]-४]

वन्देत्यर्धेन चतुष्कं *वन्दायाः*।

[वत्सादनी छिन्नरुहा गुडूची तन्त्रिकामृता ।। ८२ ।।
जीवन्तिका सोमवल्ली विशल्या मधुपर्ण्यपि ।]

[वत्सादनी , ... गुडूची ...]

वत्सादनीतिश्लोकेन गुडूची ।

[मूर्वा देवी मधुरसा मोरटा तेजनी स्रवा ।। ८३ ।।
मधूलिका मधुश्रेणी गोकर्णी पीलुपर्ण्यपि ।]

[मूर्वा[1]-१०]

मूर्वेत्यादिश्लोकेन दश *मूर्व्याः* । सा च धनुर्गुणोपयुक्ता। जिरीति केचित्।

[पाठाम्बष्ठाविद्धकर्णी स्थापनी श्रेयसी रसा ।। ८४ ।।
एकाष्ठीला पापचेली प्राचीना वनतिक्तका ।]

[पाठा , ... अविद्धकर्णी ....]

पाठेतिश्लोकेनाविद्धकर्ण्यम्। अकानविद्धी पाठा।

[कटुः कटंवराशोकरोहिणी कटुरोहिणी ।। ८५ ।।
मत्स्यपित्ता कृष्णभेदी चक्राङ्गी शकुलादनी ।]

---

3) पञ्च। वुकफुल्ले MS. 6, 10) वन्दायाः।। वत्सादनीतिश्लोनं। गूडूवी MS. 14) °श्लोकं MS. जिनीति MS.; see § 4, no. 31. 18) °श्लोकेनः। अविद्ध° MS.

[कटु - शकुलादनी , कटुरोहिणी]

कट्वादयः शकुलादनीपर्यन्ताः कटुरोहिण्याम्।

[आत्मगुप्ता जडाध्यण्डा कण्डूरा प्रावृषायणी ।। ८६ ।।
ऋष्यप्रोक्ता शूकशिम्बिः कपिकच्छूश्च मर्कटी ।]

[शूकशिम्बि ...]

ततः श्लोकेन सुवासिम्बी।

[जडा , अध्यण्डा]

जडा, अध्यण्डा इति पदच्छेदः।

[चित्रोपचित्रा न्यग्रोधी द्रवन्ती शम्बरी वृषा ।। ८७ ।।
प्रत्यक्श्रेणी सुतश्रेणी रण्डा मूषिकपर्ण्यपि ।]

[चित्रा - मूषिकपर्णी]

चित्रेत्यादिश्लोकेन मूषिकपर्ण्याम्।

[मूषिकपर्णी]

मूषिकाकर्णवत् पर्णं तस्याः।

[अपामार्गः शैखरिको धामार्गवमयूरकौ ।। ८८ ।।
प्रत्यक्पर्णी कीशपर्णी किणिही खरमञ्जरी ।]

[अपामार्ग - खरमञ्जरी]

अपामार्गादिखरमञ्जरीपर्यन्तमपामार्गः ।

[हञ्जिका ब्राह्मणी पद्मा भार्गी ब्राह्मणयष्टिका ।। ८९ ।।
अङ्गारवल्ली बालेयशाकवर्वरवर्धकाः ।]

---

2) I cannot decipher a sign which looks like 3 and precedes श°. °पर्यन्ता ।: कटु° MS. 8) पदच्छेद।: MS. 12) चित्रेतिपदेश्लोकेन MS. 14, 18) °वत्पर्णन्तस्य।। अपामार्गादि° MS. 18) °सरमञ्जरीपर्यन्तं। अपामार्गः MS.

[हञ्जिका[1] , ब्राह्मणयष्टिका - १०]

*हञ्जिका*दिश्लोकेन दश *ब्राह्मणयष्टिका* ।

[मञ्जिष्ठा विकसा जिङ्गी समङ्गा कालमेषिका ।। ९० ।।]

[मञ्जिष्ठा - कालमेषिका]

*मञ्जिष्ठा*दि*कालमेषिका*न्तं मञ्जिकाष्ठा।

[मण्डूकपर्णी भण्डीरी भण्डी योजनपर्ण्यपि ।]

[मण्डूकपर्णी - योजनपर्णी]

*मण्डूकपर्णी*प्रभृति*योजनपर्णी*पर्यन्तं मण्डूकवन्नि।

[यासो यवासो दुःस्पर्शो धन्वयासः कुनाशकः ।। ९१ ।।
रोदनी कच्छुरानन्ता समुद्रान्ता दुरालभा ।]

[यास - दुरालभा]

*यासा*दि*दुरालभा*न्तं *दुरालभा* ।

[पृश्निपर्णी पृथक्पर्णी चित्रपर्ण्यङ्घ्रिपर्णिका ।। ९२ ।।
क्रोष्टुविन्ना सिंहपुच्छी कलशिर्धावनिर्गुहा ।]

[पृश्निपर्णी - गुहा]

*पृश्निपर्णी*प्रभृति*गुहा*न्तं कक्कलियासिहुच्छके।

[निदिग्धिका स्पृशी व्याघ्री बृहती कण्टकारिका ।। ९३ ।।
प्रचोदनी कुली क्षुद्रा दुःस्पर्शा राष्ट्रिकेत्यपि ।]

[निदिग्धिका - राष्ट्रिका , कण्टकारी]

*निदिग्धिका*दि*राष्ट्रिका*न्तं *कण्टकारी* ।

---

2) फंजिका° MS. 2, 5) °यष्टिका।। दिकाल° MS. 5, 8) मञ्जिकाष्ठा।। मण्डूक° MS. 8, 12) °पर्यन्तं।। मण्डूकवन्नि।। यासादिदुरालभान्तं।। दुरालभा MS. 16) पृस्नि° MS. 16, 20) °गुह्यान्तं। कक्कुलिया-सिहुच्छके।। निदिग्धकादिराष्ट्रिकान्तं। कण्टकारी MS.

[नीली काला क्लीतकिका ग्रामीणा मधुपर्णिका ।। ९४ ।।
रञ्जनी श्रीफली तुत्था द्रोणी दोला च नीलिनी ।]

[नीली - नीलिनी]

नीलीप्रभृतिनीलिनीपर्यन्तं नीलीवृक्षे।

[अवल्गुजः सोमराजी सुवल्लिः सोमवल्लिका ।। ९५ ।।
कालमेषी कृष्णफला वागुजी पूतिफल्यपि ।]

[अवल्गुज - पूतिफली , वागुजी]

अवल्गुजादिपूतिफलीपर्यन्तं वागुजी । अवकुच इति प्रसिद्धः।

[कृष्णोपकुल्या वैदेही मागधी चपला कणा ।। ९६ ।।
उषणा पिप्पली शौण्डी कोला]

[कृष्णा - कोला , पिप्पली]

कृष्णादिकोलान्तं पिप्पली ।

[अथ करिपिप्पली ।
कपिवल्ली कोलवल्ली श्रेयसी वशिरः पुमान् ।। ९७ ।।]

[करिपिप्पली - वशिर]

करिपिप्पल्यादिवशिरान्तं हस्ति(see AK II.8.34a,d)पिप्पली।

[चव्यं तु चविकम्]

[चव्य , चविक]

चव्यचविकशब्दौ चविकायाम्।

[काकचिञ्चीगुञ्जे तु कृष्णला ।]

---

4) °पर्यन्तं। नीलीवृक्षे MS. 8) अवर्ण्णजातिपूतिफलीपर्यन्तं।। वागुजी MS. 12, 16) °कोलान्तं। पिप्पली।। करि° MS. 16, 19) °वशिरान्तं। हस्तिपिप्पली।। चव्यचविकशब्दो MS.

[काकचिञ्ची - कृष्णला]

काकचिञ्चीप्रभृतिकृष्णलान्तं काइञ्ची।

[काकचिञ्ची , गुञ्जा]

काकचिञ्ची च गुञ्जा च *काकचिञ्चीगुञ्जे* ।

[पलङ्कषा त्विक्षुगन्धा श्वदंष्ट्रा स्वादुकण्टकः ।। ९८ ।।
गोकण्टको गोक्षुरको वनशृङ्गाट इत्यपि ।]

[पलङ्कषा - वनशृङ्गाट]

पलङ्कषादिवनशृङ्गाटान्तं गोखुरः ।

[विश्वा विषा प्रतिविषातिविषोपविषारुणा ।। ९९ ।।
शृङ्गी महौषधं च]

[विश्वा[१] , अतिविष - ८]

विश्वाद्यष्टकमतिविषे ।

[अथ क्षीरावी दुग्धिका समे ।]

[क्षीरावी , दुग्धिका]

क्षीरावीप्रभृतिदुग्धिकान्तं क्षीरावी ।

[शतमूली बहुसुताभीरुरिन्दीवरी वरी ।।१०० ।।
ऋष्यप्रोक्ताभीरुपत्रीनारायण्यः शतावरी ।
अहेरुः]

[शतमूली - अहेरु , शतावरी]

शतमूलीप्रभृत्यहेरुपर्यन्तं शतावरी ।

2, 4) °कृष्णलातुं। काइञ्ची काक° MS. 4, 8) °चिञ्चीगुञ्जो।। पलङ्कषा° MS. 12, 15) विस्वादि। अष्टकमतिविषे।। क्षीरावीप्रभृतिदुग्धिकान्तं। क्षीरावी MS. 20) °प्रभृति। आहेरुपर्यन्तं। शतावरी MS.
Double *daṇḍa* in MS.

[अथ पीतद्रुकालेयकहरिद्रवः ।। १०१ ।।
दार्वी पचम्पचा दारुहरिद्रा पर्जनीत्यपि ।]

[पीतद्रु[1] , दारुहरिद्रा - ७]

पीतद्रुप्रभृतयः सप्त दारुहरिद्रायाम् ।

[पचम्पचा / पत्त्रम्पचा]

पत्त्रम्पचा इति क्वचित् पाठः ।

[वचोग्रगन्धा षड्ग्रन्था गोलोमी शतपर्विका ।। १०२ ।।]

[वचा - शतपर्विका]

वचादिशतपर्विकान्तं वचा ।

[शुक्ला हैमवती]

[शुक्ला वचा , हैमवती]

शुक्ला वचा हैमवती ।

[वैद्यमातृसिंह्यौ तु वाशिका ।
वृषोऽटरूषः सिंहास्यो वासको वाजिदन्तकः ।। १०३ ।।]

[वैद्यमातृ - वाजिदन्तक , वासक]

वैद्यमातृप्रभृतिवाजिदन्तकान्तं वासकः ।

[आस्फोता गिरिकर्णी स्याद् विष्णुक्रान्तापराजिता ।]

[आस्फोता - अपराजिता]

आस्फोताद्यपराजितान्तमपराजितायाम् । अपरायिकेति वा यस्याः प्रसिद्धिः ।

[इक्षुगन्धा तु काण्डेक्षुकोकिलाक्षेक्षुरक्षुराः ।। १०४ ।।]

---

4) दारुहरिद्रायाध् MS. 6) °ठ।। : MS. 9, 12, 16) °पर्विकान्तं। वचा।। शुक्ल ववा हैमवती।। वैद्यमात्रप्रभृतिवाजिदन्तकान्तं। वासकः MS. 19) अस्पोतादिअपराजितान्तं। अपराजिता° MS. अमरायिकेति MS.; see § 4, no. 5. यस्याः।। प्रसिद्धिः MS.

[कोकिलाक्ष[1]-५]

कोइलाखे पञ्च।

[इक्षुर]

इक्षुर इति पदम्।

[शालेयः स्याच्छीतशिवश्छत्रा मधुरिका मिसिः ।
मिश्रेयोऽपि]

[शालेय - मिश्रेय]

शालेयादिमिश्रेयान्तं महुरी।

[अथ सीहुण्डो वज्रद्रुः स्नुक् स्नुही गुडा ।।१०५ ।।
समन्तदुग्धा]

[सीहुण्ड - समन्तदुग्धा]

सीहुण्डादिसमन्तदुग्धान्तं सिभुः।

[अथो वेल्लममोघा चित्रतण्डुला ।
तण्डुलश्च कृमिघ्नश्च विडङ्गं पुन्नपुंसकम् ।।१०६ ।।]

[वेल्ल - विडङ्ग]

वेल्लादिविडङ्गान्तं विडङ्गम् ।

[बला वाट्यालकः]

[बला , वाट्यालक]

बलादिवाट्यालकान्तं वडियालः।

[घण्टारवा तु शणपुष्पिका ।]

---

2) केइलाख्वे MS.; see § 4, no. 22. 8) शालेयादि। मिस्त्रेयान्तं। महुरी MS. 12) शीहुण्डादि° MS. *Daṇḍa* in MS. after °दुग्धान्तं. सिमुः MS.; see § 4, no. 77. 16) वेल्लदिविडाङ्गान्तं। विड° MS. 19) वल्लादिवाटयालकान्तं। वडियाल MS. Double *daṇḍa* in MS.

[घण्टारवा , शणपुष्पिका]

घण्टारवादिशणपुष्पिकान्तं घण्टारवा ।

[मृद्वीका गोस्तनी द्राक्षा स्वाद्वी मधुरसेति च ।। १०७ ।।]

[मृद्वीका - मधुरसा , द्राक्षा , गोस्तनी]

मृद्वीकादिमधुरसान्तं द्राक्षा । सा च यद्यपि *गोस्तनी*कापिशीप्रभृतयो *द्राक्षा*विशेषास्तथापि सामान्येनोक्ता।

[सर्वानुभूतिः सरला त्रिपुटा त्रिवृता त्रिवृत् ।
त्रिभण्डी रोचनी]

[सर्वानुभूति - रोचनी]

*सर्वानुभूति*प्रभृति*रोचनी*पर्यन्तं तेवडी। लोहिता महाश्यामाप्यनेनापि व्यपदिश्यते।

[श्यामापालिन्द्यौ तु सुषेणिका ।। १०८ ।।
काला मसूरविदलार्धचन्द्रा कालमेषिका ।]

[श्यामा - कालमेषिका]

*श्यामे*त्यादि*कालमेषिका*न्तं कृष्णतेवडी। सा च *श्यामे*ति व्यपदिश्यते।

[मधुकं क्लीतकं यष्टीमधुकं मधुयष्टिका ।। १०९ ।।]

[मधुक - मधुयष्टिका , यष्टीमधुक]

मधुकादिमधुयष्टिकान्तं यष्टीमधु ।

[विदारी क्षीरशुक्लेक्षुगन्धा क्रोष्ट्री च या सिता ।]

[विदारी - क्रोष्ट्री]

*विदारी*प्रभृति*क्रोष्ट्री*पर्यन्तं भूमिकुष्माण्डः।

2, 5) घण्टावादिषणपुष्पिकान्तं। घण्टारवा।। सद्वीकादिमधुरसान्तं। द्राक्षा MS. 5-6) द्राक्षावीशेषास्तथापि सामान्येनोक्ता।। : MS. 10) सर्वानुभूति। प्रभृतिरोचनीपर्यन्तं। तेवडी MS. 10, 14) महास्यामव्यनेनापि व्यदिस्यते।। स्यामेत्यादि° MS. 14) °तेवडी।। सा च स्यामेति व्यपदिस्यते MS. 17, 20) मधुकाकादिमधुषष्टिकान्तं।। यष्टीमधु।। विदारी° MS. 20) °पर्यन्तं। भूमिकुसुमाण्डः MS.

[II.4.110-115]

[अन्या क्षीरविदारी स्यान्महाश्वेतर्क्षगन्धिका ।। ११० ।।]

[क्षीरविदारी - ऋक्षगन्धिका]

क्षीरविदारीप्रभृत्यर्क्षगन्धिकान्तं कृष्णविदारी ।

[लाङ्गली शारदी तोयपिप्पली शकुलादनी ।]

[लाङ्गली - शकुलादनी]

लाङ्गल्यादिशकुलादनीपर्यन्तं पाणिपिप्पली काञ्चडक इत्यन्ये।

[खराश्वा कारवी दीप्यो मयूरो लोचमस्तकः ।। १११ ।।]

[खराश्वा - लोचमस्तक]

*खराश्वादिलोचमस्तकान्त*मजमोदा।

[गोपी श्यामा शारिवा स्यादनन्तोत्पलशारिवा ।]

[गोपी[1] , श्यामा - ५]

गोप्यादिपञ्चकं श्यामा लता। नागजिह्वाप्येभिरुच्यत इति केचित्।

[योग्यमृद्धिः सिद्धिलक्ष्म्यौ]
[वृद्धेरप्याह्वया इमे ।। ११२ ।।]

[कदली वारणवुसा रम्भा मोचांशुमत्फला ।
काष्ठिला]
[मुद्गपर्णी तु काकमुद्गा सहेत्यपि ।। ११३ ।।]
[वार्त्ताकी हिङ्गुली सिंही भण्टाकी दुष्प्रधर्षणी ।]
[नाकुली सुरसा रास्ना सुगन्धा गन्धनाकुली ।। ११४ ।।
नकुलेष्टा भुजङ्गाक्षी छत्राकी सुवहा च सा ।]

3, 6) °प्रदभुतिऋक्षगन्धिकान्तं। कृष्णविदारी।। लाङ्गलादि° MS. 6) °पर्यन्तं। पाणिपिप्पली। काञ्चडक MS. 9, 12) °लोचामस्तकां। तं अजमोदा।। गोप्यादि° MS. 12) स्यामा लाता।। नाग° MS. इ केचित् MS. No *daṇḍa* in MS. 13) The text from II.4.112[c] to the beginning of II.4.165[d] is missing, though the folio bears the consecutive number expected from the previous leaf.

[विदारिगन्धांशुमती सालपर्णी स्थिरा ध्रुवा ।। ११५ ।।]
[तुण्डिकेरी समुद्रान्ता कार्पासी बदरेति च ।]
[भारद्वाजी तु सा वन्या]
[शृङ्गी तु ऋषभो वृषः ।। ११६ ।।]
[गाङ्गेरुकी नागबला झषा ह्रस्वगवेधुका ।]
[धामार्गवो घोषकः स्यात्]
[महाजाली स पीतकः ।। ११७ ।।]
[ज्यौत्स्नी पटोलिका जाली]
[नादेयी भूमिजम्बुका ।]
[स्याल्लाङ्गलिक्यग्निशिखा]
[काकाङ्गी काकनासिका ।। ११८ ।।]
[गोधापदी तु सुवहा]
[मुसली तालमूलिका ।]
[अजशृङ्गी विषाणी स्यात्]
[गोजिह्वादर्विके समे ।। ११९ ।।]
[ताम्बूलवल्ली ताम्बूली नागवल्ल्यपि]
[अथ द्विजा ।
हरेणू रेणुका कौन्ती कपिला भस्मगन्धिनी ।। १२० ।।]
[एलाबालुकमैलेयं सुगन्धि हरिबालुकम् ।
बालुकं च]
[अथ पालङ्क्यां मुकुन्दः कुन्दकुन्दुरू ।। १२१ ।।]
[वालं ह्रीवेरबर्हिष्ठोदीच्यं केशाम्बुनाम च ।]
[कालानुसार्यवृद्धाश्मपुष्पशीतशिवानि तु ।। १२२ ।।
शैलेयम्]
[तालपर्णी तु दैत्या गन्धकुटी मुरा ।
गन्धिनी]

[गजभक्ष्या तु सुवहा सुरभी रसा ।। १२३ ।।
महेरणा कुन्दुरुकी सल्लकी ह्लादिनीति च ।]
[अग्निज्वालासुभिक्षे तु धातकी धातृपुष्पिका ।। १२४ ।।]
[पृथ्वीका चन्द्रबालैला निष्कुटिर्बहुला]
[अथ सा ।
सूक्ष्मोपकुञ्चिका तुत्था कोरङ्गी त्रिपुटा त्रुटिः ।। १२५ ।।]
[व्याधिः कुष्ठं पारिभाव्यं व्याप्यं पाकलमुत्पलम् ।]
[शङ्खिनी चोरपुष्पी स्यात् केशिनी]
[अथ वितुन्नकः ।। १२६ ।।
झटामलाज्झटा ताली शिवा तामलकीति च ।]
[प्रपौण्डरीकं पुण्डर्यम्]
[अथ तुन्नः कुबेरकः ।। १२७ ।।
कुणिः कच्छः कान्तलको नन्दिवृक्षः]
[अथ राक्षसी ।
चण्डा धनहरी क्षेमदुष्पत्त्रगणहासकाः ।। १२८ ।।]
[व्याडायुधं व्याघ्रनखं करजं चक्रकारकम् ।]
[सुषिरा विद्रुमलता कपोताङ्घ्रिर्नटी नली ।। १२९ ।।]
[धमन्यञ्जनकेशी च हनुर्हट्टविलासिनी ।]
[शुक्तिः शङ्खः खुरः कोलदलं नखम्]
[अथाढकी ।। १३० ।।
काक्षी मृत्स्ना तुवरिका मृतालकसुराष्ट्रजे ।]
[कुटन्नटं दाशपुरं वानेयं परिपेलवम् ।। १३१ ।।
प्लवगोपुरगोनर्दकैवर्तीमुस्तकानि च ।]
[ग्रन्थिपर्णं शुकं बर्हिपुष्पं स्थौणेयकुक्कुरे ।। १३२ ।।]
[मरुन्माला तु पिशुना स्पृक्का देवी लता लघुः ।

समुद्रान्ता वधूः कोटिवर्षा लङ्कोपिकेत्यपि ।।१३३ ।।]
[तपस्विनी जटा मांसी जटिला लोमशा मिसी ।]
[त्वक्पत्रमुत्कटं भृङ्गं त्वचं चोचं वराङ्गकम् ।।१३४ ।।]
[कर्चूरको द्राविडकः काल्पको वेधमुख्यकः ।]
[ओषध्यो जातिमात्रे स्युः]
[अजातौ सर्वमौषधम् ।।१३५ ।।]
[शाकाख्यं पत्रपुष्पादि]
[तण्डुलीयोऽल्पमारिषः ।]
[विशल्याग्निशिखानन्ता फलिनी शक्रपुष्प्यपि ।।१३६ ।।]
[स्याद‍ृक्षगन्धा छगलान्त्र्यावेगी वृद्धदारकः ।
जुङ्गः]
[ब्राह्मी तु मत्स्याक्षी वयःस्था सोमवल्लरी ।।१३७ ।।]
[पटुपर्णी हैमवती स्वर्णक्षीरी हिमावती ।]
[हयपुच्छी तु काम्बोजी माषपर्णी महासहा ।।१३८ ।।]
[तुण्डिकेरी रक्तफला बिम्बिका पीलुपर्ण्यपि ।]
[वर्वरा कवरी तुङ्गी खरपुष्पाजगन्धिका ।।१३९ ।।]
[एलापर्णी तु सुवहा रास्ना युक्तरसा च सा ।]
[चाङ्गेरी चुक्रिका दन्तशठाम्बष्ठाम्ललोणिका ।।१४० ।।]
[सहस्रवेधी चुक्रोऽम्लवेतसः शतवेध्यपि ।]
[नमस्कारी गण्डकाली समङ्गा खदिरेत्यपि ।।१४१ ।।]
[जीवन्ती जीवनी जीवा जीवनीया मधुः स्रवा ।]
[कूर्चशीर्षो मधुरकः शृङ्गह्रस्वाङ्गजीवकाः ।।१४२ ।।]
[किराततिक्तो भूनिम्बोऽनार्यतिक्तः]
[अथ सप्तला ।
विमला सातला भूरिफेना चर्मकषेत्यपि ।।१४३ ।।]

[वायसोली स्वादुरसा वयःस्था]
[अथ मकूलकः ।
निकुम्भो दन्तिका प्रत्यक्श्रेण्युदुम्बरपर्ण्यपि ।। १४४ ।।]
[अजमोदा तूग्रगन्धा ब्रह्मदर्भा यवानिका ।]
[मूले पुष्करकाश्मीरपद्मपत्त्राणि पौष्करे ।। १४५ ।।]
[अव्यथातिचरा पद्मा चारटी पद्मचारिणी ।]
[काम्पिल्यः कर्कशश्चन्द्रो रक्ताङ्गो रोचनीत्यपि ।। १४६ ।।]
[प्रपुन्नाडस्त्वेडगजो दद्रुघ्नश्चक्रमर्दकः ।
पद्माट उरणाख्यश्च]
[पलाण्डुस्तु सुकन्दकः ।। १४७ ।।]
[लतार्कदुर्द्रुमौ तत्र हरिते]
[अथ महौषधम् ।
लशुनं गृञ्जनारिष्टमहाकन्दरसोनकाः ।। १४८ ।।]
[पुनर्नवा तु शोथघ्नी]
[वितुन्नं सुनिषण्णकम् ।]
[स्याद् वातकः शीतलोऽपराजिता शणपर्ण्यपि ।। १४९ ।।]
[पारावताङ्घ्रिः कटभी पण्या ज्योतिष्मती लता ।]
[वार्षिकं त्रायमाणा स्यात् त्रायन्ती बलभद्रिका ।। १५० ।।]
[विष्वक्सेनप्रिया गृष्टिर्वाराही बदरेति च ।]
[मार्कवो भृङ्गराजः स्यात्]
[काकमाची तु वायसी ।। १५१ ।।]
[शतपुष्पा सितच्छत्त्रातिच्छत्त्रा मधुरा मिसिः ।
अवाक्पुष्पी कारवी च]
[सरणा तु प्रसारिणी ।। १५२ ।।
तस्यां कटम्भरा राजबला भद्रबलेति च ।]

[जनी जतूका रजनी जतुकृच्चक्रवर्तिनी ।। १५३ ।।
संस्पर्शा]
[अथ शटी गन्धमूली षड्ग्रन्थिकेत्यपि ।
कर्चूरोऽपि पलाशः]
[अथ कारवेल्लः कठिल्लकः ।। १५४ ।।
सुषवी च]
[अथ कुलकं पटोलस्तिक्तकः पटुः ।]
[कूष्माण्डकस्तु कर्कारुः]
[ईर्वारुः कर्कटी स्त्रियौ ।। १५५ ।।]
[इक्ष्वाकुः कटुतुम्बी स्यात्]
[तुम्ब्यलाबूरुभे समे ।]
[चित्रा गवाक्षी गोतुम्बा]
[विशाला त्विन्द्रवारुणी ।। १५६ ।।]
[अर्शोघ्नः शूरणः कन्दः]
[गण्डीरस्तु समष्ठिला ।]
[कलम्बी]
[उपोदका]
[अस्त्री तु मूलकम्]
[हिलमोचिका ।। १५७ ।।]
[वास्तुकम्]
[शाकभेदाः स्युः]
[दूर्वा तु शतपर्विका ।
सहस्रवीर्याभार्गव्यौ रुहानन्ता]
[अथ सा सिता ।। १५८ ।।
गोलोमी शतवीर्या च गण्डाली शकुलाक्षकः ।]

[कुरुविन्दो मेघनामा मुस्ता मुस्तकमस्त्रियाम् ।। १५९ ।।]
[स्याद् भद्रमुस्तको गुन्द्रा]
[चूडाला चक्रलोच्चटा ।]
[वंशे त्वक्सारकर्मारत्वचिसारतृणध्वजाः ।। १६० ।।
शतपर्वा यवफलो वेणुमस्करतेजनाः ।]
[वेणवः कीचकास्ते स्युर्ये स्वनन्त्यनिलोद्धताः ।। १६१ ।।]
[ग्रन्थिर्ना पर्वपरुषी]
[गुन्द्रस्तेजनकः शरः ।]
[नडस्तु धमनः पोटगलः]
[अथो काशमस्त्रियाम् ।। १६२ ।।
इक्षुगन्धा पोटगलः]
[पुम्भूमनि तु बल्वजाः ।]
[रसाल इक्षुः]
[तद्भेदाः पुण्ड्रकान्तारकादयः ।। १६३ ।।]
[स्याद् वीरणं वीरतरम्]
[मूलेऽस्योशीरमस्त्रियाम् ।
अभयं नलदं सेव्यममृणालं जलाशयम् ।। १६४ ।।
लामज्जकं लघुलयमवदाहेष्टकापथे ।]
[नलादयस्तृणं गर्मुच्छ्यामाकप्रमुखा अपि ।। १६५ ।।]
[प्रमुख]

(*प्रमुखशब्देन*) कङ्कुकोद्रवादि।

[अस्त्री कुशं कुथो दर्भः पवित्रम्]
[अथ कत्तृणम् ।
पौरसौगन्धिकध्यामदेवजग्धकरौहिषम् ।। १६६ ।।]

---

21) See App. 1, no. 47 for the parenthesised word. कंगु° MS.

[कत्तृण[१]-६]

कत्तृणादिषट्कं रामकर्पूर*तृण*(see AK II.4.167[d])विशेषे।

[कत्तृण]

तृणे च जातौ (P. VI.3.103) इति कोः कद्भावः। *कत्तृणम्* ।

[छत्त्रातिच्छत्त्रपालघ्नौ]

[छत्त्रातिच्छत्त्र[१]-२]

छत्त्रातिच्छत्त्रेति।

अतःप्रभृति द्वौ द्वौ *घोण्टातः* (see AK II.4.169[a]) पूर्वम्।

[छत्त्रातिच्छत्त्र]

छत्त्राकारस्तृणविशेषश्छत्त्रातिच्छत्त्रः । तदुक्तं

> ***सुगन्धाख्यश्च कटुकश्छत्त्रातिच्छत्त्रकस्तथा।***
> ***छत्त्राकार इति ख्यातो मूले पर्णे वचाकृतिः॥***

इति।

[छत्त्रा , अतिच्छत्त्र]

छत्त्रेति केचित् पृथगिच्छन्ति।

[मालातृणकभूस्तृणे ।]

[भूस्तृण[१]-२]

पारस्करप्रभृतीनि च सञ्ज्ञायाम् (P. VI.1.157) इति सुट्। *भूस्तृणं* तृणविशेषो गन्धखेडः। तदुक्तं

> ***भूमिजं गोमयतृणं सुगन्धि मदनप्रियम्।***
> ***भूमिकं भूमिकण्ठं च तद्गन्धः शतपुष्पवत्॥***

इति।

8, 10) घाण्ठात पूर्व्वं छ° MS. 10) *Daṇḍa* in MS. before सु°. 11) °गन्धास्व्यञ्च कटुकछ° MS. 13, 15) °ति छत्त्रेति MS. 18) चि सज्ञाया° MS. तृणविषो MS. 19) गन्धखेतः MS. *Daṇḍa* in MS. before भूमिजं. 21) भूमीकं MS. 22) Double *daṇḍa* in MS.

[II.4.167-169]

[शष्पं बालतृणम्]

[बालतृण , शष्प]

बालतृणे शष्पशब्दः ।

[घासो यवसम्]

[घास[1]-२]

गवादीनामदनीयं *तृणं घासः* ।

[तृणमर्जुनम् ।। १६७ ।।]

[तृण , अर्जुन]

*तृणमर्जुन*मिति सामान्य*तृण*पर्यायं नामद्वयम् ।

[तृणानां संहतिस्तृण्या]
[नड्या तु नडसंहतिः ।]

[तृण्या ...]

*तृण्या*दौ पाशादि(see GP 2 ... to P. IV.2.49)त्वाद् यः (see P. IV.2.49) ।

[तृणराजाह्वयस्तालः]
[नालिकेरस्तु लाङ्गली ।। १६८ ।।]
[घोण्टा तु पूगः क्रमुको गुवाकः खपुरः]

[घोण्टा[1] , गुवाक - ५]

*घोण्टा*दिनामपञ्चकं *गुवाके* गुवावृक्षे वर्तते ।

[अस्य तु ।
फलमुद्वेगम्]

[उद्वेग]

*उद्वेगं फल*मेव न तरुः ।

6, 9) घासः ।। तृण° MS. 22) फल। मेव MS.

[एते च हिन्तालसहितास्त्रयः ।। १६९ ।।
खर्जूरः केतकी ताली खर्जूरी च तृणद्रुमाः ।]

[तृणराज[1]-३ , हिन्ताल[४] , खर्जूर[1] , केतकी[२]-४ = तृणद्रुम]

एते च तृणराजादयस्त्रयो हिन्तालसहिताश्चत्वारः खर्जूरकेतक्यादयश्चत्वारस्तृणद्रुमा उच्यन्ते ।

[ताल[1]-हिन्ताल[४] , खर्जूर[1]-ताली[३] , खर्जूरी = तृणद्रुम]

अथवैते च *हिन्तालसहितास्तालादयश्चत्वारस्त्रयः* *खर्जूरकादयस्ताल्यन्ताः* *खर्जूरी च तृणद्रुमा* इत्यर्थः ।

[खर्जूरी]

अल्प*खर्जूरी* लाट्टो इति यस्याः प्रसिद्धिः ।

अङ्गोपाङ्गापेक्षया वनौषधीनां प्रधानत्वाद् वनौषधिप्रक्रमेणोक्तानामवनौषधीनामपि वनौषधिभिः साहचर्याच्च वनौषधिवर्गोऽयमित्युच्यते ।। ० ।।

वनौषधिवर्गः ।। ० ।।

[सिंहो मृगेन्द्रः पञ्चास्यो हर्यक्षः केसरी हरिः ।]

4) °केतक्यायश्चत्वार° MS. 7) अथवा एते MS. °श्चत्वारः । त्रयः MS. 7-8) °ताल्याद्यन्ताः । खर्जूरी MS. 10) यस्या MS. 11) °पेक्षयया MS. °त्वात् । वनौषधिप्रक्रमेणोक्तानां । अवणौषधीनामपि MS. 12) °मित्युच्यात् MS.

[सिंह]

हिनस्तीति *सिंहः* ।

[मृगेन्द्र]

मृगाः पशवः (see ŚāK 331b)। तेषामिन्द्रो *मृगेन्द्रः* ।

[पञ्चास्य]

पञ्चास्यत्वं तस्य जङ्गाभिः सह।

[हर्यक्ष]

कपिलाक्ष इति *हर्यक्षः* । (see AK III.3.172d)

[शार्दूलद्वीपिनौ व्याघ्रे]
[तरक्षुस्तु मृगादनः ।। १ ।।]

[तरक्षु]

बृहत्कुर्कुरप्रमाणस्तदाकृतिः कृष्णरेखाचितशरीरो गोमानुषाद्यहिंसाक्षमः स्वल्प*व्याघ्रस्तरक्षुः* । तरच्छ इति यस्य लोके प्रसिद्धिः।

[वराहः सूकरो घृष्विः कोलः पोत्री किरः किटिः ।
दंष्ट्री घोणी स्तब्धरोमा क्रोडो भूदार इत्यपि ।। २ ।।]

[घृष्वि]

उणादिषु ***कृविघृष्विच्छविस्थविकिकीदिवि*** (U. IV.56) इति घृष्विशब्दः क्विन्नन्तो निपातितः।

[किर]

किरतीति किरः (K. on P. III.1.135)। ***इगुपध*** ... (P. III.1.135) इत्यादिना कः।

[किरि]

किरिः इति वा। कॄग्रोरिश्च (see U. IV.142) इति।

---

4) पशस्तेषामिन्द्रो MS. 8, 12) हर्यक्षः।। बृहत्कुर्कुर° MS. 12) °तदाकृतिः। कृष्णरेखचितगरीरो MS. °हिसाक्षमः। स्वल्प° MS. 13) °तरक्षस्तरच्छ MS. 13, 17) प्रसिद्धिः।। उणादिषु MS. 17) कृभिघृष्टिच्छविकिकीदिवीनि घृष्टिशब्दः MS. 22) कृग्रोरिच्चेति MS. Double *daṇḍa* in MS.

[कपिप्लवङ्गप्लवगशाखामृगवलीमुखाः ।
मर्कटो वानरः कीशो वनौकाः]
[अथ भल्लुके ।। ३ ।।
ऋक्षाच्छभल्लभालूकाः]
[गण्डके खड्गखड्गिनौ ।]
[लुलापो महिषो वाहद्विषत्कासरसैरिभाः ।। ४ ।।]
[स्त्रियां शिवाभूरिमायगोमायुमृगधूर्तकाः ।
शृगालवञ्चकक्रोष्टुफेरुफेरवजम्बुकाः ।। ५ ।।]

[मृग , शृगाल]

*मृग*शब्दोऽपि *शृगाले* ।

[शिवा]

तत्रैव *शिवा*शब्दोऽपि न तु शृगाल्यामेव।

[ओतुर्विडालो मार्जारो वृषदंशक आखुभुक् ।]
[त्रयो गौधेरगौधारगौधेया गोधिकात्मजे ।। ६ ।।]

[गौधेर]

गौधेर इति ***गोधाया ढ्रक्*** (P. IV.1.129) ।

[गौधार]

गौधार इति ***आरगुदीचाम्*** (P. IV.1.130) ।

[गौधेय]

गौधेय इति शुभ्रादित्वाड् (see GP 36 to P. IV.1.123) ढक् (see P. IV.1.123) ।

[श्वावित् तु शल्यः]

---

10) गाले MS. 12) शिव° MS. °पि। न MS. 12, 16) °मेव।। गौधेर MS. 16) ढक् MS. 18) इति। आरगु° MS. 20) शुभ्रादित्वाङ्ढक् MS.

[II.5.7]

[श्वाविध्]

लोमभूतशल्याचितः शशकप्रायः सेज्जकः *श्वावित्* ।

[तल्लोम्नि शलली शललं शलम् ।]

[तल्लोमन्]

तल्लोम्नि तस्य लोमकण्टिकायाम् ।

[शलल , शल]

वोपालिते तु ***शललं पुरुषेऽपि शलम्*** इत्युक्तम् ।

[वातप्रमीर्वातमृगः]

[वातप्रमी]

स्त्रीलिङ्गो *वातप्रमी* ...

[कोक ईहामृगो वृकः ।। ७ ।।]

---

2) लोकभूतशल्लाचितः शशंकप्रायः। सेज्जकः। स्वाचिन् MS. 5) तल्लोम्नि। तस्य लोमकट्टिका° MS. 7) वापालिते MS. वा in वापालिते lacks the head-mark in MS. सललं MS. 10) स्त्रीलिंगो MS. Seventy-six folios containing the text from the middle of II.5.7[c] to III.3.123[b] are missing.

[आराधनं साधने स्यादवाप्तौ तोषणेऽपि च ।]
[अधिष्ठानं चक्रपुरप्रभावाध्यासनेष्वपि ।। १२३ ।।]

[अधिष्ठान]

व्यवस्थाने *चाधिष्ठानम्* ।

[रत्नं स्वजातिश्रेष्ठेऽपि]
[वने सलिलकानने ।]
[तलिनं विरले स्तोके वाच्यलिङ्गम्]

[तलिन]

तलिनं वाच्यलिङ्गम् ।

[तथोत्तरे ।। १२४ ।।]

तथोत्तरे वाच्यलिङ्गाः ।

[समानाः सत्समैके स्युः]

[समान]

शरीरस्थवायौ (see ŚāK 185c-d) मानसहिते च *समानः* ।

[पिशुनौ खलसूचकौ ।]
[हीनन्यूनावूनगर्ह्यौ]
[वेगिशूरौ तरस्विनौ ।। १२५ ।।]
[अभिपन्नोऽपराद्धोऽभिग्रस्तव्यापद्गतावपि ।]

[अभिपन्न]

अभिद्रुतो*ऽभिपन्नः* । (see ŚāK 46d)

[कलापो भूषणे बर्हे तूणीरे संहतेऽपि च ।। १२६ ।।]

[भूषण]

भूषण इति काञ्च्यादौ ।

---

4) चाधिष्टा° MS. 11) तत्रोत्तरे MS. 14) च मानसः MS. 20) अभिद्रुतो अभिपन्नः MS. 23) कांच्यादौ MS.

[III.3.127-129]

[परिच्छदे परीवापः पर्युप्तौ सलिलस्थितौ ।]

[सलिलस्थिति]

*सलिलस्थितौ*विति जलाधारे।

[परीवाप]

आरोपेऽपि परीवापः । (ŚāK 752[c])

[गोधुग् गोष्ठपतिर्गोपौ]

[गोष्ठपति]

*गोष्ठपति*रिति गोष्ठाध्यक्षः।

[गोप]

ग्रामौघाधिकृतोऽपि *गोपः* । (see ŚāK 278[a])

[हरो विष्णुर्वृषाकपिः ।। १२७ ।।]

[बाष्पमूष्माश्रु]

[कशिपुस्त्वन्नमाच्छादनं द्वयम् ।]

[अन्नाच्छादन / अन्न , आच्छादन = कशिपु]

अन्नाच्छादनं च *द्वयं* मिलितम् (see ŚāK 89[a-b]) ***एकैकशोऽपि*** (ŚāK 89[c]) *कशिपु*रुच्यते।

[तल्पं शय्याट्टदारेषु]

[स्तम्बेऽपि विटपोऽस्त्रियाम् ।। १२८ ।।]

[स्तम्ब]

स्तम्बो गुल्मः। (see AK II.4.9[a])

[विटप]

विस्तारे*ऽपि विटपः* । (see AK II.4.14[d])

[प्राप्तरूपस्वरूपाभिरूपा बुधमनोज्ञयोः ।
भेद्यलिङ्गा अमी]

[कूर्मी वीणाभेदश्च कच्छपी ।। १२९ ।।]

---

15) अन्नच्छा° MS.

[कच्छपी]

सारस्वती *वीणा कच्छपी* ।

[रवर्णे पुंसि रेफः स्यात् कुत्सिते वाच्यलिङ्गकः ।]
[अन्तराभवसत्त्वेऽश्वे गन्धर्वो दिव्यगायने ।। १३० ।।]

[अन्तराभवसत्त्व]

मरणजन्मनोर्मध्ये भवो यातनाशरीरवान् प्राण*यन्तराभवसत्त्वः* ।

[गन्धर्व]

पशुभेदे च (ŚāK 101^{c}) *गन्धर्वः* ।

[कम्बुर्ना वलये शङ्खे]

[कम्बु]

शम्बूकेऽपि *कम्बुः* । (see ŚāK 203^{a})

[द्विजिह्वौ सर्पसूचकौ ।]
[पूर्वोऽन्यलिङ्गः प्रागाह पुम्बहुत्वेऽपि पूर्वजान् ।। १३१ ।।]

[पूर्व, अन्यलिङ्ग]

पूर्वोऽन्यलिङ्गो वाच्यलिङ्गः सन् *प्रागाह* पूर्वदिग्देशकालव्यवस्थितं वस्त्वाह । ***अग्रतः*** (ŚāK 437^{b}) *अपि* ***पूर्वम्*** (ŚāK 437^{b}) इति ।

[कुम्भौ घटेभमूर्धांशौ]
[डिम्भौ तु शिशुबालिशौ ।]

[बालिश]

बालिशो मूर्खः । (see AK III.1.46^{a-b})

[स्तम्भौ स्थूणाजडीभावौ]
[शम्भू ब्रह्मत्रिलोचनौ ।। १३२ ।।]

[शम्भु]

अर्हन्तोऽपि *शम्भुः* । (see ŚāK 168^{a})

---

6) प्राणी अन्तराभवसत्वः MS. 11) कम्बूः MS. 15) प्रागाह । पूर्वदिक्देशकालव्यवस्थितं । वस्त्वाह MS.

[III.3.133-135]

[कुक्षिभ्रूणार्भका गर्भाः]

[विस्रम्भः प्रणयेऽपि च ।]

[विस्रम्भ]

विश्वासे (ŚāK 467[d]) विसंवादे च *विस्रम्भः* ।

[स्याद् भेर्यां दुन्दुभिः पुंसि स्यादक्षे दुन्दुभिः स्त्रियाम् ।। १३३ ।।]

[अक्ष]

अक्ष इत्यक्षबिन्दुत्रिक (see ŚāK 327[d]) इत्यर्थः ।

[स्यान्महारजने क्लीबं कुसुम्भं करके पुमान् ।]

[करक]

करक इति कमण्डलौ । (see AK III.3.6[c])

[क्षत्रियेऽपि च नाभिर्ना]

[नाभि]

प्राण्यङ्गे (ŚāK 508[c]) प्रधाननृपतौ (see ŚāK 508[d]) चक्रस्य पिण्डिकायां (see AADhM I.56[b]) च *नाभिः* ।

[सुरभिर्गवि च स्त्रियाम् ।। १३४ ।।]

[सुरभि]

मनोज्ञे (ŚāK 741[a]) मधुमासे सुगन्धौ (see ŚāK 207[c]) च *सुरभिः* ।

[सभा संसदि सभ्ये च]

[संसद्]

*संसदी*ति गोष्ठ्याम् । (see AK II.7.15[a-b])

[सभा]

गृहे द्यूते च *सभा* । (see ŚāK 417[b])

[त्रिष्वध्यक्षेऽपि वल्लभः ।]

---

4) विसम्वादे MS. 7) इति। अक्ष° MS. 20, 22) संसीदतीति गोष्ठ्यां गृहे MS. 22) No *daṇḍa* in MS.

[वल्लभ]

दयितेऽपि *वल्लभः* । (see ŚāK 599[c])

[किरणप्रग्रहौ रश्मी]

[कपिभेकौ प्रवङ्गमौ ।। १३५ ।।]

[प्रवङ्गम]

*प्रवङ्गमा*वित्युपलक्षणम्। प्लवङ्गमवाच्यावपि हि *कपिभेकौ* ।

[इच्छामनोभवौ कामौ]

[काम]

काम्ये प्रकाम्ये (ŚāK 103[a]) च ***कामाख्या*** (ŚāK 103[a]) ।

[शौर्योद्योगौ पराक्रमौ ।]

[धर्माः पुण्ययमन्यायस्वभावाचारसोमपाः ।। १३६ ।।]

[पुण्य , धर्म]

*पुण्य*मिति यागादयोऽहिंसा च। तत्र नपुंसकं *धर्म*शब्दः (see ŚāK 49[a, c-d] and AK I.4.24[a]) ।

[धर्म]

उपमायां च *धर्मः* । (see ŚāK 49[c-d])

[धर्म]

चापे (ŚāK 760[d]) तु ***धर्मम्*** (ŚāK 760[d]) ।

[उपायपूर्व आरम्भ उपधा चाप्युपक्रमः ।]

[उपक्रम]

चिकित्साप्य*उपक्रमः* । (see ŚāK 202[c])

[वणिक्पथः पुरं वेदो निगमाः]

[नागरो वणिक् ।। १३७ ।।

नैगमौ द्वौ]

[बले रामो नीलचारुसिते त्रिषु ।]

---

2) दपिते° MS. 6) प्रवङ्गमादित्युपलक्षणं प्लवङ्गमावाच्यावपि MS. 13) नपुन्सकं MS. 16) उपमानायाञ्च MS.

[III.3.138-141]

[राम]

जामदग्न्ये (see ŚāK 7[a-b]) ***दाशरथौ*** (ŚāK 763[d]) च *रामः* ।

[शब्दादिपूर्वो वृन्देऽपि ग्रामः]

[ग्राम]

संवसथे (ŚāK 464[c]) ***गीतस्वरे*** (ŚāK 744[d]) च *ग्रामः* ।

[क्रान्तौ च विक्रमः ।। १३८ ।।]

[विक्रम]

शक्तिसम्पत्तौ च *विक्रमः* । (see ŚāK 465[a])

[स्तोमः स्तोत्रेऽध्वरे वृन्दे]

[जिह्मस्तु कुटिलेऽलसे ।]

[गुल्मा रुक्सभ्यसेनाश्च]

[सभ्य]

सभ्यो गुल्मकपतिरिति केचित्।

[गुल्म]

विटपघट्टौ (see ŚāK 261[b]) बलानां सज्जनं च *गुल्मः* ।

[जामिः स्वसृकुलस्त्रियोः ।। १३९ ।।]

[क्षितिक्षान्त्योः क्षमा]

[युक्ते क्षमं शक्ते हिते त्रिषु ।]

[त्रिषु श्यामौ हरित्कृष्णौ]

[श्यामा स्याच्छारिवा निशा ।। १४० ।।]

[ललामं पुच्छपुण्ड्राश्वभूषाप्राधान्यकेतुषु ।]

[पुच्छ]

पुच्छं बालधिः । (see AK II.8.50[c-d])

---

2) जामदग्ने दाशरथौ रामः MS. 5) सम्वसथे गीतस्वने MS. 13) °पतिरि MS. 15) °घट्टौ । बलानां MS.

[पुण्ड्र]

गवादीनां ललाटे चित्रं *पुण्ड्रम्* ।

[अश्वमुख]

अश्वमुख इति केचित् ।

[अश्व , भूषा]

*अश्वभूषे*त्यसमस्तम् ।

[प्राधान्य]

*प्राधान्य*मिति स्वार्थिकष्यञन्तम् । (see [539] as quoted in K. on P. V.1.124)

[केतु]

*केतु*र्ध्वजः । (see AK III.3.58[c])

[ललाम , ललामन्]

नकारान्तमपि *ललाम* । लक्ष्मप्रभावशृङ्गेष्वपि ललामललामनी (see ŚāK 80) ।

[सूक्ष्ममध्यात्ममपि]

[अध्यात्म]

अध्यात्मं परमात्मा ।

[सूक्ष्म]

अणुः (ŚāK 630[c]) *अपि सूक्ष्मः* ।

[आदौ प्रधाने प्रथमः]

[त्रिषु ।। १४१ ।।]

[वामौ वल्गुप्रतीपौ द्वौ]

[वाम]

सव्येऽपि ***वामम्*** । (ŚāK 189[b])

---

2) पुड्रं MS. 12) °सृङ्गेष्वपि ललामलनाम्नी MS. 22) No *daṇḍa* in MS.

[वामा]

वामा (ŚāK 189[a]) तु स्त्रियाम् ।

[अधमौ न्यूनकुत्सितौ ।]

[जीर्णं च परिभुक्तं च यातयाममिदं द्वयम् ।।१४२ ।।]

[परिभुक्त]

परिभुक्तमिति परिभुक्तोज्झितम् ।

[तुरङ्गगरुडौ ताक्ष्यौं]

[निलयापचयौ क्षयौ ।]

[क्षय]

कल्पान्ते रोगे च *क्षयः* । (see ŚāK 261[c-d])

[श्वशुर्यौ देवरश्यालौ]

[भ्रातृव्यौ भ्रातृजद्विषौ ।।१४३ ।।]

[पर्जन्यौ रसदब्देन्द्रौ]

[पर्जन्य]

मेघध्वानेऽपि पर्जन्यः । (ŚāK 765[c])

[स्यादर्यः स्वामिवैश्ययोः ।]

[तिष्यः पुष्ये कलियुगे]

[पर्यायोऽवसरे क्रमे ।।१४४।।]

[प्रत्ययोऽधीनशपथज्ञानविश्वासहेतुषु ।

रन्ध्रे शब्दे]

[प्रत्यय]

प्रथितत्वे (ŚāK 148[a]) च *प्रत्ययः* ।

---

10) कल्पातु MS.

[अथानुशयो दीर्घद्वेषानुतापयोः ।।१४५ ।।]

[अनुशय]

देशे विद्वेषेऽप्य*नुशयः* ।

[स्थूलोच्चयस्त्ववसाकल्ये गजानां मध्यमे गते ।]

[मध्यम गत]

मध्यमे गत इति न मन्दे न त्वरावति।

[समयाः शपथाचारकालसिद्धान्तसंविदः ।।१४६ ।।]

[संविद्]

*संविदि*ति क्रियाकारो (see AK III.3.90[a-b]) निश्चय इति यावत्।

[समय]

सङ्केत(see ŚāK 42[c-d])संश्रवयोरपि *समयः* ।

[व्यसनान्यशुभं दैवं विपदित्यनयास्त्रयः ।]

[व्यसन]

भ्रंशादयो दोषा *व्यसनानि* । (see AK III.3.118 [a-b])

[अशुभ , दैव , विपद् = अनय]

अशुभं दैवं विपच्चेति त्रयोऽनयाः ।

[अत्ययोऽतिक्रमे कृच्छ्रे दोषे दण्डेऽपि]

[अतिक्रम]

अतिक्रमो नाशः।

[अथापदि ।।१४७ ।।

युद्धायत्योः सम्परायः]

---

9) सम्विदिति MS. 14) भ्रंसादयो MS.

[पूज्यस्तु श्वशुरेऽपि च ।]

[पूज्य]

पूजार्हे*ऽपि पूज्यः* । (see ŚāK 713[c])

[पश्चादवस्थायिबलं समवायश्च सन्नयौ ।।१४८ ।।]

[पश्चादवस्थायिबल]

*पश्चादवस्थायिबल*मिति पृष्ठस्थाय्यनुबलम् । (see ŚāK 257[d])

[सङ्घाते सन्निवेशे च संस्त्यायः]

[प्रणयास्त्वमी ।

विस्रम्भयाच्ञाप्रेमाणः]

[प्रणय]

परिचयेऽपि *प्रणयः* ।

[विरोधेऽपि समुच्छ्रयः ।।१४९ ।।]

[विरोध]

विरोधो वैरम् । (see AK I.7.25[a])

[समुच्छ्रय]

उन्नताव*पि समुच्छ्रयः* । (see ŚāK 704[d])

[विषयो यस्य यो ज्ञातस्तत्र शब्दादिकेष्वपि ।]

[विषय]

यस्य यो ज्ञात इति येन य एकान्तं परिशीलितो ज्ञेय इत्यर्थः। ***जनपदे … गोचरे*** (ŚāK 94[c, d]) च *विषयः* ।

[निर्यासेऽपि कषायोऽस्त्री]

---

6) °स्थापिबल° MS. °स्थापि अनु° MS.

[निर्यास]

निर्यासः क्वाथरसः।

[कषाय]

हरीतक्यादीनां *कषायरसे*। ***अङ्गरागे सुरभौ*** (ŚāK 544[c]) रक्तपीतवर्णसमायोगे च कषायः । ***रक्तेऽपि*** (ŚāK 768[a]) ***क्वचित्*** (ŚāK 768[a]) ।

[सभायां च प्रतिश्रयः ।। १५० ।।]

[प्रतिश्रय]

आश्रये च प्रतिश्रयः । (ŚāK 310[b])

[प्रायो भून्यन्तगमने]

[अन्तगमन]

अन्तगमन इति। अन्तं गम्यते येनानशनेन सन्न्यासपूर्वकेण (see AK II.7. 52[c-d] and ŚāK 316[a]) तत्रेत्यर्थः।

[प्राय]

तुल्ये च *प्रायः* । (see ŚāK 316[b])

[मन्युर्दैन्ये क्रतौ क्रुधि ।]

[रहस्योपस्थयोर्गुह्यम्]

[सत्यं शपथतथ्ययोः ।। १५१ ।।]

[वीर्यं बले प्रभावे च]

[वीर्य]

शुक्रं च *वीर्यम्* । (see AK II.6.62[a, b])

[द्रव्यं भव्ये गुणाश्रये ।]

[भव्य]

भव्य इति योग्ये। (see ŚāK 646[a])

---

11) अन्तगम MS. सन्यास॰ MS.

[द्रव्य]

द्रविणभेषजयोरपि *द्रव्यम्* । (see ŚāK 188[a, b])

[धिष्ण्यं स्थाने गृहे भेऽग्नौ]

[धिष्ण्य]

अग्नौ (ŚāK 320[d]) ***धिष्ण्यः*** (ŚāK 320[d]) पुमान्।

[भाग्यं कर्म शुभाशुभम् ।। १५२ ।।]

[शुभाशुभ कर्मन् / शुभ कर्मन् , अशुभ कर्मन् = भाग्य]

*शुभाशुभ*मिति सङ्घातविगृहीतेन। ***केवलम्*** (ŚāK 99[d]) अपि ***शुभात्मकम्*** (ŚāK 99[b]) ***अशुभात्मकम्*** (ŚāK 99[c]) वा जन्मान्तरीयं ***कर्म*** (ŚāK 99[a]) *भाग्य*मुच्यते मिश्रितमपि।

[कशेरुहेम्नोर्गाङ्गेयम्]

[कशेरु]

कशेरु राजकशेरु। पार्श्वास्थीति कश्चित्।

[विशल्या दन्तिकापि च ।]

[विशल्या]

अन्योऽप्योषधिभेदो *विशल्या* । (see AK II.4.83[b])

[वृषाकपायी श्रीगौर्योः]

[अभिख्या नामशोभयोः ।। १५३ ।।]

[अभिख्या]

कीर्तौ (ŚāK 159[c]) च ***अभिख्या*** (ŚāK 159[c]) ।

---

8) °विग्रहीतेन केवल° MS. 8-9) °मशुभात्मकम्वा MS. 9-10) भाग्यमुच्यते। मिश्रितमपि MS. 13) पाश्वार्थीति MS. 20) कीत्तौ चाभिक्षा MS.

[आरम्भो निष्कृतिः शिक्षा पूजनं सम्प्रधारणम् ।
उपायः कर्म चेष्टा च चिकित्सा च नव क्रियाः ।। १५४ ।।]

[क्रिया]

करणेऽपि *क्रिया* । (see ŚāK 83d)

[छाया सूर्यप्रिया कान्तिः प्रतिबिम्बमनातपः ।]

[कान्ति]

कान्तिर्द्युतिः । (AK I.3.16d)

[कक्ष्या प्रकोष्ठे हर्म्यादेः काञ्च्यां मध्येभबन्धने ।। १५५ ।।]
[कृत्या क्रियादेवतयोस्त्रिषु भेद्ये धनादिभिः ।]

[कृत्या]

यागदेवताविशेषः *कृत्या* ।

[कृत्य]

कार्येऽपि कृत्यम् । (see ŚāK 447b)

[जन्यः स्याज्जनवादेऽपि]

[जन्या , जन्य , जन्य]

***नवोढाया ज्ञातिभृत्या जन्याः स्निग्धा वरस्य च ।
जननीयजनित्रोश्च जन्यं युद्धे च कीर्तितम् ॥*** (ŚāK 58)

[जन्य]

जनके (ŚāK 763b) च *जन्यः* ।

[जघन्योऽन्तेऽधमेऽपि च ।। १५६ ।।]

[गर्ह्याधीनौ च वक्तव्यौ]

7, 11) °द्युतिः याग° MS. 16) जन्या MS. 16-17) च जननीय° MS. 17) Single *daṇḍa* in MS.

[वक्तव्य]

वचोऽर्हेऽपि *वक्तव्यः* । (see ŚāK 349[c-d])

[गर्ह्य ...]

वाच्यशब्दोऽपि *गर्ह्या*दिषु ।

[कल्यौ सज्जनिरामयौ ।]

[सज्ज]

*सज्जो*ऽनुगुणः ।

[कल्य]

दक्षेऽपि *कल्यः* । (see ŚāK 24[b])

[कल्य]

कल्यं तु प्रभातम् । (see AK I.4.2[c-d])

[कल्या]

कल्या (ŚāK 24[d]) तु ***कादम्बरी*** (ŚāK 24[d]) ।

[आत्मवाननपेतोऽर्थादर्थ्यौ]

[आत्मवत्]

आत्मवान् धार्मिकः ।

[पुण्यं तु चार्वपि ।। १५७ ।।]

[पुण्य]

धर्मसुकृतयोर*पि पुण्यम्* । (see ŚāK 200[c-d] and AK I.4.24[a, b])

[रूप्यं प्रशस्ते रूपेऽपि]

[रूप्य]

आहतरू*पेऽपि रूप्यः* । (see ŚāK 133[a-b])

[वदान्यो वल्गुवागपि ।]

---

4) गर्वादिषु MS. 9) दक्षिवि कल्यः MS.

[वदान्य]

दानशीलोऽ*पि वदान्यः* । (see ŚāK 668[b])

[न्याय्येऽपि मध्यम्]

[मध्य]

अवलग्ना(see AK II.6.79[c-d])न्तरयोर् (see ŚāK 746[d]) *अपि मध्यशब्दः* ।

[सौम्यं तु सुन्दरे सोमदैवते ।। १५८ ।।]

[सौम्य]

चन्द्रजेऽपि *सौम्यः* (see ŚāK 196[a]) । ***सोमाद् ट्यण्*** (P. IV.2.30) ।

[निवहावसरौ वारौ]

[वार]

नृपादिद्वारेऽपि *वारः* ।

[संस्तरौ प्रस्तराध्वरौ ।]

[गुरू गीर्पतिपित्राद्यौ]

[गुरु]

दुर्जरालघुनोर् (ŚāK 25[b]) अपि ***गुरुः*** (ŚāK 25[b]) ।

[द्वापरौ युगसंशयौ ।। १५९ ।।]

[प्रकारौ भेदसादृश्ये]

[आकाराविङ्गिताकृती ।]

[इङ्गित]

गात्रवैकृत*मिङ्गितम्* ।

[आकृति]

संस्थानम् (ŚāK 439[a]) *आकृतिः* ।

---

8) चन्द्रेपि MS. 11) °पि द्वारः MS. 20) °वेकृत° MS.

[III.3.160-163]

[किंशारू धान्यशूकेषू]

[किंशारु]

धनुरपि *किंशारुः* । (see ŚāK 258[d])

[मरू धन्वधराधरौ ।। १६० ।।]

[मरु , धराधर]

मरुस्थलीसम्बन्धे च *धराधरो मरुरिति* केचित् ।

[अद्रयो द्रुमशैलार्काः]
[स्त्रीस्तनाब्दौ पयोधरौ ।]
[ध्वान्तारिदानवा वृत्राः]
[बलिहस्तांशवः कराः ।। १६१ ।।]

[कर]

मेघोपलोऽपि *करः* । (see ŚāK 736[d])

[प्रदरा भङ्गनारीरुग्बाणाः]
[अस्राः कचा अपि ।]

[अस्र]

बाष्परुधिरयोरप्यस्रम् । (see ŚāK 269[a])

[अजातशृङ्गो गौः कालेऽप्यश्मश्रुर्ना च तूवरौ ।। १६२ ।।]
[स्वर्णेऽपि राः]

[रै]

मेघे*ऽपि*, धनमात्रे*ऽपि* (see ŚāK 707[b]) *राः* ।

[परिकरः पर्यङ्कपरिवारयोः ।]

---

6) °सम्बन्धे व MS. 16, 20) °रुधिरयोरपि अश्रं मेघे° MS.

[परिकर]

प्रगाढगात्रिकाबन्धे समूहारम्भयोरपि (ŚāK $57^{a, d}$) *परिकरः* ।

[मुक्ताशुद्धौ च तारः स्यात्]

[तार]

अत्युच्चस्वरे शुद्धमौक्तिके (see ŚāK 141^{a-b}) *च तारः* ।

[तार]

तारं तु रूप्यके । (ŚāK 141^{b})

[तारा]

नक्षत्रे नेत्रमध्ये च तारा तारवदिष्यते । (ŚāK 141^{c-d})

[शारो वायौ स तु त्रिषु ।। १६३ ।।
कर्बुरे]

[अथ प्रतिज्ञाजिसंविदापत्सु सङ्गरः ।]

[संविद्]

*संविदि*ति क्रियाकारः । (see AK III.3.90^{a-b})

[सङ्गर]

शमीफलेऽपि *सङ्गरम्* । (see ŚāK 63^{d})

[वेदभेदे गुह्यवादे मन्त्रः]

[मित्रो रवावपि ।। १६४ ।।]

[मित्र]

सुहृदि (ŚāK 704^{c}) च ***मित्रम्*** (ŚāK 704^{c}) ।

[मखेषुयूपखण्डेऽपि स्वरुः]

[यूपखण्ड]

यूपे तक्ष्यमाणे यत् काष्ठवेलकमुपाहितं तत्र ।

7, 9) रूप्यके नक्षत्रे MS. 14) सम्विदिति MS. 23) °मुपाहितं । तत्र MS. No *daṇḍa* in MS.

[स्वरु]

वज्रेऽ*पि स्वरुः* । (see ŚāK 636[d])

[गुह्येऽप्यवस्करः ।]

[अवस्कर]

गूथे...ऽप्यवस्करः । (ŚāK 717[d])

[आडम्बरस्तूर्यरवे गजेन्द्राणां च गर्जिते ।। १६५ ।।]

[आडम्बर]

संरम्भेऽ*प्याडम्बरः* ।

[अभिहारोऽभियोगे च चौर्ये सन्नहनेऽपि च ।]
[स्याज्जङ्गमे परीवारः खड्गकोशे परिच्छदे ।। १६६ ।।]

[परिच्छद]

परिच्छद इति परिजने।

[विष्टरो विटपी दर्भमुष्टिः पीठाद्यमासनम् ।]
[द्वारि द्वाःस्थे प्रतीहारः प्रतीहार्यप्यनन्तरे ।। १६७ ।।]

[अनन्तर , द्वाःस्थ]

अनन्तर इति *द्वाःस्थ* इत्यर्थः।

[प्रतीहारी / प्रतीहारिन्]

*प्रतीहारी*शब्द इन्नन्त इति केचित्।

[विपुले नकुले विष्णौ बभ्रुः स्यात् पिङ्गले त्रिषु ।]

[विपुल नकुल]

विपुल इति *नकुल*विशेषणम्।

---

2) वंज्रे° MS. 5) °प्यवस्थरः MS. 8) सरम्भे° MS. °डम्वरं MS. 18) इनन्त MS.

[बभ्रु]

कपिलेऽपि *बभ्रुः* । (see ŚāK 223[b])

[सारो बले स्थिरांशे च न्याय्ये क्लीबं वरे त्रिषु ।। १६८ ।।]
[दुरोदरो द्यूतकारे पणे द्यूते दुरोदरम् ।]

[पण]

पणोऽङ्कः ।

[महारण्ये दुर्गपथे कान्तारः पुन्नपुंसकम् ।। १६९ ।।]
[मत्सरोऽन्यशुभद्वेषे तद्वत् कृपणयोस्त्रिषु ।]

[मत्सर]

क्वचित् कोपेऽपि मत्सरः । (ŚāK 740[b])

[देवाद् वृते वरः श्रेष्ठे त्रिषु क्लीबं मनाक्प्रिये ।। १७० ।।]

[मनाक्प्रिय , वर]

मनाक्प्रिये ***वरम्*** (ŚāK 39[c]) इति ***अव्ययम्*** (ŚāK 39[d]) ***कश्चिदाह*** (ŚāK 39[d]) ।

[वर]

जामातरि (ŚāK 39[a]) च *वरः* ।

[वंशाङ्कुरे करीरोऽस्त्री तरुभेदे घटे च ना ।]
[ना चमूजघने हस्तसूत्रे प्रतिसरोऽस्त्रियाम् ।। १७१ ।।]

[चमूजघन]

चमूजघनं चमूपश्चाद्भागः ।

[हस्तसूत्र]

हस्तसूत्रं च विशिष्टमूर्णामयम् ।

[प्रतिसर]

आरक्षे मण्डने (ŚāK 66[a]) नियोज्ये (see ŚāK 66[b]) च *प्रतिसरशब्दः* ।

---

23) नियोक्ष्ये MS. प्रतिशर° MS.

[यमानिलेन्द्रचन्द्रार्कविष्णुसिंहांशुवाजिषु ।
शुकाहिकपिभेकेषु हरिर्ना कपिले त्रिषु ।। १७२ ।।]

[वाजिन्]

वाज्यश्वः । (see AK II.8.44$^{b, c}$)

[हरि]

सुवर्णाभवर्णे च *हरिः* । (see ŚāK 87^{c-d})

[शर्करा कर्परांशेऽपि]

[कर्परांश]

कर्परांशः सिक्करः ।

[शर्करा]

सितोपलायां** ... **रोगभेदे च (ŚāK 243^{a-b}) †संसोक्तौ च ***शर्करा*** (ŚāK 243^{b}) ।

[यात्रा स्याद् यापने गतौ ।]

[यापन]

यापनं (ŚāK 456^{b}) स्नानभोजनादि***वर्तनम्*** (ŚāK 456^{b}) ।

[यात्रा]

उत्सवेऽपि *यात्रा* ।

[इरा भूवाक्सुराप्सु स्यात्]
[तन्द्रा निद्राप्रमीलयोः ।। १७३ ।।]

[धात्री स्यादुपमातापि क्षितिरप्यामलक्यपि ।]
[क्षुद्रा व्यङ्गा नटी वेश्या सरघा कण्टकारिका ।। १७४ ।।]
[त्रिषु क्रूरेऽधनेऽल्पेऽपि क्षुद्रः]

---

4) वाजी अश्वः MS. 9) कर्पराङ्गः MS. सिक्वरः MS.; see § 4, no. 76.

[क्षुद्र]

कृपणेऽपि क्षुद्रः । (see AK III.1.46[c])

[मात्रा परिच्छदे ।
अल्पे च परिमाणे स्यात्]

[परिच्छद[1]-३ , मात्रा]

परिच्छदादिषु त्रिषु *मात्रा* (see ŚāK 61[a, c]) । ***धने कर्णविभूषणे । अक्षरावयवे*** (ŚāK 61[b-c]) च (।)

[मात्रं कार्त्स्न्येऽवधारणे ।। १७५ ।।]
[आलेख्याश्चर्ययोश्चित्रम्]
[कलत्रं श्रोणिभार्ययोः ।]
[योग्यभाजनयोः पात्रम्]
[पत्त्रं वाहनपक्षयोः ।। १७६ ।।]
[निदेशग्रन्थयोः शास्त्रम्]
[शस्त्रमायुधलोहयोः ।]
[स्याज्जटांशुकयोर्नेत्रम्]
[क्षेत्रं पत्नीशरीरयोः ।। १७७ ।।]
[मुखाग्रे क्रोडहलयोः पोत्रम्]
[गोत्रं च नाम्नि च ।]
[सत्त्रमाच्छादने यज्ञे सदादाने वनेऽपि च ।। १७८ ।।]
[अजिरं विषये कायेऽपि]
[अम्बरं व्योम्नि वाससि ।]
[चक्रं राष्ट्रेऽपि]
[अक्षरं तु मोक्षेऽपि]

---

6) °विभूषणेऽक्षरावयवे MS. 8) One folio containing the text from III.3.175[d] to the beginning of III.3.203[a] is missing.

[क्षीरमप्सु च ।।१७९ ।।]

[स्वर्णेऽपि भूरिचन्द्रौ द्वौ]

[द्वारमात्रे तु गोपुरम् ।]

[गुहादम्भौ गह्वरे द्वे]

[रहोऽन्तिकमुपह्वरे ।।१८० ।।]

[पुरोऽधिकमुपर्यग्राणि]

[अगारे नगरे पुरम् ।

मन्दिरं च]

[अथ राष्ट्रोऽस्त्री विषये स्यादुपद्रवे ।।१८१ ।।]

[दरोऽस्त्रियां भये श्वभ्रे]

[वज्रोऽस्त्री हीरके पवौ ।]

[तन्त्रं प्रधाने सिद्धान्ते सूत्रवाये परिच्छदे ।।१८२ ।।]

[औशीरं चामरे दण्डेऽप्यौशीरं शयनासने ।]

[पुष्करं करिहस्ताग्रे वाद्यभाण्डमुखे जले ।।१८३ ।।

व्योम्नि खड्गफले पद्मे तीर्थौषधिविशेषयोः ।]

[अन्तरमवकाशावधिपरिधानान्तर्धिभेदतादर्थ्ये ।।१८४ ।।

छिद्रात्मीयविनाबहिरवसरमध्येऽन्तरात्मनि च ।]

[मुस्तेऽपि पिठरम्]

[राजकशेरुण्यपि नागरम् ।।१८५ ।।]

[शार्वरं त्वन्धतमसे घातुके भेद्यलिङ्गकम् ।]

[गौरोऽरुणे सिते पीते]

[व्रणकार्यप्यरुष्करः ।।१८६ ।।]

[जठरः कठिनेऽपि स्यात्]

[अधस्तादपि चाधरः ।]

[अनाकुलेऽपि चैकाग्रः]

[व्यग्रो व्यासक्त आकुले ।।१८७ ।।]

[उपर्युदीच्यश्रेष्ठेष्वप्युत्तरः स्यात्]

[अनुत्तरः ।

एषां विपर्यये श्रेष्ठे]

[दूरानात्मोत्तमाः पराः ।।१८८ ।।]

[स्वादुप्रियौ च मधुरौ]

[क्रूरौ कठिननिर्दयौ ।]

[उदारो दातृमहतोः]

[इतरस्त्वन्यनीचयोः ।।१८९ ।।]

[मन्दस्वच्छन्दयोः स्वैरः]

[शुभ्रमुद्दीप्तशुक्लयोः ।]

[चूडा किरीटं केशाश्च संयता मौलयस्त्रयः ।।१९० ।।]

[द्रुमप्रभेदमातङ्गकाण्डपुष्पाणि पीलवः ।]

[कृतान्तानेहसोः कालः]

[चतुर्थेऽपि युगे कलिः ।।१९१ ।।]

[स्यात् कुरङ्गेऽपि कमलः]

[प्रावारेऽपि च कम्बलः ।]

[करोपहारयोः पुंसि बलिः प्राण्यङ्गजे स्त्रियाम् ।।१९२ ।।]

[स्थौल्यसामर्थ्यसैन्येषु बलं ना काकसीरिणोः ।]

[वातूलः पुंसि वात्यायामपि वातासहे त्रिषु ।।१९३ ।।]

[भेद्यलिङ्गः शठे व्यालः पुंसि श्वापदसर्पयोः ।]

[मलोऽस्त्री पापविट्किट्टानि]

[अस्त्री शूलं रुगायुधम् ।।१९४ ।।]

[शङ्कावपि द्वयोः कीलः]

[पालिः स्त्र्यस्र्यङ्कपङ्क्तिषु ।]

[III.3.195-203]

[कला शिल्पे कालभेदेSपि]
[आली सख्यावली अपि ।।१९५ ।।]
[अब्ध्यम्बुविकृतौ वेला कालमर्यादयोरपि ।]
[बहुलाः कृत्तिका गावो बहुलोSग्नौ शितौ त्रिषु ।।१९६ ।।]
[लीला विलासक्रिययोः]
[उपला शर्करापि च ।]
[शोणितेSम्भसि कीलालम्]
[मूलमाद्ये शिफाभयोः ।।१९७ ।।]
[जालं समूह आनायो गवाक्षक्षारकावपि ।]
[शीलं स्वभावे सद्वृत्ते]
[सस्ये हेतुकृते फलम् ।।१९८ ।।]
[छदिर्नेत्ररुजोः क्लीबं समूहे पटलं न ना ।]
[अधःस्वरूपयोरस्त्री तलम्]
[स्याच्चामिषे पलम् ।।१९९ ।।]
[और्वानलेSपि पातालम्]
[चेलं वस्त्रेSधमे त्रिषु ।]
[कुकूलं शङ्कुभिः कीर्णे श्वभ्रे ना तु तुषानले ।। २०० ।।]
[निर्णीते केवलमिति त्रिलिङ्गं त्वेककृत्स्नयोः ।]
[पर्याप्तिक्षेमपुण्येषु कुशलं शिक्षिते त्रिषु ।। २०१ ।।]
[प्रवालमङ्कुरेSप्यस्त्री]
[त्रिषु स्थूलं जडेSपि च ।]
[करालो दन्तुरे तुङ्गे]
[चारौ दक्षे च पेशलः ।। २०२ ।।]
[मूर्खेSर्भकेSपि बालः स्यात्]

[बाल]

... *बालः* ।

[लोलश्चलसतृष्णयोः ।]

[दवदावौ वनारण्यवह्नी]

[जन्महरौ भवौ ।। २०३ ।।]

[भव]

प्राप्तिसंसारसत्तासु (ŚāK 162c) ***कल्याणेऽपि भवः*** (ŚāK 749a) ।

[मन्त्री सहायः सचिवौ]

[पतिशाखिनरा धवाः ।]

[पति]

पतिरिति योषितां *भर्ता* । (see AK II.6.35c)

[अवयः शैलमेषार्काः]

[आज्ञाह्वानाध्वरा हवाः ।। २०४ ।।]

[भावः सत्त्वस्वभावाभिप्रायचेष्टात्मजन्मसु ।]

[सत्त्व]

सत्त्व इति पदार्थे, जन्तौ (see AK III.3.210d) च ।

[भाव]

सत्तालीलाक्रियाविभूतियोनिषु (see ŚāK 48) ***रसनिमित्ते*** (ŚāK 756c) च *भावः* ।

[स्यादुत्पादे फले पुष्पे प्रसवो गर्भमोचने ।। २०५ ।।]

[प्रसव]

अपत्येऽपि (ŚāK 737c) *प्रसवः* ।

[अविश्वासेऽपह्नवेऽपि निकृतावपि निह्नवः ।]

---

16) सत्व MS. पदार्थे जन्तौ MS.

[निह्नव]

विश्वासे ... ***निह्नवः*** (ŚāK 315^{c-d}) इति केचित्।

[उत्सेकामर्षयोरिच्छाप्रसरे मह उत्सवः ।। २०६ ।।]

[उत्सेक]

उत्सेक उद्गतौ।

[इच्छाप्रसर]

इच्छाप्रसर इच्छाचेष्टायाम्।

[अनुभावः प्रभावे च सतां च मतिनिश्चये ।]

[अनुभाव]

भावसूचके (ŚāK 179^{d}) *चानुभावः* ।

[स्याज्जन्महेतुः प्रभवः स्थानं चाद्योपलब्धये ।। २०७ ।।]

[प्रभव]

अपाम् (ŚāK 145^{b}) मूलके (see ŚāK 145^{b}) ***अपि*** (ŚāK 145^{b}) *प्रभवः* ।

[शूद्रायां विप्रतनये शस्त्रे पारशवो मतः ।]
[ध्रुवो भभेदे क्लीबे तु निश्चिते शाश्वते त्रिषु ।। २०८ ।।]

[ध्रुव]

कीलेऽपि *ध्रुवः* । (see ŚāK 4^{a})

[ध्रुव]

तर्के (ŚāK 4^{b}) तु *ध्रुवम्* ।

[ध्रुवा]

गीतिस्रुग्भेदयोः (ŚāK 4^{d}) तु ***ध्रुवा*** (ŚāK 4^{d})।

[स्वो ज्ञातावात्मनि स्वं त्रिष्वात्मीये स्वोऽस्त्रियां धने ।]
[स्त्रीकटीवस्त्रबन्धेऽपि नीवी परिपणेऽपि च ।। २०९ ।।]
[शिवा गौरीफेरवयोः]

---

2) विस्वासे MS. 5) उत्से MS. 21) °श्रुग्भेदयोस्तु MS.

[शिवा]

अभयामलक्योरपि *शिवा* । (see ŚāK 1[b, d])

[द्वन्द्वं कलहयुग्मयोः ।]

[द्वन्द्व]

रहस्ये (ŚāK 368[a]) मिथुनेऽपि *द्वन्द्वम्* (see ŚāK 368[b]) ।

[द्रव्यासुव्यवसायेषु सत्त्वमस्त्री तु जन्तुषु ।। २१० ।।]

[सत्त्व]

स्वभावे ... ***पिशाचादौ गुणे बले*** (ŚāK 43[a-b]) आत्मभावे (see ŚāK 43[c]) ***मनस्यपि*** ... ***सत्त्वम्*** (ŚāK 753[a]) ।

[क्लीबं नपुंसके षण्ढे वाच्यलिङ्गमविक्रमे ।]
[द्वौ विशौ वैश्यमनुजौ]
[द्वौ चराभिमरौ स्पशौ ।। २११ ।।]

[अभिमर]

अभिमर इति सङ्ग्रामः । (see ŚāK 450[c])

[द्वौ राशी पुञ्जमेषाद्यौ]
[द्वौ वंशौ कुलमस्करौ ।]

[वंश]

समूहः (ŚāK 273[c]) अपि ***वंशः*** (ŚāK 273[d]) ।

[रहःप्रकाशौ वीकाशौ]
[निर्वेशो भृतिभोगयोः ।। २१२ ।।]

[निर्वेश]

सम्मूर्छनेऽपि (see ŚāK 106[c-d]) *निर्वेशशब्द* ***इति*** (ŚāK 106[d]) ***केषाञ्चित्*** ... ***सम्मतम्*** (ŚāK 106[c-d]) ।

---

5) द्वद्वं MS. 9) सत्वं MS. 18) वसः MS. 22) निवेश° MS.

[III.3.213-214]

[कृतान्ते पुंसि कीनाशः क्षुद्रकर्षकयोस्त्रिषु ।]

[क्षुद्र]

क्षुद्र इति कदर्ये। (see AK III.1.46^{c})

[पदे लक्ष्ये निमित्तेऽपदेशः स्यात्]

[पद]

पद इति प्रस्तावे।

[कुशमप्सु च ।। २१३ ।।]

[कुश]

दर्भेऽपि *कुशम्* । (see AK II.4.166^{a-b})

[कुशी]

फालस्तु कुशी। (see ŚāK 337^{c})

[दशावस्थानेकविधापि]

[दशा]

वर्तिः (ŚāK 432^{a}) *अपि* दशा । ***वाससः*** (ŚāK 432^{b}) अवयवश्च (see ŚāK 432^{b}) ***दशा*** (ŚāK 432^{b})।

[आशा तृष्णापि चायता ।]

[आशा]

दिगप्या*शा* । (see AK I.3.1$^{a, b}$)

[वशा स्त्री करिणी च स्यात्]

[वशा]

सुतायां वन्ध्यगव्यां (see ŚāK 50^{c-d}) ***वन्ध्यस्त्रियां*** (ŚāK 770^{d}) च *वशा* ।

[वश]

इच्छायाम् (ŚāK 737[a]) ***आयत्ततायां*** ... ***प्रभुत्वे*** (ŚāK 50[a-b]) तु वशः।

[दृग् ज्ञाने ज्ञातरि त्रिषु ।। २१४ ।।]

[ज्ञान]

ज्ञान इति बुद्धौ।

[दृश]

लोचने (ŚāK 163[c]) च **दर्शने** (ŚāK 163[c]) च।

[स्यात् कर्कशः साहसिकः कठोरामसृणावपि ।]

[कठोर]

कठोर इति निर्दयः।

[अमसृण , कर्कश]

अमसृण इति *कर्कशः* ।

[प्रकाशोऽतिप्रसिद्धेऽपि]

[प्रकाश]

स्फुटभासोः (ŚāK 644[c]) *अपि* ***प्रकाशः*** (ŚāK 644[c]) ।

[शिशावज्ञे च बालिशः ।। २१५ ।।]

[सुरमत्स्यावनिमिषौ]

[पुरुषावात्ममानवौ ।]

[काकमत्स्यात्खगौ ध्वाङ्क्षौ]

[मत्स्यात्खग]

मत्स्यात्खगो बकः।

[कक्षौ तु तृणवीरुधौ ।। २१६ ।।]

5, 7) बुद्धौ लोचने MS. 15) स्फूट° MS. 21) मत्स्याडवगो बकः MS.

[III.3.216-218]

[तृण]

*तृण*मिति शुष्कतृणाटवी।

[कक्ष]

प्राण्यवयवे कच्छे च *कक्षः* । (see ŚāK 129[a-b])

[कक्षा]

कक्षा तु परिधानस्य पश्चादञ्चलपल्लवे । (ŚāK 129[c-d])

स्पर्धापदे ... च । (ŚāK 771[b])

[अभीषुः प्रग्रहे रश्मौ]
[प्रैषः प्रेषणमर्दने ।]

[मर्दन]

*मर्दन*मिति पीडनम्।

[पक्षः सहायेऽपि]

[पक्ष]

केशे पक्षः समूहार्थः पक्षः साध्यविरोधयोः ।
बलकालपतत्त्रेषु (ŚāK 70[a-c])

करिपार्श्वे (see ŚāK 70[d]) ***अश्मन्तकरन्ध्रे*** (ŚāK 770[a]) च *पक्षः* ।

[उष्णीषं शिरोवेष्टकिरीटयोः ।। २१७ ।।]
[शुक्रले मूषिके श्रेष्ठे सुकृते वृषभे वृषः ।]
[कोषोऽस्त्री कुड्मले खड्गपिधानेऽर्थौघदिव्ययोः ।। २१८ ।।]

[दिव्य]

दिव्य इति शपथे।

[कोष]

पेश्यां (ŚāK 289[a]) ***पात्रविशेषे*** (ŚāK 753[c]) च *कोषः* ।

6-7) °पल्लवे स्पर्धा° MS. 16) अस्मन्त° MS. यक्षः MS. 21) सपथे MS. 23) पेस्यां MS.

[द्यूतेऽक्षे शारिफलकेऽप्याकर्षः]

[अथाक्षमिन्द्रिये ।

ना द्यूताङ्गे कर्षे चक्रे व्यवहारे कलिद्रुमे ।। २१९ ।।]

[द्यूताङ्ग]

द्यूताङ्ग इति पाशके।

[अक्ष]

शकटे (see ŚāK 26^{c-d}) शकटस्य शलाकायामप्यक्षः ।

[कर्षूर्वार्ता करीषाग्निः]

[कर्षूः कुल्याभिधायिनी ।]

[कुल्या]

कुल्या नदी । (ŚāK 344^{c})

[पुम्भावे तत्क्रियायां च पौरुषम्]

[पौरुष]

पुरुषस्योर्ध्वबाहुद्वयोर्मानेऽपि *पौरुषं* सामर्थ्येऽपि क्वचित्।

[विषमप्सु च ।। २२० ।।]

[विष]

क्ष्वेडेऽपि *विषम्* । (see ŚāK 631^{b})

[उपादानेऽप्यामिषं स्यात्]

[उपादान]

उपादान इत्युत्कोचे।

[आमिष]

पललेऽ*प्यामिषम्* । (see ŚāK 610^{c})

---

14) पौरुषं। सामर्थ्ये° MS.

[III.3.221-223]

[अपराधेऽपि किल्बिषम् ।]

[किल्बिष]

पापे च *किल्बिषम्* । (see AK I.4. 23^{b})

[स्याद् वृष्टौ लोकधात्वंशे वत्सरे वर्षमस्त्रियाम् ।। २२१ ।।]

[लोकधात्वंश , वर्ष]

लोकधात्वंश इति भारत*वर्षा*दौ ।

[प्रेक्षा नृत्येक्षणं प्रज्ञा]

[नृत्येक्षण]

नृत्यस्येक्षणं *नृत्येक्षणम्* ।

[भिक्षा सेवार्थना भृतिः ।]

[भिक्षा]

भिक्षितवस्तुनि (ŚāK 328^{b}) अपि *भिक्षा* ।

[त्विट् शोभापि]

[त्विष्]

दीप्तिर*पि त्विट्* । (see AK I.3.33 $^{a,\ b}$)

[त्रिषु परे]

[न्यक्ष - रूक्ष]

त्रिषु पर इति *न्यक्षा*दयो *रूक्ष*पर्यन्ताः ।

[न्यक्षं कात्स्न्र्यनिकृष्टयोः ।। २२२ ।।]

[प्रत्यक्षेऽधिकृतेऽध्यक्षः]

[रूक्षस्त्वप्रेम्ण्यचिक्कणे ।]

[रूक्ष]

परुषवचोऽपि रूक्षम्।

[रविश्वेतच्छदौ हंसौ]

[हंस]

योगिभेदे (ŚāK 158^{a}) अलोभनृपतौ (see ŚāK 158^{b}) च *हंसः* ।

[सूर्यवह्नी विभावसू ।। २२३ ।।]

[वत्सौ तर्णकवर्षौ द्वौ]

[वत्स]

पुत्रादौ (ŚāK 211^{a}) च ***वत्सः*** (ŚāK 211^{b})।

[वत्स]

वत्सं तु वक्षसि । (ŚāK 211^{b})

[सारङ्गाश्च दिवौकसः ।]

[सारङ्ग]

*सारङ्गाश्*चातकाः। (see AK II.5.17$^{a, b}$)

[शृङ्गारादौ विषे वीर्ये गुणे रागे द्रवे रसः ।। २२४ ।।]

[गुण]

गुण इति तिक्तादौ।

[द्रव]

द्रव इति मांसनिर्यासे।

[रस]

बोल (see AK II.9.105$^{a\text{-}b}$) इक्षुद्रवादिषु, ***पारते देहधातौ*** (ŚāK 33^{c}) ***स्वादे*** (ŚāK 777^{b}) च *रसः* ।

[रसा]

रसा तु मेदिनी। (see ŚāK 33^{d})

---

2) परुषपचो° MS. 5) °ल्लोभ° MS. 21) बोले MS. °द्रवाद्रिषु MS.

[पुंस्युत्तंसावतंसौ द्वौ कर्णपूरे च शेखरे ।]
[देवभेदेऽनले रश्मौ वसू रत्ने धने वसु ।। २२५ ।।]

[रश्मि]

योक्त्रमपि *रश्मिरि*ति केचित्। (See ARM II.420[c])

[वसु]

मधुरेऽपि वसुः । (ŚāK 765[d])

[विष्णौ च वेधाः]

[वेधस्]

विदुषि (ŚāK 739[c]) विधातरि (see AK I.1.17[c-d]) च *वेधाः* ।

[स्त्री त्वाशीर्हिताशंसाहिदंष्ट्रयोः ।]
[लालसे प्रार्थनौत्सुक्ये]
[हिंसा चौर्यादिकर्म च ।। २२६ ।।]

[हिंसा]

वधश्च *हिंसा* । (see ŚāK 668[e])

[प्रसूरश्वापि]

[प्रसू]

मातापि *प्रसूः* । (see ŚāK 715[d])

[भूद्यावौ रोदस्यौ रोदसी च ते ।]

[भूद्यो , रोदसी , रोदस्]

*भूद्यावौ रोदस्या*विति। भूरपि *रोदसी* द्यौरपि *रोदसी*त्यर्थः। *रोदसी च ते* इति *भूद्यावौ* समुदिते *रोदसी*त्येकवचनान्तेन शव्देनोच्येते। पृथग्भूते अपि रोदःशब्देन सकारान्तेन

---

4) रस्मिरि MS. A mark which looks like ∀ is placed above the head-marks of रि and के. 6) वसु MS. 14) हिन्सा MS. 20) रोदसी। द्यौरपि रोदसी इत्यर्थः MS. चा त इति MS. 21) शब्देनोच्यते। पृथग्भूतेपि रोदशब्देन MS.

नपुंसकलिङ्गेनोच्येते इत्यर्थः ।

[ज्वालाभासोर्न पुंस्यर्चिः]

[ज्वाला]

ज्वाला ज्वालः ।

[भास्]

मयूखो *भाः* ।

[ज्योतिर्भद्योतदृष्टिषु ।। २२७ ।।]

[ज्योतिस् , द्योत , दृष्टि]

ज्योतिरपि द्योते नपुंसकम् , दृष्टयोर्नपुंसकम् , हुताशे (see ŚāK 216[a-b]) तु पुमानेव ।

[पापापराधयोरागः]

[खगबाल्यादिनोर्वयः ।]

[वयस्]

तारुण्येऽपि (see ŚāK 301[b]) ***क्वचित्*** (ŚāK 301[b]) *वयः* ।

[तेजःपुरीषयोर्वर्चः]

[वर्चस्]

रूपेऽपि *वर्चः* । (see ŚāK 627[c])

[महस्तूत्सवतेजसोः ।। २२८ ।।]

[रजो गुणे च स्त्रीपुष्पे]

[रजस्]

रेणौ *च रजः* । (see ŚāK 274[a])

[राहौ ध्वान्ते गुणे तमः ।]

---

1) नपुंन्सकलिङ्गेनोच्यत MS. 9) नपुन्सकं दृष्टो° MS.

[III.3.229-230]

[छन्दः पद्येऽभिलाषे च]

[पद्य]

पद्य इति गायत्र्यादौ।

[छन्दस्]

वेदे *च छन्दः* । (see ŚāK 402[b])

[तपः कृच्छ्रादिकर्म च ।। २२९ ।।]

[कृच्छ्र]

सान्तपनचान्द्रायणादि *कृच्छ्रम्*। (see AK II.7.52[b])

[कृच्छ्रकर्मन्]

अथवा दुःखकर्मैव *कृच्छ्रकर्म* । (see ŚāK 431[c-d])

[आदि]

*आदि*शब्देन ब्रह्मचर्योपवासादि व्रतम्।

[तपस्]

तपाः (AK I.4.15[b]) तु ***माघे*** (AK I.4.15[b]) ***शिशिरे*** (ŚāK 779[d]) च ।

[सहो बलं सहा मार्गः]

[सहस्]

हेमन्तोऽपि *सहाः* । (see ŚāK 779[a])

[नभः खं श्रावणो नभाः ।]

[नभस्]

वर्षास्वपि नभाः । (ŚāK 778[c])

[ओकः सद्माश्रयश्चौकाः]

[पयः क्षीरं पयोऽम्बु च ।। २३० ।।]

---

8) शान्तपन° MS. 10) °कर्मेव MS. °कर्म MS. 12) ब्रह्माचर्योपवासादि MS.

[ओजो दीप्तौ बले]

[स्रोत इन्द्रिये निम्नगारये ।]

[तेजः प्रभावे दीप्तौ च बले शुक्रेऽपि]

[तेजस्]

तेजः प्रकाशेऽवष्टम्भे च ।

[अतस्त्रिषु ।। २३१ ।।]

[विद्वस् – साधीयस्]

अतः परं *विद्वानि*त्यादयः *साधीयान्*पर्यन्तास्*त्रिषु* ।

[वृद्ध , प्रशस्त ... ; ज्यायस् ... , साधीयस्]

*वृद्धप्रशस्ता*दीना*मतिशये*ऽपि *साधीयान्*पर्यन्ता एव *ज्यायान्*प्रभृतयः ।

[विद्वान् विदंश्च]

[विद्वस्]

आत्मवेदी (see ŚāK 745[d]) पण्डितश् (see ŚāK 669[c]) च *विद्वान्* ।

[बीभत्सो हिंस्रोऽपि]

[बीभत्स]

विकृतो मध्यमपाण्डवश्च *बीभत्सः* । (see ŚāK 434[c-d])

[अतिशये त्वमी ।]

[वृद्धप्रशस्तयोर्ज्यायान्]

[कनीयांस्तु युवाल्पयोः ।। २३२ ।।]

[वरीयांस्तूरुवरयोः]

[साधीयान् साधुबाढयोः ।]

[दलेऽपि बर्हम्]

---

5) प्रकाशे। अवष्टम्भे MS.

[बर्ह]

शिखिपिञ्छोऽपि *बर्हः* । (see ŚāK 606[a])

[निर्बन्धोपरागार्कादयो ग्रहाः ।। २३३ ।।]

[अर्कादि]

अर्कादय इत्यादिशब्देन सोमादयः।

[ग्रह]

पूतनादिरपि *ग्रहः* । (see ŚāK 210[c-d])

[द्वार्यापीडे क्वाथरसे निर्यूहो नागदन्तके ।]

[क्वाथरस]

क्वाथरस इति घने द्रव्यनिर्यासे।

[नागदन्तक]

अवलम्बनार्थमोकादौ भित्तिनिर्गतं वक्रीकृतं काष्ठद्वयं *नागदन्तकम्* ।

[तुलासूत्रेऽश्वादिरश्मौ प्रग्राहः प्रग्रहोऽपि च ।। २३४ ।।]

[तुलासूत्र]

यत्र गृहीत्वा तुल्यद्रव्यमुन्मीयते तत् *तुलासूत्रम्* ।

[प्रग्रह]

बन्दौ (ŚāK 74[b]) ***भासि*** (ŚāK 74[c]) ***नियमने*** (ŚāK 74[b]) सुवर्णहलिवृक्षे (see ŚāK 74[d]) च *प्रग्रहः* ।

[पत्नीपरिजनादानमूलशापाः परिग्रहाः ।]

[आदान]

आदानं स्वीकारः।

---

2) °पिंछो° MS. 5, 7) सोमादयः पूतनादि° MS. 12) °मोदादौ MS. चक्रीकृतं। काष्ठद्वयं MS. 17) सुवर्ण्णो° MS.

[शाप]

शापः शपथः । (see ŚāK 727[a])

[दारेषु च गृहाः]

[श्रोण्यामप्यारोहो वरस्त्रियाः ।। २३५ ।।]

[आरोह]

तरोरङ्गे समुच्छ्रये (ŚāK 318[d]) ***हस्तिवाहेऽपि*** (ŚāK 770[c]) *आरोहः* ।

[व्यूहो वृन्देऽपि]

[व्यूह]

बलविन्यासे (see AK II.8.79[c]) पटले च *व्यूहः* ।

[अहिर्वृत्रेऽपि]

[अहि]

आशीविषे*ऽप्यहिः* (see ŚāK 625[d]) ।। ० ।।

[अग्नीन्द्वर्कास्तमोपहाः ।]

[परिच्छदे नृपार्हेऽर्थे परिबर्हः]

[अव्ययाः परे ।। २३६ ।।]

परेऽनेकार्था *अव्ययाः* ।

[आङीषदर्थेऽभिव्याप्तौ सीमार्थे धातुयोगजे ।]

[आङ्]

आङीषदित्यादि ।

ईषदर्थे, अभिव्याप्त्यर्थे, सीमार्थे, धातुयोगज इति । धात्वर्थे योगजे तद्द्योतकत्वे च । *आङि*त्यव्ययो ङकारानुबन्धवान् वर्तत इत्यर्थः । तत्र

ईषदर्थे – ...***आपिङ्गलः*** (Bhāṣ. on Vā. 4 to P. II.2.18) । *अभिव्याप्त्यर्थे* – ***आकुमारं यशः पाणिनेः*** (Bhāṣ. on P. I.4.89) । *सीमार्थे* – ...***ओदकान्तं प्रियं प्रोथमनुव्रजेत्***

---

19) आङिदीषदित्यादि MS. 21-22) तत्रेषदार्थे MS. 23) शीमार्थे MS. आ उदकान्तं MS.

(quoted in Bhāṣ. on *pāda* 3 of Kār. on P. I.4.56) । द्योतकत्वे – आहरति इति ।।

[आ प्रगृह्यः स्मृतौ वाक्येऽपि]

[आ]

आ प्रगृह्यः स्मृतौ वाक्येऽपीति।

अङिदाकारो ***निपात एकाजनाङ्*** (P. I.1.14) इति *प्रगृह्य*सञ्ज्ञकः *स्मृति*सूचने *वाक्य*परिपूरणे च वर्तते। तद् यथा

*स्मृति*सूचने – ***आ एवं किल तत्*** (Bhāṣ. on P. I.1.14), *वाक्य*परिपूरणे च – ***आ एवं नु मन्यसे*** (Bhāṣ. on P. I.1.14) इति ।।

[आस्तु स्यात् कोपपीडयोः ।। २३७ ।।]

[आस्]

*आः*प्रभृतीनां च *कोपा*दौ प्रयोगत एवोदाहरणमुन्नेयम्। इह तु विस्तरभयान्न लिखितम्।

[पापकुत्सेषदर्थे कु]

[धिङ् निर्भर्त्सननिन्दयोः ।]

[निर्भर्त्सन]

अपकारशब्दैर्भयोत्पादनं *निर्भर्त्सनम्* ।

[चान्वाचयसमाहारेतरेतरसमुच्चये ।। २३८ ।।]

[इतरेतर]

*इतरेतर*शब्देनात्रेतरेतरयोगो लक्ष्यते।

[स्वस्त्याशीःक्षेमपुण्यादौ]

[पुण्यादि]

*पुण्यादा*वित्यादिशब्देन मङ्गलादौ।

---

1) द्योतकत्वे आहर° MS. 6) एकाजरादिति MS. °कः । स्मृति° MS. 12) आप्रभृतीनां MS. 19) °शब्देनात्र इतरेतर° MS. लक्षते MS.

[प्रकर्षे लङ्घनेऽप्यति ।]

[प्रकर्ष]

प्रकर्ष इत्यतिशये। (see Bhāṣ. on P. V.3.55)

[अति]

पूजनेऽ*प्यति* । (see N. I.1.5)

[स्वित् प्रश्ने च वितर्के च]
[तु स्याद् भेदेऽवधारणे ।। २३९ ।।]
[सकृत् सहैकवारे चापि]
[आराद् दूरसमीपयोः ।]
[प्रतीच्यां चरमे पश्चात्]

[पश्चात्]

अन्तरेऽपि *पश्चात्* ।

[उताप्यर्थविकल्पयोः ।। २४० ।।]

[अप्यर्थ]

अप्यर्थ इति बाढ उत्प्रश्नेऽपि।

[पुनः सहार्थयोः शश्वत्]
[साक्षात् प्रत्यक्षतुल्ययोः ।]
[खेदानुकम्पासन्तोषविस्मयामन्त्रणे बत ।। २४१ ।।]

[खेद[१]-५ , बत]

खेदादिषु पञ्चसु *बत*, हर्षेऽपि (see ŚāK 784^{c-d})।

[हन्त हर्षेऽनुकम्पायां वाक्यारम्भविषादयोः ।]
[प्रति प्रतिनिधौ वीप्सालक्षणादौ प्रयोगतः ।। २४२ ।।]

---

15) बाढे MS. 20) बत् MS.

[III.3.242-245]

[लक्षणादि]

*लक्षणादा*वित्या*दि*शब्देनेत्थम्भूताख्यानभागप्रतिदानानि। (see P. I.4.90, 92)

[प्रति]

प्रधानेऽपि *प्रति* ।

[प्रयोगतस्]

प्रयोगत इति शिष्टप्रयोगात्।

[इति हेतुप्रकरणप्रकाशादिसमाप्तिषु ।]

[प्रकरण]

प्रकरणं प्रस्तावः।

[इति]

इति प्रस्तावे। प्रत्यक्षे सन्निधावाधारकारणयोरपि।

[प्राच्यां पुरस्तात् प्रथमे पुरार्थेऽग्रत इत्यपि ।। २४३ ।।]

[पुरस्तात् (१-४)]

पुरस्ताच्चतुर्षु । (ŚāK 789[a])

[पुरार्थ]

पुरार्थ इति **अतीते** । (ŚāK 787[a])

[यावत् तावच्च साकल्येऽवधौ मानेऽवधारणे ।]
[मङ्गलानन्तरारम्भप्रश्नकात्स्न्र्येष्वथो अथ ।। २४४ ।।]

[अथ]

*अथ*शब्दः संशय आद्ये च ।

[वृथा निरर्थकाविध्योः]

---

2) °शब्देन इ° MS. 6) प्रयोग MS. °प्रयोगात्र MS. 11) प्रत्यक्षाऽसन्निधा° MS. 20) शंसये। आर्ये MS.

[निरर्थक]

निरर्थक इति निष्फले।

[अविधि , वृथा]

*अविधा*वित्यविधिपूर्वके। यथा
...***वृथामांसं*** ...**च *वर्जयेत्*** (YS I.167[a], 168[b]) इति।

[नानानेकोभयार्थयोः ।]

[अनेकार्थ]

अनेकार्थ इति बहुप्रकारार्थे।

[नाना]

वर्जने (AK III.4.3[b]) च *नाना* ।

[नु पृच्छायां विकल्पे च]
[पश्चात्सादृश्ययोरनु ।। २४५ ।।]

[अनु]

समीहायामप्य*नु* ।

[प्रश्नावधारणानुज्ञानुनयामन्त्रणे ननु ।]

[ननु]

आक्षेपे च वितर्के च *ननु* । क्षेमेऽन्ववसर्गे मर्यादायां संशये चापि।

[गर्हासमुच्चयप्रश्नशङ्कासम्भावनास्वपि ।। २४६ ।।]
[उपमायां विकल्पे वा]

[वा]

अन्योन्याक्षेपणेऽपि *वा* ।

---

5) वृथामासं MS. 8, 10, 14) बहुप्रकारार्थे वर्जने च। नाना समीहाया° MS. 17) संसये च अपि MS. 21) °क्षेपने° MS.

[सामि त्वर्धे जुगुप्सिते ।]

[अमा सह समीपे च]

[कं वारिणि च मूर्धनि ।। २४७ ।।]

[इवेत्थमर्थयोरेवम्]

[एवम्]

अवधारणेऽप्ये*वम्* । (see AK III.4.15[c, d])

[नूनं तर्केऽर्थनिश्चये ।]

[तूष्णीमर्थे सुखे जोषम्]

[जोषम्]

प्रशंसालङ्घनप्रकर्षेष्वपि *जोषम्* ।

[किं पृच्छायां जुगुप्सने ।। २४८ ।।]

[नाम प्राकाश्यसम्भाव्यक्रोधोपगमकुत्सने ।]

[प्राकाश्य[1]-५ , नाम]

प्राकाश्यादिषु पञ्चसु *नाम* ।

[सम्भाव्य]

सम्भाव्य इति कथञ्चिदित्यर्थे।

[अलं भूषणपर्याप्तिशक्तिवारणवाचकम् ।। २४९ ।।]

[पर्याप्तिशक्ति]

*पर्याप्ति*विवरणं *शक्ति*ग्रहणं न पृथक्।

[हुं वितर्के परिप्रश्ने]

[परिप्रश्न / प्रतिप्रश्न]

प्रतिप्रश्नः इति त्रिकाण्डे तु पाठः।

---

10) °लंघन° MS. 14) प्राकास्यादिषु पञ्चषु MS. 16, 19) °त्यर्थे । पर्याप्ति° MS. 19) सक्ति° MS.

[समयान्तिकमध्ययोः ।]

[पुनरप्रथमे भेदे]

[निर्निश्चयनिषेधयोः ।। २५० ।।]

[स्यात् प्रबन्धचिरातीतनिकटागामिके पुरा ।]

[प्रबन्ध[1]-५ , पुरा]

प्रबन्धादिषु पञ्चसु *पुरा* ।

[चिरातीत , निकटागामिक]

*चिरमतीते निकटमागामिके*ऽपि दृश्यते।

[प्रबन्ध]

प्रबन्धो वाक्यरचना। वाक्य*प्रबन्धः* पुराणादिः।

[चिर]

चिरं पुरातनम्।

[ऊरर्यूरी चोररी च विस्तारेऽङ्गीकृतौ त्रयम् ।। २५१ ।।]

[स्वर्गे परे च लोके स्वः]

[वार्त्तासम्भाव्ययोः किल ।]

[वार्त्ता]

*वार्त्ते*ति सम्प्रदायः। इतिहशब्दोऽपि वार्त्तायाम्।

[निषेधवाक्यालङ्कारे जिज्ञासानुनये खलु ।। २५२ ।।]

[खलु]

*खलु*शब्दो *वाक्यालङ्कारे* । यथा ***अथ खलु भगवान्*** (e.g. VChPP 1) इति। माने वीप्सायां च *खलु* ।

[समीपोभयतः शीघ्रसाकल्याभिमुखेऽभितः ।]

---

6) पञ्चषु MS. 10) पुराणादि MS. 20) यथा। अथ MS.

[अभितस् (१-५)]

पञ्चस्वर्थेष्व*भितः* ।

[नामप्राकाश्ययोः प्रादुः]

[नाम]

*नामे*ति नामार्थे सम्भवे। (see ŚāK 786[b])

[मिथोऽन्योन्यं रहस्यपि ।। २५३ ।।]

[तिरोऽन्तर्धौ तिर्यगर्थे]

[हा विषादशुगर्तिषु ।]

[अहहेत्यद्भुते खेदे]

[हि हेताववधारणे ।। २५४ ।।]

[हि]

विशेषार्थे (ŚāK 783[a]) अपि ***हिशब्दः*** (ŚāK 783[a]) ।। ।।

अनेकार्थवर्गः ।। ० ।।

[चिरायचिररात्रायचिरस्याद्याश्चिरार्थकाः ।]

[आद्य]

*आद्य*शब्देन चिरं चिरेण चिरादित्येते।

[चिरार्थक]

चिरार्थका इति दीर्घकालवाचिन इत्यर्थः।

16, 18) चिरादित्येते चिरार्थका MS.

[मुहुः पुनःपुनः शश्वदभीक्ष्णमसकृत् समाः ।। १ ।।]

[असकृत्]

प्रतिक्षणमप्यसकृदर्थे। (see ARM IV.39^{c-d})

[स्राग् झटित्यञ्जसाह्नाय द्राङ् मङ्क्षु सपदि द्रुते ।]
[बलवत् सुष्ठु किमुत स्वत्यतीव च निर्भरे ।। २ ।।]

[किमुत]

प्रश्ने (ŚāK 801^{c}) अपि *किमुत* ।

[पृथग् विनान्तरेणर्ते हिरुङ् नाना च वर्जने ।]
[यत् तद् यतस्ततो हेतौ]
[असाकल्येऽपि चिच्चन ।। ३ ।।]

[चित् , चन]

किञ्चित् किञ्चनेति। *असाकल्येऽपि चिच्चन* ।

[कदाचिज्जातु]
[सार्धं तु साकं सत्रा समं सह ।]

[सह]

सजूरपि *सहार्थे*।

[आनुकूल्यार्थकं प्राध्वम्]

[प्राध्वम्]

नम्रे च *प्राध्वम्* । (see ŚāK 499^{c-d})

[व्यर्थके तु वृथा मुधा ।। ४ ।।]
[आहो उताहो किमुत विकल्पे किं किमूत च ।]

3, 7) °सकृदर्थे , प्रस्ने MS. 12) किञ्च किञ्चनेति।। असाकल्ये° MS. चिच्चन् MS.

[III.4.5-8]

[तु हि च स्म ह वै पादपूरणे]

[पूजने स्वती ।। ५ ।।]

[दिवाह्नीति]

[अथ दोषा च नक्तं च रजनाविति ।]

[अहन् , दिवा ; रजनि , दोषा ...]

*अह्नीति रजनावितीति*शब्देन *दिवादोषा*दीनामधिकरणप्रधानतां दर्शयति।

[तिर्यगर्थे साचि तिरोऽपि]

[अथ सम्बोधनार्थकाः ।। ६ ।।

स्युः पाट् प्याडङ्ग हे है भोः]

[सम्बोधनार्थ]

हंहोशब्दोऽपि *सम्बोधनार्थः* ।

[समया निकषा हिरुक् ।]

[समया ...]

समन्ततःपरितःशब्दावपि *समया*दिभिः समौ। *समया*दयश्चान्तिके (see ŚāK 800[C]) ।

[अतर्किते तु सहसा]

[अतर्कित]

अकस्मादप्य*तर्किते* ।

[स्यात् पुरः पुरतोऽग्रतः ।। ७ ।।]

[पुरस्[1]–३]

क्रियारम्भे प्रथमे च परत इत्यत्रार्थे च *पुरः*शब्दः। तदादयस्त्रयः समाः।

[स्वाहा देवहविर्दाने श्रौषड् वौषड् वषट् स्वधा ।]

---

6) रजनाविति इति° MS. विवादोषा° MS. 14) अनन्ततःपरितः° MS. 20) °स्त्रयस्समाः MS.

[देवहविर्दान , स्वाहा ... , स्वधा]

देवहविर्दान इत्याहुतौ *स्वाहा*दयः। उपलक्षणं च देवग्रहणम्। पितृ*दाने*ऽपि *स्वधा* ।

[किञ्चिदीषन्मनागल्पे]

[प्रेत्यामुत्र भवान्तरे ।। ८ ।।]

[व वा यथा तथैवैवं साम्ये]

[साम्य (१-६)]

षट् *साम्ये*ऽन्त एव ।

[एव / इव , एवम्]

इव, एवम् इति वा विभागः।

[अहो ही च विस्मये ।]

[मौने तु तूष्णीं तूष्णीकाम्]

[तूष्णीकाम् , तूष्णीम् , मौन]

अकच्प्रकरणे तूष्णीमः काम्प्रत्ययो वक्तव्यः (Bhāṣ. on Vā. 1 to P. V.3.71-72) इति मकारात् पूर्वस्य मितः (see P. I.1.47) काम्प्रत्ययस्य विधानादज्ञाताद्यर्थ(see P. V.3.73 ff.)विशिष्टे *मौने तूष्णीकां*शब्द*स्तूष्णीं*शब्दश्च *मौन*मात्र इत्यर्थभेदेऽपि प्रधानार्थाभेदादेकार्थत्वम्।

[सद्यः सपदि तत्क्षणे ।। ९ ।।]

[दिष्ट्या समुपजोषं चेत्यानन्दे]

[आनन्द]

आनन्द इति चित्तानन्दे।

[अथान्तरेऽन्तरा ।

अन्तरेण च मध्ये स्युः]

[प्रसह्य तु हठार्थकम् ।। १० ।।]

---

2) No *daṇḍa* in MS. after the second sentence. 7) साम्ये अन्ते एव MS. 9) इव एव° MS. 13) अकक्वप्रकरणे MS. कंप्रत्ययो MS. 14) मकारा MS. मितः। कप्रत्ययस्य MS. 14-15) °ज्ञातादर्थविशिष्टे मौनेन तूष्णीकांशब्दश्च MS.; see App. 1, no. 48. 16) प्रधानर्थाभेदा° MS.

[III.4.11-13]

[युक्ते द्वे साम्प्रतं स्थाने]

[युक्त / युक्ते , स्थाने]

युक्ते कारणे वा सप्तम्यन्त एव *स्थाने*शब्दो वर्तत इति केचित्। (see ŚāK 137)

[अभीक्ष्णं शश्वदनारते ।]

[अनारत]

अनारत इति नित्ये। (see AK I.1.65[c], 66[a])

[अभावे नह्य नो नापि]

[नहि[१]-४ , अभाव]

नह्यादिचतुष्कमभावे ।

[मास्म मालं च वारणे ।। ११ ।।]

[वारण (१-३)]

वारणे तु त्रिकम्।

[पक्षान्तरे चेद् यदि च]

[तत्त्वे त्वद्धाञ्जसा द्वयम् ।]

[प्राकाश्ये प्रादुराविः स्यात्]

[ओमेवं परमं मते ।। १२ ।।]

[मत (१-३)]

मत इत्यनुमते त्रिकम्।

[ॐ , परम]

ॐशब्दस्तु *परमो*पक्रमयोरपि।

[समन्ततस्तु परितः सर्वतो विष्वगित्यपि ।]

[समन्ततस् , सर्वतस्]

समन्तत इत्युपलक्षणम्। समन्तादपि हि *सर्वतः* (see ARM V.88[a-b]) ।

---

3) कारण MS.

[अकामानुमतौ कामम्]

[कामम्]

अ ...

[असूयोपगमेऽस्तु च ।। १३ ।।]

[ननु च स्याद् विरोधोक्तौ]

[कच्चित् कामप्रवेदने ।]

[निःषमं दुःषमं गर्ह्ये]

[यथास्वं तु यथायथम् ।। १४ ।।]

[मृषा मिथ्या च वितथे]

[यथार्थं तु यथातथम् ।]

[स्युरेवं तु पुनर्वैवेत्यवधारणवाचकाः ।। १५ ।।]

[प्रागतीतार्थकम्]

[नूनमवश्यं निश्चये द्वयम् ।]

[संवद् वर्षे]

[अवरे त्वर्वाक्]

[आमेवम्]

[स्वयमात्मना ।। १६ ।।]

[अल्पे नीचैः]

[महत्युच्चैः]

[प्रायो भूम्नि]

[अद्रुते शनैः ।]

[सना नित्ये]

[बहिर्बाह्ये]

---

1) Two folios containing the text from III.4.13^{c} to the beginning of III.5.2 are missing.

[स्मातीते]
[अस्तमदर्शने ।। १७ ।।]
[अस्ति सत्त्वे]
[रुषोक्तावु]
[ऊं प्रश्ने]
[अनुनये त्वयि ।]
[हुं तर्के स्यात्]
[उषा रात्रेरवसाने]
[नमो नतौ ।। १८ ।।]
[पुनरर्थेऽङ्ग]
[निन्दायां दुष्ठु]
[सुष्ठु प्रशंसने ।]
[सायं साये]
[प्रगे प्रातः प्रभाते]
[निकषान्तिके ।। १९ ।।]
[परुत् परार्यैषमोऽब्दे पूर्वे पूर्वतरे यति ।]
[अद्यात्राह्नि]
[अथ पूर्वेऽह्नीत्यादौ पूर्वोत्तरापरात् ।। २० ।।
तथाधरान्यान्यतरेतरात् पूर्वेद्युरादयः ।]
[उभयद्युश्चोभयेद्युः]
[परे त्वह्नि परेद्यवि ।। २१ ।।]
[ह्योऽतीते]
[अनागतेऽह्नि श्वः]
[परश्वश्च परेऽहनि ।]
[तदा तदानीम्]

[युगपदेकदा]
[सर्वदा सदा ।। २२ ।।]
[एतर्हि सम्प्रतीदानीमधुना साम्प्रतं तथा ।]
[दिग्देशकाले पूर्वादौ प्रागुदक्प्रत्यगादयः ।। २३ ।।]

[सलिङ्गशास्त्रैः सन्नादिकृत्तद्धितसमासजैः ।
अनुक्तैः सङ्ग्रहे लिङ्गं सङ्कीर्णवदिहोन्नयेत् ।। १ ।।]
[लिङ्गशेषविधिर्व्यापी विशेषैर्यद्यबाधितः ।]
[स्त्रियामीदूद्विरामैकाच् सयोनिप्राणिनाम च ।। २ ।।]

स्त्रीवनितादिषु (see AK II.6.2) परत्वान् ***ङ्याबूङन्तम्*** (AK III.5.5^{b}) इति वक्ष्यमाणेनैव स्त्रीत्वम्। दारशब्दादिषु तु ***पुम्भूम्नि दाराः*** (AK II.6.6^{a-b}) इत्याद्यपवादवचनेन स्त्रीत्वं बाध्यते। एवमुत्तरत्रापि पूर्वोक्तेनापवादेन क्वचित् क्वचिद् यथायोगं बाध्यते।

[नाम विद्युद्रात्रिवल्लिवीणादिग्भूनदीह्रियाम् ।]
[विद्युत् , रात्रि , वल्लि , वीणा , दिश् , भू , नदी , ह्री]

विद्युदादीनामष्टानां नाम स्त्रियाम् । तद् यथा इयं *विद्युत्* ; इयं *रात्रिः, रजनिः* (see AK I.4.4$^{a, d}$); इयं *वल्लिः, प्रततिः* (see AK II.4.9^{b}); *वीणा, विपञ्ची* (see AK I.7.3$^{b, c}$)। यदि विपञ्च्यादीनां ङ्यन्तानामेव प्रयोगस्तदा प्रपञ्चार्थं *वीणा*ग्रहणम्। *दिक्* , *ककुप्* (see AK I.3.1^{a}); *भूः* , *भूमिः* (see AK II.1.2^{a}); *नदी, सरित्* (see AK I.10.28^{d}); *ह्रीः, त्रपा* (see AK I.7.23^{c})।

[अदन्तैर्द्विगुरेकार्थः]

---

9) स्त्रीवणितादिषु परत्वाङ्याबुङन्त° MS. 10) दारा° MS. 15) स्त्री° MS. °था। इयं MS. 16) वलिः MS. 16-17) वीणा विपञ्ची यदि विपंच्यादीनां MS. 18) नदीः MS.

[III.5.3-4]

अदन्तैर्द्विगुरेकार्थः ।

पूलादिभिरदन्तैस् ***तद्धितार्थोत्तरपदसमाहारे च*** (P. II.1.51) इति यो *द्विगुसमासो* (see K. on P. II.1.52) ***द्विगुरेकवचनम्*** (P. II.4.1) इत्येकार्थः स *स्त्रियां* भवति ***अकारान्तोत्तरपदो द्विगुः स्त्रियां भाष्यते*** ... (Bhāṣ. on Vā. 2 to P. II.4.30) इति वचनात्। तद् यथा इयं ***पञ्चपूली*** (Bhāṣ. on Vā. 6 to P. II.1.51, 2 to P. II.4.30), इयं त्रिलोकी इति।

[न स पात्रयुगादिभिः ।। ३ ।।]

न स पात्रयुगादिभिः ।

स द्विगुसमासः पात्रयुगादिभिरदन्तैर्विहितः स्त्रियां न भवति ***पात्रादिभ्यः प्रतिषेधः*** ... (Bhāṣ. on Vā. 3 to P. II.4.30) इति वचनात्। स्त्रीत्वे प्रतिषिद्धे ***स नपुंसकम्*** (P. II.4.17) इति नपुंसकमेव भवति। इदं ***पञ्चपात्रम्*** (Bhāṣ. on Vā. 3 to P. II.4.30), ***चतुर्युगम् , त्रिभुवनम्*** (K. on Bhāṣ. on Vā. 3 to P. II.4.30, but find in K. on P. II.4.17) इति।

[तल्]

तल्।

[तल्]

तलन्तं स्त्रियां भवति। तद् यथा ***तस्य भावस्त्वतलौ*** (P. V.1.119)। ...***अश्वता*** (K. on P. V.1.119), ***गोता*** (Bhāṣ. on Vā. 7 to P. IV.1.3)। ***ग्रामजनबन्धुसहायेभ्यस्तल्*** (P. IV.2.43)। ***ग्रामता जनता*** (AK III.2.42^{c})।

[वृन्दे येनिकटयत्राः]

वृन्दे येनिकटयत्राः ।

[य , इनि , त्र , कटयच्]

पाशादिभ्यो यः (P. IV.2.49), ***खलगोरथात्*** (P. IV.2.50), ***इनित्रकटयचश्च***

3-4) भवति। अकारान्तोत्तरपदो MS. 5) °था। इयं MS. 8-9) °युगादिभिः स MS. 9) द्विगुसमासः। पात्र° MS. भवति। पात्रादिभ्यः MS. 10) नपुन्सक° MS. 11) नपुन्सकमेव MS. 17) °था। तस्य भावत्वतलौ MS. 18) गोत्रता MS. 23) इतित्र° MS.

(P. IV.2.51) इति समूहार्थे *य-इनि-त्र-कटयच्*प्रत्ययास्तदन्ताः शब्दाः *स्त्रियां* भवन्ति। ***पाश्या*** (AK III.2.42^{d}), ***खल्या*** (AK III.2.42^{a-b}), ***खलिनी*** (AK III.2.42^{a}), ***गोत्रा*** (AK II.9.60^{c}), ***रथकट्या*** (AK II.8.55^{d}) इति।

[वैरमैथुनिकादिवुन् ।]

वैरमैथुनिकादिवुन्।

[वुन्]

वैरमैथुनिकायामादिशब्देन वीप्सायां च यो *वुन्*प्रत्ययस् (see P. V.4.1) तदन्तं *स्त्रियामि*त्यर्थः। तद् यथा ***द्वन्द्वाद् वुन् वैरमैथुनिकयोः*** (P. IV.3.125)। ***काकोलूकिका*** (Bhāṣ. on Vā. 21 to P. IV.2.104), ***अत्रिभरद्वाजिका*** (Bhāṣ. on Vā. 8 to P. II.4.62, 4 to P. IV. 1. 89)। **पादशतस्य सङ्ख्यादेर्वीप्सायां वुन्लोपश्च** (P. V.4.1)। ... ***द्विपदिकां ददाति*** (K. on P. V.4.1) इति।

[वुञ्]

*वुन्*ग्रहणस्योपलक्षणत्वात् तन्त्रेण द्वितीयवुनो वुन्निव वुन्निति गौणार्थत्वाद् वुञपि *स्त्रियाम्* । यथा द्वन्द्वमनोज्ञादिभ्यो वुञ् (see P. V.1.133)। ***शैष्योपाध्यायिका*** (K. on P. V.1.133)। गोत्रचरणाद् वुञ् (see P. V.1.134)। ***गार्गिकया श्लाघते*** (K. on P. V.1.134) इति।

[स्त्रीभावादावनिक्तिण्ण्वुणच्क्यपोऽयुजङिञ्ञिशाः ।। ४ ।।]

स्त्रीभावादावनिक्तिण्ण्वुणच्क्यपोऽयुजङिञ्ञिशाः।

*स्त्री*लिङ्गे *भाव आदि*शब्देन कर्तृवर्जिते कर्मादिकारके च *स्त्री*लिङ्गे च ये*ऽनि*प्रभृतयः प्रत्ययास्तदन्ताः *स्त्रियाम्* ।

[अनि]

आक्रोशे नञ्यनिः (P. III.3.112)। ***इयमकरणिस्ते वृषल भूयात्*** (K. on P. III.3.112)।

[क्तिन्]

स्त्रियां क्तिन् (P. III.3.94)। ***कृतिः, हृतिः*** (Bhāṣ. on Vā. 1 to P. III.3.126)।

---

1) समूहार्थे होइतिकटयच। प्रत्यया° MS. 3) गोत्र रथकटया MS. 8) °था। द्वन्द्वा° MS. °न्। वैर° MS. 11) °श्च द्विपादिका MS. 13) वुन्निति। गौणार्थे° MS. 14) *Daṇḍa* in MS. after यथा. °मनोज्ञादि वुञ् MS. 18) स्त्रीभावादवनिः क्तिन्ण्वुच्णचक्यपोऽयुजङिञिशाः MS. 19) भावे MS.

[ण्वुल्]

रोगाख्यायां ण्वुल् बहुलम् (P. III.3.108) I ***प्रच्छर्दिका*** (AK II.6.55c), ***विपादिका*** (AK II.6.52d) I

[ण्वुच्]

ण्वुजपि पूर्ववद् विगृह्यते। ***पर्यायार्हर्णोत्पत्तिषु***... (P. III.3.111) I ***भवतः शायिका*** (K. on P. III.3.111) I

धात्वर्थनिर्देशे ण्वुज् वक्तव्यः (Bhāṣ. on Vā. 1 to P. III.3.108) I ***कारिका*** (AK III.3.15c) I

[णच्]

कर्मव्यति(हारे णच् स्त्रियाम्) (P. III.3.43) (I)

[उणादिषु निरूरीश्च ङ्याबूङन्तं चलं स्थिरम् ।]
[तत् क्रीडायां प्रहरणं चेन्मौष्टा पाल्लवा णदिक् ।।५ ।।]
[घञो ञः सा क्रियास्यां चेद् दाण्डपाता हि फाल्गुनी ।
श्यैनम्पाता च मृगया तैलम्पाता स्वधेति दिक् ।।६ ।।]

... ति दर्शयति।

[स्त्री स्यात् काचिन्मृणाल्यादिर्विवक्षापचये यदि ।]

स्त्री स्यादित्यादि।

[मृणाली]

अपचितिस्वभावा *स्त्री* दर्शनान्तरेण *यद्यपचये विवक्षा* प्रयोक्तुस्तदा *काचिन्मृणाली*-प्रकारा छत्त्री कम्बली †शरवी मण्डपीति *स्त्री*लिङ्गा भवेत्।

[लङ्का शेफालिका टीका धातकी पञ्जिकाढकी ।। ७ ।।
सिध्रका शारिका हिक्का प्राचिकोल्का पिपीलिका ।
तिन्दुकी कणिका भङ्गिः सुरुङ्गासूचिमाढयः ।। ८ ।।

---

5) पर्यायाहर्णोत्पत्तिषु भवतः। शायिका MS. 7) On this deviation from the Bhāṣ. suffix, see § 6.10. 10) One folio containing the text from the middle of III.5.4d to the close of III.5.6 is missing. 19) यद्यद्यचये MS.

पिच्छावितण्डाकाकण्यश्चूर्णी शाणी द्रुणी दरत् ।
सातिः कन्था तथासन्दी नाभी राजसभापि च ।। ९ ।।
झल्लरी चर्चरी पारी होरा लट्वा च सिध्मला ।
लाक्षा लिक्षा च गण्डूषा गृध्रसी चमसी मसी ।। १० ।।]

[लङ्का]

नगरीशाखयोर्लङ्का । (ŚāK 654[a])

[लङ्का ...]

*लङ्का*दिनामानुशासनार्थमेषां पाठः । स्त्रीलिङ्गानुशासनार्थमेषां पाठः । स्त्रीलिङ्गानुशासनं तु ***ङ्याप्*** (AK III.5.5[b]) इत्यनेनापि कृतमेव ।

[शेफालिका ...]

शेफालिका(also see AK II.4.70[c])दीनां च लिङ्गोपदर्शनं प्रपञ्चार्थकमेव ।

[टीका]

टीका विवरणविशेषः ।

[धातकी]

धातकी धातृपुष्पिका । (AK II.4.124[d])

[पञ्जिका]

आयव्ययार्था *पञ्जिका* विवरणभेदश्च ।

[आढकी]

आढकी तुवरिका । (see AK II.4.130[d], 131[a])

[सिध्रका]

सिद्धाख्यस्तरुः *सिध्रका* ।

[शारिका]

अक्षोपकरणं शारिः शारिः शकुनिकान्तरम् । (ŚāK 502[c-d])
पर्याणभेदश्च । (see ŚāK 756[a])

---

8) °सासनार्थ° MS. 17) पञ्जिका । विवरण° MS. 21) सिद्धाख्यास्तरुः MS. 23) शारिः । शारिः सकुनिका° MS. No *daṇḍa* in MS.

[प्राचिका]

प्राचिका वनमक्षिका।

[उल्का]

उल्का ज्वाला। (see ARM I.67d)

[तिन्दुकी]

तिन्दुकी केन्दुः। (see *supra*, II.4.38 under तिन्दुक – शितिसारक, and II.4.39 under काकेन्दु ...)

[कणिका]

कणिका परमाणुर्व्रीहिभेदश्च।

[भङ्गि]

*भङ्गि*र्भङ्गः। मुख*भङ्गि*र्गात्र*भङ्गि*रिति।

[सुरुङ्गा]

सुरुङ्गा सन्धिर् (see ŚāK 388c) विवरविशेषः।

[सूचि]

*सूचि*र्वेधनिका।

[माढि]

माढिः पत्त्रशिरा । (RK acc. to Bṛ.)

[पिच्छा]

*पिच्छौ*दनमण्डः।

[वितण्डा]

स प्रतिपक्षस्थापनाहीनो वितण्डा (NyS I.2.3) इति परिभाषिता। *वितण्डा* वाद-विशेषः।

---

9) परमाणुः। व्रीहि° MS. 11) मुखभङ्गिः। गात्र° MS. 17, 19) माढि पात्रशिरा पिच्छा ओदन° MS. 21) प्रतिपक्षेस्थापना° MS. पारि° MS.

[काकणी]

काकणी मानदण्डस्य तुरीयांशे पणस्य च ।
काकणीं ब्रुवते केचिदेकमेव वराटकम् ॥ (ŚāK 109)

[चूर्णी]

चूर्णी कपर्दकः ।

[शाणी]

शाणी प्रावरणभेदः ।

[द्रुणी]

द्रुणी दुली ।

[दरत्]

दरन्नदीदरणिः प्रपातश्च ।

[साति]

*सातिस्*तीव्रवेदना । **दानावसानयोः** (ŚāK 665b) च *सातिः* ।

[कन्था]

भित्तिकन्थडिकयो(श्च *कन्था* ।)

[आसन्दी]

x x x x x x x x x x x(*आसन्द्या*)सनम् ।

[नाभि]

नाभिः प्राण्यङ्गम् । (see ŚāK 508c)

[राजसभा]

राज्ञः सभा *राजसभा* ।

2-3) तुरीयाशे। पणस्य च का° MS. 3) Latter half of कर्णी broken off in MS. काकर्णी >--< वरा° broken off in MS. Lower part of वराटकं। broken off in MS. Single *daṇḍa* in MS. 3, 5) °टकं। >--< र्ण्णी broken off in MS. 5) ण in र्ण्णी broken off in MS. 9) No *daṇḍa* in MS. 11) नदीदरत् प्रपातश्च MS.; see App. 1, no. 49. 13) शातिः स्त्रीवेदना MS.; see App. 1, no. 50. साति MS. 15) °कन्थदिकयो° MS. 15,17) °कन्थदिकयो >--< सनं broken off in MS. 17) Double *daṇḍa* in MS.

[झल्लरी]

झल्लरी वाद्यभेदो बालझरिका च।

[चर्चरी]

कर्पटिकानां सदेवार्चनं गीतं नृत्तं च *चर्चरी* ।

[पारी]

पारी घटी।

[होरा]

*होरा*होरात्रो (see BJ I.3$^{a\text{-}b}$) [लग्नं] लग्नार्धं च। तथा हि वराहो

होरेति लग्नं भवनस्य चार्धम् । (BJ I.9^{d})

भवनं च तत्र राशिः परिभाषितः। (see BJ I.4^{d})

ज्योतिषोक्ता सपादहस्तप्रमाणा वक्ररेखापि *होरा* ।

[लट्वा]

लट्वा लेष्टुः पक्षिणां भुरिकेत्यन्ये।

[सिध्मला]

सिध्मला सिद्धलः, किलासिन्यपि (see AK II.6.61^{c})।

[गण्डूषा]

गण्डूषा मुखपूर्तौ च गण्डूषा प्रसृतोन्मिते । (ŚāK 329$^{c\text{-}d}$)

[गण्डूष]

गण्डूषजलम् (KS III.37^{b}) इति मत्वर्थीयाकारमाहुः। जलस्य गण्डूषमिति क्लीब इत्येके।

[गृध्रसी]

गृध्रसी कर्कटवृद्धिरोगः।

---

8) होरा अहोरात्रः। ल° MS. Small part of ल and न visible in MS. लग्नार्द्धञ्च MS. Upper part of लग्नार्द्धञ्च broken off in MS. 8-9) वराहः। होरेति MS. 10) रासिः MS. 11) ज्योतिकोक्ता MS. चक्र° MS. 13) लेष्टुः। पक्षिणी MS. 15) सिद्धलः किलासिन्यपि MS. 17, 19) च। गण्डूषा प्रसृतोन्मितो गण्डुषंजल° MS. 19) °ति। मत्वर्थीयाकार° MS. गण्डुषमिति MS. 22) ककट° MS.

[चमसी]

चमसी यज्ञपात्रं काष्ठरचितं पाटलीप्रायम्।

[मसी]

मसी मेला लेखनद्रव्यम्।। ० ।।

[पुंस्त्वे सभेदानुचराः सपर्यायाः सुरासुराः ।]

पुंस्त्वे सभेदानुचराः सपर्यायाः सुरासुराः ।

*सुर*शब्दोऽ*सुर*शब्दश्च *सपर्यायः* *सुरासुर*विशेषवाचिना*नुचर*विशेषवाचिना च शब्देन सहितः *पुंस्त्वे* भवति। तद् यथा ***सुराः*** (AK I.1.7[b]), ***अमराः*** (AK I.1.7[a]), ***साध्याः*** (AK I.1.10[c]), ***वसवः*** (AK I.1.10[a]), ***गन्धर्वाः*** (AK I.1.52[d]), ***किन्नराः*** (AK I.1.71[a]), ***असुराः*** (AK I.1.12[a]), दैत्याः (see AK I.1.12[a]), बलिः (see ŚāK 18[b]), नमुचिः (see *supra*, I.1.43 under बल, जम्भ, नमुचि)। कथं ***सुरी*** (K. on [351] as quoted in K. on P. IV.1.48), असुरी। पुंयोगेन स्वरूपप्राधान्येऽपि (see P. IV.1.48)। अथ बहुलत्वेन *सुरासुरा* इति बहुवचनम्।

[स्वर्गयागाद्रिमेघाब्धिद्रुकालासिशराऽरयः ।। ११ ।।
करगण्डौष्ठदोर्दन्तकण्ठकेशनखस्तनाः ।
अह्नाहान्ताः क्ष्वेडभेदा रात्रान्ताः प्रागसङ्ख्यकाः ।। १२ ।।
श्रीवेष्टाद्याश्च निर्यासा असन्नन्ता अबाधिताः ।
कशेरुजतुवस्तूनि हित्वा तुरुविरामकाः ।। १३ ।।
कषणभमरोपान्ता यद्यदन्ता अमी अथ ।
पथनयसटोपान्ता गोत्राख्याश्चरणाह्वयाः ।। १४ ।।
नाम्न्यकर्तरि भावे च घञजब्नङ्णघाथुचः ।
ल्युः कर्तरीमनिज् भावे को घोः कि प्रादितोऽन्यतः ।। १५ ।।
द्वन्द्वेऽश्ववडवावश्ववडवा न समाहृते ।
कान्तः सूर्येन्दुपर्यायपूर्वोऽयःपूर्वकोऽपि च ।। १६ ।।

---

2) काष्ट° MS. पादली° MS. 7) सुरासुविशेषवाचिना अनु° MS. 8) °था। सुराः MS. 8-9) साध्या वसवः MS. 9) गन्धर्वाः किन्नराः MS. 10) असुरा दैत्या बलिः MS. 11) नमुचिः कथं MS.

वटकश्चानुवाकश्च रल्लकश्च कुडङ्गकः ।
पुङ्खो न्युङ्खः समुद्गश्च विटपट्टघटाः खटः ।। १७ ।।
कोट्टारघट्टहट्टाश्च पिण्डगोण्डपिचण्डवत् ।
गडुः करण्डो लगुडो वरण्डश्च किणो घुणः ।। १८ ।।
दृतिसीमन्तहरितो रोमन्थोद्गीथबुद्बुदाः ।
कासमर्दोऽर्दनिः कुन्दः फेनस्तूपौ सपूपकौ ।। १९ ।।
आतपः क्षत्रिये नाभिः कणपक्षुरकेदराः ।
पूरखुरप्रचुक्राश्च गोलहिङ्गुलपुद्गलाः ।। २० ।।
वेतालमल्लभल्लाश्च पुरोडाशोऽपि पट्टिशः ।
कुल्माषो रभसश्चैव सकटाहः पतद्ग्रहः ।। २१ ।।]

[पतद्ग्रह]

पतद्ग्रहशब्दपर्यन्तं पुंस्त्व इति वर्तते।

अह्राहान्ताः ...

[पिण्ड]

मृदादीनां *पिण्डः* ।

[पिण्ड]

पिण्डमाजीवनेऽपि । (ŚāK 739^{b})

[गोण्ड]

गोण्डः प्रवृद्धनाभिः।

[पिचिण्ड]

पिचिण्ड उदरे ज्ञेयः पिचिण्डोऽवयवः पशोः । (ŚāK 206$^{c\text{-}d}$)

[गडु]

कुब्जे पृष्ठगडौ (ŚāK 717^{b}) च ***गडुः*** (ŚāK 717^{b})।

---

13) अह्राहारान्ताः MS. Two folios containing the text from III.5.12^{c} to III.5.18^{a} are missing. 21) पिचिण्डः। उदरे ज्ञेयः। पिचिण्डो° MS. 23) पृष्टगदौ MS.

[करण्ड]

वंशादिरचितो भाण्डविशेषः *करण्डः* ।

[वरण्ड]

वरण्डः पत्त्रादिनिचयो मुखरोगश्च ।

[किण]

किणो निघर्षजा व्यथारेखादिः ।

[घुण]

घुणः काष्ठक्रिमिः ।

[दृति]

दृतिः खलं चर्मपुटः करपत्त्रिका च ।

[हरित्]

वर्णे ... तृणवाजिविशेषयोः (ŚāK 471a-b) च *हरित्* ।

[रोमन्थ]

गवादिव्यापारसाध्या गुलिका *रोमन्थः* ।

[उद्गीथ]

उद्गीथः सामगीतिप्रभेदः ।

[बुद्बुद]

जलादिप्रभवो *बुद्बुदः* ।

[अर्दनि]

अर्दनिर्याच्ञा शस्त्रभेद इत्यन्ये । *अर्दनि*शब्दोऽयमग्निवृत्तिरित्यपरे ।

[स्तूप]

स्तूपो मृदादिकृतः ।

---

2) वंन्सादि° MS. 4) वरण्डः । प° MS. 6, 8) निकर्षजा व्यथा । खादिर्गुणः MS. 12) कार्ण्ण तृण° MS. 20) अर्द्धनिर्याज्ञा MS. अग्ननिशब्दो° MS. 22) स्तूयो MS.

[नाभि]

क्षत्रिये वर्तमानो *नाभिः* पुंस्त्वे (see AK III.3.134c) प्राण्यङ्गवाची (see ŚāK 508c) तु स्त्रियाम् (see AK III.5. 9d)।

भारवौ तु सापि पुंसि दृश्यते। यथा

समुच्छ्वसत्पङ्कजकोषकोमलैरुपाहितश्रीण्युपनीवि नाभिभिः । (KA VIII.24a-b)

इति।

[कणप]

कणपः शरविशेषः। कुन्तभेद इति केचित्।

[क्षुर]

नापितोपकरणं *क्षुरः* ।

[केदर]

केदरः केकरस्तरुभेद इत्यपरे।

[पूर]

उभयकूलपरिपूरणं नद्यादीनां *पूरः* ।

[खुर]

खुरो गवाद्यवयवः।

[प्रचुक्र]

*प्रचुक्रो*ऽम्लो विशेषेण चुक्रिकापि।

[गोल]

जारजे विधवापुत्रे गोलको गोलको गुडे । (ŚāK 383a-b)

[पुद्गल]

पुद्गलः शरीरम्। (see ŚāK 613b)

[वेताल]

वेतालः सत्त्वविशेषः।

---

2) पुंस्त्वे। प्राण्यङ्ग° MS. 5) °पद्धज° MS. 5-6) नाभिभिरिरिति MS. 8) कणयः MS. 12) केदरः। केकरः। तरु° MS. 14) °पूरण MS. 18) प्रचुक्रोऽम्ल। विशेषेण MS. 20) °पुत्रे गोलको गुडे MS. 24) सत्व° MS.

[भल्ल]

भल्लः काण्डविशेषः।

[पुरोडाश]

यागोपकरणोऽश्वशफाकृतिरपूपः *पुरोडाशः* ।

[पट्टिश]

आयुधविशेषः *पट्टिशः* ।

[कुल्माष]

कुल्माषो व्रीहिजातिर् (see AK II.9.18^{c}) विदलमपीति केचित्। भक्तसूपोऽपि *कुल्माषः* । खिच इति यस्य प्रसिद्धिरित्यन्ये।

[रभस]

रभसो वेगहर्षयोः (ŚāK 678^{b}) ।। ० ।।

[द्विहीनेऽन्यच्च खारण्यपर्णश्वभ्रहिमोदकम् ।
शीतोष्णमांसरुधिरमुखाक्षिद्रविणं बलम् ।। २२ ।।
फलहेमशुल्बलोहं सुखदुःखशुभाशुभम् ।
जलपुष्पाणि लवणं व्यञ्जनान्यनुलेपनम् ।। २३ ।।]

द्विहीनेऽन्यच्चेत्यादि श्लोकद्वयम्।

[ख[1], अरण्य[२]–२६]

प्रकृतादन्य*च्च* षड्विंशति *खारण्याद्य*र्थवाचकं *द्विहीने* नपुंसके भवति बाधकविषयादन्यत्र। तच्चोदाहृतमेव।

[ख]

खं गगनम् । (see AK I.2.1$^{c\text{-}d}$)

[अरण्य]

*अरण्यं विपिन*मित्यादि। (see AK II.4.1^{a})

बाधकविषये तु क्वचित् स्त्रीत्वमेव भवति। यथा इयं द्यौराकाशम् (see AK I.2.1^{a},2^{b}), इयम् ***अटवी*** (AK II.4.1^{a}), इमा ***आपः*** (AK I.10.3^{a})।

6) पट्टिशः MS. 8) °जातिः। विदल° MS. 11) रभषो MS. 18) षट्विंशति MS. नपुन्सके भवति। बाधक° MS. 19) तचो° MS. 23) विपन° MS.

क्वचित् पुंस्त्वमेव। यथा अयं शरीरः, अर्थोऽयम् (see AK II.9.91[b]), अयं ***तुषारः*** (AK I.3.17 [b]); पक्षे अयं पद्मः (see AK I.10.38[c]) इति।

[हिमोदक , शीतोष्ण]

अत्र *हिमोदक*शब्दोऽयमेकार्थो ***जातिरप्राणिनाम्*** (P. II.4.6) इति कृतैकवद्भावो *द्विहीने* वर्तते तथा *शीतोष्ण*शब्दोऽपि ***विप्रतिषिद्धं चानधिकरणवाचि*** (P. II.4.13) इति कृतैकवद्भाव एव *द्विहीने* वर्तत इति केचिदाहुः।

[शुल्ब]

इह *शुल्ब*ग्रहणमुपलक्षणम्। तेनान्यदपि *द्विहीने* भवति। इदं त्रपुरिदं रङ्गम् (see AK II.9.106[b-c]) इति।

[जलपुष्प]

कुमुद(see AK I.10.36[d])कमल(see AK I.10.38[c]-40[b])कह्लारा(see AK I.10.35[c])दीनि *जलपुष्पाणि* ।

[अनुलेपन]

अनुलेपनं च कुङ्कुमादि। (see AK II.6.123[d]-124)

[कोटयाः शतादिः सङ्ख्यान्या वा लक्षा नियुतं च तत् ।]
[द्व्यच्कमसिसुसन्नन्तम्]

द्व्यच्कमसिसुसन्नन्तम्।

*अन्त*ग्रहण*म*सादिभिश्चतुर्भिरपि सम्बध्यते। *द्व्यच्क*ग्रहणं चा*सन्ता*दिभिरेव चतुर्भिः। *अन्नि*ति मन (see U. IV.144) एकदेशो गृह्यते।

असन्तमिसन्तमुसन्तमन्नन्तं च *द्व्यच्कं द्विहीने* भवति।

अस् – इदं ***यशः*** (AK I.6.11[c]), ***पयः*** (AK I.10.3[c], II.9.51[b], III.3.230[d]) ।

इस् – इदं ***सर्पिः*** (AK II.9.52[a]), ***छदिः*** (AK II.2.14 [d]) ।

उस् – ***अरुः*** (AK II.6.54[a-b]), ***वपुः*** (AK II.6.70[c]) ।

---

5) °ते। तथा सीतोष्ण° MS. °करणवान्धीति MS. 8) शुल्बग्रहमुप° MS. No *daṇḍa* in MS. after the first sentence. त्रपुः। इदं MS. 14) कुंकुमादि MS. 20) °मिसन्तमनन्तं MS. 21) यसः MS. 21-22) पयः। इदं MS.

अन् – जन्म (see AK I.4.30[a]), शर्म (see AK I.4.25[b]) ।

शिष्टम् (AK III.5.25[a]) इति वक्ष्यमाणेन सम्बन्धः। तेनापवादविषयात् परिशिष्ट*मसन्ता*दिकं *द्विहीने* भवति।

अन्ये तु स्त्रीपुंसयोरेव। अस्या जरसः (see P. VII.2.101), *सुरज्येष्ठो ब्रह्मा* (see AK I.1. 16[a]) इति।

[यदनान्तमकर्तरि ।। २४ ।।]

यदनान्तमकर्तरि।

कर्तुरन्यत्र *यदनप्रत्ययान्तं* तद् *द्विहीने* भवति। यथा ***गगनम्*** (AK I.2.1[c]), ***दानम्*** (AK II.7.29[a], II.8.37[c]), ***करणम्*** (AK III.3.52[c-d]), ***उपमानम्*** (AK II.10.37[b]) ।

कथम् ***इध्मव्रश्चनः*** (CVṛ. on CV II.2.23) ***कुठारः, राजभोजनः शालिः, पलाशशातनी यष्टिः, गोदोहनी घटी, पूरणी घटी*** इति। उच्यते नपुंसकमस्यासर्वविषयमभिधानवशात्। तथा हि टित्वमर्थवद् भवति।

*अकर्तरी*ति किम्। ***नन्दनो*** ...***नन्दना*** (Bhāṣ. on Vā. 5 to P. II.4.49, 4 to P. VII.1.1); रमणो रमणा; उन्मादनः, पवनः (see AK I.1.63[a]) इत्यन्यलिङ्गता यथा स्यात्। यद्येवं कथं तर्हि करोतीति कारणम् , ***शरणम्*** (AK III.3.51[a]) इति नपुंसकत्वमुच्यते। परेण *शिष्ट*ग्रहणेनात्र कर्ता विशिष्यते। तेनोपयुक्तान्नपुंसकविषयात् कर्तुरन्यो यः कर्ता ततोऽन्यत्रानपुंसक इत्यर्थः।

[त्रान्तं सलोपधं शिष्टम्]

त्रान्तं सलोपधं शिष्टम्।

काल(see AK I.1.59[a], I.4.1[a], I.5.14[b], III.3.191[c])तूल(see AK II.9.106[c])-शाला(see AK II.2.6[a], II.4.11[b])दीनां स्त्रीपुंसानां *यच्छिष्टं* फल(see AK II.8.91[a], III.3.198[d], III.5.23[a])कुद्दला(see AK II.4.16[d])दिकं *लकारोपधं* तेन

---

1) अन् जन्म MS. 2) वक्षमाणेन सम्बन्धस्तेनापवाद° MS. 3) द्विहीनं MS. 4) स्त्रीपुन्सयोरेव MS. 10) ৲ MS. 11) °व्रश्चनः। कुठारः राज° MS. 12) उच्यते। नपुंसक° MS. 14-15) नन्दना रमणो MS. 15) उन्मादनः पव° MS. 16) No *daṇḍa* in MS. before शरण°. 17) नपुन्सक° MS. °विषया MS. 20) त्रान्त्रं MS. 21) कालभूल° MS.

सहितं यत् पात्र(see AK I.10.8^{b}, II.7.24^{d}, II.9.33^{d}, III.3.176^{c})शास्त्र(see AK III.3.177^{a})वस्त्रा(see AK II.6.115^{c})दिकं *त्र*शब्दान्तं *शिष्टमि*ति। वृत्रा(see AK III.3.161^{c})मित्र(see AK II.8.11^{a})पुत्रा(see AK II.6.27^{d})दिभ्योऽन्यं तैः पुंलिङ्गैरबाधितं तद् *द्विहीने* भवति। तद् यथा इदं ***फलम्*** (AK III.3.198^{d}), इदं ***योत्रम्*** (AK II.9.13^{b}) इति।

[रात्रं प्राक् सङ्ख्यान्वितम् ।]

रात्रं प्राक् सङ्ख्यान्वितम्।

*सङ्ख्या*पूर्वपदं *रात्र*शब्दान्तं समासप्रातिपदिकं *द्विहीने* भवति। यथा इदं ***द्विरात्रम्***, ***त्रिरात्रम्***, ***पञ्चरात्रम्*** (पञ्चरात्रम् in BhVṛ. acc. to Bṛ.) इति।

[पात्राद्यदन्तैरेकार्थो द्विगुर्लक्ष्यानुसारतः ।। २५ ।।]

पात्राद्यदन्तैरेकार्थो द्विगुर्लक्ष्यानुसारतः।

यो द्विगुसमासः *पात्रा*दिभिर*दन्तैरेकार्थः* स *पात्रादेर्* (see Bhāṣ. on Vā. 3 to P. II.4.30) आकृतिगणत्वाल्ल*क्ष्यानुसारतः* शिष्टप्रयोगानुगमनेन *द्विहीने* वेदितव्यः। तद् यथा ***द्विपात्रम्*** (Bhāṣ. on Vā. 3 to P. II.4.30), त्रिशूलम् , ***चतुर्युगम्*** (K. on Bhāṣ. on Vā. 3 to P. II.4.30, but find in K. on P. II.4.17), ***पञ्चगवम्*** (Bhāṣ. on Vā.18 to P. I.4.1; on P. II.1.23; on Vā. 6 to P. II.1.51, 2 to P. II.4.30; on Vā. to P. V.4.68) इति।

[द्वन्द्वैकत्वाव्ययीभावौ]

द्वन्द्वैकत्वाव्ययीभावौ।

आतिदेशिकमेकत्वं द्वन्द्वस्य नपुंसकम् इति नपुंसकं भवति। कृतैकवद्भाव एकार्थो द्वन्द्व एव नपुंसकं भवतीति यावत्। यथा ... ***पाणिपादम्*** (Bhāṣ. on P. II.4.16), ***वाक्त्वचम्*** (Bhāṣ. on Vā. to P. V.4.68) इति। एव*मव्ययीभाव*श्च समासः ***अव्ययीभावश्च*** (P. II.4.18) इति वचनान्नपुंसकलिङ्गो भवति। यथा ***अधिस्त्रि*** (K. on P. II.4.18), ***उन्मत्तगङ्गम्*** (Bhāṣ. on Vā. 18 to P. I.4.1; Vā. to P. II.2.3; Vā. to P. II.4.84) इति।

---

1) यत MS. 2-3) शिष्टमिति वृत्रामित्र° MS. 4) पुलिङ्गै° MS. °था। इदं MS. 7) संख्याया° MS. No *daṇḍa* in MS. 8) यथा। इदं MS. No *daṇḍa* in MS. before त्रि°. 11) पात्राद्यन्तै° MS. 13) °नुसारतः। शिष्ट° MS. 20) आदिदेशिक° MS. द्वंद्वस्य MS. 23) वचनान्नपुंस। क° MS. 24) °गंग° MS.

[पथः सङ्ख्याव्ययात् परः ।]

पथः सङ्ख्याव्ययात् परः ।

*सङ्ख्या*शब्दाद*व्यया*च्च पूर्वपदादुत्तरो यः *पथ*शब्दस्तदन्तः समासः ***पथः सङ्ख्याव्ययादेः*** (Vā. 1 to P. II.4.30) इति वचनाद् *द्विहीने* भवति। यथा ***द्विपथम्*** , ... ***चतुष्पथम्*** , ...***विपथम्*** (Bhāṣ. on Vā. 1 to P. II.4.30), ***सुपथम्*** (K. on [161] as quoted in K. on P. II.4.18), ***अपथम्*** ... (K. on P. II.4.30) इत्यन्येऽपि नपुंसक(म् ।)

[षष्ठ्याश्छाया बहूनां चेद् विच्छायं संहतौ सभा ।। २६ ।।]
[शालार्थापि परा राजामनुष्यार्थादराजकात् ।
दासीसभं नृपसभं रक्षःसभमिमा दिशः ।। २७ ।।]
[उपज्ञोप्रक्रमान्तश्च तदादित्वप्रकाशने ।
कोपज्ञकोपक्रमादि]
[कन्थोशीनरनामसु ।। २८ ।।]
[भावे नणकचिद्व्योऽन्ये समूहे भावकर्मणोः ।
अदन्तप्रत्ययाः]
[पुण्यसुदिनाभ्यां त्वहः परः ।। २९ ।।]
[क्रियाव्ययानां भेदकान्येकत्वेऽपि]
[उक्थतोटके ।
चोचं पिच्छं गृहस्थूणं तिरीटं मर्मयोजने ।। ३० ।।
राजसूयं वाजपेयं गद्यपद्ये कृतौ कवेः ।
माणिक्यभाष्यसिन्दूरचीरचीवरपञ्जरम् ।। ३१ ।।
लोकायतं हरितालं विदलं स्थालबाह्लवम् ।]
[पुन्नपुंसकयोः शेषोऽर्धर्चपिण्याककण्टकाः ।। ३२ ।।
मोदकस्तण्डकष्टङ्कः शाटकः खर्वटोऽर्बुदः ।
पातकोद्योगचरकतमालामलका नडः ।। ३३ ।।

2-3) परः संख्यां° MS. 3) °स्तदन्तस्समासः पथ MS. 4) वचना MS. 7) Three folios containing the text from III.5.26[c] to the fifth *akṣara* of III.5.35[a] are missing.

कुष्ठं मुण्डं शीधु बुस्तं क्ष्वेडितं क्षेमकुट्टिमम् ।
सङ्गमं शतमानार्मशम्बलाव्ययताण्डवम् ।। ३४ ।।]

[कवियं कन्दकर्पासं पारं वारो युगन्धरम् ।
यूपं प्रग्रीवपात्रीवे यूषं चमसचिक्कसौ ।। ३५ ।।]

[धर]

धरा भूमिर्धरः शैलः कर्पासीतूलको धरः। (ŚāK 545[a-b])

[वार / वर]

अथवा वरम् इति पाठः। तत्र जामाता वरः (see ŚāK 39[a])।

[वर]

मनाक्प्रिये (AK III.3.170[d]) वरम्।

[प्रग्रीव]

गृहादौ वीथिकाद्याकर्षणं *प्रग्रीवम्* । अन्ये त्वाहुः ***गेहादौ प्रान्ते धारणदारुपङ्क्तिर्मत्तवारणं प्रग्रीवम्*** (Ar. acc. to Bṛ.) इति।

[पात्रीव]

यज्ञोपकरणः पात्रविशेषः *पात्रीवम्* ।

[यूष]

यूषं मुद्गादिविकारः।

[चमस]

चमसो यज्ञोपकरणः पात्रविशेषः कर्णावयवश्च।

[चिक्कस / इक्कस]

चिक्कसं चूर्णितो यवः। इक्कसः इति केचित् पठन्ति। स च पिष्टकभेद इत्याहुः।

[अर्धर्चादौ घृतादीनां पुंस्त्वाद्यं वैदिकं ध्रुवम् ।
तन्नोक्तमिह लोकेऽपि तच्चेदस्त्यस्तु शेषवत् ।। ३६ ।।]

---

6) शैलः। कर्पाशी° MS. 12) त्वाहुः। गेहादौ MS. °पंक्ति° MS. 15) पात्रीचं MS. 19) °विशेषः। क° MS.

अथ कस्मा*दर्धर्चादि*(see P. II.4.31)प्रदर्शनप्रक्रमेणोभयलिङ्गास्तद्गणपठिता इह *घृतादयो* नोक्ता इत्याशङ्क्याह

अर्धर्चादौ घृतादीनां पुंस्त्वाद्यं वैदिकं ध्रुवम्।

*अर्धर्चादि*गणे (see GP to P. II. 4. 31) ***घृत***(GP 43)-***क्षीर***(GP 70)-***दारु***(GP 217)-***लोमन***(GP 241)-***सहस्र***(GP 224)-***आसन***(GP 207)-***सुख-भवन***(GP 203)-***अरण्य***(GP 204)-***यौवन***(GP 193)-***कुसुम***(GP 105)-***मान***(GP 219)-***तृण***(GP 106)-***दिन***(GP 127)-***सूत्र***(GP 148)-***शरीर***(GP 156)-***वस्त्र***(GP 178)-***मुख***(GP 93)-***वज्रा***(GP 96)दीनां पुंस्त्वं तथा ***अपराह्ण***(GP 228)-***ऐरावत***(GP 208)-***दण्ड***-(GP 20)-***द्रोण***(GP 48)-***निर्यास***(GP 76)-***उपवास***(GP 133)-***हस्त***(GP 145)-***तन्त्र-वसन्ता***(GP 118)*दीनां* नपुंसकत्वं च निश्चितं *वैदिकं लोक* एतल्लिङ्गानामेषां प्रयोगादर्शनादाचार्यस्य च गणकारस्य प्रमाणभूतस्य प्रमादासम्भवात्।

तन्नोक्तमिह।

इह लौकिके नामलिङ्गानुशासने काव्यादिप्रयुक्ते *तद्* *वैदिकं* लिङ्गमनुपयोगादेव *नोक्तम्* । ननु चात्यन्तविदुषोऽपि पुरुषस्याशेषलौकिकप्रयोगपारगतत्वासम्भवात् सन्दिग्धमेतत्। *अस्त्येत*ल्लिङ्गानां *लोके* प्रयोगो नास्ति चेत्यत आह

लोकेऽपि तच्चेदस्त्यस्तु शेषवत्।

*त*ल्लिङ्गं यदि *लोकेऽप्यस्ति* तदानी*मस्तु शेषवत्* । यथा प्रमादाच्छन्दोभङ्गभयाद् वानुक्त*मपीह* शेषं लिङ्गं ***शिष्टप्रयोगतः*** (AK III.5.46[d]) ***ज्ञेयं*** (AK III.5.46[d]) तथा तदपि ***शिष्टप्रयोगतः*** एव ***ज्ञेयं*** भवतु।। ० ।।

[स्त्रीपुंसयोरपत्यान्ताः]

स्त्रीपुंसयोरपत्यान्ताः।

*अपत्यप्रत्ययान्ताः स्त्रीपुंसयो*र्भवन्ति। यथा ***गार्ग्यः*** (Bhāṣ. on Vā. 7 to P. VI.1.91;

2-3) इत्यासंक्याह। अ° MS. 3) °चादौ घृतादीना MS. 4) घृतक्षीर MS. 5) लोमन् MS. आसन् MS. भवत् MS. 6-7) मातृण। दिण MS. 8) वक्त्रादीनां MS. पुंस्त्वं। तथा। अपराह्न MS. 10-11) वेदिकं लोके। एतल्लिङ्गानांमेषां प्रयोगदर्शना° MS. 13) लोकिके MS. °मनुपयोयदेव MS. No *daṇḍa* in MS. 14) °पि। पुरुष° MS. 15-16) आह। लोके° MS. 16) तच्चेद >--< तु moth-eaten in MS. 17) प्रमादो° MS. 17-18) °भयाद्वा। अनुक्त° MS. 18) शेषं। लिङ्गं MS. *Daṇḍa* in MS. before तथा. 21) स्त्रीपुन्सयोरत्यन्ताः MS. 22) स्त्रीपुन्सयो° MS. यथा। गार्ग्यः MS.

on P. VII.2.117), ***गार्गी*** (K. on P. VI.4.150), ***औपगवः*** (Bhāṣ. on Vā. 9 to *Pratyāhārasūtra* 5, 6 to P. I.3.3, 23 to P. I.4.2, 5 to P. II.3.1; on P. VII.2.117; on Vā. to P. VII.3.10), ***औपगवी*** ... (Bhāṣ. on Vā. 4 to P. IV.1.93)।

[द्विचतुःषट्पदोरगाः ।]

द्विचतुःषट्पदोरगाः ।

पदशब्दः प्रत्येकमभिसम्बध्यते। *द्विपदचतुष्पदषट्पदवाचिनस्तथोरगवाचिनश्च* शब्दाः *स्त्रीपुंसयोर्भवन्ति*। ***मानुषः*** (K. on P. IV.1.161), ... ***मानुषी*** ... (Bhāṣ. on P. IV.1.161); ... ***गर्दभः*** (Bhāṣ. (Paspaśā) on Vā. 13, 10 to P. I.1.56; on P. I.3.19, P. II.3.4; on Vā. 2 to P. II.3.8, 3 to P. II.4.79), गर्दभी; भ्रमरः (see AK II.5.29[d]), भ्रमरी; ***उरगः*** (AK I.8.8[c]), उरगी।

[जातिभेदाः]

जातिभेदाः ।

प्रकृतादन्ये *जातिशेषाः स्त्रीपुंसयोर्भवन्ति*। द्रुणः (see AK II.5.14[b]), ***द्रुणी*** (AK III.5.9[b]); ***मत्स्यः*** (AK I.10.16[a]), ***मत्सी*** (Bhāṣ. on Vā. 1 to P. IV.1.63); ***गण्डूपदः*** (AK I.10.21[a]), ***गण्डूपदी*** (AK I.10.23[c]); ***शरभः*** (AK II.5.11[a]), शरभी।

केचिद् *द्विचतुःषट्पदोरगा* इत्यनेनैव *जातिभेदा* इत्यभिसम्बध्नन्ति। अद्विपदादि*जाति*-परिग्रहार्थं च *द्विपदादी*नामन्यतममुपलक्षणं वर्णयन्तीति।

[पुमाख्याश्च स्त्रीयोगैः सह मल्लकः ।। ३७ ।।
मुनिर्वराटकः स्वातिर्वर्णको भ्राटलिर्मनुः ।
मूषा सृपाटी कर्कन्धूर्यष्टिः शाटी कटी कुटी ।। ३८ ।।]
[स्त्रीनपुंसकयोर्भावक्रिययोः ष्यञ् क्वचिच्च वुञ् ।
औचित्यमौचिती मैत्र्यं मैत्री वुञ् प्रागुदाहृतः ।। ३९ ।।]

---

6) °रागाः MS. 7) °षद्दार्थवाचिनः। तथा उरग° MS. 8) स्त्रीपुन्सयो° MS. 10-11) भ्रमरः भ्रमरी MS. 13-14) जातिभेदाः प्रकृता° MS. 14) स्त्रीपुन्सयो° MS. 15) मत्स्यी MS. 17) °रागा इत्यनेननैव MS. 18) द्विपदादीनांमन्य° MS.

[औचित्य , औचिती]

कयो*र्भावक्रिययोः ष्यञ्* । *क्वचि*दिति परः कश्चिच्छब्दोऽभिसम्बध्यते। तन्त्रेणावृत्त्या वा द्वौ कयोश्चिदिति भवतः। तत्रैकं पारिशेष्या*दौचित्यमौचिती*ति स्त्रीनपुंसकाभिव्यक्तेश्च *स्त्रीनपुंसकयोः* प्रातिपदिकमपरं तु *भावक्रिययो*र्विशेषणमसाकल्यार्थम्। तेन कयोश्चिदुचितसम्बन्धिनो*र्भावकर्मणोः ष्यञ्* कयोश्चिल्लिङ्गयोर्भवत्यौ*चित्यमौचिती*त्यादावुदाहरणे वक्ष्यमाणे।

कयोश्चिदिति वचनादुचितादिसम्बन्धिभावकर्मभ्यामन्यत्र ***भावकर्मणोः । अदन्तप्रत्ययाः*** (AK III.5.29^{b-c}) इति पूर्वेण नपुंसकमेव भवति। यथा ... ***शौक्ल्यम्*** (AK II.6.41^{a}), ***दाढर्च्यम्*** (K. on P. V.1.123), ...***जाड्यम् , ...ब्राह्मण्यम्*** (K. on P. V.1.124) इति।

क्वचिच्च वुञ्।

क्वचिद् भावे कर्मणि वा *क्वचि*देव लिङ्गे स्त्रियां नपुंसके वा *वुञ*नुवर्तते। यथा ***शैष्योपाध्यायिका*** (K. on P. V.1.133), ***गार्गिकया श्लाघते*** (K. on P. V.1.134) इत्यादि स्त्रियामेव; ***मानोज्ञकम्*** (K. on P. V.1.133), ...***रामणीयकम्*** (K. on P. V.1.132) इत्यादि नपुंसक एवेति। केचित् तन्त्रादिन्यायमनाश्रित्य तन्मध्यस्य सिद्धय उभयोरेतयोर् ***अपुंसि*** (AK III.5.41^{b}) इति वक्ष्यमाणमभिसम्बध्नन्ति। अस्मिन् सूत्रे च विषयभेदेना*पुंसी*ति प्रतिपादितं स्त्रीलिङ्गं नपुंसकलिङ्गं च व्याचक्षत इति। *औचित्यमौचि*त्यादि दिङ्मात्रमन्यदप्युदाहरणं वेदितव्यम्। आनुपूर्व्यम् , ***आनुपूर्वी*** (AK II.7.36^{c}); वैदग्धी, वैदग्ध्यम्। ***अर्हतो नुम् च*** (Vā. 2 to P. V.1.124)। ...***आर्हन्ती, आर्हन्त्यम्*** (Bhāṣ. on Vā. 2 to P. V.1.124) इत्यादि।

वुञ् प्रागुदाहृत इति स्त्रियां तावद् ***वैरमैथुनिकादिवुन्*** (AK III.5.4^{b}) इत्यत्रोदा*हृतः* । नपुंसके च ***भावकर्मणोः । अदन्तप्रत्ययाः*** (AK III.5.29^{b-c}) इत्यत्रोदा*हृत* इति।

[षष्ठ्यन्तप्राक्पदाः सेनाच्छायाशालासुरानिशाः ।
स्याद् वा नृसेनं श्वनिशं गोशालमितरे च दिक् ।। ४० ।।]

---

2) पर श्चिच्छन्दो° MS. 3) कयोश्चिन्दिति MS. 4) स्त्रीनपुन्सकयोः MS. 5) कयोश्चिदुचिद° MS. °भवति। औचित्य° MS. 7) °कर्माभ्या° MS. °कर्मणोरदन्त° MS. 8) नपुन्सक° MS. 10-11) वुञ्।। क्व° MS. 11) नपुन्सके MS. 11-12) यथा। शैष्यो° MS. 13) इत्यादि। स्त्रियामेव MS. मनोज्ञ° MS. 14-15) तन्माध्यस्य सिद्धये MS. 15) इति व >--< णं° broken off in MS. 16) °पुन्सक° MS. 17) °दप्युदा >--< णं broken off in MS. आनुपूर्व्यमानु° MS. 19) आर्हत्य° MS. 19-20) °त्यादि वुञ्। प्रागु° MS. 20) तावत्। वैर° MS. 21) Upper part of नपुं broken off in MS. °कर्मणोरदन्त° MS.

[III.5.40-41]

[नृसेन , नृसेना ; श्वनिश , श्वनिशा ; गोशाल , गोशाला]

षष्ठ्यन्तप्राक्पदा इत्यादिश्लोकः ***अपुंसि*** (AK III.5.41b) इति परं सम्बध्यते। *षष्ठ्यन्तपूर्वपदः सेनान्तस्तत्पुरुषो* नृणां सेना *नृसेनमित्यपुंसि वा स्यात्* पक्षे नृसेना इति। तथा *षष्ठ्यन्तपूर्वपदो निशान्तस्तत्पुरुषः* शुनां निशा *श्वनिशमित्यपुंसि वा स्यात्* पक्षे ***श्वनिशा*** (K. on P. II.4.25) इति। एवं *षष्ठ्यन्तपूर्वपदः शालान्तस्तत्पुरुषो* गवां शाला *गोशालमित्यपुंसि वा स्यात्* पक्षे ***गोशाला*** (K. on P. II.4.25) इति। लक्षणं चात्र ***विभाषा सेनासुराच्छायाशालानिशानाम्*** (P. II.4.25) इति।

इतरे च दिगिति दिङ्मात्रमेतत् *सेनादिकम्*। *इतरे च* ***कुडयच्छायम्*** (K. on P. II.4.25), ***यवसुरम्*** (K. on P. II.4.25) इत्युदाहरणेषु द्रष्टव्या इत्यर्थः। तयोरपि पूर्ववत् प्रक्रिया।।

[आबन्नन्तोत्तरपदो द्विगुश्चापुंसि नश्च लुप् ।
त्रिखट्वं च त्रिखट्वी च त्रितक्षं च त्रितक्ष्यपि ।। ४१ ।।]

आबन्तोत्तरपदो द्विगुरपुंसि भवति ***वाबन्तः*** (Vā. 3 to P. II.4.30) इति वचनात्। तथान्*नन्तोत्तरपदश्च द्विगुरपुंसि* भवति *न*कारस्य चोत्तरपदसम्बन्धिनो *लुप्* ***अनो नलोपो वा च स्त्रियाम्*** ([158] as quoted in K. on P. II.4.17) इति वचनात्। *दिक्* । **त्रिखट्वं च त्रिखट्वी च त्रितक्षं च त्रितक्ष्यपि।**

[त्रिखट्व , त्रिखट्वी ; त्रितक्ष , त्रितक्षी]

तिसृणां खट्वानां समाहार*स्त्रिखट्वम् , त्रिखट्वी* । त्रयाणां तक्ष्णां समाहार*स्त्रितक्षम् , त्रितक्षी* । एतद् द्वयं द्वयं यथाक्रमं पूर्वयोर्द्विग्वोरुदाहरणं *दिक्* । *दिग्*ग्रहणेनान्यदप्येवञ्जातीयं पञ्चमालम् , पञ्चमाली; ***पञ्चराजम्*** (Bhāṣ. on P. II.1. 23), ***पञ्चराजी*** (Ny. on K. under P. II.1.23) इत्यादिकं सूचयति।। ० ।।

---

2) °श्लोकः। अपुन्सीति MS. 3) षष्ठन्तपूर्वपदः। सेनान्त° MS. 3-4) स्यात्। पक्षे नृसेना इति। तथा षष्ठन्त° MS. 4) °पुन्सि MS. 4-5) स्यात्। पक्षे MS. 5) षष्ठन्त° MS. गावां MS. 6) स्यात्। पक्षे MS. 8) च पणिति दिङ्मात्रमेतत्सन्नादि° MS. 8-9) कुडयच्छायं यव° MS. 9) इत्युदाहरणे द्रष्टव्येत्यर्थः MS. 10) पूर्ववत MS. 13) आबन्नन्तो° MS. भवति। वा आब° MS. 14) द्विगुरपुन्सि भवति। नकारस्य MS. लुप्। अनो MS. 15-16) दिक्त्रिखट्वा त्रिखट्वी च त्रितक्षाञ्च त्रितक्षापि MS. 18) तिशृणां MS. °खट्वं त्रिखट्वी MS. 18-19) °त्रितक्षं त्रितक्षी MS. 19) पूर्वोयोर्द्विगो° MS. 20) °तीया। पञ्च° MS. 20-21) पञ्चराजम्पञ्च° MS.

[त्रिषु पात्री पुटी वाटी पेटी कुवलदाडिमौ ।]

त्रिषु पात्री पुटी वाटी पेटी कुवलदाडिमौ ।

[पात्र , पात्र , पात्री]

भाजने पात्रं (see ŚāK 400[c]) *पात्री,* योग्ये *पात्रं* (see ŚāK 400[c]) *पात्रः* च, राज*पात्रो*ऽयम् इति।

[पुट , पुट , पुटी]

नासिका*पुटः* ; पत्र*पुटम्* , धान्य*पुटम्* ; धान्य*पुटी* ।

[वाट , वाट , वाटी]

वाटो वाटम् । अल्पाख्यायां *वाटी*ति गौरादित्वात् (see P. IV.1.41)। आकृत्यन्तरेऽपि *वाटी*ति दृश्यते।

[पेटी , पेटा , पेटिका]

पेटी पेटा पेटिका च।

[कुवल]

*कुवल*स्तरुः। *कुवलं* फलं बदरिकाख्यम्।

[दाडिम , दाडिमी , दाडिम]

दाडिमस्तरु*र्दाडिमी* । *दाडिमं* फलम्।

[परलिङ्गं स्वप्रधाने द्वन्द्वे तत्पुरुषेऽपि तत् ।। ४२ ।।]

परलिङ्गं स्वप्रधाने द्वन्द्वे तत्पुरुषेऽपि तत्।

उभयपदार्थ*प्रधानस्ये*तरेतरद्वन्द्वस्योत्तरपदसम्बन्धि य*ल्लिङ्गं* तद् भवति। यथा ***कुक्कुटमयूर्याविमे, मयूरीकुक्कुटाविमौ*** (K. on P. II.4.26)। एवं पूर्वपदार्थ*प्रधानस्य तत्पुरुष*स्याप्युत्तरपदसम्बन्धि य*ल्लिङ्गं* तदेव भवति। यथा ***अर्धं पिप्पल्या अर्धपिप्पली*** (Bhāṣ. on Vā.1 to P. I.2.44), ***अर्धकोषातकी*** (Bhāṣ. on Vā. to P. II.2.3)।

9) *Daṇḍa* in MS. before वाटीति MS. 10) दृस्यते MS. 12) पेडा MS. 14) कुवलस्तरु MS. 16) दाडिमस्तरुः। दाडिमी MS. 18) परलिङ्ग ङ्वप्रधाने द्वन्द्वे। तत्पुरुषे° MS. 19) °प्रधानस्येतरद्वंद्व° MS. 19-20) यथा। कुक्कुट° MS. 20) *Anusvāra* in एवं not visible due to the leaf's being moth-eaten. 21) ततुष° MS. यथा। अ° MS. पिप्पल्याः। अ° MS.

लक्षणं चात्र ***परवल्लिङ्गं द्वन्द्वतत्पुरुषयोः*** (P. II. 4.26) इति।

[अर्थान्ताः प्राद्यलम्प्राप्तापन्नपूर्वाः परोपगाः ।
तद्धितार्थे द्विगुः सङ्ख्या सर्वनाम तदन्तकाः ।। ४३ ।।]

अर्थान्ताः।

चतुर्थी तदर्थार्थबलिहितसुखरक्षितैः (P. II.1.36) इति वचनादर्थशब्दो*त्तरपदास्तत्पुरुषाः परोपगा* इत्यभिधेयप्रधानाः सन्तस्त्रिषु त्रिलिङ्गा ***अर्थेन नित्यसमासः*** (Vā. 4 to P. II.1.36) ***सर्वलिङ्गता च*** (Vā. 5 to P. II.1.36) इति वचनात्। ब्राह्मणायेदं ***ब्राह्मणार्थं पयो ब्राह्मणार्था यवागूर्ब्राह्मणार्थः सूप इति*** (Bhāṣ. on Vā. 5 to P. II.1.36)।

प्राद्यलम्प्राप्तापन्नपूर्वाः परोपगाः।

*प्रादि*ग्रहणं गत्युपलक्षणं (see P. I.4.60) ग*त्यलम्प्राप्तादिपूर्व*पदा*स्तत्पुरु*षसमासा अभिधेयलिङ्गा ***द्विगुप्राप्तापन्नालम्पूर्वगतिसमासेषु प्रतिषेधो वक्तव्यः*** ([163] as quoted in K. on P. II.4.26) इति वचनात्। यथा ***निष्क्रान्तः कौशाम्ब्या निष्कौशाम्बिः*** (Bhāṣ. on Vā. 4 to P. II.2.18), ***अलं जीविकाया अलञ्जीविकः*** (Bhāṣ. on Vā. 1 to P. II.4.26), ...***अलङ्कुमारिः*** (Bhāṣ. on Vā. 3 to P. I.2.44), ***प्राप्तो जीविकां प्राप्तजीविकः***, ***आपन्नो जीविकामापन्नजीविकः*** (Bhāṣ. on Vā. 3 to P. I.2.44, 1 to P. II.4.26) इति।

तद्धितार्थे द्विगुः।

तद्धितार्थोत्तरपद ... (P. II.1.51) इत्यादिना *तद्धितार्थो* यो *द्विगु*समासः सोऽपि *परोपगो*ऽभिधेयलिङ्गोऽनन्तरोक्तेन प्रतिषेधवचनेन। यथा ***पञ्चसु कपालेषु संस्कृतः पञ्चकपालः पुरोडाशः*** (K. on [163] as quoted in K. on P. II.4.26), ***पञ्चकपाला यवागूः*** इति।

सङ्ख्या सर्वनाम।

सङ्ख्येयप्रधानत्वात् *सङ्ख्या*शब्दः *सर्वनाम* इत्यन्वर्थसञ्ज्ञासमाश्रयात् *सर्वनाम*सञ्ज्ञश्च

---

1) °वत्पुरुष° MS. 4) अर्थांताः MS. 6) °स्त्रिषु। लिङ्गा MS. षु and लि partially moth-eaten in MS. 7) ब्राह्मणाय इदं MS. 7-8) पयः। ब्रह्मणार्था यवागूः। ब्राह्मणार्थ MS. 9) परोगाः MS. 10) *Daṇḍa* in MS. before गत्य°. °पूर्वापदा° MS. 10-11) °समासाऽभिधेयलिङ्गाः। द्विगु° MS. 13) जीविकायै MS. 14) °मारि MS. 15) जीविका आपन्न° MS. 16-17) द्विगुः।। तद्धिताथोत्तर° MS. 17) तद्धितार्थौ यो द्विगुसमासमासः MS. 18) यथा। पञ्चसु MS. 19) पुरोडासः MS. 21) °नाम्नः MS. No *daṇḍa* in MS. 22) सख्याशब्द MS. इत्यत्वर्थ° MS. °समासमाश्रया° MS.

परोपगः । यथा बहवो ब्राह्मणाः, बह्व्यो ब्राह्मण्यः, बहूनि ब्राह्मणकुलानि; तिस्रः स्त्रियः, त्रीणि कुलानि, त्रयः पुरुषाः; सर्वा स्त्री, सर्वं धनम् ; एका स्त्री, एकः पुरुषः इति।

तदन्तकाः ।

सर्वनामान्तास्तत्पुरुषाः परोपगाः । यथा अतिसर्वः, अनुत्तरः, ... ***मासपूर्वः*** (K. on P. II.1.31), अनेकः इति।

[बहुव्रीहिरदिङ्नाम्नामुन्नेयं तदुदाहृतम् ।]

बहुव्रीहिरदिङ्नाम्नामुन्नेयं तदुदाहृतम् ।

अदिङ्नाम्नां बहुव्रीहिः परोपगः । तस्यो*दाहृत*मुदाहरणमन्यतो वृत्तिसूत्रादेव*मुन्नेयम्* । इह तु बहुत्वाद् बहुव्रीह्युदाहरणस्य तन्नोक्तम्। तच्च ... ***प्राप्तोदको ग्रामः*** (Bhāṣ. on Vā. 19 to P. II.2.24), ... ***उपदशाः*** (Bhāṣ. on Vā. 4 to P. II.2.25) ब्राह्मणाः इत्यादिकमेव।

*अदिङ्नाम्ना*मिति किम्। ***दिङ्नामान्यन्तराले*** (P. II.2.26) इति दिङ्नाम्नां बहुव्रीहिः। स्त्रीलिङ्गमेव यथा स्यात्। ***दक्षिणस्याश्च पूर्वस्याश्च दिशोऽन्तरालं दक्षिणपूर्वा दिक्*** (K. on P. II.2.26)।

[गुणद्रव्यक्रियायोगोपाधिभिः परगामिनः ।। ४४ ।।]

गुणद्रव्यक्रियायोगोपाधिभिः परगामिनः ।

गुणयोगेन द्रव्ययोगेन क्रियायोगेन चो*पाधिना परगामिनः* शब्दाः *परोपगाः* । तस्य परस्याभिधेयस्य यल्लिङ्गं तल्लिङ्गका इत्यर्थः। यथा मधुरं क्षीरम् , ***मधुरो गुडः*** (Bhāṣ. on Vā. 1 to P. II.1.1), मधुरा क्षीरिका; डित्थवान् प्रदेशः, डित्थवती भूमिः, डित्थवद् गृहम् ; पाचको देवदत्तः, पाचिका देवदत्ता, पाचकमौषधम्।

[कृतः कर्तर्यसञ्ज्ञायां कृत्याः कर्तरि कर्मणि ।
अणाद्यन्तास्तेन रक्ताद्यर्थे नानार्थभेदकाः ।। ४५ ।।]

---

1) यथा। बहवो MS. बाह्वचो ब्राह्मण्यः MS. 2-4) इति।। तदन्तकाः।। सर्व° MS. 4) °स्तत्पुरुषा MS. 7) °दिग्नाम्ना° MS. 8) अदिग्नाम्बहुव्रीहिः। परोपगस्तस्यो° MS. 9) दाहरण partially moth-eaten in MS. 11-12) °मेव आदिङ्नाम्ना° MS. 12) दिग्नामा° MS. दिग्नाम्नां MS. 13) पूर्वाश्च MS. 16) पारगामिनः MS. 17) परोपगास्तस्य MS. 18) तलिङ्गका MS. 19) दित्थवान् MS. दित्थवती MS. 20) याचिका MS. पचनमौषं MS.

[III.5.45]

कृतः कर्तर्यसञ्ज्ञायाम्।

ये *कृत्*प्रत्ययाः ***कर्तरि कृत्*** (P. III.4.67) इति वचनात् *कर्तरि* भवन्ति तदन्ताः *परोपगा*स्त्रिलिङ्गा इत्यर्थः। यथा गन्ता ब्राह्मणः, गन्त्री स्त्री, गन्तृ ब्राह्मणकुलम् इति। *असञ्ज्ञाया*मिति किम्। ***क्तिच्कृतौ सञ्ज्ञायाम्*** इति सञ्ज्ञायां यौ क्तिच्कृतौ तयोस्त्रिलिङ्गता मा भूत्। ...***तन्तिः*** (K. on P. III.3.174), ***देवा एनं देयासुर्देवदत्तः*** (K. on P. III.3.174) इति।

कृत्याः कर्तरि।

ये *कृत्य*प्रत्यया ***भव्यगेय*** ... (P. III.4.68) आदिसूत्रेण निपातिता ये च ***कर्मणि तयोरेव कृत्यक्तखलर्थाः*** (P. III.4.70) इति वचनाद् विहितास्ते *परोपगाः*। यथा ***भवत्यसौ भव्यः*** (K. on P. III.4.68) तरुः, भव्या लता, भव्यं फलम् ; गन्तव्यो ग्रामः, गन्तव्या नगरी, गन्तव्यं नगरम् इति।

ननु कृदन्तादीनां *क्रियायोगोपाधिक*त्वादेव पूर्वेण सिद्धं तत् किमाभ्यामुच्यते। सञ्ज्ञातोऽन्यत्र कर्त्रर्थाः *कृतः परोपगाः कृत्या*श्च कर्तृकर्मार्थाः *परोपगा* इत्येतत्-प्रदर्शनार्थमेतद् द्वयमुक्तम्।

अणाद्यन्तास्तेन रक्ताद्यर्थे नानार्थभेदकाः।

तेन रक्ताद्यर्थे येऽणादिप्रत्ययास्त*दन्ता नाना*भूता*र्थ*विशेषका विशेषणत्वान्वित*नाना*-भूता*र्थ*प्रधानाः सन्तस्तेऽन्यलिङ्गका इत्यर्थः। यथा

तेन रक्तं रागात् (P. IV.2.1) इत्यण्। ***कषायेण रक्तं काषायं वस्त्रम्*** (K. on P. IV.2.1), काषायः पटः, काषायी शाटी।

लाक्षारोचनाशकलकर्दमाद् ठक् (P. IV.2.2)। लाक्षिकं वस्त्रम् (see K. on P. IV.2.2), लाक्षिकी शाटिका।

नक्षत्रेण युक्तः कालः (P. IV.2.3) इत्यण्। ***पौषी रात्रिः, पौषमहः*** (Bhāṣ. on P. IV.2.4)।

---

1) No *daṇḍa* in MS. 2) कृतप्रत्ययाः MS. भवन्ति। तदन्ताः MS. 3) गन्ती स्त्रीः MS. 4) On the *sūtra*, see § 6.11.2. 5) तन्ति MS. एवं MS. 7-8) °रि ये MS. 12) *Daṇḍa* in MS. before त°. मुच्यते partially moth-eaten in MS. 13) कत्रर्थाः MS. 13-14) इत्येतप्रदर्शनार्थ° MS. 16) विशेषणत्वाव्चित° MS. 17) °स्तेलिङ्गका MS. 17-18) यथा। तेन MS. 18) कषायेन MS. 22) रात्रिः पौषमहः MS.

दृष्टं साम (P. IV.2.7), ***कलेर्ढक्*** (P. IV.2.8) । ...***कालेयं साम*** ... (Bhāṣ. on Vā. 1 to P. IV.2.7), कालेयी सामगीतिः ।

परिवृतो रथः (P. IV.2.10) इत्यण् । ***वस्त्रेण परिवृतो रथो वास्त्रः*** (K. on P. IV.2.10) । वास्त्री रथपङ्क्तिः, वास्त्रं रथजातम् , पाण्डुकम्बलो रथः, पाण्डुकम्बली रथपङ्क्तिः इत्यादयोऽन्येऽप्यूह्याः ।

[षट्सञ्ज्ञकास्त्रिषु समा युष्मदस्मत्तिङव्ययम् ।
परं विरोधे शेषं तु ज्ञेयं शिष्टप्रयोगतः ।। ४६ ।।]

षट्सञ्ज्ञकास्त्रिषु समाः ।

ष्णान्ता षट् (P. I.1.24), ***डति च*** (P. I.1.25) इति *षट्सञ्ज्ञकाः सङ्ख्याशब्दास्त्रिषु* लिङ्गेषु *समाः* सदृशा अभिन्ना इति यावत् । यथा

षड् ब्राह्मणाः, षट् स्त्रियः, षड् वस्त्राणि; पञ्च ब्राह्मणाः, पञ्च स्त्रियः, पञ्च वस्त्राणि; कति ब्राह्मणाः, कति स्त्रियः, कति वस्त्राणि ।

यद्यपि ***सङ्ख्या*** (AK III.5.43^{C}) इति पूर्वोक्तेनैवात्र लिङ्गत्वमुक्तं तथाप्येषां *त्रिष्वपि* लिङ्गेषु रूपभेदो नास्त्यभिन्नमेकमेव रूपं भवतीति प्रदर्शनार्थमेतदुक्तम् ।

युष्मदस्मत्तिङव्ययम् ।

*युष्मदस्म*च्छब्दौ *तिङ*न्तं शब्दरूप*मव्यय*सञ्ज्ञकं *त्रिषु* लिङ्गेषु तुल्यरूपमित्यर्थः । तत्राद्ययोः स्वभावत एव लिङ्गविशेषाभिधाने सामर्थ्याभावः । अत एवोच्यते ***अलिङ्गे युष्मदस्मदी*** (Bhāṣ. on Vā. 5 to P. VII.1.33) इति । इतरयोरप्यसत्त्ववाचित्वाच्च कुतो लिङ्गविशेषः । तद् यथा

युष्मद् - त्वं ब्राह्मणः, त्वं ब्राह्मणी, त्वं मित्रम् । *अस्मद्* - अहं ब्राह्मणः, अहं ब्राह्मणी, अहं भाजनम् । *तिङ्* - ब्राह्मणः पचति, ब्राह्मणी पचति, ब्राह्मणकुलं पचति । *अव्ययम्* - उच्चैर्गृहम् , उच्चैः शाला, उच्चैः प्राकारः इति ।

एष चालिङ्गानामपीह लिङ्गसङ्ग्रहे सङ्ग्रह*स्त्रिषु* । समत्वात् *त्रिषु* । समानां षट्*सञ्ज्ञका*नां प्रसङ्गेन वेदितव्यः ।

---

1) साम कलेर्ढक् ।। कालेयं MS. 4) रथपंक्तिः MS. 4-5) रपंक्ति । इत्यादयो° MS. 9) ष्णान्ताः । षट् डति MS. °सज्ञकाः MS.10) दृशा अ partially moth-eaten in MS. 11) षड्ब्राह्मणाः MS. षड्वस्त्राणि MS. 13) लिङ्गत्वमुक्तं । तथा° MS. 17) लिङ्गविशेषाबिधाने MS. एवोच्यते । अलिङ्गे MS. 18) °सत्व° MS. 19-20) °था । युष्मद MS. 23) षट° MS.

[III.5.46]

पर विरोधे।

पूर्व*पर*योर्लिङ्गलक्षणयोस्तुल्यबलयो*र्विरोधे* सति *पर*लिङ्गलक्षणं प्रवर्तते। यथा

कषणभमरोपान्ता यद्यदन्ता अमी अथ (AK III.5.14^{a-b}) इत्यतः परत्वाद् ***द्विचतुःषट्पदोरगाः*** (AK III.5.37^{b}) इत्येतद् भवति। ***मानुषः*** (K. on P. IV.1. 161), ...***मानुषी***... (Bhāṣ. on P. IV.1.161); ***महिषः*** (AK II.5.4^{c}), महिषी; भ्रमरः (see AK II.5.29^{d}), भ्रमरी; ***सर्पः*** (AK I.8.6^{c}), सर्पी इति।

यथा च ***सयोनिप्राणिनाम च*** (AK III.5.2^{d}) इत्यतः परत्वात् स्त्रीवनितादिषु (see AK II.6. 2) ***ङ्याबूङन्तम्*** (AK III.5.5^{b}) इति भवति।

यस्य च पूर्वेण वा साहचर्याल्लिङ्गान्तरं प्राप्नोति। इहोक्तेन लिङ्गलक्षणेनापि लिङ्गान्तरं तस्य परत्वादिहोक्तमेव लिङ्गं भवति। यथा

गर्भो भ्रूण इमौ समौ। तृतीयाप्रकृतिः षण्ढः (AK II.6.39^{b-c}) इति तृतीया-प्रकृतिशब्दस्य स्त्रीत्वमेव।

यच्च किञ्चित् पूर्वमेकलिङ्गमुक्तमत्र च लिङ्गादिसङ्ग्रहे तद् द्विलिङ्गमुक्तम्। तद् द्विलिङ्गमेव परत्वाद् वेदितव्यम्। यत्र च क्वचिन्मध्यगतेन विशेषविहितेन लिङ्गानां सम्बद्धस्यापि पूर्वस्य परस्परं तल्लिङ्गं प्राप्नोति, इहोक्तमपि लिङ्गान्तरं तत्र परत्वादिहोक्तमेव लिङ्गं भवतीति।

शेषं तु ज्ञेयं शिष्टप्रयोगतः।

यथोक्तादन्यच्छेषभूतं यल्लिङ्गं विस्तरभयादिह लिङ्गादिसङ्ग्रहे नोक्तम्। त*च्छिष्ट-प्रयोगतो* लौकिकात् प्रयोगाद् *विज्ञेयं* ...***लोकाश्रयत्वाल्लिङ्गस्य*** (Bhāṣ. on Vā. 5 to P. II.1.36, 17 to P. II.2.29, 5 to P. II.4.12, 2 to P. V.3.66; on Vā. to P. V.4.68)। सप्ताङ्का गेञ्जिः पुञ्जिरित्यादीनां स्त्रीत्वम्। वसन्ततिलका वसन्त-तिलकमिति स्त्रीनपुंसकत्वम्। स्वातिशब्दस्य स्त्रीपुंस्त्वम्। घोलमिति नपुंसक-त्वम्। दृष्टिनक्षत्रयोर्ज्योतिषः क्लीबत्वम्, दीप्तौ स्त्रीत्वम्, विकल्पितं पुंस्त्वम्।

---

2) °परयोलिङ्ग° MS. °बलयौविरोधे MS. 2-3) यथा। कषण° MS. 3) यद्यन्ता MS. परत्वात् MS. 5) भ्रमरः partially moth-eaten in MS. 11) इति। तृतीया° MS. 13) किंचित्र MS. त द्विलिङ्ग° MS. 13-14) तत् द्विङ्गमेव MS. 14) °तव्यः MS. 14-15) लिङ्गाना सम्बुद्धस्यापि MS. 15) *Anusvāra* of ङ्ग in तल्लिङ्ग not visible due to the leaf's being broken. Upper part of प्नोति। इहो broken off in MS. 18) विस्मर° MS. 21) सप्तङ्का गेञ्जिः। पुञ्जि° MS. वसन्त partially moth-eaten in MS. °तिलका। वसन्त° MS. 22) स्त्रीनपुन्सक° MS. स्त्रीपु° MS. नपुन्सक° MS. 23) °नक्षत्रयोज्योतिषः MS. पुस्त्वं MS.

वह्नौ सुमन्त्रकमठम् इति। उष्णीषयष्टीकवेलादीनां च नपुंसकत्वमिति।

लिङ्गादीनां सङ्ग्रहो लिङ्गादिसङ्ग्रहः। यश्च वर्गशब्देन कर्मधारयः। आदिशब्देन *युष्मदस्मद्तिङव्यया*नां ग्रहणम्। अथवा लिङ्गशास्त्राङ्गानां सन्नादिकृदादीनां लिङ्गशास्त्राङ्गत्वादेव हि सन्नादिकृदादीनां केचित् तल्लिङ्गप्रधानं मन्यमानास्तेनैवैतेन वर्गमिमं व्यपदिशन्ति लिङ्गसङ्ग्रहवर्ग इति।। ।।

लिङ्गादिसङ्ग्रहवर्गः समाप्तः।। ।।

जातरूपेण चन्द्रेण चन्द्रिकोपमयानया ।
टीकया विकचः कोषः कृतः कैतवकोषवत् ।।

अयमिह विवृतोऽर्थः सर्व एवागमेभ्यो गुरुवचनसरोजाज्जातरूपेण बुद्धः ।
सुरकुसुमतरुभ्यो गन्धनागेन षण्डादधिगत इव गन्धो गन्धवाहेन हृद्यः ।। ।।

अमरकोशटीकेयं समाप्तेति।।

---

1) °यष्टिक° MS. नपुंसकत्वंमिति MS. 2) °सङ्ग्रहः।। यश्च दुर्गशब्देन MS. 4) °प्रधान MS. 5) व्यपदिशति।। लिङ्ग° MS. 8) कृत MS. 8-9) °वत्। अयमिह MS. 9) विवृतोऽर्थ MS. 10) व्यण्डा° MS.

APPENDICES

1. Notes to Emendations and Preferred Readings

It is evident that both extant MSS. of Jātarūpa's text abound in clerical errors. Broadly speaking, these errors can be divided into two groups: a first group of easily detectable scribal errors resulting from the misreading or the miscopying of the exemplar, and a second group of more complicated errors of the same type, and ones resulting from the scribes' own emendations. To correct the first type of mistake generally requires little effort. However, to restore the original readings by emending the clerical 'emendations' and filling in the lacunae is not always easy. Moreover, sometimes I have had to face the difficulty of choosing one of two readings available in the MSS. In the more complicated cases, of course, an editor is expected to cite the sources for his emendations and preferred readings so as to enable readers to judge the validity of what he has emended. Regardless of their importance, all deviations in the MSS. from the established text have been duly recorded in the critical apparatus at the bottom of the text. Thinking that the supporting material for the emendations and preferred readings should be discernible amid the errors, I have relegated it to this special appendix. Most of the emendations, needless to say, speak for themselves if they are read along with the sources on which they are based. However, several of them need further comment, and I have supplied such whenever I have felt it necessary. In the following there are two instances (nos. 34, 47) where a lacuna resulting from the loss of the manuscript's previous leaf has been filled.

No. 1 Text 7:21

MS. A मातृपितरौ। मातरपितरौ पितरौ।
तातजनयित्र्यौ। जनयित्र्यौ ।

MS. B मातृपितरौः। मातरपितरौ। पितरौ।
तातजनयित्र्यौ। जनयित्र्यौ ।[1]

The differences in the readings of the hypermetric half-verse found in the

---

1. As a rule, MS. B uses the double *daṇḍa* in those cases where MS. A employs a single one, which is true also in the present case. In the following, I take no note of this variation.

Jātarūpa MSS. are the presence of the *visarga* in the first word and the *daṇḍa* after the second word in MS. B, and these can simply be cancelled.

The first word in the Jātarūpa MSS. is not only ungrammatical, but also unmetrical. Other Amara commentators (Kṣīrasvāmin, Sarvānanda, Liṅgayasūrin, Mallinātha on II.6.37[a]; Bṛhaspati on II.295[a]; Bhānuji on II.6.37[a-b]) have *mātāpitarau*, which follows grammatical convention (see P. VI.3.25, Vā. 4 to P. II.2.34) and the metrical norm as well.

In contrast to most of the Amara commentators who cite or derive *pitarau* and *mātarapitarau* as the second and third words in the half-verse (Kṣīrasvāmin, Sarvānanda and Mallinātha on II.6.37[a-b], Bṛhaspati on II.295[a-b] and Bhānuji on II.6.37[a-b]), the Jātarūpa MSS. reverse the order by putting *mātarapitarau* first.[2]

The most striking difference between the readings of this half-verse in other Amara commentaries and in the Jātarūpa MSS. is that the word *tātajanayitryau* of the Jātarūpa MSS. has given way to *prasūjanayitārau* in the commentaries of Kṣīrasvāmin, Liṅgayasūrin and Mallinātha,[3] which follows the grammatical norm. A noteworthy feature in this context is that Sarvānanda, Bṛhaspati and Bhānuji do not tell us what actually stood after *mātarapitarau* in the root text. Moreover, all of them state that those three words are the synonyms of 'parents' and this suggests that they take the last word not as a synonym but rather as a word defining the synonyms. The reading as attested in Jātarūpa, though unconventional, is an entry in some of the reputed dictionaries compiled along modern lines (Wilson 1832:371; ŚKD 1967:2, 603; Böhtlingk and Roth 1861:3, 291; Monier-Williams 1899:442; J. Vidyasagara 1900:308). Interestingly enough, ŚKD (*loc. cit.*) cites the word *tātajanayitryau* from AK itself. The presence of the word in Jātarūpa's citation of a hemistich from AK attests to ŚKD's

---

2. Liṅgayasūrin is the sole exception, citing the first three words in the following order: *pitarau, mātāpitarau, mātarapitarau.*

3. As Mallinātha cites the first word, i.e. *mātāpitarau*, and the last member of the last word, i.e. *janayitārau*, when he refers to the hemistich, it may be safely concluded that he read the last word as *prasūjanayitārau.*

reliability. Moreover, it suggests that the older readings were replaced by those considered standard.

The last word, i.e. *janayitryau*, is merely a redundant duplication of the last component of the compound *tatajanayitryau.*

To sum up, the reading is emended by changing *mātṛpitarau* to *mātāpitarau*, by adding the particle *ca* (to restore the proper metre), and finally by dropping *janayitryau.*

Em. मातापितरौ मातरपितरौ पितरौ च तातजनयित्र्यौ ।

No. 2 Text 14:12

MS. A तुषितास्त्रिशत्तथा षट् ।

MS. B तुषितास्त्रिशत्तथा च षट् ।

Subhūti's MS. (on I.1.10) reads the *pāda* as it is written in MS. A if we ignore the omission of the *anusvāra* in the latter, which is simply a mistake.

Of the seven MSS. of Sarvānanda's commentary, four read the *pāda* in question as it is written in MS. B (see T.G. Sâstrî 1914:11, fn. 1). This reading is hypermetric, as it consists of nine syllables. The remaining MSS. of Sarvānanda's commentary all read the *pāda* as *ṣaṭtriṃśat tuṣitās tathā* (on I.1.10), both grammatically and metrically correct, though quite distinct from what we find in the Jātarūpa MSS.

As the reading of the *pāda* given in MS. A contains only eight syllables (even if the metre is violated), and is also supported by Subhūti's commentary, which is older than Sarvānanda's, I have taken this reading as genuine.

Pref. तुषितास्त्रिंशत् तथा षट् ।

No. 3 Text 14:18

A+ महाराजिकनामानो द्वे शते षड्विंशतिः ।

Subhūti, Sarvānanda, Mallinātha (all on I.1.10), Bṛhaspati (on I.5) and Bhānuji (on I.1.10) read the *pāda* as *dve śate viṃśatis tathā*. Though the reading is metrically correct, it allows for fewer *Mahārājika*-s than the Jātarūpa MSS.[4] One of the four MSS. of Mallinātha's commentary, however, reads the *pāda* as *dve śate ṣaṭ ca viṃśatiḥ* (A.A. Ramanathan 1971:10, fn. 3), which is not only metrically correct but also the same number of *Mahārājika*-s as in the Jātarūpa MSS. The *pāda* in the Jātarūpa MSS., short by one syllable, is thus emended by supplying the *ca* of Mallinātha's commentary.

Em. महाराजिकनामानो द्वे शते षट् च विंशतिः ।

No. 4 Text 15:6

A+ वसुसत्वौ

First of all, it is worthwhile to note that the reading of the entire verse, which enumerates the individual *Viśvedeva*-s, is almost the same in the Jātarūpa MSS. and in the Subhūti MS.[5] Similarly, it should be noted that the first three *pāda*-s are metrically wrong in the same set of MSS. However, it is obvious that the Subhūti MS. does not help us at all in the present case, as it contains one quite different reading: *vasubandhau*.

Bṛhaspati (on I.5) quotes a quite different verse enumerating the names of the *Viśvedeva*-s, the pertinent names there reading in the singular, as *vasuḥ* and *satyaḥ*. The *Likhitasmṛti* (v. 49) also reads the names as *vasuḥ* and *satyaḥ*, as in the passage quoted by Bṛhaspati. The *Prajāpatismṛti* (vv. 179-180) gives the names in the dual, in compound, as *satyavasū*. Kirfel's citation of the *Brahmāṇḍa*- and *Vāyupurāṇa*-s (1979:176, v. 33) replaces *vasuḥ* with *śravaḥ*, while retaining *satyaḥ*. The *Nīlamata* (v. 611), how-

4. Kṣirasvāmin and Liṅgayasūrin (both on I.1.10), though they do not cite any source, give the number of the *Mahārājika*-s, in their own words, as respectively: षट्त्रिंशद् द्वे शते महाराजिकाः and महाराजशब्दो येषामस्तीति महाराजिकाः। ते षट्त्रिंशद् द्वे शते. This is ten more *Mahārājika*-s than in the Jātarūpa MSS.

5. Subhūti on I.1.10[a]: वसुबन्धौ ऋतुदक्षौ कालकालौ धुरिलोचनौ ।
पुरूरवा मद्रवाश्चैव विश्वेदेवाः प्रकीर्तिताः ।।

ever, names the two deities as *vasuh* and *satyah*. ŚKD (1967:4,437) quotes under the first *viśvah* a verse from Bharata (very similar to the one quoted by Jātarūpa and Sūbhūti) enumerating the names of the *Viśvedeva*-s, in which the pertinent names are given in the dual, in compound, as *vasusatyau*. ŚKD then immediately cites a *smṛti* text directing the worship of the individual *Viśvedeva*-s on the occasion of different types of *śrāddha*, and there the relevant deities are named, in the singular, as *satyah* and *vasuh*. Again, under *Viśvadevah*, ŚKD (*ibid*.:438-439) quotes a passage from the *Vahnipurāna* which reads the names in the dual, in compound, as *vasusatyau*. The last time, ŚKD (*ibid*.:440) deals with the names of the deities under *Viśvedevāh*, quoting a different passage from the same chapter of the same *Purāna*. This verse reads the names in question, in the singular, as *vasuh* and *satyah*. The *Vācaspatya* (1970:3757) quotes under *daiva* a passage from Hemādri (who himself is citing from Śaṅkha and Bṛhaspati), in which the worship of each particular *Viśvedeva* during different types of *śrāddha* is described. This passage spells the names of the deities concerned, in the singular, as *satyaḥ* and *vasuḥ*. The *Vācaspatya* (*ibid*.:4033), under *nāndīmukha*, again cites a passage from Hemādri (who in turn attributes it to Śaṅkha), in which the two names are given in the dual, in compound, as *satyāvasū*. The third time, the *Vācaspatya* (*ibid*.:4925) lists the names of the deities, in quoting an anonymous passage – very similar to the verse quoted in ŚKD from Bharata – in explanation of *Viśva*, the names are given, in the dual, in compound, as *vasusatyau*. Finally, it (*ibid*.:4926) deals with the names under *Viśvedeva* and quotes another anonymous passage wherein the names are given, in the singular, as *vasuḥ* and *satyaḥ*. A verse in V.S. Apte (1959:1474) cited from the *Mahābhārata* and listing all the names of the *Viśvedeva*-s also reads the relevant names as *vasuḥ* and *satyaḥ*. Hence *vasusatvau* of the Jātarūpa MSS. is a clerical error for *vasusatyau*, and the reading is emended accordingly.

Em. वसुसत्यौ

No. 5 Text 15:6

A+ कामपालौ

As is clear from the quotation given above in the footnote under No. 4, the

Subhūti MS. has *kālakālau*, which is obviously a clerical error. Bṛhaspati has *kālaḥ kāmaḥ* (on I.5), and the same is found in the *Mahābhārata* passage quoted in V.S. Apte (1959:1474). Of the four citations quoted in ŚKD the first two – from Bharata and a *smṛti* (1967:4, 437) – have the names in the dual, in compound, as *kālakāmau*. In the third citation in ŚKD (*ibid.*:438-439), from the *Vahnipurāṇa*, the names are given in the dual, in compound, but in reversed order: *kāmakālau*, and in the fourth (*ibid.*:440), which is also from the *Vahnipurāṇa*, the compound is dissolved, though the order is the same as in the third citation: *kāmaḥ kālaḥ*. Both the *Likhita-* (v. 49) and the *Prajāpatismṛti-*s (vv. 179-180) read the names in the dual, in compound, as in the first two citations in ŚKD. Kirfel's citation of the *Brahmāṇḍa-* and *Vāyupurāṇa-*s (1979:176, v. 33) reads the names in the singular, as *kālaḥ* and *kāmaḥ*, as does the *Nīlamata* (v. 611). In the *Vācaspatya* (1967:3757) the names are cited the first time as *kāmakālau*, the form found in Hemādri as quoted from Śaṅkha and Bṛhaspati, and the second time (*ibid.*:4925), in a quotation from an anonymous text, as *kālakāmau*. The last citation (*ibid.*:4926), *kāmaḥ kālaḥ*, which is also from an anonymous text, follows the same order as the first citation, though the compound is dissolved. The reading in the Jātarūpa MSS. is emended on the basis of the sources cited above.

Em.	कामकालौ

No. 6 Text 15:7

MS. A	मद्रवाश्चैव
MS. B	माद्रवाश्चैव

As seen above in the footnote under No. 4, the Subhūti MS. has the same reading as MS. A. Bṛhaspati (on I.5), the first two citations in ŚKD (1967:4, 437), quoted from Bharata and a *smṛti* text, respectively, and the second of the two anonymously quoted citations in the *Vācaspatya* (1970:4926) spell the name in question, however, with the first vowel long, as it is spelt in MS. B.

Interestingly, there also exist variants of the name which read not only the first vowel long, but also have a *repha* immediately following the vowel. One of these is in the first anonymous citation in the *Vācaspatya*

(1970:4925): *mārdravāḥ*. The *Vāyupurāṇa*, as quoted in Kirfel (1979:176, v. 33, fn.), spells the name as *mārdravasaḥ*, and one of the Bṛhaspati MSS. (K.K. Dutta 1966:19, fn. 85) as *mārdravaḥ*.

It is to be noted that the last two references thus present the name as an *a*-stem masculine noun, in sharp contrast to the *s*-stem masculine forms of the former references. Finally, V.S. Apte's citation (1959:1474) from the *Mahābhārata* spells the name with the first vowel long, as in MS. B, while making it an *a*-stem masculine: *mādravaḥ*.

There is another tradition, which does not begin the name with a consonant. The *Brahmāṇḍapurāṇa* (II.3.30-31), as quoted in V. Bhatta (1990:267, fn. 2), reads the name in question as *ārdravasaḥ*. In the remaining cases, though, it is impossible to say whether the *a* is short or long, due to the presence of homophonic *sandhi*: *purūravārdravāś caiva* (*Likhitasmṛti*, v. 49), *purūravārdravasañjñau* (*Prajāpatismṛti*, v. 179), *purūravās cādravāś ca* (ŚKD 1967:4, 438-439, quoted from the *Vahnipurāṇa*), *rocakaś cādravās caiva* (*ibid*.:440, quoted from the *Vahnipurāṇa*), *purūravārdravau caiva* (*Vācaspatya*:3757, as quoted from Śaṅkha and Bṛhaspati in Hemādri).

From these citations it is quite clear that the word in question beginning with an *m* sound has an *ā* in its initial *akṣara*, and thus the reading of MS. B is accepted as correct.

Pref. माद्रवाश्चैव

No. 7 Text 15:13

A+ तपोनिधिर्निसश्चैव

Though the citation concerning the names of the *sādhya*-s is basically identical both in Jātarūpa and in Subhūti, the Jātarūpa MSS. and the Subhūti MS.[6] read the name in question differently.

Though I could not find either of the two readings, i.e. *nisaḥ* vs. *nimiḥ*, elsewhere, I prefer the latter, as it is at least attested as a forename.

---

6. Subhūti on I.1.10c: मनोऽनुमन्ता विष्णुश्च मनुर्नारायणस्तथा ।
तपोनिधिर्निमिश्चैव हंसो धर्मश्च कीर्तितः ।।
विसुश्चैव प्रसुश्चापि साध्या द्वादश कीर्तिताः ।

Em. तपोनिधिर्निमिश्चैव

No. 8 Text 15:14

A+ विसुश्चैव प्रसुश्चापि

As seen above in the footnote under No. 7, the Subhuti MS. has the same reading as the Jātarūpa MSS. and hence does not help us in the present case.

The corresponding passage in Bṛhaspati (on I.5), however, reads these two names as *vibhuḥ* and *prabhuḥ*. A passage from the *Vahnipurāṇa* cited under *sādhya* in ŚKD (1967:5, 329) reads one of the names in question as *prabhuḥ*. Similarly, the *Vacaspatya* (1970:5279) cites under *sādhya* an anonymous passage which is identical with the one cited in ŚKD, the reading of the name there being *prabhu*. Interestingly, Kirfel's citation of the *Brahmāṇḍa*- and the *Vāyupurāṇa*-s (1979:175, v. 17) reads the relevant names as *prabhuḥ* and *vibhuḥ*.[7] Accordingly, the reading of the Jātarūpa MSS. is emended, following all these sources.

Em. विभुश्चैव प्रभुश्चापि

No. 9 Text 20:2

A+ यस्तु शाक्यः शकवंशे बुद्धस्यावतारः स शाक्यसिंहः ।

Kṣīrasvāmin on I.1.15[a]: यस्तु शकेषु जातः शाक्यमुनिर्बुद्धावतारः ।

Bṛhaspati on I.10[a]: यस्तु शाक्यमुनिः स शाक्यसिंहः ।

Em. यस्तु शाक्यमुनिः शकवंशे बुद्धस्यावतारः स शाक्यसिंहः ।

No. 10 Text 22:4

A+ विष्टरे श्रवसी[8] अस्येति विष्टरश्रवाः ।

Kṣīrasvāmin on I.1.18[b]: विष्टर इव श्रवसी कर्णावस्य विष्टरश्रवाः ।

---

7. To be specific, the *Vāyupurāṇa* reads *prabhu* in its nominative plural form.
8. Both MSS. read स्रवसी and °स्रवाः. In the following, I take no note of those variations which are not discussed in the present appendix.

Kṣīrasvāmin in
A. Borooah 1971:25 : विष्टरे इव श्रवसी कर्णावस्य विष्टरश्रवाः।
Liṅgayasūrin on I.1.18^{b}: विष्टराकारे श्रोत्रे यस्य स विष्टरश्रवाः।
Bṛhaspati on I.13^{b}: विष्टरः कुशमुष्टिरिव श्रवसी कर्णावस्येति वा विष्टर-श्रवाः।
Bhānuji on I.1.18^{b}: विष्टरो दर्भमुष्टिरिव श्रवसी कर्णावस्येति वा।

Em. विष्टरे इव श्रवसी अस्येति विष्टरश्रवाः।

No. 11 Text 24:20

B* वासुदेवे जात आनकपटहदुन्दुभयश्चास्य भवने देवैर्वादिता इत्यानकदुन्दुभिः।

Bhāgavatapurāṇa
IX.24.27^{c}-30^{b}: देवमीढस्य शूरस्य मारिषा नाम पत्न्यभूत् ।।
तस्यां च जनयामास दश पुत्रानकल्मषान् ।
वसुदेवं देवभागं देवश्रवसमानकम् ।।
सृञ्जयं श्यामकं कङ्कं शमीकं वत्सकं वृकम् ।
देवदुन्दुभयो नेदुरानका यस्य जन्मनि ।।
वसुदेवं हरेः स्थानं वदन्त्यानकदुन्दुभिम् ।
Subhūti on I.1.22^{d}: जन्मसमनन्तरमस्य भवने देवताभिरानका दुन्दुभयश्च वादिता इत्यानकदुन्दुभिरिति नाम कृतमित्यन्ये।
Sarvānanda on I.1.22^{c-d}: वसुदेवद्वयं विष्णुपितरि। ...
अस्मिञ्जात आनकाः पटहा दुन्दुभयश्च वादिता इत्यानकदुन्दुभिः।
Bhānuji on I.1.22^{d}: आनकैर्दुन्दुभिभिश्चोपलक्षितो वसुदेवजन्मनि देवैरानकदुन्दुभिवादनात्। हरौ जाते कृष्णे जात इति स्वामिमुकुटोक्तिस्तु भागवताद्यश्रवणमूलिका।

Em. वसुदेवे जात आनकपटहदुन्दुभयश्चास्य भवने देवैर्वादिता इत्यानकदुन्दुभिः।

No. 12 Text 25:6-7, 9

MS. A प्रलम्बं नामासुरं हतवानिति प्रलम्बघ्नः। अमनुष्य ... ष्य[9] अच्। बलदेवस्य देवत्वात्।

9. A lacuna in the MS. due to the leaf's being broken.

MS. B	प्रलम्बं नामासुरं हतवानिति प्रलम्बघ्नः। अमनुष्यकर्तृके चेति टक्। अमनुष्य अच्। बलदेवस्य देवत्वात्।
Sarvānanda on I.1.23^{a-b}:	प्रलम्बमसुरं हतवानिति प्रलम्बघ्नः। देवत्वादमनुष्य-कर्तृके चेति टक्। ... बलयोगाद् बलः। अर्शआदित्वादच्। ततो बलश्चासौ देवश्चेति बलदेवः।
Bṛhaspati on I.18^{a-b}:	प्रलम्बासुरं हतवान् प्रलम्बघ्नः। देवत्वादमनुष्यकर्तृके चेति टक्। ... बलातिशययोगाद् बलः। अर्शआदित्वादच्। बलश्चासौ देवश्चेति बलदेवः।
Em.	प्रलम्बं नामासुरं हतवानिति प्रलम्बघ्नः। अमनुष्यकर्तृके चेति टग् बलदेवस्य देवत्वात्। अर्शआदित्वादच्।

No. 13 Text 31:19

MS. A	क्रोधकाले रौद्ररसस्थित द्धतस्सर्वेषामुपरि वर्तत इत्युग्रः।
MS. B	क्रोधकाले रौद्ररसस्थितत द्वतस्सर्वेषामुपरि वर्तत इत्युग्रः।
Sarvānanda on I.1.32^{a}:	प्रलयकाले रौद्ररसावस्थित उद्धतः सर्वोपरि वर्तत इत्युग्रः।
Bṛhaspati on I.27^{a}:	उद्धतः सर्वोपरि वर्तते वोग्रः।
Em.	क्रोधकाले रौद्ररसस्थित उद्धतस्सर्वेषामुपरि वर्तत इत्युग्रः।

No. 14 Text 31:21

A+	विषपानेन शितिः काल हाटस्येति शितिकण्ठः।
Sarvānanda on I.1.32^{b}:	... शितिः कालः कण्ठोऽस्येति शितिकण्ठः।
Bṛhaspati on I.27^{b}:	... शितिः कालः कण्ठोऽस्य शितिकण्ठः।
Bhanuji on I.1.32^{b}:	शितिः कालः कण्ठोऽस्य।

Em. विषपानेन शितिः कालः कण्ठोऽस्येति शिति-कण्ठः।

No. 15 Text 38:4

MS. A यथाक्रमं सकारथकारौ।
MS. B यथाक्रमं सकारषकारौ।

Kṣīrasvāmin on I.1.41c: शोभना नासीरा अग्रेसरा अस्य सुनासीरः। शुः पूजायां श्वसुरवत्। शुनासीरयोरपत्यमित्येके।

Sarvānanda on I.1.41c: शोभनो नासीरोऽग्रेसरोऽस्येति सुनासीरः। द्विदन्त्यः। तथा च विदग्धे

पूजायां किं पदं प्रोक्तमस्तनं को बिभर्त्युरः ।
क आयुधतया ख्यातः प्रलम्बासुरविद्विषः ।।

सुनासीरः।

गुर्वीं वहन् स दानवलक्ष्मीकृत्यां गदां शुनासीरेण ।
अनुबलितोऽञ्जलिमुकुलं लक्ष्मीकृत्याङ्गदां शुनासीरेणेति हरिप्रबोधयमके तालव्यादिरपि।

Liṅgayasūrin on I.1.42c: शुनन्तीति शुनाः। शुन गतौ। शुनाः सीरा लाङ्गलानि येन साधनेन शुनासीरः। शुनाः समृद्धाः सीरा येनेति वा। वायुसूर्यावस्य स्त इति वा। शु शोभना नासीरा अग्रेसरा यस्येति वा शुनासीरः।

Mallinātha on I.1.42c: शक्र इव नाकविख्यातसुनासीर इत्याश्चर्यमञ्जरी-श्लेषाद् दन्त्यः।

गुर्वीं वहन् सदानवलक्ष्यीकृत्वाङ्गदांशुनासीरेण ।
अनुवनिताञ्जलिमुकुलं लक्ष्यीकृत्वाङ्गदां शुनासीरेणेति हरिप्रबोधयमकात् तालव्यादिः।

Bṛhaspati on I.36c: णासृ शब्दे। बाहुलकादीरन्। नासीरा अग्रेसरास्ते शोभना अस्येति सुनासीरः। द्विदन्त्यः। तत्र शुनो वायुः शीरः सूर्यस्तावस्य स्त इत्यर्शआद्यच्यन्येषा-मपीति दीर्घ इति व्युत्पत्त्या द्वितालव्योऽपि। एतत्पक्ष एव शौरिशुनाशीरशीतशिवशङ्का इति तालव्यादा-वूष्मविवेकः। आशुर्नासीरो यस्य इति पृषोदरादित्वादा-कारलोपे शुनासीर इत्यन्ये।

Bhānuji on I.1.41c: णासृ शब्दे। बाहुलकादीरन्। सुष्ठु नासीरं सेनामुखं नासीरा अग्रेसरा वा यस्य द्विदन्त्यः। शु इत्यव्ययस्य पूजार्थकत्वात् तालव्यादिरपि। शुनाशीरशितशिवशङ्का

इति तालव्यादावूष्मविवेकः। शुनो वायुः शीरः सूर्यस्तावस्य स्त इत्यर्शआद्यच्यन्येषामपीति दीर्घ इति व्युत्पत्त्या द्वितालव्योऽपि।

Em. यथाक्रमं शकारसकारौ।

No. 16 Text 44:10

A+ देवगोचरास्तरवो देवतरवो देवभूमि स्वेतभावात्।

Sarvānanda on I.1.50a: मन्दारादयः पञ्च देवभूमिष्ठा एव स्वभावाद् देवतरव उच्यन्ते।

Em. देवगोचरास्तरवो देवतरवो देवभूमिष्ठाः स्वभावात्।

No. 17 Text 48:15

A+ पित्तमिव पित्तम्। अपां पित्तमप्पित्तम्।

Sarvānanda on I.1.56c: अप्पित्तमिति षष्ठीसमासः। दाहकत्वात् पित्तमिव पित्तम्।
Bṛhaspati on I.51c: अपां पित्तमिव दाहकत्वादप्पित्तम्।
Bhānuji on I.1.56c: अपां पित्तमिव दाहकत्वात्।

Em. दाहकत्वात् पित्तमिव पित्तम्। अपां पित्तमप्पित्तम्।

No. 18 Text 56:14

A+ धर्मार्थकाममुक्तिपुते

Em. धर्मार्थकाममुक्तियुक्

The emendation restores the proper metre.

No. 19 Text 63:5

B* वज्रनिष्पेषेण जनितः शब्दो वज्रनिष्पेषः। संघातः।

Kṣīrasvāmin on I.2.10c: निष्पेषः सङ्घट्टोत्थशब्दः।
Sarvānanda on I.3.9a: स्फूर्जथुद्वयं वज्रसङ्घट्टशब्दे।
Bṛhaspati on I.77c: निष्पेषः सङ्घट्टोत्थः शब्दः।

Bhānuji on I.3.10[a]: निष्पेषशब्दस्तदुत्थशब्दपरः। सङ्घट्टमात्रपर इत्यन्ये।

Em. वज्रनिष्पेषेण जनितः शब्दो वज्रनिष्पेषः सङ्घट्टः।

No. 20 Text 63: 14

B* इन्द्रधनुरेव चोत्पादिता ऋजु भवति तदा रोहितमित्युच्यते।

Kṣīrasvāmin on I.2.11[b]: तदेवेन्द्रधनुरुत्पात ऋज्ववक्रं रोहितम्।
Sarvānanda on I.3.9[d]: तदेवोत्पातादिनर्जु रोहितं स्यात्।
Bṛhaspati on I.78[b]: तदिन्द्रधनुरुत्पातादिनर्ज्ववक्रं सद् रोहितं स्यात्।
Bhānuji on I.3.10[d]: तदिन्द्रधनुरुत्पातादिनर्ज्ववक्रं सद् रोहितं स्यात्।

Em. इन्द्रधनुरेव यदा चोत्पातादिनर्जु भवति तदा रोहितमित्युच्यते।

No. 21 Text 64:21-65:1

B* अकरोत् पृथिवीरुहानपि स्रुतशाखारसबाष्प-दुर्दिनानित्यादिकं तु यासासौणच् एव।

Subhūti on I.3.11[b]: यत् ताडीदलपाकपाण्डु वदनं यन्नेत्रयोर्दुर्दिनमित्यादि लक्षितलक्षणया शृङ्गारप्रकाशे वर्णितम्।
Sarvānanda on I.3.11[b]: यत् तालीदलपाकपाण्डु वदनं यद् दुर्दिनं नेत्रयोरिति लक्षणेयमिति शृङ्गारप्रकाशः।
Bṛhaspati on I.79[d]: एवं लक्षितलक्षणया
अकरोत् पृथिवीरुहानपि स्रुतशाखारसबाष्पदुर्दिनानिति रघुः।

Em. अकरोत् पृथिवीरुहानपि स्रुतशाखारसबाष्प-दुर्दिनानित्यादिकं तु लक्षितलक्षणया एव।

No. 22 Text 72:10

B* वाचस्पतिरिव षष्ठ्या अलुक्।

Subhūti on I.3.23[c-d]: वाचः सम्यक् प्रणेतृत्वात् पतिः। दिवस्पतिवदलुक्। सत्वं च छान्दसम्।
Sarvānanda on I.3.23[c-d]: दिवस्पतिवद् वाचस्पतिः।

Bṛhaspati on I.92[a-b]: दिवस्पतिवद् वाचस्पतिः।

Em. वाचस्पतिः। दिवस्पतिरिव षष्ठ्या अलुक्।

No. 23 Text 76:2

A+ विकृन्तति। विकृन्तीति वा ...

Bhānuji on I.3.29[c]: विकर्तयति भक्तरोगानिति वा।

Em. विकृन्तति विकर्तयतीति वा ...

No. 24 Text 77:11-12

A+ प्राधान्यादुपलक्षणत्वाद् वा छान्दसा माठरादय एवोक्ता न तु जातुकादयः।

It is to be noted that the Subhūti MS. also reads the same, i.e. *jātukādayaḥ*, as the Jātarūpa MSS. do.

SUT on ACM II.17[c-d]: माठराद्या माठरप्रभृतयः। ते यथा
माठरः पिङ्गलः दण्डो राजश्रोथौ खरद्वारिकौ कल्माषपक्षिणौ जातृकारः कुतापकौ पिङ्गगजौ दण्डिपुरुषौ किशोरकाविति।

यद् व्याडिः

सूरो वृतस्त्वसावष्टादशभिः पारिपार्श्वकैः ।
इन्द्रादयश्च ते देवाः सर्वे नामान्तरैः स्थिताः ।। १ ।।
तत्र शक्रो वामपार्श्वे दण्डाख्यो दण्डनायकः ।
वह्निस्तु दक्षिणे पार्श्वे पिङ्गलो वामनश्च सः ।। २ ।।
पूर्वद्वारे गुहहरौ राजश्रोथौ क्रमेण तौ ।
द्वितीये तु धर्माधर्मौ तौ खरद्वारिकौ क्रमात् ।। ३ ।।
तृतीये तु यमताक्ष्यौं क्रमात् कल्माषपक्षिणौ ।
चित्रगुप्तश्च कालश्च रवेर्दक्षिणपार्श्वगौ ।। ४ ।।
प्रथमो जातकाराख्यो माठराख्यो द्वितीयकः ।
पश्चिमेनाब्धिवरुणौ तौ प्राप्नुयात् कुतापकौ ।। ५ ।।
उदीच्यां यक्षहेरम्बौ तौ च पिङ्गगजौ क्रमात् ।
प्राच्यां तु रुद्ररेवन्तौ तौ दण्डिपुरुषौ क्रमात् ।। ६ ।।

अश्विनौ तु पार्श्वद्वये तौ द्वावेव किशोरकौ ।
इत्यष्टादशको वर्गश्चण्डांशोः पारिपार्श्विकः ।। ७ ।।[10]

Em. प्राधान्यादुपलक्षणत्वाद् वा छान्दसा माठरादय एवोक्ता न तु जातृकारादयः ।

No. 25 Text 83:15-16

A+ यद् वा राशौ सन्धिश्चेति पर्वसन्धिः ।

Sarvānanda on I.4.7^{a-b}: प्रतिपत्पञ्चदश्योरन्तरं मध्यं पर्वसन्धिः ।

One may argue that Jātarūpa did not present the primary meaning of *parvasandhi*, which Amara himself had offered, and only gave the secondary meaning. However, we can cite at least one similar instance in which Jātarūpa (Text 116:5-6) continues with *yad vā* after citing the meaning offered by Amara:

यः सनिन्द उपालम्भस्तत्र परिभाषणम् । यद् वा सनिन्दं यत् परिभाषणं तत्रोपालम्भः ।

Em. प्रतिपत्पञ्चदश्योरन्तरं मध्यं पर्वसन्धिः । यद् वा राशौ सन्धिश्चेति पर्वसन्धिः ।

No. 26 Text 89:10

A+ आशां ढौकयतीत्याशाढः । अतो ढि ।

Sarvānanda on I.4.16^{c}: आशा दिशो ढौकत इत्याशाढस्तालव्यवानपीति केचित् । तदा च डप्रकरणेऽन्यत्रापीति डः । अत्र प्रमाणं चिन्त्यमिति हड्डचन्द्रः ।

Bṛhaspati on I.119^{a}: आशा दिशो ढौकत इति तालव्यवानपीति जातोकवचनममूलकम् ।

Raghunātha (quoted in K.K. Dutta 1966:152, fn.*): आशा दिशो ढौकतेऽत्रेति डप्रत्यये तालव्यवानप्युक्तमासस्य वाचक इति जातरूपः ।

See also no. 3 under § 3.8.6 and § 5.4.1.

Em. आशां ढौकयतीत्याषाढः । अतोऽपि डः ।

10. In presenting the above excerpt from SUT, I have taken into account the extract of the same in Böhtlingk and Rieu 1847:300.

No. 27 Text 94:3-4

A+ पापा ऋतुमती कन्या पापो राजाप्यरक्षकः ।
पापं व्याधकुलं हिंस्रम् ।

Sarvānanda on I.4.26$^{c\text{-}d}$: पापा ऋतुमती कन्या पापो राजा निरक्षरः ।
पापं व्याधकुलं हिंस्रं पापो विप्रश्च सेवकः ।।

Barring a slight variant in the second *pāda*, the two verses quoted in Jātarūpa's and Sarvānanda's commentaries are identical, though the Jātarūpa MSS. lack the last *pāda*. In these first three *pāda*-s the usage of *pāpa* consecutively in each of three genders is exhibited, and in the last *pāda*, in Sarvānanda's commentary, its usage again illustrated in the masculine gender. It is true that there is no necessity of the fourth *pāda* for the purpose at hand, but it has been restored from Sarvānanda's commentary for completeness' sake.

Em. पापा ऋतुमती कन्या पापो राजाप्यरक्षकः ।
पापं व्याधकुलं हिंस्रं पापो विप्रश्च सेवकः ।।

No. 28 Text 94:14-15

A* सुखा वै मघवन् गृहाः ।
सुखा युवतिरिच्छन्ती समभीष्टं नवं वयः ।।

Sarvānanda on I.4.26$^{c\text{-}d}$: सुखं कामिकुलं द्रव्यात् सुखो वासः सहाम्बया ।
सुखा युवतिरिच्छन्ती सुखा वै मघवन् गृहाः ।।[11]

It is obvious that the first three *pāda*-s in Sarvānanda's commentary display the usage of *sukha* successively in each of the three genders, and the last *pāda* its usage in the masculine plural. In Jātarūpa's commentary, however, the last *pāda* is not concerned with *sukha*. The two verses quoted in these two commentaries are not identical, though they much resemble each other and therefore may be termed variants. Such being the case, the first *pāda* is restored from Sarvānanda.

Em. सुखं कामिकुलं द्रव्यात् सुखा वै मघवन् गृहाः ।
सुखा युवतिरिच्छन्ती समभीष्टं नवं वयः ।।

---

11. I have selected मघवन् गृहाः, the reading of the two MSS. which the editor relegates to a footnote after preferring the reading भगवद्गृहाः attested in other five MSS. (T.G. Sâstrî 1914:96, fn. 6).

No. 29 Text 94:17-18

A* दारिद्र्येऽपि धनित्वेऽपि वशः परिजनः सुखम् ।
सुखं शान्तिरनुत्तरा ।

Sarvānanda on I.4.26[c-d]: दारिद्र्येऽपि धनित्वेऽपि वशः परिजनः सुखम् ।
सुखं सज्जनसंवादः सुखं शान्तिरनुत्तमा ।।

Except for a negligible variant in the last *pāda*, the verse quoted in Jātarūpa's commentary is the same as the verse cited in Sarvānanda's, though the third *pāda* is missing in the Jātarūpa MS. Throughout the verse, no change of the gender of *sukha* is called for, since it is used as a noun. In the third *pāda*, in Sarvānanda's commentary, its usage along with the defining phrase in the masculine gender is shown, as already depicted in the second *pāda*. Thus, though the third *pāda* is not necessary for the purpose at hand, I have restored it from Sarvānanda's commentary to make the verse complete.

Em. दारिद्र्येऽपि धनित्वेऽपि वशः परिजनः सुखम् ।
सुखं सज्जनसंवादः सुखं शान्तिरनुत्तरा ।।

No. 30 Text 126:20-21

A+ अयं स्वर इयत्कालं गेय इयत्कालं विलम्बितमियत्कालं मध्यमिति हेतोर्हस्तेनाङ्गुल्याकुञ्चनप्रसारणक्रियया कालस्य प्रमाणं ताल उच्यते।

Bṛhaspati on I.185[a]: अयं स्वर इयत्कालं गेय इयत्कालं विलम्बितमियत्कालं द्रुतमियत्कालं मध्यमिति बोधयितुमीदृशैर्हस्तैरङ्गुल्याकुञ्चनप्रसारणादिक्रियाभिर्नर्तितव्यं गातव्यं चेति कालक्रियायाः प्रमाणं तालश्चपटादिः।

Em. अयं स्वर इयत्कालं गेय इयत्कालं विलम्बितमियत्कालं द्रुतमियत्कालं मध्यमिति हेतोर्हस्तेनाङ्गुल्याकुञ्चनप्रसारणक्रियया कालस्य प्रमाणं ताल उच्यते।

No. 31 Text 136: 5

MS. A विभ्रमो भ्रान्तिर्द्योक्तेयोवा।

MS. B विभ्रमे भ्रान्तिप्य्योंक्तियोवा।

ŚāK (639^{b}) gives two alternative meanings, namely, *bhrānti* and *hāva*, of *vibhrama:*

विभ्रमो भ्रान्तिहावयोः ।

According to the *Anekārthasangraha* (III.503^{d}-504^{a}) *vibhrama* is expressive of *śobhā*, *saṃśaya* and *hāva*:

अथ विभ्रमः ॥

शोभायां संशये हावे

We can take both the *Anekārthasangraha*'s *saṃśaya* and ŚāK's *bhrānti* as being synonymous, while *śobhā* presents itself as an additional meaning. We know that for AK (I.3.16^{d}) *śobhā* and *dyuti* are synonymous. Thus I take MS. A's *dyokte* as a corrupted form of *dyuti*. MS. B's *pyyo* can be discarded on palaeographical grounds.[12] The relevant passage in both MSS. ends with *yovā*. This I take as being *yor vā*. Then it is clear that a word is missing in the MSS. between *dyokte* and *yovā*, and *hāva* aptly fills the gap.

Em. विभ्रमो भ्रान्तिर्द्युतिहावयोर्वा ।

No. 32 Text 137:8

MS. A आव्यामपि कृत्कण्ठैच ।

MS. B आव्यामपि कृत् । कण्ठेच ।

K. on P. I.3.46: आध्यानमुत्कण्ठास्मरणम् ।

Kṣīrasvāmin on I.6.29^{a-b}: आध्यानमिह सम्बध्नन्ति । यत् काशिका आध्यानमुत्कण्ठापूर्वकस्मरणम् ।

Lingayasūrin on I.8.29^{a-b}: आ समन्ताद् ध्यायत आध्यानम् । ... उत्कण्ठात्मकस्मरणनाम ।

Bṛhaspati on I.204^{c-d}: चिन्ता तु स्मृतिराध्यानं स्मरणं सस्पृहे पुनः । उत्कण्ठोत्कलिके तस्मिन्नभिध्या तूभयोरपीति शब्दार्णवः । ...
तथा च काशिकायाम्
आध्यानमुत्कण्ठापूर्वकस्मरणमिति ।

Em. आध्यानमप्युत्कण्ठैव ।

---

12. As the scribe of MS. B at times confuses MS. A's *d* with *p* (see *supra*, no. 3 under § 1.8.21.2.16), it is not unlikely that he mistook MS. A's *dyo* for *pyo* and geminated the second component in the conjunct.

No. 33 Text 145:1

A* स च वाटुः।

Bṛhaspati on I.218[b-c]: गोनसी मण्डली वोड इति तु विक्रमादित्यः।
Bhānuji on I.8.4[d]-5[a]: गोनसी मण्डली वोड इति तु विक्रमादित्यः।

Em. स च वोडः।

No. 34 Text 147:20

A* देकत्वादौ लिङ्गान्तरे वा।

Bṛhaspati on I.231[a]: स्त्रियां बहुत्वेऽपृशब्दः। आप्नोतेरसुन्यापः। क्लीबं सान्तं च
आपोभिर्मार्जनं कृत्वेति स्मृतेः।
कबन्धमुदकमापोनीरवार्वारिनारम् ।
क्लीबमपि संसारावर्तादेः।

Bhānuji on I.10.3[a]: असुन्यापः सान्तं क्लीबं च।
कबन्धमुदकमापोनीरवार्वारिनारम् ।
क्लीबमपीति संसारावर्तात्।

Em. सान्तत्वादेकत्वादौ लिङ्गान्तरे वा।

No. 35 Text 154:17-18

A* त्रिकाण्डे तु लुलुपिक शिशुकः स्मृत इति पाठो दृश्यते, स च शिशुमार एवोच्यत इत्याहुः, रत्नकोशादौ हि शिशुमारस्चुलपी स्त्रीत्युक्तमिति।

Bṛhaspati on I.245[d]: कलिङ्गजातरूपौ तु शिशुमाराकृतिर्मत्स्यभेद उलूपी, त्रिकाण्डे तु चुलूपी शिशुकः स्मृत इति पाठः, स च शिशुमार एवोच्यते, रत्नकोषादौ च शिशुमारे चुलूपी स्यादित्युक्तमित्याहतुः।

See also § 5.3.3.

Em. त्रिकाण्डे तु चुलूपी शिशुकः स्मृत इति पाठो दृश्यते, स च शिशुमार एवोच्यत इत्याहुः, रत्नकोशादौ हि शिशुमारश्चुलूपी स्त्रीत्युक्तमिति।

No. 36 Text 158:15

A* नन्दीपट्टो वीनाहः।

Kṣīrasvāmin on I.9.27[a]: कूपस्योर्ध्व इष्टिकाभिर्विनह्यते वीनाहो नान्दीपट्टाख्यः।
Sarvānanda on I.10.26[a]: कूपस्य नान्दीपट्टे वीनाहः।

Em. नान्दीपट्टो वीनाहः।

No. 37 Text 161:21

A* गौरीविवाहे तद्भर्तुः करतलगतसम्भवेति करतोया।

Sarvānanda on I.10.32[a]: गौरीविवाहे शङ्करकरगलिततोयजत्वात् करतोया।
Bṛhaspati on I.260[c]: गौरीविवाहसमये शङ्करकरगलितसम्प्रदानतोयप्रभवत्वात् करस्य तोयं करतोयम्। तदत्रास्ति। अचि करतोया।
Bhānuji on I.10.33[a]: गौरीविवाहे शङ्करहस्तच्युतम्।

Em. गौरीविवाहे तद्भर्तुः करतलगलिततोयसम्भवेति करतोया।

No. 38 Text 184:19

A* सन्निवेस्मम्वासः।

ŚKD (1967:5, 202) quotes Jaṭādhara, who offers *sanniveśa* and *sannikarṣaṇa* as synonyms of *saṃvāsa*. Both the synomyms (the latter without the first prefix) are Amara entries (II.2.19[b]), and in the present passage Jatarupa tells us what *sanniveśa* means, though the MS. omits the last *akṣara* (see A* of § 1.8.1.3). Our manuscript may read a *ssa* as *sma* (see fn. 789 to chap. 1), there is no doubt that the *sma* in this case is a misreading of *ssa*. The manuscript thus reads the initial *s* of *saṃvāsa*, which assimilates the *visarga* of *sanniveśaḥ*, as *m*, and in accordance with its usual practice (see § 1.4.2) makes a conjunct *mvā*.

Em. सन्निवेशस्संवासः।

No. 39 Text 197:16

A* कपित्थादयः सप्त कबिण्व।

Raghunātha, one of the Bengali commentators on Amara, gives the vernacular equivalent of *kapittha* as *katvela* (K.K. Dutta 1973:96, fn. 400). In Turner (1966, no. 2749) this word takes the form *kād-bel*, in A.C. Dutta (1985:518) *kath-bael*, and in K. Devakoṭā (1968/69, no. 582) *katvela*. The name, though spelt differently, undoubtedly has the same two components. The first component in all probability derives from *kaṭ*, as in *kaṭphala*. As the scribes sometimes confuse *la* and *na* (see § 1.8.21.1.13 and § 1.8.21.1.30), the last component was meant to be *bilva*. Thus the name as a whole suggests that the plant is an inferior variety of the *bilva* species. This emendation is made by re-Sanskritising the vernacular name.

Em. कपित्थादयः सप्त कड्बिल्वे।

No. 40 Text 202:18

A* गालव इत्यर्धेन स्वेन्माध्रे।

Kṣīrasvāmin on II.4.33^{a-b}: आद्यौ श्वेतलोध्रे तिरीटाद्या रक्तलोध्रे।
Sarvānanda on II.4.33^{a-b}: गालवषट्कं श्वेतलोध्रे।
Liṅgayasūrin on II.4.33^{a-b}: षडपि लोध्रसामान्यनामानीति केचित्। आद्यौ श्वेतलोध्रस्येतरे रक्तलोध्रस्येत्यपरे।
Bṛhaspati on II.79^{a-b}: षट् श्वेतलोध्र इति सुभूतिः। आद्यौ श्वेतलोध्रे शेषा रक्तलोध्र इति स्वामी।
Bhānuji on II.4.33^{a-b}: षट् श्वेतलोध्रस्य। आद्यौ श्वेतलोध्रे शेषा रक्तलोध्र इति स्वामी।

Em. गालव इत्यर्धेन श्वेतलोध्रे।

No. 41 Text 203:18

A* धनुरुदात्तः।

Kṣīrasvāmin on II.4.35^{d}: धनुष इव पटो विस्तारोऽस्य धनुःपटः। धनुरुकारान्तो व्यस्त इति गौडो भ्रान्तः।
Sarvānanda on II.4.35^{b}: धनुःपट इत्येकं नाम। तथा च तन्त्रान्तरम्
सन्नकद्रुश्चापपटो लवणस्तापसप्रिय इति।
पटः प्रियालवृक्षे ना सुचेले पुन्नपुंसकमिति रभसेन नामद्वयमुक्तम्। तदा धनुरुदन्तः सान्तश्च। तथा च

विश्वप्रकाशः
धनुः प्रियालद्रुमराशिभेदयोः
शरासने नापि धनुर्धर इति।[13]

Lingayasūrin on II.4.35^{b}: धनुष इव पटो विस्तारोऽस्यास्तीति धनुष्पटः। नामद्वयं वा। धनतीति धनुः। धन धान्ये। उकारान्तः। पटवद् विस्तृतः पटः।

Mallinātha on II.4.35$^{a\text{-}b}$: धनुरुकारान्तः। पटः।

Bṛhaspati on II.81^{b}: पिञ्जरपरागत्वाद् धनुषः पट इव धनुष्पटः। धनुषः पट इव विस्तारोऽस्य वा। धनुष्पट इति सङ्घातविगृहीतम्। धनुरुदन्तः।

See also no. 7 under § 2.4.4.3.

Em. धनुरुदन्तः।

No. 42 Text 210:12

A* रोह्यादिचतुष्कं रोहतः।

NiŚ I.147: रोहीतके रोहितको रोही दाडिमपुष्पकः।
रोहेडकः (रोहडकः) सदापुष्पो रोचनः प्लीहरक्तहा ॥

Sarvānanda on II.4.49$^{a\text{-}b}$: रोहिचतुष्कं मगधदेशप्रसिद्धे रोहडतरौ।

Em. रोह्यादिचतुष्कं रोहडः।

No. 43 Text 211:11

A* रुन्वुक इति पदम्।

Non-Bengali Amara commentators (Kṣīrasvāmin on II.4.51^{d}, Lingayasūrin and Bhānuji on II.4.51^{b}) read *rucakaḥ*. The Bengali Sarvānanda (on II.4.51^{b}) does not comment upon the word in question, but the form

---

13. As already noted by T.G. Sâstrî (1915:91, fn.*), the editor of the *Ṭīkāsarvasva*, the *Viśvaprakāśa* in reality reads the passage as such:

धनुस्संज्ञा पियालद्रौ राशिभेदे शरासने ।

The edition which I have used for the *Viśvaprakāśa* has the same reading (Nāntavarga 17$^{c\text{-}d}$) as quoted by Sâstrî, but for the *visarga* of *dhanuḥ* remaining unchanged before the following *saṃ*, and *piyāla* being read as *priyāla*.

rubukaḥ is attested in an excerpt from the *Vaidyakaratnamālā*, a work he quotes to confirm the validity of *buka*, one of the synonyms for the same plant, though not attested in Amara. Bṛhaspati, another Bengali commentator (on II.97[b]), reads the word in question as *ruvukaḥ* and grammatically derives it from an *Uṇādisūtra*. Raghunātha (K.K. Dutta 1973:135, fn. 599), similarly a Bengali, states that many people accept four forms of the word, namely, *uruvūkaḥ*, *uruvukaḥ*, *ruvūkaḥ* and *ruvukaḥ*. It seems that this is a case of the dropping of an initial vowel, here in the word *uruvuka/ uruvūka*, which is listed by Amara as one of the synonyms of the same plant. Thus it may safely be concluded that *runvukah* is an error. Though Sarvānanda's quotation from the *Vaidyakaratnamālā* has the name with *b* in his edition, I prefer a form with *v* because of the derivation proposed above.

Em. रुवुक इति पदम्।

No. 44 Text 213:2

A* सामा लता च परपतो भविष्यति।

Kṣīrasvāmin on II.4.55[d]: श्यामा श्यामगौरवर्णात्।

Lingayasūrin on II.4.55[b]: श्यामवर्णत्वात् श्यामा।

Bṛhaspati on II.101[b]: श्यामो वर्णोऽस्त्यस्याः ... श्यामा।

Bhānuji on II.4.55[b]: श्यामो वर्णोऽस्त्यस्याः।

Em. श्यामा लता च स्वरूपतो भविष्यति।

No. 45 Text 218:7

A* स चांवविषतिजिल्लोमशच्छदश्च।

Kṣīrasvāmin on II.4.69[c-d]: गरमागिरति गरागरी मूषिकाविषघ्नत्वात्। ... आह च
जीमूतको देवताडो वृत्तकोशो गरागरी ।
प्रोक्ताखुविषहा वेणी देवताली च ताडकः ।।

Lingayasūrin on II.4.69[a]: गरं मूषिकविषमागिरतीति गरागरी।

Bṛhaspati on II.115[a]: केचित् खरागरीत्येकं पदमाहुः। तत्र खरं विषमागिरति मूषिकविषहरणात्। गरागरीति तु स्वामी।

Bhānuji on II.4.69[a]: खरं विषमागिरति मूषकविषघ्नत्वात् खरागरीत्येकमाहुः।

Em. स चाखुविषजिल्लोमशच्छदश्च।

No. 46 Text 221:9

A* तस्मिन्निति तस्मिन् सैरीयकेऽरुणे कुरुवक-शब्दो वर्तते।

First it should be noted that the Jātarūpa MS. has the form *kuruvaka* not only for the red *sairīyaka*, but also for the *amlāna* of the same colour (on II.4.74[a]) as well as for the yellow variety of the *sairīyaka* (on II.4.75[c]). Elsewhere in the present work (no. 7 under § 3.8.3) I have established that *kuruvaka* for the red *amlāna*, in fact, represents a tradition which reads the *r* in the Amara entry with a *u*. The same form for the yellow *sairīyaka* in the Jātarūpa MS.[14] at first glance looks like a scribal error, given the fact that other Amara commentators who have dealt with the word have a separate word for the *sairīyaka* of that colour.[15]

As a citation from the Amara commentary *Madhumādhavī* in Bṛhaspati's commentary (II.121[c]) not only has the *pāda* virtually exactly as it appears in the Jātarūpa MS., but also the remark upon the reading *kuruṇṭaka* for the yellow variety as one encountered 'somewhere',[16] I take the reading *kuruvaka* for the yellow *sairīyaka* as representing a tradition which is quite different from that attested in the majority of commentaries. Further, the reading *kuruvaka* for the red variety of *sairīyaka* cannot be accepted because this would make the two consecutive *pāda*-s in Amara (II.4.75[b-c]) in which

---

14. Jātarūpa on II.4.75[c]: पीता कुरुवके झिण्टीति सा पीता झिण्टी कुरुवकवाच्या।

15. Kṣīrasvāmin on II.4.76[a-b]: ... झिण्टी पीतपुष्पा चेत् कुरण्टकोऽसौ।
(However, T.G. Sâstrî's edition (1915:129) has *kuravako'sau.*)
Sarvānanda on II.4.75[c-d]: पीतझिण्ट्यां कुरण्टकद्वयम्।
Liṅgayasūrin on II.4.75[c]: कुरण्टक उक्तः।
Bṛhaspati on II.121[c]: पीते तु सैरीयके कुरण्टकः।

16. Bṛhaspati on II.121[c]: पीते तु सैरीयके कुरण्टकः। मधुमाधव्यादौ तु पीता कुरुवको झिण्टीति पठित्वा क्वचित् कुरुण्टक इति पाठ इत्याहुः।
Jātarūpa's *kuruvake* in contrast to *kuruvako* in the *Madhumādhavī* instances the medial *o* read as *e* (see no. 3 under § 1.8.20.3.2.11).

the red and yellow *sairīyaka-s* are differentiated meaningless.[17] Therefore I have followed the other commentators in reading the name for the red *sairīyaka* as *kuravaka*,[18] and elsewhere (A* of § 1.8.10.1) listed what is encountered in the Jātarūpa MS. as one of the numerous errors which arise when a scribe is involuntarily in-fluenced by neighbouring text.

Em. तस्मिन्निति तस्मिन् सैरीयकेऽरुणे कुरवकशब्दो वर्तते।

No. 47 Text 238:21

A* कङ्गुकोद्रवादि।

Sarvānanda on II.4.165^{d}: प्रमुखशब्देन कोद्रवादीनां ग्रहणम्।

Bṛhaspati on II.211^{d}: प्रमुखशब्दादनन्तराः कुशादयो व्यवहिताश्च कङ्गुकोद्रवादयो गृहीताः।

Em. प्रमुखशब्देन कङ्गुकोद्रवादि।

No. 48 Text 293:13-16

A* अकचप्रकरणे तूष्णीमः काम्प्रत्ययो वक्तव्य इति मकारात् पूर्वस्य मितः काम्प्रत्ययस्य विधानादज्ञाताद्यर्थविशिष्टे मौनेन तूष्णीकांशब्दश्च मौनमात्र इत्यर्थभेदेऽपि प्रधानार्थभेदादेकार्थत्वम्।

Kṣīrasvāmin on III.4.10^{c}: अकचप्रकरणे तूष्णीमः काम् वक्तव्य इति अज्ञाताद्यर्थे विशिष्टे मौने तूष्णीकां मौनमात्रे तूष्णीम्।

Appayārya on III.4.9^{c}: तूष्णीमः काम्प्रत्ययो वक्तव्य इति काम्प्रत्यये

---

17. The case in Sarvānanda (on II.4.75^{b-d}) is quite different. He has two different words for the red and yellow varieties of *sairīyaka*, namely, *kuruvaka* and *kuraṇṭaka:*

लोहितझिण्टयां कुरुवकः। ...
पीतझिण्टयां कुरण्टकद्वयम्।

18. Kṣīrasvāmin on II.4.75^{c-d}: सीरे भवा सैरेयाख्या झिण्टी। अरुणपुष्पा चेत् कुरवकोऽसौ।

Liṅgayasūrin on II.4.75^{b}: कुरवकशब्दश्चोक्तः।

Bṛhaspati on II.121^{b}: तस्मिन् सैरीयकेऽरुणे कुरवकः। एकमरुणस्य।

तूष्णीकामास्ते। काम्प्रत्ययस्याज्ञानकुत्सानुकम्पाद्यर्थ-विशेषविवक्षायामेव विधानात्। तूष्णीकांशब्दस्य मौन-विशेषोऽर्थस्तूष्णींशब्दस्य मौनमात्रमर्थ इत्यर्थभेदे सत्यपि प्रधानमात्रस्याभेदात् पर्यायत्वमुक्तमिति विज्ञेयम्।

Em. अकचप्रकरणे तूष्णीमः काम्प्रत्ययो वक्तव्य इति। मकारात् पूर्वस्य मितः काम्प्रत्ययस्य विधानादज्ञाताद्यर्थविशिष्टे मौने तूष्णीकां-शब्दस्तूष्णींशब्दश्च मौनमात्र इत्यर्थभेदेऽपि प्रधानार्थभेदादेकार्थत्वम्।

No. 49 Text 303:11

A* नदीदरत् प्रपातश्च।

Sarvānanda on III.5.9^b: दरत् कूलदरणिः प्रपातश्च।

Bṛhaspati on III.442^b: दरत् म्लेच्छजातिर्देशभेदश्च। कूलदरणिः प्रपात-श्चेत्यरुणः।

Em. दरन्नदीदरणिः प्रपातश्च।

No. 50 Text 303: 13

A* शातिः स्त्रीवेदना।

Sarvānanda on III.5.9^c: सातिस्तीव्रवेदना दानावसाने च।

Bṛhaspati on III.442^c: सातिस्तीव्रवेदना दानमवसानं च।

Em. सातिस्तीव्रवेदना।

2. Specimens of Parallel and Identical Passages in the Commentaries by Jātarūpa and Kṣīrasvāmin

This appendix confines itself to the first *varga* of the first *kāṇḍa.*

	Jātarūpa	**Kṣīrasvāmin**
1.	**on I.1.3:**	**on I.1.3:**
	... साहचर्याच्च कुत्रचित् स्त्रीपुन्नपुंसकं च ज्ञेयम्। तद् यथा अश्वयुगश्विनीत्यश्विनीसाहचर्यादश्वयुजोऽपि स्त्रीत्वम्, भानुः कर इति करशब्दसाहचर्याद् भानोरपि पुंस्त्वम्, वियद् विष्णुपदमिति विष्णुपदसाहचर्याद् वियतोऽपि नपुंसकंत्वम्।	तथा कुत्रचित् साहचर्यात्। यथा अश्वयुगश्विनी। ब्रह्मात्मभूः सुरज्येष्ठः। वियद् विष्णुपदम्। अत्राश्वयुग्ब्रह्मवियन्ति साहचर्यात् स्त्रीपुन्नपुंसकानि।
2.	**on I.1.6^{a}:**	**on I.1.6^{a}:**
	सुष्ठु प्रयत्नेन शोभनोऽर्ज्यत इति स्वर्गः।	सुष्ठ्वर्ज्यते स्वर्गः।
3.	**on I.1.7^{b}:**	**on I.1.7^{b}:**
	सुर ऐश्वर्यदीप्त्योः। सुरन्तीति सुराः। ... सुष्ठु राजन्ते सुरा वैषामस्तीति सुराः।	सुरन्ति सुराः। सुर ऐश्वर्ये। ... सुरैषामस्तीति वा ... सुष्ठु राजन्ते वा।
4.	**on I.1.10^{c}:**	**on I.1.10^{c}:**
	महाराजिक इति। महाराजाट् ठञिति ठञ्यपि कृते सञ्ज्ञापूर्वको विधिरनित्य इति वृद्धिर्न भवति।	... महाराजिकाः। महाराजशब्दोऽस्त्येषामिति। सास्य देवतेति माहाराजिका इत्येके। महाराजप्रोष्ठपदाट् ठञ्।
5.	**on I.1.11^{c}:**	**on I.1.11^{c}:**
	पिशिताशाः पिशाचास्तामसाः ... गुह्यका निधिपा माणिभद्रादयः। ... सिद्धा अष्टगुणैश्वर्याः।	पिशाचाः पिशिताशास्तामसाः ... गुह्यका निधिपाला माणिभद्रादयः। ... सिद्धाः ... प्राप्ताष्टगुणैश्वर्याः ...
6.	**on I.1.12^{a}:**	**on I.1.12^{a}:**
	अस्यन्तीत्यसुराः।	अस्यन्ति देवानिति वा।

	Jātarūpa	Kṣīrasvāmin
7.	on I.1.13^{c}: ऐश्वर्यस्य समग्रस्य पुण्यस्य यशसः श्रियः । ज्ञानस्याथ प्रयत्नस्य षण्णां भग इति श्रुतिः ।।	on I.1.13^{c}: ऐश्वर्यस्य समग्रस्य धर्मस्य यशसः श्रियः । वैराग्यस्याथ मोक्षस्य षण्णां भग इति स्मृतः ।।
8.	on I.1.14^{a}: षडभिज्ञा अस्य सन्तीति षडभिज्ञः। ... दिव्यचक्षुर्दिव्यश्रोत्रं पूर्वनिवासानुस्मृतिः परचित्तज्ञानमृद्धिराश्रवक्षयश्चेति। दानशीलक्षान्तिवीर्यध्यानप्रज्ञाबलोपायप्रणिधिज्ञानानि दश बलान्यस्येति दशबलः।	on I.1.14^{a}: दिव्यं चक्षुर्दिव्यं श्रोत्रं पूर्वनिवासानुस्मृतिः परचित्तज्ञानमास्रवक्षय ऋद्धिश्चेति षडभिज्ञा अस्य सन्तीति। दानक्षान्तिशीलवीर्यध्यानशान्तिबलोपायप्रणिधानज्ञानानि दश बलान्यस्येति।
9.	on I.1.14^{d}-15^{a}: यस्तु शाक्यमुनिः शकवंशे बुद्धस्यावतारः स शाक्यसिंहः। शकदेशोऽभिजनोऽस्येति शण्डिकादिभ्यो ञ्यः।	on I.1.14^{d}: यस्तु शकेषु जातः शाक्यमुनिर्बुद्धावतारः। शकोऽभिजनोऽस्येति शण्डिकादिभ्यो ञ्यः।
10.	on I.1.15^{c}: अर्कबन्धुः सूर्यवंश्यत्वात्।	on I.1.15^{c}: अर्कबन्धुः सूर्यवंश्यत्वात्।
11.	on I.1.18^{a}: नरस्यापत्यं नारायणः।	on I.1.18^{a}: नरस्यापत्यं नारायणः।
12.	on I.1.18^{b}: विष्टरे इव श्रवसी अस्येति विष्टरश्रवाः।	on I.1.18^{b}: विष्टरे इव श्रवसी कर्णावस्य विष्टरश्रवाः।
13.	on I.1.18^{d}: मा लक्ष्मीः। तस्या धवो माधवः।	on I.1.18^{d}: माया लक्ष्म्या धवो भर्ता माधवः।
14.	on I.1.23^{a}: प्रलम्बं नामासुरं हतवानिति प्रलम्बघ्नः।	on I.1.23^{a}: प्रलम्बं नामासुरं हतवान् प्रलम्बघ्नः।
15.	on I.1.31^{b}: गिरौ शेते गिरिशः। गिरौ डश्छन्दसीति डः। ...	on I.1.31^{b}: गिरौ शेते वा गिरिशः। गिरौ डश्छन्दसि। ...

	Jātarūpa	Kṣīrasvāmin
	सत्त्वगुणापन्नान् मृडति सुखयतीति मृडः।	मृडति सुखयति मृडः।
16.	on I.1.34^{c}:	on I.1.34^{c}:
	... गङ्गां धारयितुं नभस्तलव्यापी जटाकलापो भूत इति वा व्योमकेशः।	गङ्गां धारयितुं व्योमव्यापिनोऽस्य केशा वा व्योमकेशः।
17.	on I.1.36^{c}:	on I.1.36^{c}:
	उमेति मात्रा तपसे निषिद्धेत्युमा।	उमेति मात्रा तपसो निषिद्धेत्युमा।
18.	on I.1.37^{c}:	on I.1.37^{c}:
	दुःखेन गम्यते लङ्घ्यतेऽस्यामिति दुर्गा।	दुःखेन गन्तुं शक्यतेऽस्यां दुर्गा।
19.	on I.1.43^{b}:	on I.1.42^{d}:
	बलवृत्रजम्भनमुचयोऽसुरविशेषाः।	वृत्रबलजम्भनमुचयोऽसुराः।
20.	on I.1.43^{c}:	on I.1.43^{c}:
	हरयः कपिला हया अस्येति हरिहयः।	हरयः पिङ्गा हया अस्य हरिहयः।
21.	on I.1.47^{a}:	on I.1.47^{a}:
	वजत्येव न प्रतिहन्यतेऽस्य गमनं केनापीति वज्रम्।	वजति यात्येव न प्रतिहन्यते वज्रम्।
22.	on I.1.55^{a}:	on I.1.55^{a}:
	रोहितो हरिणविशेषः। स एवाश्वो वाहनमस्येति रोहिताश्वः।	रोहिताख्यो मृगोऽश्वो वाहनमस्येति रोहिताश्वः।
23.	on I.1.55^{c}:	on I.1.55^{c}:
	हिरण्यं रेतोऽस्येति हिरण्यरेताः। अग्नेरपत्यं प्रथमं सुवर्णमिति।	हिरण्यं रेतोऽस्य हिरण्यरेताः। यत् स्मृतिः अग्नेरपत्यं प्रथमं सुवर्णमिति।
24.	on I.1.57^{b}:	on I.1.57^{b}:
	ज्वालाभासोर्न पुंस्यर्चिरित्यर्चिषो नपुंसकत्वं वक्ष्यति।	प्रायेणार्चिः स्त्री। ज्वालाभासोर्न पुंस्यर्चिरिति हि वक्ष्यते।

	Jātarūpa	Kṣīrasvāmin
25.	on I.1.62[a]: हरिणविशेषः पृषत्। सोऽश्वोऽस्येति पृषदश्वः।	on I.1.62[a]: पृषन्मृगविशेषोऽश्वोऽस्य पृषदश्वः।
26.	on I.1.63[c]-64[a]: हृदि प्राणो गुदेऽपानः समानो नाभिसंस्थितः। उदानः कण्ठदेशे च व्यानः सर्वशरीरगः ।।	on I.1.63[c]-64[a]: हृदि प्राणो गुदेऽपानः समानो नाभिसंस्थितः। उदानः कण्ठदेशस्थो व्यानः सर्वशरीरगः ।।
27.	on I.1.64[c]-65[b]: ननु च जवो वेगः शीघ्रतैव। तत् किं शीघ्रात् पृथक् कृतः। उच्यते सवेगगतिवचनो जवशब्दो धर्मवचनाश्च शीघ्रादय इति।	on I.1.64[c]-65[b]: सवेगगतिवचनो जवो धर्मवचनास्तु शीघ्रादय इत्यर्थभेदः।
28.	on I.1.65[c]-67[b]: अथ सन्ततातिशययोः को भेदः। सन्ततं सततं चाविच्छेदः पौनःपुन्यं प्रकर्षश्चातिशयः।	on I.1.65[c]-67[b]: सततमविच्छेदः प्रकर्षस्त्वतिशय इत्यर्थभेदः।
29.	on I.1.69[a]: विश्रवसोऽपत्यमिति विश्रवःशब्देन वाक्यं कृत्वा विश्रवणशब्दाच्छिवादिभ्योऽणित्यण्। अव्यविकन्यायेनात्रानभिधानं हेतुः।	on I.1.69[a]: विश्रवसोऽपत्यं वैश्रवणः। विश्रवसा विग्रहो विश्रवणेन वृत्तिरविरविकन्यायेन। शिवादिभ्योऽण्।
30.	on I.1.71[c-d]: महापद्मश्च पद्मश्च शङ्खो मकरकच्छपौ । मुकुन्दनन्दनीलाश्च वर्गश्च निधयो नवेति।	on I.1.71[c-d]: महापद्मश्च पद्मश्च शङ्खो मकरकच्छपौ । मुकुन्दकुन्दनीलाश्च खर्वश्च निधयो नव ।।

3. Parallel and Identical Passages in the Commentaries by Jātarūpa and Subhūti*

	Jātarūpa	Subhūti
1.	on I.1.2:	on I.1.2:
	समाहृत्य कूटीकृत्य। अन्यतन्त्राणि भागुरिवररुचिप्रभृतिप्रणीतानि नानाभिधानलिङ्गशासनानि। नामलिङ्गानुशासनं नाम्नां लिङ्गानां चानुशासनं वर्गैः सम्पूर्णमुच्यते यस्यार्थस्य यावन्ति नामानि यस्य नाम्नो यद् यल्लिङ्गं तस्य सर्वस्य साकल्येनाभिधानात्। वर्गैरभिधानं च समूहभूतानां समानामेकत्र प्रतिपत्त्यर्थं सुखावबोधार्थम्। यद्यपि चान्यतन्त्रसमाहारेण सम्पूर्णं नामलिङ्गानुशासनमुच्यते तथाप्येतद् गुरु न भवति। विशिष्टं च तेभ्य इति दर्शयितुं वर्गाणां विशेषणमाह सङ्क्षिप्तैः प्रतिसंस्कृतैरिति। ... ... तैः सङ्क्षिप्तैः सङ्क्षिप्तवर्गावयवत्वात् प्रतिसंस्कृतवर्गावयवत्वादेव च नामलिङ्गानुशासनमपि सङ्क्षिप्तं प्रतिसंस्कृतमेतदुच्यत इति सामर्थ्यादुक्तं भवति।	अन्यान्यन्येषां वा तन्त्राणि त्रिकाण्डोत्पलिन्यादीन्यभिधानशास्त्राणि व्याडिवररुचिचन्द्रगोमिवामनादिप्रणीतानि च लिङ्गशास्त्राणि समाहृत्य राशीकृत्येदमुच्यते। अत एवेदं सम्पूर्णम्। यस्यार्थस्य यावन्ति नामानि यस्य नाम्नो यल्लिङ्गं तस्य सर्वस्यान्यतन्त्रसमाहारेणाभिधानात्। ... यद्यपि चान्यतन्त्रसमाहारेणेदमुच्यते तथापि गुरु नैतदिति वर्गाणां विशेषणमाह। ... सङ्क्षिप्तप्रतिसंस्कृतवर्गावयवत्वादेव चेदं शास्त्रं सङ्क्षिप्तं प्रतिसंस्कृतं चार्थादुक्तम्।
2.	on I.1.3:	on I.1.3:
	प्रायशः स्त्रीपुंसादिकार्यकृतभेदेन। यथा चक्रं सुदर्शनः। कौमोदकी गदेत्येवम्प्रकारेण शब्दरूपभेदेन स्त्रीपुन्नपुंसकं ज्ञेयम्।	प्रायशो बाहुल्येन शब्दानां यो रूपभेदः स्त्रीप्रत्ययान्ताबादिकार्यमिति तेन स्त्रीपुन्नपुंसकं ज्ञेयम्। ...

* For Subhūti's commentary, as yet unpublished, I have used the extremely fragmentary manuscript discovered by R. Sāṅkrityāyana at the Sa-skya monastery in Tibet.

Jātarūpa

...साहचर्याच्च कुत्रचित् स्त्रीपुन्नपुंसकं च ज्ञेयम्। तद् यथा अश्वयुगश्विनीत्यश्विनीसाहचर्यादश्वयुजोऽपि स्त्रीत्वम् , भानुः कर इति करशब्दसाहचर्याद् भानोरपि पुंस्त्वम् , वियद् विष्णुपदमिति विष्णुपदसाहचर्याद् वियतोऽपि नपुंसकत्वम्।
तद्विशेषविधेस्तस्य स्त्रीपुन्नपुंसकस्य विशेषोपादानात् क्वचित् स्त्रीपुन्नपुंसकं ज्ञेयम्।

Subhūti

कौमोदकी गदा खड्गो नन्दकः, सलिलं कमलं जलमिति। ...
कुत्रचित् साहचर्यात् ... लिङ्गमिह निश्चेतव्यम्। ...
तद् यथा
अश्वयुगश्विनी।
भानुः करः।
वियद् विष्णुपदम्।
अश्वयुगादयो ह्यभिन्नरूपत्वाल्लिङ्गान्तरेऽपि सम्भाव्यन्त इति रूपभेदेन निश्चितलिङ्गैरश्विनीकरविष्णुपदैः साहचर्यात् तल्लिङ्गानि निश्चीयन्ते।
तद्विशेषविधेस्तस्य स्त्रीपुन्नपुंसकस्य विशेषोपादानात् क्वचित् स्त्रीपुन्नपुंसकं ज्ञेयम्।

3. **on I.1.4:** (Jātarūpa)

अत्रेतरेतरद्वन्द्वेषु रूपभेदेन यल्लिङ्गं प्रतीयते तदुत्तरपदस्य ... समुदायस्य च। तथा समाहारद्वन्द्वेऽपि रूपभेदेन यल्लिङ्गं प्रतीयते तत् सर्वो द्वन्द्वो विभाषयैकवद् भवतीति यस्यैकवद्भावः स नपुंसकमित्यन्तमुपजायमानं समुदायस्यैव।
अतो द्वन्द्वावयवपदानामिह भिन्नलिङ्गतापि स्यादित्यत आह भेदाख्यानाय न द्वन्द्व इति। ...
यदि भेदाख्यानाय भिन्नलिङ्गानां न द्वन्द्वो नैकशेषः कथं तर्हि
अप्सरोयक्षरक्षोगन्धर्वकिन्नराः, ...
श्वश्रूश्वशुरौ श्वशुरौ ... इति।
भिन्नलिङ्गानामेव द्वन्द्वैकशेषौ कृतावित्याशङ्क्याहानुक्तानामिति।

on I.1.4: (Subhūti)

ननु च यत्र रूपभेदेन लिङ्गनिर्णयोऽभिमतः स द्वन्द्वावयवानां नास्ति। तथा हि समाहारद्वन्द्वे रूपभेदेन यल्लिङ्गं प्रतीयते तत् समुदायस्य समाहारे नपुंसकमिति नपुंसकविधानात्। इतरेतरद्वन्द्वे च रूपभेदेन यल्लिङ्गं प्रतीयते तदपि समुदायस्यैव। ...
ननु भिन्नलिङ्गानामपि द्वन्द्वैकशेषौ कृतौ। यथा
अप्सरोयक्षरक्षोगन्धर्वकिन्नराः,
श्वश्रूश्वशुरौ श्वशुराविति।
आहानुक्तानामिति। प्रदेशान्तरेऽनिर्दिष्टानां भेदमाख्यातुं द्वन्द्वैकशेषौ न कृतावुक्तानां तु स्वरूपोक्तिप्रक्रमेण लिङ्गमप्युक्तमिति तेषां कृतावेव

Jātarūpa

प्रदेशान्तरे स्वरूपतो लिङ्गतश्चानुक्तानां पर्यायशब्दानामिह लिङ्गभेदाख्यानाय द्वन्द्वैकशेषौ न कृतावुक्तानां तु लिङ्गविशेषा अप्युक्ता इति लिङ्गविशेषाणामनाख्येयत्वाद् भिन्नलिङ्गानामपि तेषां द्वन्द्वैकशेषौ कृतावित्यदोषः।

अथ किमर्थमत्यन्तसन्निकर्षेणोपादानान्मिश्रीकृतानां भिन्नलिङ्गानामिह सङ्करः क्रियते। न पुनः पुङ्काण्डस्त्रीकाण्डादिक्रमेण दूरदूरेणैव भिन्नलिङ्गाः शब्दा निबध्येरन्। एवं हि रूपभेदनिरपेक्षं विशेषविधानाद्यन्तरेण च लिङ्गविशेषाणामवगतेः प्रतीतिलाघवमुपादानलाघवं च द्वयं भवतीति यो मन्येत तं प्रत्याह न सङ्करः कृतोऽत्र भिन्नलिङ्गानां क्रमादृत इति।

क्रमं प्रक्रममनुक्रमं वा विना भिन्नलिङ्गानामिह सङ्करः सङ्कीर्णता न कृता।

Subhūti

लिङ्गविशेषस्यावगतत्वात्। रूपभेदात् तु लिङ्गावगतौ द्वन्द्वेऽप्यदोषः। ...

अथैवं किमर्थं भिन्नलिङ्गानां सङ्करः क्रियते। यावता रभसादिकोषवत् स्त्रीकाण्डपुङ्काण्डादिविभागेनैव नाम्नां कथनं न्याय्यम्। एवं हि विशेषविधिरूपभेदादिकं ग्रन्थगौरवं प्रतिपत्तिगौरवं च परिहृतं भवतीत्याह क्रमादृते न सङ्कर इति।

क्रमोऽनुक्रमः। प्रक्रमो वा क्रमः प्रस्ताव इत्यर्थः। तं विना नेह सङ्करः सम्मिश्रभावः कृतः।

4\. **on I.1.5:**

निषिद्धलिङ्गमिति निषिद्धो लिङ्गविशेषो यस्य तच्छेषार्थं शेषभूतमनिषिद्धं यल्लिङ्गं तद्विषयमित्यर्थः। अथवा निषिद्धो लिङ्गविशेषो येन पदेन वाक्येन वा तच्छेषार्थं निषिद्धादन्यत् परिशिष्टलिङ्गद्वयप्रतिपादनपरं पारिशेष्यादिति वेदितव्यम्। एतच्चैकलिङ्गप्रतिषेधव्याजेन लिङ्गद्वयविधानं लाघवार्थमन्यथा तदुपादाने गौरवप्रसङ्गात्।

त्वन्ताथादीति त्वन्तमथादि च नामपदं लिङ्गपदं वा न पूर्वभाक् पूर्वं न भजते पूर्वेण न सम्बध्यत इति।

on I.1.5:

निषिद्धलिङ्गं लिङ्गविशेषो यस्य तन्नाम शेषार्थं शेषलिङ्गं ज्ञेयं पारिशेष्यात्। शेषमनिषिद्धं लिङ्गमर्थोऽभिधेयमस्येति शेषार्थम्। ...

अत्र चैकनिषेधव्याजेन लिङ्गद्वयविधानमिति ग्रन्थलाघवम्।

... त्वन्ताथादि न पूर्वभागिति। त्वन्तमथादि च नामलिङ्गादिपदं पूर्वं न भजते पूर्वेण सह न सम्बध्यते।

	Jātarūpa	Subhūti
5.	**on I.1.6[a]:** सुष्ठु प्रयत्नेन शोभनोऽर्ज्यत इति स्वर्गः।	**on I.1.6[a]:** पुण्येन सुष्ठ्वर्ज्यत इति वा स्वर्गः।
6.	**on I.1.6[d]:** त्रयाणां पिष्टपं त्रिपिष्टपम्। प्राधान्याच्च हरिहरब्रह्मणां त्रयाणां तैरेव व्यपदेशो भवति।	**on I.1.6[b, d]:** प्राधान्याद्धरिहरब्रह्मभिस्त्रिभिर्व्यपदेशः। ... त्रयाणां पिष्टपं ...।
7.	**on I.1.7[a]:** मरणं मरः ...।	**on I.1.7[a]:** मरणं मरः।
8.	**on I.1.7[b]:** ... सुरा वैषामस्तीति सुराः ...	**on I.1.7[b]:** ... सुरास्त्येषाम् ...
9.	**on I.1.7[c]:** सङ्कल्पमात्रेण लब्धसिद्धित्वान्मलिन-सङ्कल्पवर्जितत्वेन वा शोभनं मनो येषां ते सुमनसः।	**on I.1.7[c]:** सङ्कल्पमात्रेण लब्धसिद्धित्वान्मलिन-सङ्कल्पवर्जनाच्च शोभनं मन एषाम्।
10.	**on I.1.9[b]:** गीः शापः। गीरेव बाणकार्यकरणाद् बाण एषां क्रुद्धानामिति गीर्बाणाः।	**on I.1.9[b]:** गीरेव शापलक्षणा बाणकार्यकरणाद् बाण एषां क्रुद्धानामिति गीर्बाणाः।
11.	**on I.1.10:** आदित्यविश्वादयो गणदेवताः सङ्घ-भूता देवाः । तत्रादित्या द्वादशका विश्वेदेवा दश स्मृताः । वसवश्चाष्टसङ्ख्याता- स्तुषितास्त्रिंशत् तथा षट् ।। आभास्वराश्चतुःषष्टि- र्वाताः पञ्चाशदूनकाः । महाराजिकनामानो द्वे शते षट् च विंशतिः ।। साध्या द्वादश सङ्ख्याता रुद्राश्चैकादश स्मृताः ।	**on I.1.10:** आदित्यविश्वादयो गणदेवताः सङ्घ-भूता देवाः । ... तत्रादित्या द्वादशका विश्वेदेवा दश स्मृताः । वसवश्चाष्टसङ्ख्याता स्तुषितास्त्रिंशत् तथा षट् ।। आभास्वराश्चतुःषष्टि- र्वाताः पञ्चाशदूनकाः । महाराजिकनामानो द्वे शते विंशतिस्तथा ।। साध्या द्वादश विख्याता रुद्राश्चैकादश स्मृताः ।

Jātarūpa	Subhūti
इत्येते संहता देवा-	इत्येते संहता देवा-
स्त्रादित्याः स्वनामतः ।।	स्त्रादित्याः स्वनामतः ।।
इन्द्रो विधाता पर्जन्य-	इन्द्रो धाताथ पर्जन्य-
स्त्वष्टा पूषार्यमा भगः ।	स्त्वष्टा पूषार्यमा भगः ।
विवस्वान् विष्णुरंशुश्च	विवस्वान् विष्णुरंशुश्च
वरुणो मित्र एव च ।।	वरुणो मित्र एव च ।।
वसुसत्यौ क्रतुदक्षौ	वसुबन्धौ क्रतुदक्षौ
कामकालौ धुरिलोचनौ ।	कामकालौ धुरिलोचनौ ।
पुरूरवा माद्रवाश्चैव	पुरूरवा माद्रवाश्चैव
विश्वेदेवाः प्रकीर्तिताः ।।	विश्वेदेवाः प्रकीर्तिताः ।।
धरो ध्रुवश्च सोमश्च	आपो ध्रुवश्च सोमश्च
विष्णुश्चैवानिलोऽनलः ।	धरश्चैवानिलोऽनलः ।
प्रत्यूषश्च प्रभासश्चे-	प्रत्यूषश्च प्रभासश्चे-
त्यष्टौ ते वसवः स्मृताः ।।	त्यष्टौ ते वसवः स्मृताः ।।
मनोऽनुमन्ता विष्णुश्च	मनोऽनुमन्ता विष्णुश्च
मनुर्नारायणस्तथा ।	मनुर्नारायणस्तथा ।
तपोनिधिर्निमिश्चैव	तपोनिधिर्निमिश्चैव
हंसो धर्मश्च कीर्तितः ।	हंसो धर्मश्च कीर्तितः ।
विभुश्चैव प्रभुश्चापि	विभुश्चैव प्रभुश्चापि
साध्या द्वादश कीर्तिताः ।।	साध्या द्वादश कीर्तिताः ।।
अजैकपादहिर्बुध्नो	अजैकपाच्च ब्रध्नश्च
विरूपाक्षोऽथ रैवतः ।	त्वष्टा रुद्रश्च वीर्यवान् ।।
हरश्च बहुरूपश्च	हरश्चैवाथ शम्भुश्च
त्र्यम्बकश्च सुरेश्वरः ।	त्र्यम्बकश्चापराजितः ।
सावित्रोऽथ जयन्तश्च	ईशानस्त्रिभुवनश्च
पिनाकी चापराजितः ।। ...	रुद्रास्त्वेकादश स्मृताः ।।
शेषास्तु प्रतिपदमागमादेव विज्ञेया इह च विस्तरभयान्नोक्ता इति।	शेषास्त्वागमतो ज्ञेया विस्तरभया- न्नेहोच्यन्ते।

12.

on I.1.11:	on I.1.11:
गुटिकाञ्जनादिविद्याधारणाद् विद्या- धराः पुष्पदन्तादयः। ...	विद्यां गुटिकाञ्जनादिमन्त्रादिकां धरति ...
रक्षांसि विभीषणादयः।	विद्याधराः पुष्पदन्तादयः। ...
गन्धर्वा दिव्यगायना हाहाहूहूप्रभृतयः।	रक्षांसि विभीषणादयः।

	Jātarūpa	**Subhūti**
	किन्नरा नरशरीरा अश्वमुखा दिव्य-गीतध्वनयः।	गन्धर्वा देवगायना हाहाहूहूप्रभृतयः। किन्नरा नरशरीरा अश्वमुखा दिव्य-गीतध्वनयः।
	पिशिताशाः पिशाचास्तामसाः सत्त्व-विशेषाः।	पिशितमश्नन्ति पिशाचास्तामसाः सत्त्वविशेषाः ...।
	गुह्यका ... माणिभद्रादयः। ...	गुह्यका माणिभद्रादयः ...।
	... भूताः पिशाचप्रभेदा अधोमुखोर्ध-मुखादयः।	... भूताः पिशाचप्रभेदा अधोमुखोर्ध-मुखादयः। ...
	एते देवयोनयो देवप्रभवा देवांशका एषामुत्पत्तौ देवानामेवादिकारणत्वात्।	एते देवयोनिशब्दवाच्या एषामुत्पत्तौ देवानामेवादिकारणत्वात्।
13.	**on I.1.13^{a}:**	**on I.1.13^{a}:**
	शोभना ... गतं गतिरस्येति सुगतः। अथवा सुष्ठु गतः सुगतः।	शोभनं गतम् ... वा सुष्ठु ... गतः सुगतः।
14.	**on I.1.13^{c}:**	**on I.1.13^{c}:**
	ऐश्वर्यस्य समग्रस्य पुण्यस्य यशसः श्रियः । ज्ञानस्याथ प्रयत्नस्य षण्णां भग इति श्रुतिः ॥	समग्रस्य माहात्म्यस्य धैर्यस्य यशसः श्रियः । कामस्यार्थप्रयत्नस्य षण्णां भग इति स्मृतिः ॥
15.	**on I.1.13^{d}:**	**on I.1.13^{d}:**
	मारं मन्मथं ... जितवान् मारजित्।	... मारं मन्मथं जितवान् ...।
16.	**on I.1.14^{a}:**	**on I.1.14^{a}:**
	षडभिज्ञा अस्य सन्तीति षडभिज्ञः। ... दिव्यचक्षुर्दिव्यश्रोत्रं पूर्वनिवासानु-स्मृतिः परचित्तज्ञानमृद्धिराश्रवक्षय-श्चेति।	दिव्यं चक्षुर्दिव्यं श्रोत्रं परचित्तज्ञानं पूर्वनिवासानुस्मृतिरास्रवक्षयज्ञानम् ... ऋद्धिरेताः षडभिज्ञा अस्य।
17.	**on I.1.16^{b}:**	**on I.1.16^{b}:**
	पितृणां प्रजापतीनामपि पितेति पितामहः।	पितृणां प्रजापतीनामपि पिता पितामहः।
18.	**on I.1.18^{c}:**	**on I.1.18^{c}:**
	यशोदया किलासञ्जितमुदरे दामा-स्येति दामोदरः।	यशोदया भ्रमणनिरासार्थमस्योदरे दामासञ्जितमिति तदुपलक्षिते तदुप-चाराद् दामोदरमस्येति दामोदरः।

	Jātarūpa	Subhūti
19.	on I.1.20[a]: उपगत इन्द्रोऽस्येत्युपेन्द्रः।	on I.1.20[a]: उपगत इन्द्रोऽस्येति वाक्यार्थः।
20.	on I.1.20[d]: बलिवञ्चनार्थं त्रयो विक्रमा विक्रान्तयोऽस्येति त्रिविक्रमः।	on I.1.20[d]: बलिवञ्चनार्थं त्रयो विक्रमा विक्रान्तयोऽस्य।
21.	on I.1.21[b]: पुरुषा आत्मानः। तेषामुत्तमः परमात्मरूपत्वादिति पुरुषोत्तमः।	on I.1.21[b]: पुरुषा आत्मानः। तेषामुत्तमः परमात्मरूपत्वात्।
22.	on I.1.22[b]: वक्षःस्थले महापुरुषलक्षणं रोमावर्तविशेषः श्रीवत्सः।	on I.1.22[b]: वक्षःस्थले महापुरुषलक्षणं रोमावर्तविशेषः श्रीवत्सः।
23.	on I.1.25[b]: मत्स्यजातित्वान्मकर एव मीनः। स केतनमस्येति मीनकेतनः।	on I.1.25[b]: मत्स्यजातित्वान्मकर एव मीनः केतनं चिह्नमस्य।
24.	on I.1.27[a-b]: कामो ब्रह्मसूरित्यमरमालायां पाठः। अन्ये तु ब्रह्मसूर्विश्वकेतुः स्या- दनिरुद्ध उषापतिरिति तन्त्रान्तरे पाठदर्शनाद् ब्रह्मस्वादिरेवानिरुद्ध इत्याहुः।	on I.1.27[a-b]: ब्रह्मसूः कामोऽमरमालायां ब्रह्मसूशब्दात् परेण कामवाचिन इशब्दस्य पाठात्। ... रभसस्तु तत्सुतेऽनिरुद्धे पठति ... ब्रह्मसूर्विश्वकेतुः स्या- दनिरुद्ध उषापतिरिति।
25.	on I.1.27[c-d]: पद्मयोगात् पद्मा। नित्यमेव कमलसाहचर्यात् कमला।	on I.1.27[c-d]: हस्ते नित्यं पद्मयोगात् ... पद्मा कमला च।
26.	on I.1.36[c]: उमेति मात्रा तपसे निषिद्धेत्युमा।	on I.1.36[c]: उमेति मात्रा तपसे निषिद्धा पश्चादुमाख्यां सुमुखी जगाम ।
27.	on I.1.37[a]: शक्तिशक्तिमतोरभेदाच् ... शिवशक्तिरेव शिवा।	on I.1.37[a]: शक्तिशक्तिमतोरभेदाच्छिवशक्तिरेव शिवा।
28.	on I.1.37[c]: तपःस्थया तया ... स्वयंविशीर्णं द्रुमपर्णमपि परिहृतमित्यपर्णा।	on I.1.37[c]: तपस्यन्त्या तया स्वयंविशीर्णमपि द्रुमपत्रं परिहृतमित्यपर्णा।

	Jātarūpa	Subhūti
29.	on I.1.37^{d}: जगन्माता सा भगवतीत्यम्बिका।	on I.1.37^{d}: जगन्मातासावित्यम्बिका।
30.	on I.1.38^{a}: तदायत्तो विघ्नः। तस्माद् विघ्नस्य राजेति विघ्नराजः।	on I.1.38^{a}: तदायत्ता विघ्ना इति विघ्नानां राजा।
31.	on I.1.38^{c}: कार्त्तिकेयेनोत्पाटितदशनत्वादेकदन्तः।	on I.1.38^{c}: कार्तिकेयेनोत्पाटितदन्तत्वादेकदन्तः।
32.	on I.1.39^{d}: गूहत्यात्मसैन्यमिति गुहः।	on I.1.39^{d}: गूहति गोपायत्यात्मसैन्यम् ...।
33.	on I.1.44^{b}: मेघानां राजा सर्वेषामुपरि स्थितो महामेघो यमः। ऐरावत इत्यागमः।	on I.3.8^{b}: मेघानां राजा सर्वेषामुपरि स्थितो महामेघ ऐरावतः।
34.	on I.1.44^{c}: इन्द्रस्य मन्त्रिपरिषदृषीणां सहस्रम्।	on I.1.41^{c}: अस्य मन्त्रिपरिषदृषीणां सहस्रमस्ति।
35.	on I.1.71^{c-d}: तस्य च नव प्रभेदाः। महापद्मश्च पद्मश्च शङ्खो मकरकच्छपौ । मुकुन्दनन्दनीलाश्च वर्गश्च निधयो नवेति।	on I.1.71^{c-d}: तस्य च नव प्रभेदाः। पद्मोऽस्त्रियां महापद्मः शङ्खो मकरकच्छपौ । मुकुन्दकुन्दनीलाश्च चर्चश्च निधयो नवेति हारावली।
36.	on I.2.1^{c}: अन्तरीक्ष्यतेऽस्मिञ्जगदित्यन्त-रीक्षम्। ... वेदे तु ह्रस्वमिकारं पठन्ति। तत्र छान्दसमेव ह्रस्वत्वम्।	on I.2.1^{c}: अन्तरीक्ष्यते जगदस्मिन्नन्त-रीक्षम्। ... वेदे तु ह्रस्वेकारो दृश्यते। तत्र छान्दसमेव ह्रस्वत्वमिति वर्णदेशना।
37.	on I.3.1^{c-d}: प्रथमं प्रातरञ्चति सवितास्यामिति प्राची। मध्येऽह्नोऽञ्चत्यस्यामित्यपाची। अपशब्दो मध्यार्थः।	on I.3.1^{c-d}: प्रथमं प्रातरञ्चति रविरस्यां प्राची। ... मध्येऽह्नोऽञ्चत्यस्यामपाची। ... अपशब्दोऽयं मध्यार्थः। ...

	Jātarūpa	Subhūti
	पश्चाद् दिवसावसानेऽञ्चतीति प्रतीची।	पश्चाद् दिवसावसानेऽञ्चत्यस्यां प्रतीची। ...
	पूर्वदक्षिणपश्चिमा इति सर्वनाम्नो वृत्तिमात्रे पुंवद्भाव इति पूर्वयोः पुंवद्भावः।	पूर्वदक्षिणपश्चिमा इति सर्वादयो वृत्तिमात्र इति पुंवद्भावः।
38.	on I.3.5^c^:	on I.3.5^c^:
	न भ्रश्यन्ति जलानि यतस्तेभ्योऽभ्राणि तान्यतोऽभ्रम्।	न भ्रश्यन्ति यतस्तेभ्यो जलान्यभ्राणि तान्यत इति निरुक्तिश्च।
39.	on I.3.6^c^:	on I.3.6.^c^:
	मोदन्ते प्रजा अनेनेति मुदिरः।	मोदते प्रजानेन ...।
40.	on I.3.7^d^:	on I.3.7^d^:
	रसितादि चेत्यादिशब्देन ह्रादह्रास-ध्वनितादि।	आदिना ह्रासध्वनितादि।
41.	on I.3.9^b^:	on I.3.9^b^:
	इरया जलेन माद्यतीरम्मदः।	इरया जलेन माद्यति ...।
42.	on I.3.10^a-b^:	on I.3.10^a-b^:
	ग्रहादिदोषेण प्राप्तकालवृष्टिविघातेऽवग्राहावग्रहौ।	प्राप्तकालाया वृष्टेर्ग्रहादिदोषेण विघातेऽवग्राहः।
43.	on I.3.11^b^:	on I.3.11^b^:
	अह्नीत्यहोरात्र इत्यर्थः। तेनैतदुपपद्यते यत्रौषधिप्रकाशेन नक्तं दर्शितसञ्चराः । अनभिज्ञास्तमिस्राणां दुर्दिनेऽप्यभिसारिका इति। अकरोत् पृथिवीरुहानपि स्रुतशाखारसबाष्पदुर्दिनान् ...।	सामीप्यादुपमानाद् वा रात्रौ च। यत्रौषधिप्रकाशेन नक्तं दर्शितसञ्चराः । अनभिज्ञास्तमिस्राणां दुर्दिनेऽप्यभिसारिकाः ।। ... अकरोत् पृथिवीरुहानपि स्रुतशाखारसबाष्पदुर्दिनान् ...।
44.	on I.3.13^c^:	on I.3.13^c^:
	समुद्रोद्भवत्वादब्जः। जीवतीति जैवातृकः।	समुद्रोद्भवत्वादब्जः। जीवतीति जैवातृकः।

	Jātarūpa	Subhūti
45.	on I.3.17^{d}: महद्धिमं हिमानी।	on I.3.17^{d}: महद्धिमं हिमानी।
46.	on I.3.18: गुणमात्रे शीतमिति नपुंसकं भवति। देवदत्तस्य शीतं वर्तते। ... तद्वाञ्शीतगुणवानर्थोऽभिधेयो येषां ते तद्वदर्थाः सुषीमादयः सप्तान्यलिङ्गका इत्यर्थः। यत् तदभिधेयं द्रव्यमेषां गुणादन्यत् तल्लिङ्गका इत्यर्थः। तद् यथा शीतला भूः , शीतलं जलम् , शीतलो वायुः। शीतशब्दः शुक्लवद् गुणे गुणिनि च वर्तत इति सुषीमादिभ्यो निष्कासितः प्रवेशितश्च।	on I.3.18: गुणे ... शीतमिति क्लीबं भवति। देवदत्तस्य शीतं वर्तत इति। ... तद्वाञ्शीतगुणवानर्थो येषां ते तद्वदर्थाः सुषीमादयः सप्तान्यलिङ्गकाः। यत् तदभिधेयं द्रव्यमेषां गुणादन्यत् तल्लिङ्गका इत्यर्थः। तद् यथा शीतला भूः , शीतलं जलम् , शीतलो वातः। ... शीतशब्दः शुक्लादिवद् गुणे गुणिनि च वर्तत इति सुषीमादिभ्यो निष्कासितः प्रवेशितश्च।
47.	on I.3.20^{b}: केचित् तारकापि वा स्त्रियां न च केवलमुड्वित्येवंसम्बन्ध उडुसाहचर्यात् पक्षे नपुंसकत्वम्। द्वित्रैर्व्योम्नि पुराणसीधुमधुर- च्छायैः स्थितं तारकैरित्यपि सङ्गृहीतं भवति।	on I.3.20^{b}: न केवलमुडु वा स्त्रियां तारकापीत्यपि शब्द उडुसाहचर्यात् पक्षे क्लीबे। द्वित्रैर्व्योम्नि पुराणशीधुमधुर- च्छायैः स्थितं तारकैरिति।
48.	on I.3.21^{c-d}: द्वयोः पूर्वभाद्रपदयोरुत्तरभाद्रपदयोश्च समुदायस्य चतुःसङ्ख्यत्वात् स्युः प्रोष्ठपदा भाद्रपदा इति बहुवचनान्तमुक्तम्। ... ... कदा पूर्वाः प्रोष्ठपदाः ... इति। द्विवचनान्तयोरपि च प्रयोगो भवत्येव। यथा कदा पूर्वे प्रोष्ठपदे ... इति।	on I.3.21^{c-d}: पूर्वे प्रोष्ठपदे द्वे उत्तरे च द्वे। समुदायश्चैषां चतुःसङ्ख्या इति बहुवचनम्। ... ... कदा पूर्वे प्रोष्ठपदे इति तारकयोर्द्वित्वाद् द्विवचनम्। ... बहुत्वसम्भवाद् बहुवचनम्। कदा पूर्वाः प्रोष्ठपदा इति।

	Jātarūpa	Subhūti
49.	on I.3.22^{c-d}: इल्बलाः पञ्च स्वल्पतारकाः।	on I.3.22^{c-d}: इल्बलाः पञ्च स्वल्पतारकाः।
50.	on I.3.23^{b}: गिरां पतिर्गीष्पतिः। ... रेफादेशाभावपक्षे कस्कादिषु दर्शनाद् विसर्जनीयस्य षत्वम्।	on I.3.23^{b}: ... रेफाभावपक्षे कस्कादित्वान्मूर्धन्यषत्वम्। गीष्पतिः।
51.	on I.3.25^{c}: तम इति रूपभेदेन नपुंसकत्वं विज्ञेयम्।	on I.3.25^{c}: तमो रूपभेदात् क्लीबम्।
52.	on I.3.30^{c-d}: अतिदयालुतया यथेष्टं मा दाद् वरमिति विघ्ननायका इन्द्रादयोऽष्टादश देवाः किल नामान्तरैश्चण्डांशोः परिपार्श्वचराः। तत्र शक्रो वामपार्श्वे दण्डाख्यो दण्डनायकः । वह्निस्तु दक्षिणे पार्श्वे पिङ्गलो वामनश्च सः ।। यमोऽपि दक्षिणे पांर्श्वे ख्यातो माठरसञ्ज्ञया । एवमन्येऽपि देवाः। प्राधान्यादुपलक्षणत्वाद् वा छान्दसा माठरादय एवोक्ता न तु जातृकारादयः।	on I.3.30^{c-d}: दयालुरयं दैत्यानां वरं यथेष्टं मा ददात्विति विघ्नदेवता इन्द्रादयोऽष्टादश नामान्तरैरस्य पार्श्वे स्थिताः। तत्र प्राधान्यान्माठरादयोऽभिहिता न तु जातृकारादयश्छान्दसत्वाद् वा। तत्र रवेर्वामपार्श्वे शक्रो दण्डकारित्वाद् दण्डाख्यः। दक्षिणे वह्निः पिङ्गलत्वात् पिङ्गलः। द्वितीयकक्षायां दक्षिणद्वारे यमो माठरनामकः।
53.	on I.3.31^{a}: अरुणवर्णत्वादृच्छतीति वारुणः।	on I.3.31^{a}: अरुणवर्णत्वादृच्छतीति वारुणः।
54.	on I.3.31^{d}: उपसूर्यकमण्डले द्वे।	on I.3.31^{d}: उपसूर्यकमण्डले द्वे नाम्नी।
55.	on I.3.34^{d}: मृगाणां तृष्णा पिपासा यस्यां जलाभासत्वात् सा मृगतृष्णा।	on I.3.34^{d}: मृगाणां तृष्णा पिपासा यस्यां जलाभासत्वात् सा मृगतृष्णा मरीचिकेति प्रसिद्धिः।

	Jātarūpa	Subhūti
	अतिशयतीव्रमरीचीनां सा स्वच्छा द्युतिरिति मरीचिका।	अतिशयतीव्रमरीचीनामेव सा स्वच्छा द्युतिः ...
56.	**on I.4.1^{b-d}:**	**on I.4.1^{b-d}:**
	पक्षस्य मूलं पक्षतिः।	पक्षस्य मूलं पक्षतिः। ...
	क्षयमुदयं वा प्रतिपद्यते चन्द्रोऽस्यामिति प्रतिपत्। ...	प्रतिपद्यते चन्द्रः क्षयमुदयं वास्याम् ...।
	ननु प्रतिपद आरभ्य पक्षस्य वलना तिथिवाच्याः प्रतिपदादयः। तदाद्या बहुत्वयुक्ताश्च न त्वेकस्तिथिशब्दः। तत् कथमेतत्। उच्यते अर्थधर्मेण शब्दोऽपि व्यपदिश्यत इत्यदोषः।	ननु प्रतिपद आरभ्य पक्षस्य वलनास्तिथिवाच्याः प्रतिपदादयो बहुत्वयुक्ता न त्वेकस्तिथिशब्दः। अर्थधर्मेण शब्दोऽपि व्यपदिश्यत इत्यदोषः।
57.	**on I.4.6^{a}:**	**on I.4.6^{a}:**
	गणो रात्रीणां समाहारो गणरात्रम्।	बहूनां रात्रीणां समाहारो गणरात्रम्।
58.	**on I.4.6^{b}:**	**on I.4.6^{b}:**
	रजनीमुखं प्रथमयामः।	रजन्या मुखं प्रथमो यामः।

4. Specimens of Parallel and Identical Passages in the Commentaries by Jātarūpa and Sarvānanda

This appendix confines itself to the first *varga* of the first *kāṇḍa.*

Jātarūpa	Sarvānanda
1. on I.1.1:	on I.1.1:
... ज्ञानेन दयया च सिन्धोः समुद्रस्य। अगाधस्यान्यैरनधिगत-ज्ञानदयापारत्वाद् गम्भीरस्य। गुणा मैत्रीक्षमोपशमादयः। ... ... अमृताय मोक्षाय ...। श्रिये चामृताय पीयूषाय च। ... अत्र ज्ञानदयाभ्यां सिन्धुरिति विगृह्य तृतीयेति योगविभागात् समासः। तृतीया च तृतीयाविधाने प्रकृत्यादिभ्य उपसङ्ख्यानमित्यौपसङ्ख्यानिकी।	गुणा मैत्रीक्षमादयः। ज्ञानदयासिन्धोरिति। ज्ञानं ... दया ... ताभ्यां सिन्धुः। प्रकृत्यादिभ्य उपसङ्ख्यानमिति तृतीया। तृतीयेति योगविभागात् समासः। ... अगाधस्यान्यैरनधिगतदयापारत्वादपरिच्छेद्यगाम्भीर्यस्य। ... श्रियै चामृताय च। ... अमृताय मोक्षाय। ... अमृताय पीयूषाय ...
2. on I.1.2:	on I.1.2:
समाहृत्य कूटीकृत्य। अन्यतन्त्राणि भागुरिवररुचिप्रभृतिप्रणीतानि नानाभिधानलिङ्गशासनानि। ... वर्गैरभिधानं च समूहभूतानां समानामेकत्र प्रतिपत्त्यर्थं सुखावबोधार्थम्।	अन्यतन्त्राणि व्याडिवररुचिप्रभृतीनां तन्त्राणि समाहृत्यैकीकृत्य। ... प्रकरणं वर्गः। प्रकरणबद्धं च सुखग्राह्यं भवति।
3. on I.1.3:	on I.1.3:
प्रायशः स्त्रीपुंसादिकार्यकृतभेदेन। यथा चक्रं सुदर्शनः। कौमोदकी गदेत्येवम्प्रकारेण शब्दरूपभेदेन स्त्रीपुन्नपुंसकं ज्ञेयम्। ... साहचर्याच्च कुत्रचित् स्त्रीपुन्नपुंसकं च ज्ञेयम्। तद् यथा अश्वयुगश्विनीत्यश्विनीसाहचर्या-	प्रायशो बाहुल्येन रूपभेदो यथाक्रमं स्त्रीपुन्नपुंसकानां ङ्याब्विसर्गबिन्दुकृतः। तेन स्त्रीपुन्नपुंसकं ज्ञातव्यम्। तद् यथा कौमोदकी गदा खड्गो नन्दकः, सलिलं कमलं जलम्। निश्चितलिङ्गेनाविप्रकर्षः साहचर्यम्। यत्र रूपभेदो नास्ति तत्रानेनापि कुत्र-

Jātarūpa

दश्वयुजोऽपि स्त्रीत्वम् , भानुः कर इति करशब्दसाहचर्याद् भानोरपि पुंस्त्वम् , वियद् विष्णुपदमिति विष्णुपदसाहचर्याद् वियतोऽपि नपुंसकत्वम्।
तद्विशेषविधेस्तस्य स्त्रीपुन्नपुंसकस्य विशेषोपादानात् क्वचित् स्त्रीपुन्नपुंसकं ज्ञेयम्।

Sarvānanda

चित् तज्ज्ञेयम्। यथा
अश्वयुगश्विनी ।
भानुः करः ।
वियद् विष्णुपदम् ।
तद्विशेषविधिस्तस्य स्त्रीपुन्नपुंसकस्य विशेषेणोपादानम्। तस्मादपि क्वचित् तज्ज्ञेयं ...

4. **on I.1.4:** (Jātarūpa)

यदि भेदाख्यानाय भिन्नलिङ्गानां न द्वन्द्वो नैकशेषः कथं तर्हि
अप्सरोयक्षरक्षोगन्धर्वकिन्नराः, ... मातापितरौ ... पितरौ ... इति।
भिन्नलिङ्गानामेव द्वन्द्वैकशेषौ कृतावित्याशङ्क्याहानुक्तानामिति।
प्रदेशान्तरे स्वरूपतो लिङ्गतश्चानुक्तानां पर्यायशब्दानामिह लिङ्गभेदाख्यानाय द्वन्द्वैकशेषौ न कृतावुक्तानां तु लिङ्गविशेषा अप्युक्ता इति लिङ्गविशेषाणामनाख्येयत्वाद् भिन्नलिङ्गानामपि तेषां द्वन्द्वैकशेषौ कृतावित्यदोषः।
अथ किमर्थमत्यन्तसन्निकर्षेणोपादानान्मिश्रीकृतानां भिन्नलिङ्गानामिह सङ्करः क्रियते। न पुनः पुङ्काण्डस्त्रीकाण्डादिक्रमेण दूरदूरेणैव भिन्नलिङ्गाः शब्दा निबध्येरन्। एवं हि रूपभेदनिरपेक्षं विशेषविधानाद्यन्तरेण च लिङ्गविशेषाणामवगतेः प्रतीतिलाघवमुपादानलाघवं च द्वयं भवतीति यो मन्येत तं प्रत्याह न सङ्करः कृतोऽत्र भिन्नलिङ्गानां क्रमादृत इति।

on I.1.4: (Sarvānanda)

भेदाख्यानाय लिङ्गानां भेदकथनाय भिन्नलिङ्गानां द्वन्द्वैकशेषावत्र न कृतौ ननु भिन्नलिङ्गानामपि कृतौ। यथा
अप्सरोयक्षरक्षोगन्धर्वकिन्नराः,
मातापितरौ पितराविति।
अत्राहानुक्तानामिति। स्थानान्तरेऽनिर्दिष्टानां न कृतौ निर्दिष्टानां तु कृतावेव। ...
ननु रत्नकोशादिवत् स्त्रीपुन्नपुंसककाण्डविधानेनैव कथनमुचितम्। तेन च रूपभेदसाहचर्यादिप्रतिपत्तिगौरवमपि न स्यात्। तत् किमिति लिङ्गसङ्ग्रहः क्रियत इत्यत आह क्रमादृते न सङ्करः कृतः।
सङ्करस्तु भिन्नलिङ्गानां मिश्रतारूपः।
क्रमः प्रक्रमः प्रस्ताव इति यावत्।

	Jātarūpa	**Sarvānanda**
	क्रमं प्रक्रममनुक्रमं वा विना भिन्नलिङ्गानामिह सङ्करः सङ्कीर्णता न कृता।	
5.	**on I.1.5:** त्वन्ताथादीति त्वन्तमथादि च नामपदं लिङ्गपदं वा न पूर्वभाक् पूर्वं न भजते पूर्वेण न सम्बध्यत इति।	**on I.1.5:** त्वन्तमथादि च नामलिङ्गपदं पूर्वं न भजते।
6.	**on I.1.7[a]:** मरणं मर इति ...।	**on I.1.7[a]:** मरणं मरः।
7.	**on I.1.7[b]:** ... सुरा वैषामस्तीति सुराः।	**on I.1.7[b]:** सुरा एषामस्तीति सुराः।
8.	**on I.1.8[c]:** ऋः स्वर्गोऽदितिर्वा। तत्र भवन्तीति ऋभवः।	**on I.1.8[c]:** ऋशब्देनादितिरुच्यते। तत्रभूतत्वादृभवः।
9.	**on I.1.9[b]:** गीः शापः। गीरिव बाणकार्यकरणाद् बाण एषां क्रुद्धानामिति गीर्बाणाः।	**on I.1.9[b]:** गीरिव बाणो येषामिति गीर्बाणाः शापद्वारा छेदनादिसम्भवात्।
10.	**on I.1.10:** आदित्यविश्वादयो गणदेवताः सङ्घभूता देवाः। तत्रादित्या द्वादशका विश्वेदेवा दश स्मृताः । वसवश्चाष्टसङ्ख्याता- स्तुषितास्त्रिंशत् तथा षट् ।। आभास्वराश्चतुःषष्टि- र्वाताः पञ्चाशदूनकाः । महाराजिकनामानो द्वे शते षट् च विंशतिः ।। साध्या द्वादश सङ्ख्याता रुद्राश्चैकादश स्मृताः ।	**on I.1.10:** आदित्यादयो नव प्रत्येकं गणदेवताविशेषे। गणदेवताः सङ्घदेवता इत्यर्थः। तत्र आदित्या द्वादश प्रोक्ता विश्वेदेवा दश स्मृताः । वसवश्चाष्टसङ्ख्याका- स्तुषितास्त्रिंशत् तथा च षट् ।। आभास्वराश्चतुःषष्टि- र्वाताः पञ्चाशदूनकाः । महाराजिकनामानो द्वे शते विंशतिस्तथा ।। साध्या द्वादश विख्याता रुद्राश्चैकादश स्मृताः । ...

	Jātarūpa	**Sarvānanda**
	... महाराजिक इति। महाराजाट् ठञिति ठञ्यपि कृते सञ्ज्ञापूर्वको विधिरनित्य इति वृद्धिर्न भवति।	महाराजप्रोष्ठपदाभ्यां ठञिति ठञ्। सञ्ज्ञापूर्वकत्वाद् वृद्ध्यभावः।
11.	on I.1.11^{b}:	on I.1.11^{b}:
	रक्षांसि विभीषणादयः।	रक्षांसि विभीषणादीनि।
12.	on I.1.11^{c}:	on I.1.11^{c}:
	... पिशाचाः ... सत्त्वविशेषाः। ... गुह्यका ... माणिभद्रादयः।	पिशाचाः सत्त्वविशेषाः। ... गुह्यका माणिभद्रादयः।
13.	on I.1.11^{d}:	on I.1.11^{d}:
	भूता ... अधोमुखोर्ध्वमुखादयः।	भूता अधोमुखोर्ध्वमुखादयः ...।
14.	on I.1.12^{a}:	on I.1.12^{a}:
	अविद्यमाना सुरा वा येषामित्यसुराः।	अविद्यमाना सुरा येषां तेऽसुराः।
15.	on I.1.13^{a}:	on I.1.13^{a}:
	... सुष्ठु गतः सुगतः।	सुष्ठु ... गतः सुगतः।
16.	on I.1.13^{c}:	on I.1.13^{c}:
	ऐश्वर्यस्य समग्रस्य पुण्यस्य यशसः श्रियः । ज्ञानस्याथ प्रयत्नस्य षण्णां भग इति श्रुतिः ।।	माहात्म्यस्य समग्रस्य धैर्यस्य यशसः श्रियः । कामस्यार्थप्रयत्नस्य षण्णां भग इति श्रुतिः ।।
17.	on I.1.16^{b}:	on I.1.16^{b}:
	पितॄणां प्रजापतीनामपि पितेति पितामहः।	पितॄणां प्रजापतीनामपि जनयितेति पितामहः।
18.	on I.1.18^{d}:	on I.1.18^{d}:
	मा लक्ष्मीः। तस्या धवो माधवः।	मा लक्ष्मीः। तस्या धव इति वा व्युत्पत्तिः।
19.	on I.1.20^{d}:	on I.1.20^{d}:
	बलिवञ्चनार्थं त्रयो विक्रमा ... अस्येति त्रिविक्रमः।	बलिवञ्चनाय ... त्रयो विक्रमा अस्येति त्रिविक्रमः।

	Jātarūpa	Sarvānanda
20.	on I.1.22^{b}:	on I.1.22^{b}:
	वक्षःस्थले महापुरुषलक्षणं रोमावर्तविशेषः श्रीवत्सः।	वक्षःस्थले महापुरुषरूपलक्षणं श्वेतरोमावर्तविशेषः श्रीवत्सः।
21.	on I.1.22^{d}:	on I.1.22^{d}:
	वसुदेवे जात आनकपटहदुन्दुभयश्चास्य भवने देवैर्वादिता इत्यानकदुन्दुभिः।	अस्मिञ्जात आनकाः पटहा दुन्दुभयश्च वादिता इत्यानकदुन्दुभिः।
22.	on I.1.24^{c}:	on I.1.24^{c}:
	गर्भसङ्कर्षणात् सोऽथ लोके सङ्कर्षणेति वै।	गर्भसङ्कर्षणात् सोऽथ लोके सङ्कर्षणः स्मृतः।
23.	on I.1.25^{b}:	on I.1.25^{b}:
	मत्स्यजातित्वान्मकर एव मीनः। स केतनमस्येति मीनकेतनः।	मत्स्यजातित्वान्मकर एव मीनः। स एव केतनमस्येति मीनकेतनः।
24.	on I.1.27^{a-b}:	on I.1.27^{a-b}:
	अन्ये तु ... ब्रह्मस्वादिरेवानिरुद्ध इत्याहुः।	केचिद् ब्रह्मस्वादिचतुष्टयमनिरुद्धस्य नामेत्याहुः।
25.	on I.1.27^{c}:	on I.1.27^{c}:
	पद्मयोगात् पद्मा।	पद्मयोगात् पद्मा।
26.	on I.1.30^{c}:	on I.1.30^{c}:
	... महाप्रलये ... त्रैलोक्यं शृणातीति शर्वः।	प्रलये शृणातीति शर्वः।
27.	on I.1.31^{b}:	on I.1.31^{b}:
	गिरौ शेते गिरिशः। गिरौ डश्छन्दसीति डः। ... अथवा छान्दसोऽपि कविभिः प्रमादाद् भाषायां प्रयुक्तः।	गिरौ शेत इति गिरिशः। छान्दसा अपि भाषायां प्रयुज्यन्त इत्यतो गिरौ डश्छन्दसीति डः।
28.	on I.1.32^{a}:	on I.1.32^{a}:
	क्रोधकाले रौद्ररसस्थित उद्धतः सर्वेषामुपरि वर्तत इत्युग्रः।	प्रलयकाले रौद्ररसावस्थित उद्धतः सर्वोपरि वर्तत इत्युग्रः।

	Jātarūpa	Sarvānanda
29.	on I.1.32^{b}:	on I.1.32^{b}:
	... शितिः कालः कण्ठोऽस्येति शिति-कण्ठः।	... शितिः कालः कण्ठोऽस्येति शिति-कण्ठः।
30.	on I.1.32^{c}:	on I.1.32^{c}:
	लोकाचारविपरीतचरितत्वाद् वाम-श्चासौ देवश्चेति वामदेवः।	लोकाचारविपरीतत्वाद् वामः। ... वामश्चासौ देवश्चेति वामदेवः।
31.	on I.1.32^{d}:	on I.1.32^{d}:
	चन्द्रसूर्यवह्निरूपाण्यक्षीण्यस्येति विरूपाक्षः।	रविचन्द्राग्नित्रिविधरूपत्वाद् विरूपाण्यक्षीण्यस्येति विरूपाक्षः।
32.	on I.1.34^{c}:	on I.1.34^{c}:
	... गङ्गां धारयितुं नभस्तलव्यापी जटाकलापो भूत इति वा व्योम-केशः। ... भवत्यस्माद् रजोगुणापन्नाद् विश्व-मिति भवः। ... बिभेत्यस्मान्महाभैरवरूपात् त्रैलोक्य-मिति भीमः।	गङ्गाधरणार्थं व्योमव्यापी केशो जटा-भारीभूतोऽस्येति व्योमकेशः। अस्माद् रजोगुणापन्नाद् विश्वं भवतीति भवः। बिभेत्यस्मान्महाभैरवरूपात् त्रैलोक्य-मिति भीमः।
33.	on I.1.35^{c}:	on I.1.35^{c}:
	ते चण्डेश्वरमहाकालनन्दिभृङ्गिरीटि-प्रभृतयः।	ते च चण्डेश्वरनन्दिमहाकाल-भृङ्गिरिटिप्रभृतयः।
34.	on I.1.35^{d}:	on I.1.35^{d}:
	... हरस्वेदविनिर्गतत्वात् तदंशका ब्रह्मादिदेवतानां शक्तिदेवताः सप्त मातरः। ताः पुनर्ब्रह्माणी वैष्णव्यैन्द्री कौबेरी वाराही रौद्री कौमारी च।	ब्रह्मादिदेवानां स्वेदान्निर्गतत्वाच्छक्ति-देवताः सप्त। ब्राह्मी च वैष्णवी चैन्द्री रौद्री वाराहिका तथा। कौबेरी चैव कौमारी मातरः सप्त कीर्तिताः॥
35.	on I.1.36^{c}:	on I.1.36^{c}:
	उमेति मात्रा तपसे निषिद्धेत्युमा।	उमेति मात्रा तपसो निषिद्धा पश्चादुमाख्यां सुमुखी जगामेति व्युत्पत्त्योमा।

	Jātarūpa	Sarvānanda
36.	on I.1.37^{a}:	on I.1.37^{a}:
	शक्तिशक्तिमतोरभेदाच् ... शिवशक्तिरेव शिवा।	शक्तिशक्तिमतोरभेदाच्छिवशक्तिरेव शिवा।
37.	on I.1.37^{c}:	on I.1.37^{c}:
	तपःस्थया तया ... स्वयंविशीर्णं द्रुमपर्णमपि परिहतमित्यपर्णा।	तपस्यन्त्यानया स्वयंविशीर्णमपि पर्णं परिहतमित्यपर्णा।
38.	on I.1.37^{d}:	on I.1.37^{d}:
	अतिकोपनत्वाच्चण्डी। ... जगन्माता सा भगवतीत्यम्बिका।	अतिकोपनत्वाच्चण्डिका। ... जगन्मातृत्वादम्बिका।
39.	on I.1.38^{b}:	on I.1.38^{b}:
	दुर्गया चामुण्डया च परिपालित इति द्वैमातुरः।	दुर्गया चामुण्डया च पालितत्वाद् ... द्वैमातुरः।
40.	on I.1.38^{c}:	on I.1.38^{c}:
	कार्त्तिकेयेनोत्पाटितदशनत्वादेकदन्तः।	कार्त्तिकेयेनोत्पाटितदन्तत्वादेकदन्तः।
41.	on I.1.39:	on I.1.39:
	पुरा किल तारकोपप्लुतानां देवानां सेनापरिरक्षणार्थं भगवता महेश्वरेण स्वकीयं दहनरूपं तेजो हुताशनमुखे सम्भृतम्। तेनापि तत् कृत्तिकासु सञ्चारितम्। ताश्च दैवागतगर्भसम्पन्नाः शरवणं प्रविश्य प्रसूताः। गूहत्यात्मसैन्यमिति गुहः।	पुरा किल तारकोपप्लुतानां देवानां रक्षणाय शिवेन स्वकं दहनरूपं बीजं वह्निमुखे सम्भृतम्। तेनापि तत् कृत्तिकासु सञ्चारितम्। ताश्च देवागतगर्भभरसत्रपाः शरवणं प्रविश्य प्रसूताः। ... गूहति गोपायत्यात्मसैन्यमिति गुहः।
42.	on I.1.40^{b}:	on I.1.40^{b}:
	विशाखया युक्तः काल इत्यण्। तस्य लुबविशेष इति लुप्। लुपि युक्तवद् व्यक्तिवचन इति प्रकृतिवल्लिङ्गसङ्ख्ये। ततो विशाखायां जातार्थे सन्धिवेलाद्यृतुनक्षत्रेभ्योऽणित्यण्। तस्य च श्रविष्ठाफल्गुन्यनुराधास्वातितिष्यपुनर्वसुहस्त-	विशाखाभ्यां युक्तः कालः। नक्षत्रेण युक्तः काल इत्यण्। तस्य लुबविशेष इति लुप्। लुपि युक्तवद् व्यक्तिवचन इति प्रकृतिलिङ्गसङ्ख्ये। ततो विशाखयोर्जात इति सन्धिवेलाद्यृतुनक्षत्रेभ्योऽणित्यण्। तस्य श्रविष्ठाफल्गुन्यनुराधेत्यादिना लुक्। लुक्

	Jātarūpa	Sarvānanda
	विशाखाषाढाबहुलाल्लुगिति लुक्। स्त्रीप्रत्ययस्यापि लुक् तद्धितलुकीति लुक्।	तद्धितलुकीति स्त्रीप्रत्ययस्य लुक्।
43.	on I.1.42^{c}:	on I.1.42^{c}:
	... सूत्रामा। ... अन्येषामपि दृश्यत इति पूर्वपदस्य दीर्घः। गोत्राः पर्वताः। तेषां पक्षा अनेन छेदिता इति गोत्रभित्।	अन्येषामपि दृश्यत इति दीर्घत्वेन सूत्रामापीति वर्णदेशना। गोत्राः पर्वताः। तेषां पक्षभेदकत्वाद् गोत्रभित्।
44.	on I.1.44^{b}:	on I.1.44^{b}:
	तुरं वेगवन्तं सहते तुराषाट्।	तुरं वेगवन्तं सहत इति तुराषाट्।
45.	on I.1.44^{c}:	on I.1.44^{c}:
	आखण्डते परबलमित्याखण्डलः।	आखण्डयति परबलमित्याखण्डलः।
46.	on I.1.46^{c}:	on I.1.46^{c}:
	इरावान् समुद्रः। तत्र जात ऐरावतः।	इरावान् समुद्रः। तत्र भव ऐरावतः।
47.	on I.1.46^{d}:	on I.1.46^{d}:
	अभ्रमुर्नाम हस्तिनी। तस्या वल्लभोऽभ्रमुवल्लभः।	अभ्रमुनामा हस्तिनी। तस्या वल्लभोऽभ्रमुवल्लभः।
48.	on I.1.48^{b}:	on I.1.48^{b}:
	नारदाद्या इत्याद्यशब्देन तुम्बुरुभरतकोहलविश्वावस्वादीनां ग्रहणम्।	नारदाद्याः सुरर्षिशब्देनोच्यन्ते। आदिशब्देन तुम्बुरुभरतकोहलादेर्ग्रहणम्।
49.	on I.1.48^{c}:	on I.1.48^{c}:
	शोभनो धर्मो यस्यां सा सुधर्मा। धर्मादनिच् केवलादित्यनिच्। डाबुभाभ्यामन्यतरस्यामिति पक्षे डाप्। यदि त्वाकारान्त एव सुधर्माशब्दो गृह्यते तदा समासान्तविधेरनित्यत्वात् तस्मिन्नसति नित्यं टाबेव भवति।	शोभनो धर्मोऽस्यां इति सुधर्मा। धर्मादनिच् केवलादित्यनिच्। एवं नकारान्तः। यत् तु वासवदत्तायां सुधर्मामिव स्वच्छकौशिकां विन्ध्याटवीं विवेशेत्याबन्तता तत् समासान्तो विधिरनित्य इति कृत्वा। डाबुभाभ्यामन्यतरस्यामिति डाप्।

	Jātarūpa	Sarvānanda
50.	on I.1.48^{d}: सुखेन धीयते पीयत इति सुधा।	on I.1.48^{d}: सुखेन धीयते पीयत इति सुधा।
51.	on I.1.49^{d}: रत्नप्रधानाः सानवोऽस्येति रत्नसानुः।	on I.1.49^{c-d}: हेमप्रधानोऽद्रिर्हेमाद्रिः। ... एवं रत्नसानुः।
52.	on I.1.50^{a}: देवगोचरास्तरवो देवतरवो देवभूमिष्ठाः स्वभावात्।	on I.1.50^{a}: मन्दारादयः पञ्च देवभूमिष्ठा एव स्वभावाद् देवतरव उच्यन्ते।
53.	on I.1.50^{c}: कल्पस्थायी वृक्षः कल्पवृक्षः। कल्पफलो वा वृक्षः कल्पवृक्षः। कल्पस्त्वत्र सङ्कल्पः।	on I.1.50^{c}: कल्पः सङ्कल्प इच्छा। तत्फलो वृक्षः कल्पवृक्षः। अथवा कल्पस्थायी वृक्षः।
54.	on I.1.51^{b}: अश्वरूपधारिण्याः क्रियायाः सुतावश्विनीसुतौ।	on I.1.51^{b}: बडवारूपिण्याः सञ्ज्ञायाः ... सुतावश्विनीसुतौ।
55.	on I.1.51^{c}: अश्विनाविति विशाखे इत्यनेन तुल्यम्। नक्षत्रेभ्यो बहुलमित्यनेनात्रत्वर्णो लुगिति परं विशेषः।	on I.1.51^{c}: अश्विनाविति विशाखाशब्दवत्। नक्षत्रेभ्यो बहुलमित्यनेन लुगिति परं विशेषः।
56.	on I.1.52^{b}: उर्वशीमुखा स्वर्वेश्याः। उर्वशीरम्भातिलोत्तमामेनकादयः।	on I.1.52^{b}: अप्सरआदिद्वयं स्वर्वेश्यायाम्। उर्वशीमुखा उर्वश्यादय इत्यर्थः। आदिना च मेनकारम्भातिलोत्तमादीनां ग्रहणम्।
57.	on I.1.53^{b}: वीतिर्होत्रमस्येति वीतिहोत्रः। वीतिरशनम्। होत्रं हविः।	on I.1.53^{b}: होत्रं हविः। वीतिरशनम्। अतो होत्रमशनमस्येति वीतिहोत्रः।
58.	on I.1.53^{d}: तनोतेरौणादिक ऊप्रत्ययः। तनूः।	on I.1.53^{d}: तनोतेरौणादिक ऊप्रत्ययः। तनूः।

	Jātarūpa	Sarvānanda
59.	on I.1.55^{a}: वायुः सखास्येति वायुसखा। अनङ्सावित्यनङ्।	on I.1.55^{a}: वायुः सखास्येति वायुसखा। अनङ्सावित्यनङ्।
60.	on I.1.55^{c}: हिरण्यं रेतोऽस्येति हिरण्यरेताः। अग्नेरपत्यं प्रथमं सुवर्णमिति।	on I.1.55^{c}: हिरण्यं रेतोऽस्येति हिरण्यरेताः। तथा च अग्नेरपत्यं प्रथमं सुवर्णमिति श्रुतिः।
61.	on I.1.56^{c}: दाहकत्वात् पित्तमिव पित्तम्। अपां पित्तमपित्तम्।	on I.1.56^{c}: अप्पित्तमिति षष्ठीसमासः। दाहकत्वात् पित्तमिव पित्तम्।
62.	on I.1.57^{b}: ज्वालाभासोर्न पुंस्यर्चिरित्यर्चिषो नपुंसकत्वं वक्ष्यति।	on I.1.57^{b}: ज्वालाभासोर्न पुंस्यर्चिरिति क्लीबत्वमप्ययमर्चिषो वक्ष्यति।
63.	on I.1.58^{a}: कव्यवालनलादयः पितरः। तेषां पतिः पितृपतिः।	on I.1.58^{a}: पितरः कव्यपालानलसोमादयः। तेषां पतिः पितृपतिः।
64.	on I.1.59^{d}: कृत्तविकृत्तमत्ति क्रव्यादः। ... पृषोदरादित्वात् कृत्तविकृत्तशब्दस्य क्रव्यभावः। कृत्तविकृत्तं च पक्वमांसमुच्यते। ... आशृणोतीत्याशरः।	on I.1.59^{d}: अथवा कृत्तविकृत्तमत्तीति क्रव्यादः। पृषोदरादित्वात् कृत्तविकृत्तस्य क्रव्यादेशः। कृत्तविकृत्तं पक्वमांसमुच्यते। ... आशृणोतीत्याशरः।
65.	on I.1.62^{d}: जगत्प्राण इति सङ्घातः। प्राणशब्दस्तु विगृहीतोऽपि। गच्छतीति जगत्।	on I.1.62^{d}: जगत्प्राण इति संहतं नाम। विगृहीतं चेति केचित्। तथा च गच्छतीति जगत्।
66.	on I.1.63^{c}-64^{a}: हृदि प्राणो गुदेऽपानः समानो नाभिसंस्थितः । उदानः कण्ठदेशे च व्यानः सर्वशरीरगः ।।	on I.1.63^{c}-64^{a}: हृदि प्राणो गुदेऽपानः समानो नाभिसंस्थितः । उदानः कण्ठदेशस्थो व्यानः सर्वशरीरगः ।।

	Jātarūpa	Sarvānanda
67.	**on I.1.64^{c}-65^{b}:** ननु च जवो वेगः शीघ्रतैव। तत् किं शीघ्रात् पृथक् कृतः। उच्यते सवेगगतिवचनो जवशब्दो धर्म-वचनाश्च शीघ्रादय इति। तथा च शीघ्रं पचति, शीघ्रं गच्छतीति प्रयोगो भवति न तु जवं पचति, जवं गच्छतीति।	**on I.1.64^{a}-65^{b}:** रंहआदयो गतिवचनाः शीघ्रादयो धर्मवचना इत्येतावता पृथक्करणम्। अत एव शीघ्रं पचतीति प्रयोगो भवति न तु जवं पचतीति।
68.	**on I.1.65^{c}:** अविद्यमानमारतमस्मिन्नित्यनारतम्।	**on I.1.65^{c}:** अविद्यमानमारतमस्मिन्नित्यनारतम्।
69.	**on I.1.66^{c}:** भृशमिति तालव्यशकारोऽयम्।	**on I.1.66^{c}:** भृशं तालव्यशम्।
70.	**on I.1.67^{c-d}:** असत्त्वविशेषणभूते धर्ममात्रे वर्तमानं शीघ्रादिशब्दरूपं दृढपर्यन्तं क्लीबे नपुंसके स्यात्। तद् यथा शीघ्रं भुङ्क्ते, ... सततं जुहोति, ... इति। ... कलौ शीघ्रा जरा पुंसां शीघ्रो मृत्युश्च दुस्तरः । यथा गिरिनदीस्रोतः शीघ्रं वर्षासमुद्भवम् ॥	**on I.1.67^{c-d}:** शीघ्रादि दृढपर्यन्तमसत्त्वेऽद्रव्ये वर्त-मानं क्लीबे। ... तद् यथा शीघ्रं भुङ्क्ते, सततं जुहोत्ति। ... कलौ शीघ्रा जरा पुंसां शीघ्रो मृत्युश्च दुस्तरः । यथा गिरिनदीस्रोतः शीघ्रं वर्षासमुद्भवम् ॥
71.	**on I.1.68^{d}:** राजानो यक्षाः। तेषां राजा राजराजः।	**on I.1.68^{d}:** राजानो यक्षाः। तेषां राजेति राजराजः।
72.	**on I.1.69^{c}:** एकपिङ्ग इति। महेश्वरवचनात् तदीयमेकमक्षि पिङ्गलम्।	**on I.1.69^{c}:** महेश्वरादेकं चक्षुः पिङ्गं पिङ्गल-मस्येत्येकपिङ्गः।
73.	**on I.1.71^{a}:** अश्वमुखत्वात् कुत्सितो नरः किन्नरः।	**on I.1.71^{a}:** अश्वमुखत्वात् कुत्सितो नरः किन्नरः।

	Jātarūpa	**Sarvānanda**
74.	on I.1.71^{c-d}:	on I.1.71^{c-d}:
	तस्य च नव प्रभेदाः।	शङ्खपद्मादयो नवानां निधीनां भेदाः।
	महापद्मश्च पद्मश्च	तथा हि
	शङ्खो मकरकच्छपौ ।	पद्मोऽस्त्रियां महापद्मः
	मुकुन्दनन्दनीलाश्च	शङ्खो मकरकच्छपौ ।
	वर्गश्च निधयो नवेति।	मुकुन्दकुन्दनीलाश्च
		चर्चश्च निधयो नवेति हारावली।

5. Parallel and Identical Passages in the Commentaries by Subhūti and Sarvānanda

	Subhūti	Sarvānanda
1.	on I.1.1: श्रीस्त्रिवर्गसम्पत्तिः। तदुक्तं व्याडिना लक्ष्मीसरस्वतीधी- त्रिवर्गसम्पद्विभूतिशोभासु । उपकरणवेशरचना- विधासु च श्रीरिति प्रथितेति।	on I.1.1: श्रियै त्रिवर्गसम्पत्त्यै। तदुक्तं व्याडिना लक्ष्मीसरस्वतीधी- त्रिवर्गसम्पद्विभूतिशोभासु । उपकरणवेषरचना- विधासु च श्रीरिति प्रथिता ।।
2.	on I.1.2: तदुक्तं णम प्रह्वत्वे शब्द इति। नम्यतेऽभिधीयतेऽर्थोऽनेन नाम। ... यल्लिङ्ग्यते ङीप्टाबादिभिर्व्यज्यते ... तल्लिङ्गं स्त्रीपुन्नपुंसकत्वम्। तयोरनुशासनं शास्त्रम्। ... अन्यान्यन्येषां वा तन्त्राणि त्रिकाण्डोत्पलिन्यादीन्यभिधानशास्त्राणि व्याडिवररुचिचन्द्रगोमिवामनादिप्रणीतानि च लिङ्गशास्त्राणि समाहृत्य राशीकृत्येदमुच्यते। अत एवेदं सम्पूर्णम्। ... प्रकरणावबद्धानि नामानि सुखप्रतीतिकराणीति वर्गैरभिधास्यते। लक्षणे तृतीया। वर्गैर्लक्षितमित्यर्थः। ... ... स्तोकेन भूयोऽभिधानात् सङ्क्षिप्तैः सङ्क्षिप्तैर्ग्रन्थैः। ... ... नाममालादि लिङ्गहीनं लिङ्गकारिकादि नामहीनम् ...	on I.1.2: णमु प्रह्वत्वे शब्द इत्यनुसारान्नम्यतेऽभिधीयतेऽनेनेति नाम। लिङ्ग्यते ङीप्टाबादिभिर्व्यज्यत इति लिङ्गं स्त्रीपुन्नपुंसकम्। तयोरनुशासनं शास्त्रम्। ... अन्यतन्त्राणि व्याडिवररुचिप्रभृतीनां तन्त्राणि समाहृत्यैकीकृत्य। अत एव सम्पूर्णमिदं यतस्त्रिकाण्डोत्पलिन्यादीनि नाममात्रतन्त्राणि व्याडिवररुच्यादिप्रणीतानि तु लिङ्गमात्रतन्त्राणि। वर्गैरितीत्थम्भूतलक्षणे तृतीया। वर्गैर्लक्षितमित्यर्थः। प्रकरणं वर्गः। प्रकरणबद्धं च सुखग्राह्यं भवति। ... स्तोकेन भूयोऽभिधानं सङ्क्षेपः।
3.	on I.1.3: ननु नाम्नां लिङ्गाभिधाने सति प्रति-	on I.1.3: प्रतिनाम लिङ्गाभिधाने गौरवं परि-

Subhūti

नामैव तदभिधेयमन्यथा सम्पूर्णत्वहानेः। एवं च यावन्ति नामपदानि तावद्भिरेव लिङ्गपदैर्भाव्यमिति गौरवप्रसङ्ग इत्याह। प्रायशो बाहुल्येन शब्दानां यो रूपभेदः स्त्रीप्रत्ययान्ताबादिकार्यमिति तेन स्त्रीपुन्नपुंसकं ज्ञेयम्। ...

तत्र नाम्नां रूपभेदो यथा

कौमोदकी गदा खड्गो नन्दकः,

सलिलं कमलं जलमिति। ...

कुत्रचित् साहचर्यान्निश्चितलिङ्गेनाविप्रकर्षाल्लिङ्गमिह निश्चेतव्यम्। कुत्रचिदिति यत्र रूपभेदो नास्ति। तद् यथा

अश्वयुगश्विनी ।

भानुः करः ।

वियद् विष्णुपदम् । ...

तद्विशेषविधेस्तस्य स्त्रीपुन्नपुंसकस्य विशेषोपादानात् क्वचित् स्त्रीपुन्नपुंसकं ज्ञेयम्। क्वचिदिति यत्र न रूपभेदो निर्णयनिमित्तं वा न साहचर्यमस्ति। ...

तद् यथा

वल्लरिर्मञ्जरिः स्त्रियौ । ...

विटङ्कं पुन्नपुंसकमिति ।

Sarvānanda

हरन्नाह प्रायश इत्यादि। प्रायशो बाहुल्येन रूपभेदो यथाक्रमं स्त्रीपुन्नपुंसकानां ङचाबृविसर्गबिन्दुकृतः। तेन स्त्रीपुन्नपुंसकं ज्ञातव्यम्। तद् यथा

कौमोदकी गदा खड्गो नन्दकः,

सलिलं कमलं जलम् ।

निश्चितलिङ्गेनाविप्रकर्षः साहचर्यम्। यत्र रूपभेदो नास्ति तत्रानेनापि कुत्रचित् तज्ज्ञेयम्। यथा

अश्वयुगश्विनी ।

भानुः करः ।

वियद् विष्णुपदम् ।

तद्विशेषविधिस्तस्य स्त्रीपुन्नपुंसकस्य विशेषेणोपादानम्। तस्मादपि क्वचित् तज्ज्ञेयं यत्र रूपभेदसाहचर्ये न स्तः। यथा

वल्लरिर्मञ्जरिः स्त्रियौ,

विटङ्कं पुन्नपुंसकमिति।

4. **on I.1.4:**

Subhūti

यान्यन्योन्यभिन्नलिङ्गानि द्वन्द्वैकशेषाभ्यां च तेषां नाम्नां लिङ्गभेदमाख्यातुं द्वन्द्वैकशेषौ न कृतावभिन्नलिङ्गानामेव कृताविति भावः। ...

ननु भिन्नलिङ्गानामपि द्वन्द्वैकशेषौ कृतौ। यथा

on I.1.4:

Sarvānanda

भेदाख्यानाय लिङ्गानां भेदकथनाय भिन्नलिङ्गानां द्वन्द्वैकशेषावत्र न कृतौ ननु भिन्नलिङ्गानामपि कृतौ। यथा

अप्सरोयक्षरक्षोगन्धर्वकिन्नराः ...

इति। ...

अत्राहानुक्तानामिति। स्थानान्तरेऽनिर्दिष्टानां न कृतौ निर्दिष्टानां

Subhūti	Sarvānanda
अप्सरोयक्षरक्षोगन्धर्वकिन्नरा ... इति। आहानुक्तानामिति। प्रदेशान्तरेऽनिर्दिष्टानां भेदमाख्यातुं द्वन्द्वैकशेषौ न कृतावुक्तानां तु ... कृतावेव। ... अथैवं किमर्थं भिन्नलिङ्गानां सङ्करः क्रियते। यावता रभसकोषादिवत् स्त्रीकाण्डपुङ्काण्डादिविभागेनैव नाम्नां कथनं न्याय्यम्। एवं हि विशेषविधिरूपभेदादिकं ग्रन्थगौरवं प्रतिपत्तिगौरवं च परिहृतं भवतीत्याह क्रमादृते न सङ्कर इति। क्रमोऽनुक्रमः। प्रक्रमो वा क्रमः प्रस्ताव इत्यर्थः। तं विना नेह सङ्करः सम्मिश्रभावः कृतः क्रमानुरोधेन पुनः कृत एवेति भावः। ... सकलनामप्रतिपत्तिः स्वरूपप्रतिपत्तिश्च यथा स्यादित्येव क्रमः स्वीकृतः। तथा च न ह्यवश्यं स्वर्गादिपर्यायि द्योशब्दादयो हरिहरादिप्रस्तावे च लक्ष्मीगौर्यादयोऽभिधेया इति क्रमानुरोधेन लिङ्गसङ्कर आयातः।	तु कृतावेव। ... ननु रत्नकोशादिवत् स्त्रीपुन्नपुंसककाण्डविधानेनैव कथनमुचितम्। तेन च रूपभेदसाहचर्यादिप्रतिपत्तिगौरवमपि न स्यात्। तत् किमिति लिङ्गसङ्ग्रहः क्रियत इत्यत आह क्रमादृते न सङ्करः कृतः। सङ्करस्तु भिन्नलिङ्गानां मिश्रतारूपः। क्रमः प्रक्रमः प्रस्ताव इति यावत्। तद् यथा स्वर्गप्रक्रमे द्योदिवौ भिन्नलिङ्गे अप्यवश्यवाच्यत्वात् कथिते विष्णुप्रस्तावे लक्ष्म्या नामेति।
5. **on I.1.5:**	**on I.1.5:**
त्रयाणां लिङ्गानां समाहारस्त्रिलिङ्गी लिङ्गत्रयम्। तद्विषये त्रिष्विति पदं वेदितव्यम्। यथा तटं त्रिषु । स्त्रीपुंसौ मिथुनम् । तत्र द्वयोरिति पदम्।... निषिद्धलिङ्गं लिङ्गविशेषो यस्य तन्नाम शेषार्थे शेषलिङ्गं ज्ञेयं पारिशेष्यात्। शेषमनिषिद्धं लिङ्गमर्थोऽभिधेयमस्येति शेषार्थम्। यथा द्वीपोऽस्त्रियाम् । ...	त्रयाणां लिङ्गानां समाहारस्त्रिलिङ्गी। तत्र त्रिष्विति पदं ज्ञेयम्। यथा तटं त्रिषु । स्त्रीपुंसौ मिथुनम् । तत्र द्वयोरिति पदं ज्ञेयम्। ... निषिद्धं लिङ्गं यस्य तन्निषिद्धलिङ्गं नाम शेषार्थे शेषलिङ्गं ज्ञेयम्। यथा द्वीपोऽस्त्रियाम् । त्वन्तमथादि च नामलिङ्गपदं पूर्वं न भजते। तत्र त्वन्तनामपदं यथा

Subhūti	Sarvānanda
त्वन्तमथादि च नामलिङ्गादिपदं पूर्वं न भजते पूर्वेण सह न सम्बध्यते। तत्र नामपदं यथा शोभा कान्तिर्द्युतिश्छविः । अवश्यायस्तु नीहारः । ... प्रालेयं महिका चाथ हिमानी हिमसंहतिः । लिङ्गादिपदं यथा अन्तर्धा व्यवधा पुंसि त्वन्तर्धिः। ... अथशब्देन चानन्तर्यार्थेन स्व- पर्ययिस्य लक्षणादथोशब्दादि च न पूर्वभाक्। ... पोताधानमथो झषाः । पुंस्येवान्धुप्रही कूप उदपानं तु पुंसि वा ... ।	शोभा कान्तिर्द्युतिश्छविः । अवश्यायस्तु नीहारः । त्वन्तलिङ्गपदं यथा अन्तर्धा व्यवधा पुंसि त्वन्तर्धिः। अथादिनामपदं यथा प्रालेयं मिहिका चाथ हिमानी हिमसंहतिः । अथशब्देनाथोशब्दोऽप्युपलक्ष्यते। यथा पोताधानमथो झषाः । ... पुंस्येवान्धुः प्रहिः कूप उदपानं तु पुंसि वा ... ।

6. **on I.1.6:**

Subhūti	Sarvānanda
on I.1.6: शास्त्रे चेह त्रिभुवनं वाच्यम्। तत्र सर्वश्रेष्ठत्वात् प्रथमं स्वर्गोऽभिधेयः।	**on I.1.6:** अत्र च शास्त्रे त्रिभुवनं वाच्यम्। तत्र श्रेष्ठत्वात् स्वर्गमभिदधाति।

7. **on I.1.6ᵃ:**

Subhūti	Sarvānanda
on I.1.6[a]: तत्र स्वःशब्दस्य स्वर्गशब्दसाहचर्यात् पुंस्त्वे प्राप्तेऽव्ययवचनेन लिङ्गसङ्ख्या- कारकेषु न व्येति न विविधं रूपं गच्छतीत्यर्थवचनादव्यक्तलिङ्गत्वं विधीयते। यस्य हि न किञ्चि- ल्लिङ्गकार्यमस्ति तदव्यक्तलिङ्ग- मामनन्ति। ... यद्येवं कथं तद्विशेषणस्य क्लीबत्वम्। रम्यं स्वः ... इति। ... ननु चाव्ययवर्गे नानार्थः स्वःशब्दः पठित एव स्वर्गे परे च लोके स्वरिति। तत् कुतः पुनरिहोपदिश्यते। ...	**on I.1.6[a]:** स्वरव्ययमव्यक्तलिङ्गम्। तथा चाह सदृशं त्रिषु लिङ्गेषु सर्वासु च विभक्तिषु । वचनेषु च सर्वेषु यन्न व्येति तदव्ययमिति। कथं तर्हि रम्यं स्वरिति। तद्विशेषणस्य नपुंसकत्वम्। ... स्वशब्दस्यानेकार्थवर्गोपदिष्टस्यापि यदत्र पर्याये कथनं तद् भूरिप्रयोग- त्वात्। तथा चायमेव वक्ष्यति भूरिप्रयोगा ये येषु पर्यायेष्वपि तेषु त इति। अत एवाव्ययवर्गकथनीयस्यापि

	Subhūti	Sarvānanda
	अत्रोच्यते स्वःशब्दः प्रचुरप्रयोगोऽयम्। ... तेन पर्यायेऽप्युपदिश्यते। तथा ह्यनेकार्थवर्गे वक्ष्यति भूरिप्रयोगा ये येषु पर्यायेष्वपि तेषु त इति। ... यद् वाव्ययपदोपादानार्थं स्वःशब्द इहोपदिष्टः। तदुपादानं चादौ मङ्गलार्थम्। ... ऋज गतावनेकार्थत्वात् स्थितौ च। तदुक्तम् ऋज गतिस्थानार्जनोपार्जनेष्विति। स्थीयतेऽस्मिन् स्वर्गः स्थानम्। ... शोभनोऽर्गः स्वर्गः। ... कं सुखम्। तद्विपरीतमकम्। तन्नास्त्यत्रेति नाकः।	स्वश्शब्दस्यात्र कथनम्। यच्चादावुपादानं स्वश्शब्दस्य तन्मङ्गलार्थम्। ... ऋज्यते स्थीयतेऽस्मिन्नित्यर्गः स्थानम्। ऋज गतिस्थानार्जनेषु। ... शोभनोऽर्गः स्वर्गः। ... कं सुखम्। तद्विपरीतमकम् ... तन्नास्त्यत्रेति नाकः।
8.	**on I.1.6^{c}:** ... गोवद् द्योत्वम्। ... नरं च नारायणमेव चादौ स्वतः सुतौ द्वौ जनयाम्बभूवेत्यादिवदुक्तार्थोऽपि द्विशब्दो प्रयुक्तः।	**on I.1.6^{c}:** गोशब्दवद् रूपम्। ... स्त्रियावित्युक्तेऽपि यद् द्वेपदस्योपादानं तदुक्तार्थानामपि प्रयोगो भवतीति ज्ञापनार्थम्। यथा नरं च नारायणमेव चादौ स्वतः सुतौ द्वौ जनयाम्बभूवेति।
9.	**on I.1.6^{d}:** पिष्टपशब्दस्य पुन्नपुंसकलिङ्गत्वात् ... पुन्नपुंसके प्राप्ते पुनः क्लीबत्वं विधीयते। ... भुवनं पिष्टपः पुमानित्यमरमाला च।	**on I.1.6^{d}:** विष्टपशब्दस्य पुन्नपुंसकत्वम्। तथा चामरमाला भुवनं विष्टपः पुमान्। ... उभयलिङ्गत्वे प्राप्ते यत्र क्लीब इति करोति ...
10.	**on I.1.7^{a}:** मरणं मरः। ... नास्ति मर एषाममराः।	**on I.1.7^{a}:** मरणं मरः। ... एषां तन्नास्तीत्यमराः। ...

	Subhūti	Sarvānanda
	सदा पञ्चविंशतिवर्षदेशीयत्वान्निरस्ता जरा एषाम् ...	निरस्ता जरा यैस्ते निर्जराः। ... ते हि सर्वदा पञ्चविंशतिवर्षदेशीयाः।
11	**on I.1.7^{b}:**	**on I.1.7^{b}:**
	जन्मसत्ताविनाशात्मिकास्तिस्रो दशा एषाम्। मनुष्यादिवदेते वृद्धि-विपरिणामक्षयैर्न युज्यन्ते पञ्च-विंशतिवर्षदेशीया जायन्ते सन्ति विनश्यन्ति च। विबुध्यन्ते न स्वपन्ति ... ... सुरास्त्येषाम् ... तदुक्तं सुरापरिग्रहाद् देवाः सुरा इत्यभिविश्रुता इति।	जन्मसत्ताविनाशात्मिकास्तिस्रो दशा एषामिति त्रिदशाः। न तु मनुष्याणामिव बाल्ययौवनवार्धकानि तिस्रो दशा अजरत्वात्। विबुध्यन्ते न स्वपन्तीति विबुधाः। ... सुरा एषामस्तीति सुराः। ... सुरापरिग्रहाद् वा सुराः। तथा हि श्रीरामायणे सुरापरिग्रहाद् देवाः सुरा इत्यभिविश्रुता ... इति।
12.	**on I.1.7^{c}:**	**on I.1.7^{c}:**
	शोभनानि पर्वाण्यङ्गुल्यादिग्रन्थयः ... वैषामिति विग्रहः।	शोभनं ... पर्वाङ्गुल्यादि वा येषां ते सुपर्वाणः।
13.	**on I.1.7^{d}:**	**on I.1.7^{d}:**
	द्यौरोक आश्रय एषाम्। पृषो-दरादित्वादौत्वमोकारस्य। ... दिवमदन्तम् ... अश्वघोषेणापि बुद्धचरिते प्रयुक्तं न शोभते तेन हि नो विना पुरं मरुत्वता वृत्रवधे यथा दिवमिति।	द्यौरोकः स्थानं येषां ते दिवोकसः। अकारान्तोऽपि दिवशब्दोऽस्ति। तदा च दिवौकस इत्यपि स्यात्। तथा हि बुद्धचरिते न शोभते तेन हि नो विना पुरं मरुत्वता वृत्रवधे यथा दिवमिति।
14.	**on I.1.8^{a}:**	**on I.1.8^{a}:**
	दिवि सीदन्ति वर्तन्ते। ... मनःसु येन द्युसदां न्यधीयत इति माघः।	दिवि सीदन्ति वर्तन्त इति दिविषदः। ... ... पक्षे सप्तम्या अलुक्। तेन मनस्सु येन द्युसदां न्यधीयत इति माघप्रयोगः साधुः।

	Subhūti	Sarvānanda
15.	on I.1.8^{b}: ग्रीवाहस्तपादेषु रेखा प्रशस्तैषामस्तीति प्रशंसायामर्शआद्यच्।	on I.1.8^{b}: ग्रीवाहस्तपादेषु तिस्रो लेखा येषां सन्तीति लेखाः। प्रशंसायामर्श-आदित्वादच्।
16.	on I.1.9^{b}: गीरेव शापलक्षणा बाणकार्यकरणाद् बाण एषां क्रुद्धानामिति गीर्बाणाः।	on I.1.9^{b}: गीरेव बाणो येषामिति गीर्बाणाः शापद्वारा छेदनादिसम्भवात्।
17.	on I.1.10: आदित्यविश्वादयो गणदेवताः सङ्घ-भूता देवाः। ... तत्रादित्या द्वादशका विश्वेदेवा दश स्मृताः । वसवश्चाष्टसङ्ख्याता- स्तुषितास्त्रिंशत् तथा षट् ।। आभास्वराश्चतुःषष्टि- र्वाताः पञ्चाशदूनकाः । महाराजिकनामानो द्वे शते विंशतिस्तथा ।। साध्या द्वादश विख्याता रुद्राश्चैकादश स्मृताः ।	on I.1.10: आदित्यादयो नव प्रत्येकं गणदेवता-विशेषे। गणदेवताः सङ्घदेवता इत्यर्थः। तत्र आदित्या द्वादश प्रोक्ता विश्वेदेवा दश स्मृताः । वसवश्चाष्टसङ्ख्याका- स्तुषितास्त्रिंशत् तथा च षट् ।। आभास्वराश्चतुःषष्टि- र्वाताः पञ्चाशदूनकाः । महाराजिकनामानो द्वे शते विंशतिस्तथा ।। साध्या द्वादश विख्याता रुद्राश्चैकादश स्मृताः ।
18.	on I.1.10^{c}: महती राजिः पङ्क्तिरेषाम्।	on I.1.10^{c}: ... महती राजिः पङ्क्तिरेषामिति महाराजिकाः।
19.	on I.1.11^{a}: स्थानान्तरे नायं कथित इति लिङ्गभेदख्यापनार्थं द्वन्द्वान्निष्कासितः। पर्यायाश्चास्य रभसकोशे विद्याधरः कामरूपी खेचरः सत्ययौवन इति। अप्सरसो देवयोषित उर्वश्यादयः। ... यक्षाः कुबेरादयः।	on I.1.11^{a}: विद्याधरशब्दः पर्याये न पठित इत्येतावता रूपभेदेनोक्तः। ... विद्याधरः कामरूपी खेचरः। अप्सरसो देवयोषित उर्वश्यादयः। यक्षा कुबेराद्याः।

	Subhūti	Sarvānanda
20.	on I.1.11^{b}: रक्षांसि विभीषणादयः।	on I.1.11^{b}: रक्षांसि विभीषणादीनि।
21.	on I.1.11^{c}: ... पिशाचाः ... सत्त्वविशेषाः। गुह्यका माणिभद्रादयः कुबेरानुचराः। अणिमादिगुणोपेताः सिद्धाः।	on I.1.11^{c}: पिशाचाः सत्त्वविशेषाः। कुबेरानुचरा गुह्यका माणिभद्रादयः। सिद्धा अणिमादिगुणोपेताः।
22.	on I.1.11^{d}: ... भूताः ... अधोमुखोर्ध्वमुखादयः।	on I.1.11^{d}: भूता अधोमुखोर्ध्वमुखादयः ...
23.	on I.1.13^{a}: ... सुष्ठ्वपुनरावृत्त्या गतः सुगतः।	on I.1.13^{a}: सुष्ठ्वपुनरावृत्त्या गतः सुगतः।
24.	on I.1.13^{b}: धर्मचक्रप्रवर्तकत्वाद् धर्मस्य राजा धर्मराजः।	on I.1.13^{b}: धर्मचक्रस्य प्रवर्तकत्वाद् धर्मराजः।
25.	on I.1.13^{c}: समन्ततः पुण्यसम्भारतो ज्ञान-सम्भारतश्च भद्रः श्रेष्ठः। ... समग्रस्य माहात्म्यस्य धैर्यस्य यशसः श्रियः । कामस्यार्थप्रयत्नस्य षण्णां भग इति स्मृतिः ।।	on I.1.13^{c}: समन्तात् पुण्यसम्भाराद् ज्ञान-सम्भाराच्च भद्रः श्रेष्ठः समन्तभद्रः। माहात्म्यस्य समग्रस्य धैर्यस्य यशसः श्रियः । कामस्यार्थप्रयत्नस्य षण्णां भग इति श्रुतिः ।।
26.	on I.1.13^{d}: क्लेशादिमारं ... जितवान् ...।	on I.1.13^{d}: क्लेशादिमारान् जयतीति मारजित्।
27.	on I.1.14^{b}: सत्त्वान् विनयति हितमनुशास्ति ...।	on I.1.14^{b} सत्त्वान् विनयति हितमनुशास्तीति विनायकः।
28.	on I.1.14^{d}-15: शाक्यवंशावतीर्णे बुद्धे शाक्यमुनि-प्रभृतयः।	on I.1.14^{d}-15: शाक्यमुन्यादयः सप्त शाक्यवंशा-वतीर्णे मुनौ।
29.	on I.1.14^{d}: उक्तं च सुन्दरानन्दचरितकाव्ये	on I.1.14^{d}: तथा च सुन्दरानन्दचरिते

	Subhūti	**Sarvānanda**
	शाकवृक्षप्रतिच्छन्नं वासं यस्माच्च चक्रिरे । तस्मादिक्ष्वाकुवंश्यास्ते भुवि शाक्या इति श्रुताः ।।	शाकवृक्षप्रतिच्छन्नं वासं यस्माच्च चक्रिरे । तस्मादिक्ष्वाकुवंश्यास्ते भुवि शाक्या इति श्रुताः ।।
30.	**on I.1.15c:**	**on I.1.15c:**
	गोतमस्य कपिलवंश्यस्य मुनेः शिष्यतया शाक्या गौतमाः।	गोतमस्यायं शिष्य इति गौतमः।
31.	**on I.1.16a:**	**on I.1.16a:**
	बृहदस्य शरीरं य- दप्रमेयं प्रमाणतः । बृहद्भिस्तीर्णमित्युक्तं ब्रह्मा तेन स उच्यत इति साम्बपुराणम्। ... आत्मना भवति न कर्मवायु-प्रेरणया ...।	बृहदस्य शरीरं य- दप्रमेयं प्रमाणतः । बृहद् विस्तीर्णमित्युक्तं ब्रह्मा तेन स उच्यत इति साम्बपुराणम्। ... आत्मना भवत्यात्मभूर्न तु कर्मवायु-प्रेरणया।
32.	**on I.1.16b:**	**on I.1.16b:**
	पितॄणां प्रजापतीनामपि पिता पितामहः। ... पितृजनयित्री च तन्मूर्तिः सन्ध्ये-त्यागमः।	पितॄणां प्रजापतीनामपि जनयितेति पितामहः। ... पितृजननी च तन्मूर्तिरित्यागमः।
33.	**on I.1.16c:**	**on I.1.16c:**
	एतस्याण्ड हैमवर्णमभवत्। ... उपचाराद्धिरण्यवर्णमण्डं हिरण्यम्। तस्य गर्भो भ्रूणः।	उपचाराद्धिरण्मयमण्डं हिरण्यम्। तथा च मनुः तदण्डमभवद्धैमं सहस्रांशुसमप्रभमिति। तस्य गर्भो भ्रूण इति हिरण्यगर्भः।
34.	**on I.1.18a:**	**on I.1.18a:**
	कृष्णगुणयोगात् कृष्णः।	कलियुगे कृष्णगुणयोगात् कृष्णः।
35.	**on I.1.18b:**	**on I.1.18b:**
	एकस्मिन्नन्तरेऽयं विकुण्ठायां मातरि जातः।	चाक्षुषस्यान्तरे देवो वैकुण्ठः पुरुषोत्तमः ।

	Subhūti	Sarvānanda
	विकुण्ठायामसौ जातो वैकुण्ठ इति हि भारतम्। विष्टरेऽश्वत्थे तरौ श्रूयते ...।	विकुण्ठायामसौ जज्ञे वैकुण्ठैर्दैवतैः सहेति। ... विष्टरस्तरुः। ... तरुणा चाश्वत्थतरुरेव वाच्यः। ... तत्र श्रुत इति विष्टरश्रवाः।
36.	**on I.1.18[d]:**	**on I.1.18[d]:**
	यस्मात् त्वया हतः केशी तस्मान्मच्छासनं शृणु। तस्मात् केशवनाम्ना त्वं गेयो लोके भविष्यसीति। यदुकुलसम्भवोऽयं तदादिपुरुषो मधु- र्नाम कश्चित्। तस्यापत्यं माधवः। तथा ह्येतज्ज्ञातयो माधवा उच्यन्ते। प्रहितः प्रधनाय माधवा- नहमाकारयितुं महीभुजेति माघः।	यस्मात् त्वयैष दुष्टात्मा हतः केशी जनार्दन। तस्मात् केशवनाम्ना त्वं लोके ख्यातो भविष्यसीति स्मरणात् केशवः। ... यदोर्ज्यायान् पुत्रो मधुः। तद्- वंशजत्वान्माधवः। अत एवान्येऽपि विष्णुज्ञातयो माधवशब्देनोच्यन्ते। तथा च माघे प्रहितः प्रधनाय माधवा- नहमाकारयितुं महीभुजेति।
37.	**on I.1.19[a]:**	**on I.1.19[a]:**
	रुद्रायानेन सहस्रं पुण्डरीकबलि- रुपनीतः। रुद्रेण तत्रैकमन्तर्धापितम्। अनेन चक्षुरेकमुत्पाट्य पुण्डरीकस्थाने कृतमिति पुण्डरीकमक्ष्यस्येति ...।	पुण्डरीकमक्ष्यस्येति पुण्डरीकाक्षः। ... अनेन किल रुद्राय सहस्रपुण्डरीको बलिरुपनीतः। रुद्रेण तत्रैकमन्त- र्धापितम्। तदानेन चक्षुरेकमुत्पाट्य पुण्डरीकस्थाने कृतमिति।
38.	**on I.1.19[d]:**	**on I.1.19[d]:**
	समुद्राभ्यन्तरवासिनो जनान् नामा- सुरानर्दितवान् ...।	समुद्रस्थाञ्जनानर्दितवानिति जनार्दनः।
39.	**on I.1.20[a]:**	**on I.1.20[a]:**
	ममोपरि यथेन्द्रस्त्वं स्थापितो गोभिरीश्वरः। उपेन्द्र इति कृष्ण त्वां गास्यन्ति दिवि देवताः ।।	ममोपरि यथेन्द्रस्त्वं स्थापितो गोभिरीश्वरः। उपेन्द्र इति कृष्ण त्वां तथा गास्यन्ति देवताः ।।

	Subhūti	Sarvānanda
40.	on I.1.20^{b}: चक्रं पाणावस्येति विग्रहे ...।	on I.1.20^{b}: चक्रं पाणावस्येति चक्रपाणिः।...
41.	on I.1.20^{d}: बलिवञ्चनार्थं त्रयो विक्रमा ... अस्य।	on I.1.20^{d}: बलिवञ्चनाय ... त्रयो विक्रमा अस्येति त्रिविक्रमः।
42.	on I.1.21^{a}: सञ्ज्ञापूर्वकत्वाद् वृद्ध्यभाव इत्यनित्यमिति वर्णदेशना। ... शूरो नाम यादवो वासुदेवस्य पितामहः।	on I.1.21^{a}: सञ्ज्ञापूर्वको विधिरनित्य इति वृद्ध्यभाव इति वर्णदेशना।... शूरो नाम यादवो वासुदेवपितामहः।
43.	on I.1.21^{c}: वनं पुष्पम्। तन्मालायोगाद् ...।	on I.1.21^{c}: वनं पुष्पम्। तन्मालायोगाद् वनमाली।
44.	on I.1.22^{b}: वक्षःस्थले महापुरुषलक्षणं रोमावर्तविशेषः श्रीवत्सः। स लाञ्छनं चिह्नमस्य।	on I.1.22^{b}: वक्षःस्थले महापुरुषरूपलक्षणं श्वेतरोमावर्तविशेषः श्रीवत्सः। स एव लाञ्छनमस्येति श्रीवत्सलाञ्छनः।
45.	on I.1.23^{a}: बलं भद्रं श्रेष्ठमस्य।	on I.1.23^{a}: बलं भद्रं श्रेष्ठमस्येति बलभद्रः।
46.	on I.1.23^{b}: बलातिशययोगादर्शाद्यचि बलश्चासौ देवश्च बलदेवः।	on I.1.23^{b}: बलयोगाद् बलः। अर्शादित्वादच्। ततो बलश्चासौ देवश्चेति बलदेवः।
47.	on I.1.23^{c}: रमयति मोदयति रूपसम्पदा ...।	on I.1.23^{c}: रमयति मोदयति रूपमस्येति रामः।
48.	on I.1.24^{b}: तालो वृक्षविशेषः। तदुक्तं साम्बपुराणे ध्वजनिर्णयस्थाने तालस्तालाकृतिः कार्यो मकरो मकराकृतिरिति।	on I.1.24^{b}: तालो वृक्षविशेषः। ... तदुक्तं साम्बपुराणे ध्वजनिर्णये तालस्तालाकृतिः कार्यो मकरो मकराकृतिः।
49.	on I.1.25^{a}: मारयति विरहिणं जनम् ...।	on I.1.25^{a}: विरहिणं मारयतीति मारः।

	Subhūti	Sarvānanda
50.	on I.1.25[b]: मत्स्यजातित्वान्मकर एव मीनः केतनं चिह्नमस्य।	on I.1.25[b]: मत्स्यजातित्वान्मकर एव मीनः। स एव केतनमस्येति मीनकेतनः।
51.	on I.1.25[c]: ब्रह्मापि किल तदीयसम्मोहनास्त्रात् स्वां दुहितरं चकम इति के ब्रह्मणि दृप्तवान् कन्दर्पः ... त्रिनयननयनाग्निदाहादनङ्गोऽयं जात इत्यनङ्गः।	on I.1.25[c]: कं ब्रह्माणं दर्पयतीति कन्दर्पः। ... यतो ब्रह्मापि स्वसुतां चकमे। ... त्रिनयनेन भस्मीकृतत्वादनङ्गः।
52.	on I.1.25[d]: कामयति सुरतेच्छामुत्पादयति ... उन्मादनरोचनसम्मोहनशोषणमारणाख्याः पञ्च बाणा अस्य।	on I.1.25[d]: कामयते सुरतेच्छामुत्पादयतीति कामः। ... सम्मोहनोन्मादनतापनशोषणस्तम्भनाख्याः पञ्च शरा अस्येति पञ्चशरः।
53.	on I.1.26[a]: शम्बरो हरिणे दैत्ये शम्बरं सलिले स्मृतमिति तालव्यादावजयः। क्लीबं च सम्बरं नीरबौद्धव्रतविशेषयोः । विशेषे पुंसि दैत्यस्य मत्स्यस्य हरिणस्य चेति दन्त्यादौ रभसः। शृङ्गाररूपेण प्राणिनां मनसि जायते ...।	on I.1.26[a]: क्लीबं तु सम्बरं नीर- बौद्धव्रतविशेषयोः । विशेषे पुंसि दैत्यस्य मत्स्यस्य हरिणस्य चेति दन्त्यादौ रभसोऽपि। शम्बरो हरिणे दैत्ये शम्बरं सलिले स्मृतमिति तालव्यादावजयः। ... शृङ्गाररूपेण मनसि जायत इति मनसिजः।
54.	on I.1.26[b]: अनङ्गोऽयमनन्यस्माज्जातो न भूतग्रामादित्यनन्यजः।	on I.1.26[b]: नान्यस्मिन् भूतग्रामे जातोऽनन्यजः।
55.	on I.1.27[a]: सू प्रेरणे। ब्रह्म तपः सुवति ...। ब्रह्मसूः कामः। ...	on I.1.27[a]: ब्रह्म तपः सुवति प्रेरयतीति ब्रह्मसूः। ...

Subhūti	Sarvānanda
प्रयुक्तं च रुद्रदासेन विदग्धकण्ठा- भरणे प्रश्नोत्तरेण कं वदन्ति तपोभङ्ग- कारिणं यतिनां जनाः । न स्वीकुर्वन्ति किं सन्तः सर्वधर्मविशारदाः ।। ब्रह्मस्वमिति। ... पताकायां द्युतौ केतु- र्ग्रहोत्पातादिलक्ष्मस्विति रभसः। विश्वः केतुर्द्युतिरस्य।	विश्वव्यापी केतुर्द्युतिरस्येति विश्व- केतुः। तथा च रभसः पताकायां द्युतौ केतु- र्ग्रहोत्पातादिलक्ष्मस्विति। ... रुद्रदासेन प्रश्नोत्तरे कामदेव एवोक्तः कं वदन्ति तपोभङ्ग- कारिणं यतिनां जनाः । न स्वीकुर्वन्ति कं सन्तः सर्वधर्मविशारदाः ।। ब्रह्मस्वम्।

56.

on I.1.27^{c-d}:	on I.1.27^{c-d}:
अङचन्तत्वात् सोर्लोपाभावः। कथं तर्हि ... मातर्लक्ष्मि भजस्व कञ्चिदपरमिति। एरक्तिनो ङीषित्येके। ... मतान्तरेण तु धातुपारायणे लक्ष्मी- प्रभृतीनामङचन्तत्वान्न ह्रस्वत्व- मित्ययमेवोक्तवान्। प्रयोगोऽपि दृश्यते हे लक्ष्मीः स्या दरिद्राणां मा धीः संस्पृश मे वपुः । तन्त्रीः कर्णामृतं कूज तन्द्रीः संश्रय चक्षुषी ।। ... हस्ते नित्यं पद्मयोगात् ... पद्मा कमला च। अविशेषपाठस्याय- मभिप्रायः पङ्कजासरोजेत्यादिकं न योज्यमिति। ... एरक्तिन इति ङीषि श्रीत्यपीति धातुप्रदीपटीकायां मैत्रेयरक्षितः।	अङचन्तत्वात् सोर्लोपाभावः। तथा च प्रयोगः हे लक्ष्मीः स्या दरिद्राणां मा धीः संस्पृश मे वपुः । तन्त्रीः कला(र्णा)मृतं कूज तन्द्रीः संश्रय चक्षुषी इति। मातर्लक्ष्मि भजस्व कञ्चिदपरं मत्काङ्क्षिणी मा च भूरित्यादि कृदिकारादित्यादिना साध्विति मैत्रेयः। एवं श्रीशब्दोऽपि। पद्मयोगात् पद्मा। ... एवं कमला। एतयोरुभयोरुपादानादन्यपद्मपर्यायेणा- नभिधानं सूचितम्।

57.

on I.1.28:	on I.1.28:
लक्ष्मीपतेः शङ्खचक्रगदाखड्गमणीनां यथाक्रमं पाञ्चजन्यादिकं नाम।	लक्ष्मीपतेः शङ्खचक्रगदाखड्गमणिषु यथाक्रममेकैकं पाञ्चजन्यादिकम्।

	Subhūti	Sarvānanda
	पश्चिमसमुद्रे तिमिरूपधारी दैत्यः पञ्चजनो नामासीत्। तदस्थिजत्वात् पञ्चजने भव इति ...।	समुद्रे तिमिरूपचारी पञ्चजनो नामासुर आसीत्। तदस्थिजत्वात् पाञ्चजन्यः।
58.	on I.1.28^{b}:	on I.1.28^{b}:
	भक्तैः सुखेन दृश्यत इति सुदर्शनः।	भक्तैः सुखेन दृश्यत इति सुदर्शनम्।
59.	on I.1.28^{d}:	on I.1.28^{d}:
	कोः स्तोभकः। कुस्तुभो हरिः।	कोः स्तोभक इति कुस्तुभो विष्णुः।
60.	on I.1.36^{a-b}:	on I.1.36^{a-b}:
	लघिमा लघुत्वम् , येन वायुवल्लघुतरो भवति।	लघिमा लघुत्वम् , येन वायोर्लघुतरो भवति।
	महिमा महत्त्वम् , येन भुवनेऽपि न सम्माति।	येनेप्सितप्राप्तिर्भवति सा प्राप्तिः।
	प्राप्तिर्येनेप्सितस्य प्रापणम्। ...	प्राकाम्यमिच्छानभिघातः।
	प्राकाम्यमिच्छानभिघातः। ...	महत्त्वं महिमा, येन भुवनेऽपि न सम्माति।
	ईशित्वं प्रभुता, येन चरस्थावरभूतान्यादेशकराणीत्युच्यते।	ईशिता प्रभुता, येन चरस्थावरभूतान्यादेशकारीणि भवन्ति।
	वशित्वं वशिता, येन स्वतन्त्रश्चरति।	वशित्वं वशिता, येन स्वतन्त्रश्चरति।
	कामेनेच्छयावसायितुं शीलं यस्य तद्भावः कामावसायिता। अनेकार्थत्वाद् धातूनां स्यतिस्तिष्ठत्यर्थे।	कामेनेच्छयावशायितुं शीलमस्येति तद्भावः कामावशायिता। अनेकार्थत्वाद् धातूनां शीङिह तिष्ठत्यर्थे।
61.	on I.1.36^{c-d}:	on I.1.36^{c-d}:
	उमेति मात्रा तपसे निषिद्धा पश्चादुमाख्यां सुमुखी जगाम। ... गौरी गौरादिङीषि। ...	उमेति मात्रा तपसो निषिद्धा पश्चादुमाख्यां सुमुखी जगामेति व्युत्पत्त्योमा। ...
	गौरीत्वे प्राप्तेऽवस्थाभेदेन गौरी काली ... चोच्यते। ...	गौरादिङीषि गौरी। अवस्थाभेदेन काली। ...
	विन्यस्तमङ्गलमहौषधिरीश्वराया ... इति भारविः।	तथा च भारविः विन्यस्तमङ्गलमहौषधिरीश्वराया इति।
62.	on I.1.37^{a}:	on I.1.37^{a}:
	शक्तिशक्तिमतोरभेदाच्छिवशक्तिरेव शिवा।	शक्तिशक्तिमतोरभेदाच्छिवशक्तिरेव शिवा।

	Subhūti	Sarvānanda
63.	on I.1.37^{c}: तपस्यन्त्या तया स्वयंविशीर्णमपि द्रुमपत्रं परिहतमित्यपर्णा।	on I.1.37^{c}: तपस्यन्त्यानया स्वयंविशीर्णमपि पर्णं परिहतमित्यपर्णा।
64.	on I.1.37^{d}: जगन्मातासावित्यम्बिका।	on I.1.37^{d}: जगन्मातृत्वादम्बिका।
65.	on I.1.38^{a}: विघ्नानां विशिष्टो नायको विनायकः।	on I.1.38^{a}: विघ्नानां विशिष्टो नायको विनायकः।
66.	on I.1.38^{b}: गणाः प्रमथाः। तेषामधिपः।	on I.1.38^{b}: गणाः प्रमथाः। तेषामधिपो गणाधिपः।
67.	on I.1.38^{c}: कार्त्तिकेयेनोत्पाटितदन्तत्वादेकदन्तः। ... हे शङ्करसमीपे रम्बते विलम्बते तिष्ठतीति हेरम्बः।	on I.1.38^{c}: कार्त्तिकेयेनोत्पाटितदन्तत्वादेकदन्तः। हे महेश्वरसमीपे रम्बतेऽनेकार्थत्वाद् धातूनां तिष्ठतीति हेरम्बः।
68.	on I.1.39^{d}: गूहति गोपायत्यात्मसैन्यम् ...।	on I.1.39^{d}: गूहति गोपायत्यात्मसैन्यमिति गुहः।
69.	on I.1.40^{d}: अयं ब्रह्मणा सदा बालो पुत्रो दत्तः। तदुक्तं स्कन्दपुराणे पुत्रस्ते भविता देवि महायोगबलान्वितः । सदा बालोऽथ सुभगो धर्मज्ञो धर्मवत्सल इति। बालकः षोडशवर्षाद् भवेदिति षोडशवर्षाणि यावद् भवति। अयं च षोडशवर्षदेशीय इति कुमारो न पुनरनूढतया यतोऽनेन देवसेना नाम शक्रदुहिता परिणीतेति वायुपुराणे श्रूयते।	on I.1.40^{d}: सदा बालत्वाद् वा कुमारः। तथा च स्कान्दपुराणे पुत्रस्ते भविता देवि महायोगबलान्वितः । सदा बालोऽथ सुभगो धर्मज्ञो धर्मवत्सलः ।। न पुनरनूढतया कुमारो यतोऽनेन देवसेना विवाहिता। तथा च वायुपुराणे शतक्रतो रूपवती देवसेनेति वै सुता । सा महेन्द्रेण रत्यर्थं भार्यात्वेनोपपादिता ।। उदीर्णसेनापतये महासेनाय सुव्रतेति।

	Subhūti	**Sarvānanda**
70.	**on I.1.41^{b}:** व्यापकमोजोऽस्य विडौजाः। पृषोदरादित्वादौत्वमोकारस्येति ... वर्णदेशना। ... पाको वृत्रासुरस्य भ्राता। तन्निग्राहित्वात् पाकशासनः ...।	**on I.1.41^{b}:** व्यापकमोजोऽस्येति विडौजाः। पृषोदरादित्वादोकारस्यौत्वमिति वर्णदेशना। ... पाकं वृत्रासुरभ्रातरं शासितवानिति पाकशासनः।
71.	**on I.1.41^{c}:** ते विद्यावृद्धत्वाद् वृद्धाः। तेभ्यः शृणोति तद्वचनेन व्यवहरति ...।	**on I.1.41^{c}:** वृद्धवचनं श्रुत्वा व्यवहरतीति वृद्धश्रवाः।
72.	**on I.1.71^{c}:** मायातश्च्युतिमायातः शोभितः शतशोऽभितः । स व्यासं धाम्नि सव्यासं मानशेवधिमानश इति कप्फिणाभ्युदये यमकम्। ... आनशे प्राप्तवानित्यर्थः।	**on I.1.71^{c}:** मायातश्च्युतिमायातः शोभितः शतशोऽभितः । स व्यासं धाम्नि सव्यासं मानशेवधिमानश इति कप्फिणाभ्युदये तालव्ययमकम्। अशू व्याप्तौ। आनशे प्राप्तवानित्यर्थः।
73.	**on I.1.71^{c-d}:** तस्य च नव प्रभेदाः। पद्मोऽस्त्रियां महापद्मः शङ्खो मकरकच्छपौ । मुकुन्दकुन्दनीलाश्च चर्चश्च निधयो नवेति हारावली।	**on I.1.71^{c-d}:** शङ्खपद्मादयो नवानां निधीनां भेदाः। तथा हि पद्मोऽस्त्रियां महापद्मः शङ्खो मकरकच्छपौ । मुकुन्दकुन्दनीलाश्च चर्चश्च निधयो नवेति हारावली।
74.	**on I.2.1^{b}:** अम्बन्ते शब्दायन्ते ...।	**on I.2.1^{b}:** अम्बते शब्दायत इत्यम्बरम्।
75.	**on I.2.1^{c}:** अन्तरीक्ष्यते जगदस्मिन्नन्तरीक्षम्। ... वेदे तु ह्रस्वेकारो दृश्यते। तत्र छान्दसमेव ह्रस्वत्वमिति वर्णदेशना।	**on I.2.1^{c}:** अन्तरीक्ष्यते जगदस्मिन्नित्यन्तरीक्षम्। ... वेदे तु छान्दसमेवेकारह्रस्वत्वमिति वर्णदेशना।

	Subhūti	Sarvānanda
76.	on I.2.2^{a}: विष्णोः पदमास्पदम् । ... विष्णोः पदं प्रथममग्रकरैर्व्यनक्ति ।	on I.2.2^{a}: विष्णोः पदमास्पदं विष्णुपदम् । विष्णोः पदं प्रथममग्रकरैव्यनक्तीति मुरारिः ।
77.	on I.3.1^{a-b}: ता इत्यनेन दिगादिशब्दानां स्त्रीत्वं व्यनक्ति ।	on I.3.1^{a-b}: ता इत्यनेन दिगादीनां स्त्रीत्वं व्यनक्ति ।
78.	on I.3.1^{c-d}: प्रथमं प्रातरञ्चति रविरस्यां प्राची । प्रशब्दोऽयं प्राथम्ये । ... मध्येऽह्नोऽञ्चत्यस्यामपाची । अपदिशशब्दवदपशब्दोऽयं मध्यार्थः । अवाचीति त्वपपाठः । अवपूर्वो ह्यञ्चतिरधोमुखीभावे वर्तते । तथा च अवाङप्यधोमुख इति विशेष्यनिघ्ने वक्ष्यते । पश्चाद् दिवसावसानेऽञ्चत्यस्यां प्रतीची । ... पूर्वदक्षिणपश्चिमा इति सर्वादयो वृत्तिमात्र इति पुंवद्भावः ।	on I.3.1^{c-d}: प्रथमं प्रातरञ्चति सवितास्यामिति प्राची । प्रशब्दोऽत्र प्राथम्ये वर्तते । मध्येऽह्नोऽञ्चतीत्यपाची । अपशब्दोऽयमपदिशवन्मध्यवाची । अवाचीत्यपपाठः । अवपूर्वोऽञ्चतिरधोमुखीभावे वर्तते । यथा अवाङधोमुख इति विशेष्यनिघ्ने वक्ष्यति । ... पश्चाद् दिनान्तेऽञ्चत्यस्यामिति प्रतीची । ... पूर्वदक्षिणपश्चिमा इति सर्वनाम्नो वृत्तिमात्रे पुंवद्भावो वाच्यः ।
79.	on I.3.3^{c}-4^{b}: एषां करिण्योऽभ्रमुकपिला- मध्यमानुपमाः क्रमात् । ...	on I.3.3^{c}-4^{b}: कस्मिंश्चित् पुस्तके करिण्योऽभ्रमुकपिला- पिङ्गलानुपमाः क्रमादित्यादयः पठ्यन्ते ।
80.	on I.3.4^{d}: दिग्भ्यां विनिर्गता विदिक् ।	on I.3.4^{d}: दिग्भ्यां विनिर्गतेति विदिक् ... ।
81.	on I.3.5^{b}: मण्डलस्येव वालः संवरणमस्य ।	on I.3.5^{b}: चक्रस्येव वालः संवरणमस्येति चक्रवालम् ।
82.	on I.3.5^{c}: अपो बिभर्तीति भाषावृत्तौ मूलविभुजादिषु पुरुषोत्तमः । ...	on I.3.5^{c}: अपो बिभर्तीत्यब्भ्रम् । मूलविभुजादित्वात् कः । अभ्रति

	Subhūti	**Sarvānanda**
	धातुप्रदीपटीकायां त्वभ्रेर्गत्यर्थादभ्रं व्युत्पादितम्।	गच्छतीत्यभ्रमिति पचाद्यचि बकाररहितमपीति तु धातुप्रदीपः।
83.	**on I.3.6^{c}:** हन्ति सन्तापं मूर्तौ घनः ...। जीवनं मूतं बद्धमनेन ... जीमूतः ...।	**on I.3.6^{c}:** हन्ति सन्तापमिति घनः। ... जीवनं मूतं बद्धमनेनेति जीमूतः।
84.	**on I.3.7^{a}:** कादम्बा ... वलाकावन्मेघपङ्क्तिमनुधावन्ति ...।	**on I.3.7^{a}:** कादम्बा ... वलाकावन्मेघमनुधावन्ति।
85.	**on I.3.7^{d}:** आदिना ह्लासध्वनितादि।	**on I.3.7^{d}:** ... आदिना ह्लादह्लासध्वनितानां ग्रहणम्।
86.	**on I.3.8^{a}:** भीषणतया शं सुखं पिबति ...। शतं ह्लादा अस्याः पृषोदरादित्वाद्ध्रस्वत्वम्।	**on I.3.8^{a}:** भीषणतया शं सुखं पिबतीति शम्पा। ... शतं ह्लादा अस्याः शतह्रदा। पृषोदरादित्वाद्ध्रस्वत्वम्।
87.	**on I.3.8^{c}:** श्वेतद्विपः सुदामेति त्रिकाण्डशेष ऐरावतपर्यायौ। तेनैकदिक् सौदामनी। पूर्ववदण्। ... केचिदत्रेकारपरमुच्चारयन्ति। ... तथा हि खेऽस्तं जगाम काञ्चनसरसमसौदामनीलताधामास्तम्। कुवलयमिव सरजः सरसमसौदामनीलताधामास्तमिति हरिप्रबोधे यमकम्।	**on I.3.8^{c}:** श्वेतद्विपः सुदामेति त्रिकाण्डशेष ऐरावतपर्यायौ। अतः सुदाम्नैकदिशि सौदामनी। तेनैकदिगित्यण्। ... सौदामिनीत्यपपाठः। तथा च हरिप्रबोधयमकं खेऽस्तं जगाम काञ्चनसरसमसौदामनीलताधामास्तम्। कुवलयमिव सरजस्- सरसमसौदामनीलताधामास्तम्॥
88.	**on I.3.9^{b}:** इरया जलेन माद्यति ...।	**on I.3.9^{b}:** इरया जलेन माद्यतीरम्मदः।
89.	**on I.3.10^{a-b}:** प्राप्तकालाया वृष्टेर्ग्रहादिदोषेण विघातेऽवग्राहः।	**on I.3.10^{a-b}:** ग्रहादिदोषेण वृष्टिविघातेऽवग्राहद्वयम्।

	Subhūti	Sarvānanda
90.	on I.3.10^{d}: तालव्यादित्वमस्य। उच्छलच्छीकराच्छाच्छ- निर्भ्फराम्भःकरस्थित इति सरस्वतीकण्ठाभरणे चानुप्रासः।	on I.3.10^{d}: ... तालव्यो बाहुलकाद् ... उच्चलच्छीकराच्छाच्छ इति कण्ठाभरणेऽपि तालव्यानुप्रासः।
91.	on I.3.11^{a}: वर्षोपले तु करका करकोऽपि च दृश्यत इति रुद्रः।	on I.3.11^{a}: वर्षोपले तु करका करकोऽपि च दृश्यत इति रुद्रः।
92.	on I.3.11^{b}: ... दुर्दिनम्। ... सामीप्यादुपमानाद् वा रात्रौ च। यत्रौषधिप्रकाशेन नक्तं दर्शितसञ्चराः। अनभिज्ञास्तमिस्राणां दुर्दिनेऽप्यभिसारिकाः॥ दुर्दिनं जलदध्वान्तमिति तु रत्नकोषः। यत् ताडीदलपाकपाण्डु वदनं यन्नेत्रयोर्दुर्दिनमित्यादि लक्षितलक्षणया शृङ्गारप्रकाशे वर्णितम्।	on I.3.11^{b}: ... दुर्दिनम्। केचिद् रात्रिन्दिवेना- हश्शब्दं वर्णयन्ति। अह्नीत्युपलक्षणं वा। तथा च रत्नकोशे दुर्दिनं जलदध्वान्तमिति। एतेनैतदप्युपपन्नं स्याद् यत्रौषधिप्रकाशेन नक्तं दर्शितसञ्चराः। अनभिज्ञास्तमिस्राणां दुर्दिनेऽप्यभिसारिका इति। यत् तालीदलपाकपाण्डु वदनं यद् दुर्दिनं नेत्रयोरिति लक्षणेयमिति शृङ्गारप्रकाशः॥
93.	on I.3.12^{c}: चन्द्रमाह्लादं मिमीते चन्द्रं कर्पूरं वा माति सदृशयति ...। चन्द्रमाः।	on I.3.12^{c}: चन्द्रं कर्पूरं सादृश्येन मातीति चन्द्रमाः। ... आह्लादकत्वात् चन्द्रः।
94.	on I.3.13^{a}: तदुपलक्षिते तदुपचारात् सुधांशवो- ऽस्य।	on I.3.13^{a}: सुधांशुरित्युपचारात्।
95.	on I.3.13^{c}: समुद्रोद्भवत्वादब्जः।	on I.3.13^{c}: समुद्रोत्थत्वादब्जः।
96.	on I.3.14^{a}: नक्षत्रग्रहविप्राणां वीरुधां चाप्यशेषतः।	on I.3.14^{a}: नक्षत्रग्रहविप्राणां वीरुधां चाप्यशेषतः।

	Subhūti	**Sarvānanda**
	सोमं राज्येऽदधाद् ब्रह्मा यज्ञानां तपसामपीत्यागमः।	सोमं राज्येऽदधाद् ब्रह्मा यज्ञानां तपसामपीत्यागमः।
97.	**on I.3.14c:**	**on I.3.14c:**
	... षोडशो भागश्चन्द्रस्य कला।	चन्द्रस्य षोडशो भागः कला।
98.	**on I.3.15a-b:**	**on I.3.15a-b:**
	भिनत्ति समुदायम् ...। शकलखण्डे वा पुंसि। पक्षे रूपभेदात् क्लीबे। ... अयमसमभागे पुमान्। समे त्वंशे क्लीबमिति रूपभेदेनाह। समभागे नपुंसकलिङ्गोऽवयववाची तु पुंलिङ्ग इति भागवृत्तिकारादयश्च। अर्धं नपुंसकमित्यत्र तु सूत्रेऽनुन्यासकारेणासमप्रविभागे त्रिलिङ्ग्यामुदाहृतम् अर्धा शाटी, अर्धं वस्त्रम् , अर्धः कम्बल इति।	भिनत्ति समुदायमिति भित्तम्। ... शकलखण्डे वा पुंसीति सम्बन्धः। पक्षे रूपभेदात् क्लीबम्। अर्धशब्दः पुंलिङ्ग एव खण्डे वर्तते। समभागेऽर्धम्। अर्धं नपुंसकमेव समप्रविभागे वर्तते नान्यलिङ्गमिति भागवृत्त्यादिः। अर्धा शाटी, अर्धं वस्त्रम् , अर्धः कम्बल इत्यनुन्यासः।
99.	**on I.3.16a:**	**on I.3.16a:**
	कमात्मानं रङ्कयति हीनं करोति ...	कमात्मानं रङ्कयति हीनं करोतीति कलङ्कः।
100.	**on I.3.17a-c:**	**on I.3.17c:**
	महिकान्तं हिमे। ... मह पूजायाम्। ... महिका।	मह पूजायाम्। ... महिका।
101.	**on I.3.18:**	**on I.3.18:**
	गुणे स्पर्शविशेषे शीतमिति क्लीबं भवति। देवदत्तस्य शीतं वर्तत इति। ... तद्वाञ्शीतगुणवानर्थो येषां ते तद्वदर्थाः सुषीमादयः सप्तान्यलिङ्गकाः। यत् तदभिधेयं द्रव्यमेषां गुणादन्यत् तल्लिङ्गका इत्यर्थः। तद् यथा	गुणे स्पर्शविशेषे शीतमिति क्लीबं रूपभेदात्। तथा च देवदत्तस्य शीतं वर्तत इति प्रयोगः। ... तद्वाञ्शीतगुणवानर्थोऽभिधेयो येषां ते तद्वदर्थाः सुषीमादयः सप्तान्यलिङ्गका ... इत्यर्थः। तद् यथा

	Subhūti	**Sarvānanda**
	शीतला भूः , शीतलं जलम् , शीतलो वातः।	शीतला भूः , शीतलं कूलम् , शीतलो वात इति।
102.	on I.3.19^{b-c}:	on I.3.19^{b-c}:
	वरुणस्यर्षेरुर्वशीदर्शनाद् रेतश्च्युतम्। तच्च तेन कुम्भे निवेशितम्। ततोऽयं जात इति कुम्भसम्भवः। मित्रश्च वरुणश्च मित्रावरुणौ। ... तयोरपत्यम् ...। तयोस्तु साहचर्यादभेदाध्यवसायेनोभयपत्यतया व्यपदिश्यते। भेदाश्रये तु वरुणादेव प्रत्ययः। ... अद्यापि दक्षिणाद् देशाद् वारुणिर्न निवर्तत इति भारतम्।	मित्रावरुणौ देवर्षी। एतयोरुर्वशीदर्शनाद् रेतः स्रुतम्। तत् कुम्भे प्रविष्टम्। तत्र जात इति कुम्भसम्भवः। अत एव मैत्रावरुणिश्च। ... अभेदपक्षे त्वेतत्। भेदपक्षे तु वारुणिरपि भवति। अद्यापि दक्षिणामाशां वारुणिर्न निवर्तत इति भारते दर्शनात्।
103.	on I.3.19^{d}:	on I.3.19^{d}:
	लोपयति योषितां रूपाभिमानं लोपा। मुद्रयति स्रष्टुः सृष्टिं मुद्रा च।	लोपयति योषितां रूपाभिमानमिति लोपा। मुद्रयति स्रष्टुः सृष्टिमिति मुद्रा।
104.	on I.3.20^{b}:	on I.3.20^{b}:
	न केवलमुडु वा स्त्रियां तारकापीत्यपि शब्दः। उडुसाहचर्यात् पक्षे क्लीबे। द्वित्रैर्व्योम्नि पुराणशीधुमधुरच्छायैः स्थितं तारकैरिति।	अपिशब्दात् तारकापि वा स्त्रियामिति केचित्। उडुसाहचर्यात् पक्षे क्लीबे। तथा हि द्वित्रैर्व्योम्नि पुराणशीधुमधुरच्छायैः स्थितं तारकैरिति प्रयोगः।
105.	on I.3.20^{c-d}:	on I.3.20^{c-d}:
	अश्विन्यादयो रेवत्यन्ताः सप्तविंशतितारका दाक्षायण्य उच्यन्ते। दक्षो नाम प्रजापतिः। तस्यापत्यानि दाक्षायण्यः। ... अश्वं युनक्ति सम्बध्नाति ...। अश्वरूपयोगादश्विनी।	अश्विन्यादयः सप्तविंशतिर्दाक्षायण्य उच्यन्ते। दक्षस्य प्रजापतेरपत्यानि दाक्षायण्यः। ... अश्वं युनक्ति सम्बध्नातीत्यश्वयुक्। ... अश्वरूपयोगादश्विनी।
106.	on I.3.21^{a-b}:	on I.3.21^{a-b}:
	विशाखे द्वे तारके।	विशाखयोर्द्वित्वाद् राधे विशाखे इति द्विवचनमुक्तम्। तथा च रामायणे

Subhūti	**Sarvānanda**
पत्न्योर्मध्यगतस्तत्र सुग्रीवः प्लवगेश्वरः । विशाखयोर्मध्यगतः सम्पूर्ण इव चन्द्रमा इति रामायणम् । ... पुष्यन्ति सिध्यन्ति चार्था अस्मिन् ... अतिशयेन श्रववती श्रविष्ठा ।	पत्न्योर्मध्यगतस्तत्र सुग्रीवः प्लवगेश्वरः । विशाखयोर्मध्यगतः सम्पूर्ण इव चन्द्रमा इति । ... पुष्यन्ति सिध्यन्ति चास्मिन्नर्था इति पुष्यसिध्यौ । अतिशयेन श्रावयतीति श्रविष्ठा ।

107\. on I.3.21^{c-d}:

Subhūti	**Sarvānanda**
on I.3.21^{c-d}:	on I.3.21^{c-d}:
प्रोष्ठो भद्रपदश्च गौः । तस्येव पदान्यासामिति पादशब्दसमानार्थे पदशब्देन समासः । ... भद्रपदाशब्दावयवो भद्रशब्दोऽयम-दीर्घादिरेव । ग्रहपतिरिव भद्रपदानुगत इति श्लेषश्च । पूर्वे प्रोष्ठपदे द्वे उत्तरे च द्वे । समुदायश्चैषां चतुःसङ्ख्य इति बहुवचनम् । भद्रपदासु भयं सलिलोत्थमिति वराहः । ... कदा पूर्वे प्रोष्ठपदे इति तारकयोर्द्वित्वाद् द्विवचनम् ।	प्रोष्ठो गौः । तत्पदमिव पदमनयोरिति प्रोष्ठपदा । भद्रपदा ह्रस्वादिरिति वर्णविवेकः । ग्रहपतिरिव भद्रपदानुगत इति श्लेषश्च । पूर्वे प्रोष्ठपदे द्वे उत्तरे च द्वे । समुदायश्चैषां चतुःसङ्ख्य इति बहुवचनम् । ... भद्रपदासु भयं सलिलोत्थमिति तु वराहमिहिरः । यत् तु कदा पूर्वे प्रोष्ठपदे कदा पूर्वे भद्रपदे इति तत् तारकयोर्द्वित्वादुपपद्यते ।

108\. on I.3.22^{a}:

Subhūti	**Sarvānanda**
सौम्या मृगशिराः स्त्रियामिति रभसश्च ।	सौम्या मृगशिराः स्त्रियामिति रभसः ।

109\. on I.3.23^{c}:

Subhūti	**Sarvānanda**
तानार्तान् नष्टसञ्ज्ञांश्च आहतासून् बृहस्पतिः । दिव्याभिर्मन्त्रयुक्ताभि- रोषधीभिरजीवयदिति रामायणम् ।	तथा च रामायणे तानार्तान् नष्टसञ्ज्ञांश्च आहतासून् बृहस्पतिः । दिव्याभिर्मन्त्रयुक्ताभि- रोषधीभिरजीवयदिति ।

110\. on I.3.23^{d}:

Subhūti	**Sarvānanda**
शिखण्डाश्चूडाविशेषाः । तासां चित्राणां योगात् सप्तर्षयः प्रत्येकमेते चित्रशिखण्डिनामानः । तत्राङ्गिरस-श्चित्रशिखण्डिनो जातश्चित्र-	अङ्गिरा एव चित्रशिखण्डी । तस्माज्जातश्चित्रशिखण्डिजः । on I.3.26^{a-b}: मरीच्यत्रिमुखाः सप्तर्षयः प्रत्येकं

	Subhūti	**Sarvānanda**
	शिखण्डिजः। **on I.3.26^{a-b}:** शिखण्डाश्चूडाविशेषाः। तासां चित्राणां योगात् प्रत्येकमेते चित्र-शिखण्डिनामानः। मुखशब्द आद्यर्थे। मरीचिरङ्गिरा अत्रिः पुलस्त्यः पुलहः क्रतुः । वसिष्ठश्चेति सप्तैते ज्ञेयाश्चित्रशिखण्डिनः ।।	चित्रशिखण्डिन उच्यन्ते ।... मुखशब्द आद्यर्थे। मरीचिरङ्गिरा अत्रिः पुलस्त्यः पुलहः क्रतुः । वसिष्ठश्चेति सप्तैते ज्ञेयाश्चित्रशिखण्डिनः ।। चित्रशिखण्डश्चूडाविशेषः। तद्योगा-च्चित्रशिखण्डिनः।
111.	**on I.3.24^{b}:** सम्बोधने तूशनसस्त्रिरूपं सान्तं तथा नान्तमथाप्यदन्तम् ।...	**on I.3.24^{b}:** सम्बोधने तूशनसस्त्रिरूपं सान्तं तथा नान्तमथाप्यदन्तमिति।
112.	**on I.3.27^{a}:** वारुणीवारुणीभूत- सौरभा सौरभास्पदमिति दण्डयलङ्कारे यमकात् सूरो दन्त्यादिः। सूते रश्मीनुदयन्नालोकं सुवति प्रेरयति व्यापारेषु ...। ... तालव्यादिश्च। ... वासवदत्तायां च यथा केचित् कुमुदाकरा इवासोढशूरभासः स्थिता राजपुत्रा इति। वीरवचनश्च शूरस्तालव्यादिरेव।	**on I.3.27^{a}:** सुवति प्रेरयत्यन्धकारमिति सूरः।... वारुणीवारुणीभूत- सौरभा सौरभास्पदमिति दण्डियमकम्। ... तालव्यादिरपि। तथा च वासवदत्ताश्लेषः केचित् कुमुदाकरा इवासोढशूरभास इति। समर्थवाची च शूरस्तालव्य एव।
113.	**on I.3.28^{c}:** आर्तस्त्वं भव माण्डेति मार्तण्डस्तेन ...।	**on I.3.28^{c}:** आर्तस्त्वं भव माण्डेति मार्तण्डस्तेन स स्मृतः ।...
114.	**on I.3.30^{c-d}:** दयालुरयं दैत्यानां वरं यथेष्टं मा ददात्विति विघ्नदेवता इन्द्रादयोऽष्टादश नामान्तरैरस्य पार्श्वे स्थिताः। तत्र प्राधान्यान्माठरादयोऽभिहिताः ...।	**on I.3.30^{c-d}:** सूर्यः कारुणिकः। अतो यथेष्टं देवानां वरं ददातीत्येतावताष्टा-दशेन्द्रादयो विघ्नदेवता नामान्तरेण पार्श्वे स्थापिताः। ...

	Subhūti	**Sarvānanda**
	तत्र रवेर्वामपार्श्वे शक्रो दण्डकारि- त्वाद् दण्डाख्यः। दक्षिणे वह्निः पिङ्गलवर्णत्वात् पिङ्गलः। द्वितीय- कक्षायां दक्षिणद्वारे यमो माठर- नामकः। मठति निवसति सूर्यसमीपे ...।	तत्र शक्रो वामपार्श्वे दण्डाख्यो दण्डनायकः । वह्निस्तु दक्षिणे पार्श्वे पिङ्गलो नामतश्च सः । यमोऽपि दक्षिणे पार्श्वे ख्यातो माठरसञ्ज्ञया ।। मठति निवसति सूर्यसमीप इति माठरः। ... पिङ्गलवर्णत्वात् पिङ्गलः। दण्ड- कारित्वाद् दण्डः।
115.	on I.3.31^{c-d}:	on I.3.31^{c-d}:
	पद्यार्धमादित्यमण्डलमिति ख्यात उत्पातात्मके रश्मिमण्डले। ... पुंलिङ्गः परिवेषः स्यात् परिधौ परिवेषण इति मूर्धन्यान्तेषु रुद्रः। वेष्टने परिवेषः स्याद् भानोः सविधमण्डल इति तु तालव्यान्ते पुंरभसः। ... उपसूर्यकमण्डले द्वे नाम्नी। मण्डलं परिवेषश्च परिधिश्चोपसूर्यकमिति भागुरिः। सूर्यमुपगतम् ...।	परिवेषचतुष्टयं चन्द्रसूर्ययोरुत्पातज- रश्मिमण्डले। ... पुंलिङ्गः परिवेषः। परिवेषः स्यात् परिधौ परिधिः परिवेषण इति मूर्धन्ये रुद्रः। वेष्टने परिवेशः स्याद् भानोः सविधमण्डल इति तालव्ये- ऽपि रभसः। ... उपसूर्यकमण्डले द्वे नामनी। तथा च त्रिकाण्डे मण्डलं परिवेशश्च परिधिश्चोपसूर्यकमिति। सूर्यमुपगतमुपसूर्यकम्।
116.	on I.3.32^{d}-33^{b}:	on I.3.32^{d}-33^{b}:
	स्त्रियामित्यस्य प्रभादिभिश्च सम्बन्धः। ... भाःशब्दस्तु पुंलिङ्गोऽप्यस्ति। ... दृप्तारम्भप्रविततदलो- पान्तजालप्रविष्टै- र्भाभिर्भानोर्नृपतय इव स्पृश्यमाना विबुद्धा इति वेणीसंहारनाटकं च।	प्रभादयः स्त्रियां स्युरिति सम्बन्धः। ... जृम्भारम्भप्रविततदलो- पान्तजालप्रविष्टै- र्भाभिर्भानोर्नृपतय इव स्पृश्यमाना विबुद्धा इति वेणीसंहारे भाश्शब्दः पुंलिङ्गोऽपि।

	Subhūti	Sarvānanda
117.	**on I.3.33^{d}:** प्रकाशादित्रयमन्धकारविगमनलक्षणेऽप्यालोके रश्मिकार्ये।	**on I.3.33^{d}:** प्रकाशत्रयमालोके। स च रश्मिकार्यम्।
118.	**on I.3.34^{a-b}:** कोष्णादिचतुष्टयं मन्द उष्णे। गुणे क्लीबं रूपभेदात्।	**on I.3.34^{a-b}:** कोष्णचतुष्कं किञ्चिदुष्णे। ... गुणे क्लीबं रूपभेदात्।
119.	**on I.3.34^{d}:** मृगाणां तृष्णा पिपासा यस्यां जलाभासत्वात् सा मृगतृष्णा ...।	**on I.3.34^{d}:** तत्र जलाभासत्वान्मृगाणामत्र तृष्णा भवतीति मृगतृष्णा।
120.	**on I.4.1^{c}:** प्रतिपद्यते चन्द्रः क्षयमुदयं वास्याम् ...।	**on I.4.1^{c}:** प्रतिपद्यतेऽस्यां चन्द्रः क्षयमुदयं चेति प्रतिपत्।
121.	**on I.4.2^{b}:** वाश्यते तालव्यमध्यो वाशर इत्यन्ये। ... प्रयोगस्तु प्रायो दन्त्यसकारस्य। यथा बद्धो वासरसङ्ग इति भट्टिभाषासमावेशः।	**on I.4.2^{b}:** तथा च बन्धौ वासरसङ्ग इति भट्टिभाषासमावेशः। केचिद् वाशृ शब्दे तालव्यं साधयन्ति।
122.	**on I.4.2^{c}:** अह्नो दिवसस्य मुखमारम्भः।	**on I.4.2^{c}:** अह्नो मुखमारम्भोऽहर्मुखम्।
123.	**on I.4.3^{b}:** सायमण्डनमभित्वरयन्त्य इति भारविश्च। ... मान्तं त्वव्ययवर्गे वक्ष्यति सायं साये प्रगे प्रातरिति।	**on I.4.3^{b}:** तथा च भारविः सायमण्डनमभित्वरयन्त्यः। सायंशब्दो मकारान्तोऽव्ययवर्गे वक्ष्यते।
124.	**on I.4.4^{b}:** ... प्रथमावसानप्रहरयोरर्धभागौ दिनतुल्यौ। ... तदुक्तं शृङ्गारप्रकाशे षट्प्रकारा धातवः। परिपठिता अपरिपठिताः परिपठितापरिपठिताः प्रत्ययधातवो नामधातवः प्रत्यय-	**on I.4.4^{b}:** ... प्रथमावसानप्रहरयोरर्धप्रहरौ दिनतुल्याविति। ... **on I.4.26^{b}:** धातवश्च शृङ्गारप्रकाशे षट्प्रकारा उक्ताः। परिपठिता अपरिपठिताः परिपठितापरिपठिताः प्रत्ययधातवो

	Subhūti	**Sarvānanda**
	नामधातवश्चेति। तत्र परिपठिता भूवादयः। ... अपरिपठिता आन्दोलयत्यादयः। यथा नीपानान्दोलयत्येष प्रेङ्खोलयति मे मनः । पवनो बीजयन्नाशा मानाशामुच्चुलुम्पति ।। ... ये सूत्रेष्वेव पठ्यन्ते न भूवादिषु ते परिपठितापरिपठिताः स्कुप्रभृतयः। ... सनाद्यन्ताः प्रत्ययधातवः। ... कण्ड्वादयो नामधातवः। ... येभ्यः परिपठितधातुभ्यो नामत्वसिद्धये नामभ्यो वा धातुत्वसिद्धये क्विबादिप्रत्यया लुप्यन्ते ते प्रत्ययेन नामानि च धातवश्चेति प्रत्यय-नामधातवः।	नामधातवः प्रत्ययनामधातवश्च। तत्र परिपठिता भूवादयः। अपरिपठिता आन्दोलयत्यादयः। यथा नीपानान्दोलयत्येष प्रेङ्खोलयति मे मनः । पवनो बीजयन्नाशां मानाशामुच्चुलुम्पति ।। सौत्रधातवः परिपठितापरिपठिताः स्तम्भुप्रभृतयः। सनाद्यन्ता प्रत्ययधातवः। कण्ड्वादयो नामधातवः। येभ्यः परिपठितधातुभ्यो नामत्व-सिद्धये नामभ्यो धातुत्वसिद्धये क्विबादिप्रत्यया लुप्यन्ते तत्प्रत्ययेन नामानि धातवश्चेति प्रत्यय-नामधातवः।
25.	**on I.4.4**^{d}**:** रजन्ति रागिणोऽत्र ...।	**on I.4.4**^{d}**:** रजन्ति रागिणोऽत्रेति रजनिः।
26.	**on I.4.6**^{b}**:** प्रारम्भो दोषायाः प्रदोषः। ... ह्रस्वः। दोषाशब्दो हि नसङ्ख्यो-ऽप्यस्ति। ततः कथाभिः समतीत्य दोषा-मारुह्य सैन्यं सह पुष्पकं त इति भट्टिः।	**on I.4.6**^{b}**:** प्रारम्भो दोषायाः प्रदोषः। ... ... ह्रस्वत्वम्। ननु दोषाशब्दो-ऽव्ययः। ... तत् कथं ह्रस्वत्वम्। टाबन्तोऽपि भट्टिकाव्ये दृश्यत इत्यदोषः। तथा हि ततः कथाभिः समतीत्य दोषा- मारुह्य सैन्यैः सह पुष्पकं त इति।
27.	**on I.4.7**^{d}**:** मीयते तिथीनां क्षयो वृद्धिश्चानेन माश्चन्द्रः। ... स पूर्णो यस्यां तिथौ ...।	**on I.4.7**^{d}**:** मीयते तिथीनां क्षयो वृद्धिश्चानेनेति माश्चन्द्रः। स पूर्णो यस्यां सा पौर्णमासी।

INDICES

1. An Index of Amara's Entries–Whole or Part–Variants, Related Words, and Amara's Own Glosses Commented upon by Jātarūpa[1]

1. Figures in this index and the following ones refer to the page number of the Text.

An Index of Amara's Entries Commented upon by Jātarūpa

2. An Index of Major Quotations from Amara

An Index of Major Quotations from Amara

3. An Index of Quotations from Śāśvata

4. An Index of Quotations from No Longer Extant Lexicons

---

1. The first two *pāda*-s of this verse also occur on the same page of the present Text, with the reading *svāduphalo* instead of *sūkṣmaphalo*.
2. According to Subhūti (on AK I.1.27^{a-b}), in Rabhasa:
ब्रह्मसूः कामोऽमरमालायां ब्रह्मसूशब्दात् परेण कामवाचिन इशब्दस्य पाठात्।

हृच्छयो झषकेतुश्च पञ्चेषुः कुसुमायुधः ।

ब्रह्मसूरिः ...

रभसस्तु तत्सुतेऽनिरुद्धे पठति

क्लेदन्ती स्मरवल्लभा ।

ब्रह्मसूर्विश्वकेतुः स्यादनिरुद्ध उषापतिरिति।

See also Mallinātha on AK I.1.27^{c-d} who quotes ब्रह्मसूर्विश्वकेतुः स्यात् from the *Rabhasakoṣa*.

5. An Index of Quoted Pāṇinian *Sūtra*-s[1]

1. The index excludes those *sūtra*-s which in the commentary are present as a part of a larger passage cited from another text.

6. An Index of *Gaṇa*-s Referred to by Jātarūpa

1. This *Gaṇa* is from the Cāndra system.
2. A *Gaṇa* with the symbol • is from the *vārttika*-s.

7. An Index of the Individual *Gaṇa*-s Referred to by Jātarūpa

8. An Index of Quoted *Uṇādisūtra*-s

9. An Index of Quotations from the *Dhātupāṭha*[1]

1. The index includes only those aphorisms which are quoted in the commentary in their own right.

10. An Index of Quoted *Vārttika*-s[1]

1. The index includes only those *vārttika*-s which are quoted in the commentary in their own right.

11. An Index of Quotations from the *Mahābhāṣya*

* On this deviation from the *Mahābhāṣya* suffix, see § 6.10.

12. An Index of Quotations from the *Kāśikāvṛtti*

13. An Index of Quotations from Other Grammatical Texts

1. A citation with an asterisk is a *vārttika*-type aphorism not attested in the Kielhorn edition of the *Mahābhāṣya*.
2. The full quotation in Jātarūpa reads *idhmavraścanaḥ kuṭhāraḥ*; the same with the *pra* prefixed to *vraścanaḥ* is also found in Appayārya.
3. Kar. quoted in K.

14. An Index of Quotations from the *Nāṭyaśāstra*

15. An Index of Quotations from Miscellaneous Texts

16. An Index of Quotations Also Found in Other Works That Mention Their Sources

17. An Index of Unidentified Quotations Also Found in Other Works That Do Not Mention Their Sources

---

1. This verse also occurs on p. 75 of the present Text, with the reading *dhātātha* instead of *vidhātā*, as also attested in Su., and with *mitro varuṇa* instead of *varuṇo mitra*.

---

2. Not only the Jātarūpa manuscript (the second manuscript stops at the end of I.7) but all the Sarvānanda mansucripts read *pūrvāmukhā*, and the editor of Sarvānanda has changed this to *pūrvamūkhā*, as I myself have done for the Jātarūpa manuscript. However, I do not understand why T.G. Sâstrî, the Sarvānanda editor, does not practise *sandhi* between a pair of long *ā*-s, i.e. the final *ā* of *pūrvamukhā* and the initial *ā* of *āvāsinī*.

3. In a stricter sense, two more sentences, namely *śīghraṃ bhuṅkte* and *satataṃ juhoti* (both on p. 55), also attested in Sarvānanda's commentary, should consecutively follow the citation beginning with राजभोजनः. However, I have not included either of them in the present Index, thinking that they were not quoted by Jātarūpa from somewhere else but were composed by himself to exemplify the usage of the adverbs in them, and were later incorporated by Sarvānanda into his own commentary. In order to support this I may point out Bṛhaspati's examples, *śīghraṃ juhoti* and *satataṃ bhuṅkte*, in which a reversal of the verbs occurs.

   Similarly, I have excluded from the present list the sentences *śīghraṃ pacati, śīghraṃ gacchatīti prayogo bhavati na tu javaṃ pacati, javaṃ gacchatīti* (on p. 54), though like expressions are attested both in Savānanda's and Bṛhaspati's commentaries.

सवेगगतिवचनो जवशब्दो धर्मवचनाश्च शीघ्रादयः also in KṣS 54

सा ते भवतु सुप्रीता किं ते दुर्भगया मया ।
वटे वटे वैश्रवणः शुकवत् पाठ्यसे प्रिया the first two *pāda*-s also in Bṛ. 112

सुकृतं कर्म also in Sar. 94

सुखं कामिकुलं द्रव्यात् सुखा वै मघवन् गृहाः ।
सुखा युवतिरिच्छन्ती समभीष्टं नवं वयः also in Sar. with some variants, and the first *pāda* also in Mal. 94

सुगन्धाख्यश्च कटुकश्छत्त्रातिच्छत्त्रकस्तथा ।
छत्त्राकार इति ख्यातो मूले पर्णे वचाकृतिः also in Sar. 239

स्वल्पपत्त्रः फणिज्झकः also in Sar. 223

हृदि प्राणो गुदेऽपानः समानो नाभिसंस्थितः ।
उदानः कण्ठदेशे च व्यानः सर्वशरीरगः also in KṣS, Sar., Bṛ. and Bhā., the first two *pāda*-s also in Mal. 53

Likewise, I have not entered in the list the sentences *śītalā bhūḥ, śītalaṃ jalam, śītalo vāyuḥ* (on p. 68), notwithstanding the fact that these sentences are present both in Subhūti's and Sarvānanda's commentaries, with *vātaḥ* instead of *vāyuḥ*. (For the extracts from Subhūti's commentary, see App. 5, no. 101).

18. An Index of Authors and Works Referred to by Jātarūpa

19. An Index of Unidentified Quotations

---

1. The same citation without *yaṣṭiḥ* is also found in Kṣīrasvāmin.
2. The same citation without *ghaṭī* is also found in Kṣīrasvāmin.

20. An Index of the Quotations That Read Differently Elsewhere

The number of printed editions of a given text, if it is widely read, is very extensive, and I do not claim that I have checked the readings found in Jātarūpa's text against all the printed editions. I have, in most cases, confined my efforts to the edition listed in the Bibliography. Whenever more than one edition of a given text is recorded in the Bibliography, it is to be understood that the one placed first has been consulted for the present purpose. Here I have also included those quotations which may be verified only through other secondary works. This effort is not directed to reconstructing the textual transmission of standard texts, but it may incidentally help those who are interested in textual history. The readings reproduced from the printed editions also include those variants given in the critical apparatuses of concern to Jātarūpa's readings.

1. अकच्प्रकरणे तूष्णीमः काम्प्रत्ययो वक्तव्यः 293

   Bhāṣ. on Vā. 1 to P. V.3. 71-72:
   अकच्प्रकरणे तूष्णीमः काम् वक्तव्यः

2. अजैकपादहिर्बुघ्नो विरूपाक्षोऽथ रैवतः ।
   हरश्च बहुरूपश्च त्र्यम्बकश्च सुरेश्वरः ।
   सावित्रोऽथ जयन्तश्च पिनाकी चापराजितः 15

   MP V.29-30^{b} / PP I.6.29^{c}-30:
   अजैकपादहिर्बुध्न्यो विरूपाक्षोऽथ रैवतः ।
   हरश्च बहुरूपश्च त्र्यम्बकश्च सुरेश्वरः ।
   सावित्रश्च जयन्तश्च पिनाकी चापराजितः

3. अज्विधौ भयवर्षादीनामुपसङ्ख्यानम् 63

   Vā. 1 to P. III.3.56:
   अज्विधौ भयस्योपसङ्ख्यानम्

4. अथवा सर्वे शब्दा गुणसमुदाये वर्तन्ते क्वचिदेकदेशेऽपि 3

   Bhāṣ. on P. II.2.6:
   अथवा सर्व एते शब्दा गुणसमुदायेषु* वर्तन्ते ... अवयवेष्वपि
   *गुणसमुदाये

5. अनो नलोपो वा च स्त्रियाम् 318

[158] as quoted in K. on P. II.4.17:
अनो नलोपश्च वा च द्विगुः स्त्रियाम्*
*अनो नलोपश्च वा च स्त्रियाम्

6. अप्रतिषिद्धालिन्दं समन्ततो वास्तु सर्वतोभद्रम् ।
नृपविबुधसमूहानां कार्यं द्वारैश्चतुर्भिरिति 180

BS LII.31:
अप्रतिषिद्धालिन्दं समन्ततो वास्तु सर्वतोभद्रम् ।
नृपविबुधसमूहानां कार्यं द्वारैश्चतुर्भिरपि

7. अर्थेन नित्यसमासः 320

Vā. 4 to P. II.1.36:
अर्थेन नित्यसमासवचनम्

8. अर्धकोषातकी 319

Bhāṣ. on Vā. to P. II.2.3:
अर्धकोशातकी

9. अश्वश्च धैवतं सोऽपि मत्तः पञ्चमसङ्गतम् 122

Quoted in Sar. on AK I.7.1:
अश्वस्तु धैवतं सोऽपि मत्तः पञ्चमसङ्गतम्

Quoted in Bṛ. on AK I.176[c]-177[b]:
अश्वस्तु धैवतं सोऽपि मत्तः पञ्चमसञ्ज्ञितम्

10. अस्य सर्वाङ्गसंहारमुखनेत्रविकूणन 132

NŚ VI.72+:
तस्य सर्वाङ्गसंहारमुखविकूणन*
*°मुखनेत्र°

11. आरोपेऽपि परीवापः 246

ŚāK 752[c]:
आवापेऽपि परीवापः

12. ... आर्हन्ती, आर्हन्त्यम् 317

Bhāṣ. on Vā. 2 to P. V.1.124:
... आर्हन्त्यम् , आर्हन्ती

13. आविद्धकरणबहुलमुपर्युपरिपाणिकम् 126

NŚ XXIX:78[a-b]:
आविद्धकरणबहुलं ह्युपर्युपरिपाणिकम्

14. आश्रये च प्रतिश्रयः 255

ŚāK 310[b]:
आश्रयश्च प्रतिश्रयः

15. आसमुद्रात् तु वै पूर्वादाऽब्धेः पश्चिमतस्तथा ।
अनयोरन्तरं गिर्योरार्यावर्तं विदुर्बुधाः 168

MaS II.22:
आसमुद्रात् तु वै पूर्वादासमुद्रात् तु पश्चिमात् ।
तयोरेवान्तरं गिर्योरार्यावर्तं विदुर्बुधाः

16. इन्द्रस्य मन्त्रिपरिषदृषीणां सहस्रम् । तच्चक्षुरिन्द्रः । तेन द्व्यक्षमिन्द्रं
सहस्राक्षमित्याहुः 39

AŚ I.15.55-57:
इन्द्रस्य हि मन्त्रिपरिषदृषीणां सहस्रम् । स तच्चक्षुः । तस्मादिमं द्व्यक्षं
सहस्राक्षमाहुः

17. इयमकरणिस्ते वृषल भूयात् 299

K. on P. III.3.112:
अकरणिस्ते वृषल भूयात्

18. इष्टजनस्य कथायां हेलालीलादिदर्शने वापि ।
तद्भावभावनकृतं मोट्टायितमभिख्यातम् 139

NŚ XXII.19:
इष्टजनस्य कथायां लीलाहेलादिदर्शने वापि ।
तद्भावभावना कृतमुक्तं* मोट्टायितं नाम
*भावनकृतमुक्तं

19. उद्घट्टनैश्च बहुभिर्बीभत्सरसः समुद्भवति 132

NŚ VI.73[c-d]:
उद्वेजनैश्च बहुभिर्बीभत्सरसः समुद्भवति

20. उमेति मात्रा तपसे निषिद्वा 34

KS I.26c:
उमेति मात्रा तपसो* निषिद्वा
*तपसे

21. ऐश्वर्यस्य समग्रस्य पुण्यस्य यशसः श्रियः ।
ज्ञानस्याथ प्रयत्नस्य षण्णां भग इति श्रुतिः 18

VP VI.5.74:
ऐश्वर्यस्य समग्रस्य धर्मस्य यशसः श्रियः ।
ज्ञानवैराग्ययोश्चैव षण्णां भग इतीरणा

Quoted in KsS on AK I.1.13c:
ऐश्वर्यस्य समग्रस्य धर्मस्य यशसः श्रियः ।
वैराग्यस्याथ मोक्षस्य षण्णां भग इति स्मृतः

Quoted in Su. on AK I.1.13c:
समग्रस्य माहात्म्यस्य धैर्यस्य यशसः श्रियः ।
कामस्यार्थप्रयत्नस्य षण्णां भग इति श्रुतिः

Quoted in Sar. on AK I.1.13c:
माहात्म्यस्य समग्रस्य धैर्यस्य यशसः श्रियः ।
कामस्यार्थप्रयत्नस्य षण्णां भग इति श्रुतिः

Quoted in Lin. on AK I.1.13c:
ऐश्वर्यस्य समग्रस्य वीर्यस्य यशसः श्रियः ।
ज्ञानवैराग्ययोश्चैव षण्णां भग इतीरणा

Quoted in Br. on AK I.8c:
माहात्म्यस्य समग्रस्य धर्मस्य यशसः श्रियः ।
कामस्यार्थप्रमेयस्य षण्णां भग इति श्रुतिः

22. ... ओदकान्तं प्रियं प्रोथमनुव्रजेत् 283

Quoted in Bhāṣ. on *pāda* 3 of Kār. on P. I.4.56:
... ओदकान्तात् प्रियं पान्थमनुव्रजेत् ।

Under *pāṭhabheda* in Kielhorn's edition of Bhāṣ.: Nāgojibhaṭṭa: प्रियं प्रोथमिति क्वचित्पाठः; Haradatta & Hemacandra read प्रोथम्.[1]

Quoted in Ny. on K. under P. I.1.14:
ओदकान्तात् प्रियं प्रोथमनुव्रजेत्

23. कक्षा तु परिधानस्य पश्चादञ्चलपल्लवे 274

ŚāK 129^{c-d}:
कक्षा स्यात् परिधानस्य पश्चादञ्चलपल्लवे

24. कमिमनिजनिगाभायापाहिभ्यश्च 97

U. I.73:
कमिमनिजनिगाभायाहिभ्यश्च

25. कल्मषोऽयममेध्याहारः 94

Quoted in Sar. on AK I.4. 26^{c-d}:
कल्मषोऽयमात्मन्यध्याहारः

Quoted in Bṛ. on AK 125^{d}:
कल्मषोऽयमध्यारोपः

26. कषायेण रक्तं काषायं वस्त्रम् 322

K. on P. IV.2.1:
कषायेण रक्तं वस्त्रं काषायम्*
*काषायेण रक्तं काषायं वस्त्रम्

27. काकणी मानदण्डस्य तुरीयांशे पणस्य च ।
काकणीं ब्रुवते केचिदेकमेव वराटकम् 303

ŚāK 109:
काकिणी मानदण्डः स्यात् तुरीयांशे पणस्य च ।
काकिणीं ब्रुवते केचिदेकमेव वराटकम्

28. का पथ्यक्षयोश्च 172

P. VI.3.104:
का पथ्यक्षयोः

1. I do not find this citation in Haradatta's *Padamañjarī* (at least in the edition referred to in the Bibliography). It is, however, in Jinendrabuddhi's *Nyāsa* (on K. under P. I.1.14).

29. कामो ब्रह्मसूः 28

Quoted in Bṛ. on AK I.21[a]:
आत्मभूर्ब्रह्मसूः

Quoted in Bhā. on AK I.1.27[a]:
आत्मभूर्ब्रह्मसूः कामः

30. काम्ये प्रकाम्ये 249

ŚāK 103[a]:
काम्ये निकामे*
*निकाम्ये

31. कुब्जे पृष्ठगडौ 306

ŚāK 717[b]:
कुब्जे पृष्ठगुडे

32. कृगॄशॄवृञ्चतिभ्यः ष्वरच् 81

U. II.123:
कृगॄशॄवृचतिभ्यः ष्वरच्

33. केशस्तनाधरादिग्रहणादतिहर्षसम्भ्रमोत्पन्नम् ।
कुट्टमितं वदन्ति हि सुखं तु दुःखोपचारेण 140

NŚ XXII.20:
केशस्तनाधरादिग्रहणादतिहर्षसम्भ्रमोत्पन्नम् ।
कुट्टमितं विज्ञेयं सुखमपि दुःखोपचारेण

34. क्रव्यमत्तीति क्रव्यात् 50

K. on P. III.2.69:
क्रव्यमत्ति क्रव्यात्

35. क्रौञ्चः क्वणति मध्यमम् 122

NŚi. I.5.3[d]:
क्रौञ्चो वदति मध्यमम्

36. गेहादौ प्रान्ते धारणदारुपङ्क्तिर्मत्तवारणं प्रग्रीवम् 314

Quoted in Bṛ. on AK III.468[c]:
गृहादौ प्रान्ते दारूणामाधारपङ्क्तिर्बहुवारणाख्या प्रग्रीवम्

Also cf. Sar. on AK. III.5.35[c]:
मत्तवारणाख्यं दारु

37. चत्वारि त्रीणि द्वे चैकं कृतादिषु यथाक्रमम् ।
दिव्याब्दानां सहस्राणि युगेष्वाहुः पुराविदः ।।
तत्प्रमाणैः शतैः सन्ध्या पूर्वा तत्राभिधीयते ।
सन्ध्यांशकश्च तत्तुल्यः स्याद् युगस्योत्तरो हि सः ।।
कृतं त्रेता द्वापरश्च कलिश्चेति चतुर्युगम् ।
तत् सहस्रं तु विज्ञेयं ब्रह्मणो दिवसं मुने 91

VP I.3.12-13, 15:
चत्वारि त्रीणि द्वे चैकं कृतादिषु यथाक्रमम् ।
दिव्याब्दानां सहस्राणि युगेष्वाहुः पुराविदः ।।
तत्प्रमाणैः शतैः सन्ध्या पूर्वा तत्राभिधीयते ।
सन्ध्यांशश्चैव तत्तुल्यो युगस्यानन्तरो हि सः ।।
कृतं त्रेता द्वापरश्च कलिश्चैव चतुर्युगम् ।
प्रोच्यते तत्सहस्रं च ब्रह्मणो दिवसं मुने

38. तच्च समाहितमनस्कत्वादुत्पद्यते 130

NŚ VII.93 +:
तच्च समाहितमनस्त्वादुच्यते

39. तत्राक्षिभ्रूविकाराढ्यः शृङ्गाराकारसूचकः ।
सग्रीवारेचको ज्ञेयो हावो भावसमुत्थितः 139

NŚ XXII.10:
तत्राक्षिभ्रूविकाराढ्यः शृङ्गाराकारसूचकः ।
सग्रीवारेचको ज्ञेयो हावः स्थितसमुत्थितः

40. तत्र शक्रो वामपार्श्वे दण्डाख्यो दण्डनायकः ।
वह्निस्तु दक्षिणे पार्श्वे पिङ्गलो वामनश्च सः 77

Quoted in Sar. on AK I.3.30[a-b]:
तत्र शक्रो वामपार्श्वे दण्डाख्यो दण्डनायकः ।
वह्निस्तु दक्षिणे पार्श्वे पिङ्गलो नामतश्च सः

Quoted in Bṛ. on AK I.99[a-b]:
तत्र शक्रो वामपार्श्वे दण्डाख्यो दण्डनायकः ।
वह्निस्तु दक्षिणे पार्श्वे पिङ्गलो नामतश्च सः

41. तत्रादित्या द्वादशका विश्वेदेवा दश स्मृताः ।
वसवश्चाष्टसङ्ख्यातास्तुषितास्त्रिंशत् तथा षट् 14

Quoted in Sar. on AK I.1.10:
आदित्या द्वादश प्रोक्ता विश्वेदेवा दश स्मृताः ।
वसवश्चाष्टसङ्ख्याकाः षट्त्रिंशत् तुषितास्तथा*
*°सङ्ख्याकास्तुषितास्त्रिंशत् तथा च षट्

Quoted in Mal. on I.1.10:
तत्रादित्या द्वादश स्युर्विश्वेदेवा स्त्रयोदश ।
वसवश्चाष्टसङ्ख्याताः षट्त्रिंशत् तुषिताः स्मृताः

Quoted in Bṛ. on AK I.5 and Bhā. on AK I.1.10:
आदित्या द्वादश प्रोक्ता विश्वेदेवा दश स्मृताः ।
वसवश्चाष्टसङ्ख्याताः षट्त्रिंशत् तुषिता मताः

42. तथा हि यो येनानादृतः स ततोऽवश्यमेव कायवाङ्मनसामन्यतमेन व्यवधीयते 135

Quoted in Sar. on AK I.7.22[c-d]:
तथा हि यो येनानादृतः स इतोऽवश्यमेव कायवाङ्मनसामन्यतमेन व्यवधीयते

Quoted in Bṛ. on AK I.198[a-b]:
यो येनाभिभूतः स तस्मात् कायवाङ्मनसामन्यतमेन व्यवधीयत एव

43. तद्बृहतोः करपत्योरनुचितयोः सुट् तलोपश्च 71

Bhāṣ. on P. VI.1.157:
तद्बृहतोः करपत्योश्चोरदेवतयोः सुट् तलोपश्च

44. तनोतेरौणादिक ऊप्रत्ययः। ...
न पाति न पततीति वा नपात् क्विबन्तः।
नभ्राण्नपादिति ... निपातितः। तन्वा नपात् तनूनपात् 47

K. on P. VI.2.140:
तनोतेरौणादिक ऊप्रत्ययः। ...
न पाति न पालयति वा* नपात् क्विबन्तः।
नभ्राण्नपादित्यादिना ... निपातितः। तन्वा नपात् तनूनपात्
*न पाति न पातयति वा

45. तलि स्त्रीलिङ्गवचनं कर्तव्यम् 13

Bhāṣ. on Vā. 1 to P. V.4.27:
तलि स्त्रीलिङ्गं वक्तव्यम्

46. तारं तु रूप्यके ।
नक्षत्रे नेत्रमध्ये च तारा तारवदिष्यते 261

ŚāK 141b-d:
तारं च रूप्यके ।
नक्षत्रे नेत्रमध्ये तु तारा तारवदिष्यते

47. तृन्तृचौ शंसिक्षदादिभ्यः सञ्ज्ञायामनिटौ 19

U. II.94:
तृन्तृचौ शंसिक्षदादिभ्यः सञ्ज्ञायां चानिटौ

48. तृभूवसिवहिभासिसाधिगडिमण्डिजिनन्दिभ्यश्च 41

U. III.128:
तृभूवहिवसिभासिसाधिगडिमण्डिजिनन्दिभ्यश्च

49. त्रीणि ककुदान्यस्येति त्रिककुत् ... 186

K. on P. V.4.147:
त्रीणि ककुदान्यस्य त्रिककुत् ...

50. दक्षिणस्याश्च पूर्वस्याश्च दिशोऽन्तरालं दक्षिणपूर्वा दिक् 321

K: on P. II.2.26:
दक्षिणस्याश्च पूर्वस्याश्च दिशोर्यदन्तरालं दक्षिणपूर्वा दिक्

51. दक्षिणापथे महान्ति सरांसि सरसीत्युच्यन्ते 159

Bhāṣ. on Kār. 2b to P. I.1.19:
दक्षिणापथे हि महान्ति सरांसि सरस्य इत्युच्यन्ते

52. दण्डकानध्यवात्तां यौ वीर रक्षःप्रकाण्डकौ 95

BhK V.6a-b:
दण्डकामध्यवात्तां यौ वीर रक्षःप्रकाण्डकौ

53. दिव्योको येषां ते दिवौकसः 12

CVṛ. on CV V.2.127:
दिव्योक एषां ते दिवौकसः

54. देवक्याः पतितो गर्भ इति लोको वदिष्यति ।।
गर्भसङ्कर्षणात् सोऽथ लोके सङ्कर्षणेति वै ।
सञ्ज्ञामवाप्स्यति वीरः श्वेताद्रिशिखरोपमः 26

VP V.1.74[c]-75:
देवक्याः पतितो गर्भ इति लोको वदिष्यति ।।
गर्भसङ्कर्षणात् सोऽथ लोके सङ्कर्षणेति वै ।
सञ्ज्ञामवाप्स्यते वीरः श्वेताद्रिशिखरोपमः

55. द्वारालिन्दोऽन्त्यगतः प्रदक्षिणोऽन्यस्ततस्ततश्चान्यैः ।
रुद्धश्च वर्धमानो द्वारं तु दक्षिणं कार्यम् 180

BS LII.33:
द्वारालिन्दोऽन्तगतः प्रदक्षिणोऽन्यः शुभस्ततश्चान्यः ।
तस्मिंश्च वर्धमाने द्वारं तु न दक्षिणं कार्यम्

56. द्वित्रैर्व्योम्नि पुराणसीधुमधुरच्छायैः स्थितं तारकैः 70

VŚBh. I.11[a]:
द्वित्रैर्व्योम्नि पुराणमौक्तिकमणिच्छायैः स्थितं तारकैः

57. द्वौ द्वौ मासावृतुः 86

AŚ II.20.54:
द्वौ मासावृतुः

58. धरो ध्रुवश्च सोमश्च विष्णुश्चैवानिलोऽनलः ।
प्रत्यूषश्च प्रभासश्चेत्यष्टौ ते वसवः स्मृताः 15

Bhār. I.60.17:
धरो ध्रुवश्च सोमश्च अहश्चैवानिलोऽनलः ।
प्रत्यूषश्च प्रभासश्च वसवोऽष्टाविति स्मृताः*
*वसवो नामभिः स्मृताः

Quoted in Su. on AK I.1.10[a]:
आपो ध्रुवश्च सोमश्च धरश्चैवानिलोऽनलः ।
प्रत्यूषश्च प्रभासश्चेत्यष्टौ ते वसवः स्मृताः

Quoted in Br. on AK I.5[a]:
ध्रुवो धवश्च* सोमश्च विष्णुश्चैवानिलोऽनलः** ।
प्रत्यूषश्च प्रभासश्च अष्टैते वसवः स्मृताः
*धरश्च
**आपश्चैवानिलोऽनलः

59. नक्षत्रे नेत्रमध्ये च तारा तारवदिष्यते 261

ŚāK 141[c-d]:
नक्षत्रे नेत्रमध्ये तु तारा तारवदिष्यते

60. नवोढाया ज्ञातिभृत्या जन्याः स्निग्धा वरस्य च ।
जननीयजनित्रोश्च जन्यं युद्धे च कीर्तितम् 257

ŚāK 58:
नवोढाया ज्ञातिभृत्या जन्याः स्निग्धा वरस्य च ।
जननीयजनित्रोश्च जन्यं निर्वादयुद्धयोः

61. न सत्योऽसत्यः । न असत्यो नासत्यः 45

K. on P. VI.3.75:
न सत्या असत्याः । न असत्या नासत्याः

62. नानाप्रहरणसङ्कुलशिरःकबन्धभुजकर्तनैः ... अभिनयः 133

NŚ VI.65[a-b]:
नानाप्रहरणमोक्षैः* शिरःकबन्धभुजकर्तनैः ... अभिनयः
* °प्रहरणसङ्कुलशिरः°

63. निषादं तु गजो गर्जत्युन्मदोऽसौ सपञ्चमम् 122

Quoted in Br. on AK I.176[c]-177[b]:
निषादं तु गजो गर्जत्युन्मदोऽसौ तु पञ्चमम्

64. पञ्चसु कपालेषु संस्कृतः पञ्चकपालः पुरोडाशः 320

K. on [163] as quoted in K. on P. II.4.26:
पञ्चसु कपालेषु संस्कृतः पुरोडाशः पञ्चकपालः

65. पापा ऋतुमती कन्या पापो राजाप्यरक्षकः 94

Quoted in Sar. on AK I.4.26[c-d]:
पापा ऋतुमती कन्या पापो राजा निरक्षरः

66. पारते देहधातौ 277

ŚāK 33c:
पारदे देहधातौ

67. पुण्यं तीर्थमिदं पुण्या नदी पुण्योऽयमाश्रयः 94

Quoted in Sar. on AK I.4.26c-d and Mal. on AK I.4.27a-b:
पुण्यं तीर्थमिदं पुण्या नदी पुण्योऽयमाश्रमः

68. पुष्पमूलेषु बहुलम् 196

Vā. 2 to P. IV.3.166:
पुष्पमूलेषु च बहुलम्*
*पुष्पमूलेषु बहुलम्

69. पुष्पसाधारणे काले कोकिलो रौति पञ्चमम् 122

NŚi. I.5.4a-b:
पुष्पसाधारणे काले कोकिला* वक्ति पञ्चमम्
*कोकिलो

70. ... पूर्णो माः पूर्णमाः। पूर्णमास इयं पौर्णमासी। मा इति चन्द्रमा उच्यते 83

K. on P. IV.2.21:
... पूर्णो माः पूर्णमाः। पूर्णमास इयं पौर्णमासी। मा इति चन्द्र उच्यते

71. पूर्वे भागे भगवान् मरीचिरपि दक्षिणे वसिष्ठोऽस्मात् ।
तस्याङ्गिरास्ततोऽत्रिस्तस्यासन्नः पुलस्त्यश्च ।।
पुलहः क्रतुरपि भगवानासन्नश्च क्रमेण पूर्वस्य ।
तत्र वसिष्ठं मुनिवरमुपाश्रितारुन्धती साध्वी 74

BS XIII.5-6:
पूर्वे भागे भगवान् मरीचिरपरे स्थितो वसिष्ठोऽस्मात् ।
तस्याङ्गिरास्ततोऽत्रिस्तस्यासन्नः पुलस्त्यश्च ।।
पुलहः क्रतुरिति भगवानासन्ना अनुक्रमेण पूर्वाद्यात् ।
तत्र वसिष्ठं मुनिवरमुपाश्रितारुन्धती साध्वी

72. प्रपिबन्त्यस्यामिति प्रपा 178

Bhāṣ. on Vā. 4 to P. III.3.58:
प्रपिबन्त्यस्यां प्रपा

73. प्राक्पश्चिमावलिन्दावन्त्यगतौ तदधिष्ठितौ शेषौ ।
रुचकं द्वारं न शुभमुत्तरतोऽन्यानि शस्तानि 180

BS LII.35:
प्राक्पश्चिमावलिन्दावन्तगतौ तदवधिस्थितौ शेषौ ।
रुचके द्वारं न शुभदमुत्तरतोऽन्यानि शस्तानि

74. प्रादिभ्यो धातुजस्य 23

Vā. 14 to P. II.2.24:
प्रादिभ्यो धातुजस्य वा

75. प्राधान्येन च व्यपदेशा भवन्ति 174

Quoted in Bṛ. on the conclusion of AK II.18:
प्रधानेन च व्यपदेशा भवन्ति

76. बदरीसदृशाकारो वृक्षः सूक्ष्मफलो भवेत् ।
अटव्यामेव सा घोण्टा गोपघण्टेति चोच्यते 204

Quoted in Sar. on AK II.4.36[b]-37[a]:
बदरीसदृशाकारो वृक्षः सूक्ष्मफलो भवेत् ।
अटव्यामेव सा घोण्टा गोपघण्टेति सोच्यते

77. ब्राह्मणार्थं पयो ब्राह्मणार्था यवागूर्ब्राह्मणार्थः सूप इति 320

Bhāṣ. on Vā. 5 to P. II.1.36:
ब्राह्मणार्थं पयो ब्राह्मणार्थः सूपो ब्राह्मणार्था यवागूरिति

78. भासि 282

Śāk 74[c]:
धाम्नि*
*भासि

79. भ्रूकुंसादीनामकारो वक्तव्यो वा 127

Bhāṣ. on Vā. 3 to P. VI.3.61:
अकारो भ्रूकुंसादीनामिति वक्तव्यम्

80. महापद्मश्च पद्मश्च शङ्खो मकरकच्छपौ ।
मुकुन्दनन्दनीलाश्च वर्गश्च निधयो नव 58

Quoted in KṣS on AK I.1.71^{c-d}:
महापद्मश्च पद्मश्च शङ्खो मकरकच्छपौ ।
मुकुन्दकुन्दनीलाश्च खर्वश्च निधयो नव

Quoted in Bṛ. on I.66^{c-d} and Bhā. on I.1.71^{c-d}:
पद्मोऽस्त्रियां महापद्मः शङ्खो मकरकच्छपौ ।
मुकुन्दकुन्दनीलाश्च खर्वश्च निधयो नव

81. महाराजिकनामानो द्वे शते षट् च विंशतिः 14

Quoted in Su., Sar., Liṅ. and Bhā. on AK I.1.10., and Bṛ. on AK I.5:
महाराजिकनामानो द्वे शते विंशतिस्तथा ।

82. माल्याच्छादनविलेपनभूषणानामनादरन्यासः ।
स्वल्पोऽपि परां शोभां जनयति यः सा तु विच्छित्तिः 139

NŚ XXII.16:
माल्याच्छादनभूषणविलेपनानामनादरन्यासः ।
स्वल्पोऽपि परां शोभां जनयति यस्मात् तु* विच्छित्तिः ।।
*या सा तु

83. मृगृहसि ... 108

U. III.86:
हसिमृग्रिण् ...

84. य एव हावः सैवैषा शृङ्गाररससम्भवा ।
समाख्याता बुधैर्हेला ललिताभिनयात्मिका 139

NŚ XXII.11:
यो वै हावः स एवैषा शृङ्गाररससम्भवा ।
समाख्याता बुधैर्हेला ललिताभिनयात्मिका

85. यत्रौषधिप्रकाशेन नक्तं दर्शितसञ्चराः ।
अनभिज्ञास्तमिस्राणां दुर्दिनेऽप्यभिसारिकाः 64

KS VI.43:
यत्रौषधिप्रकाशेन नक्तं दर्शितसञ्चराः ।
अनभिज्ञास्तमिस्राणां दुर्दिनेष्वभिसारिकाः

86. यथा नानाव्यञ्जनसंस्कृतमन्नं भुञ्जाना रसानास्वादयन्ति सुमनसः पुरुषा हर्षांश्चाधिगच्छन्ति तथा चाभिनयव्यञ्जितान् वागङ्गसत्त्वोपेतान् स्थायिभावानास्वादयन्ति सुमनसः 130

NŚ VI.31+:
यथा हि नानाव्यञ्जनसंस्कृतमन्नं भुञ्जाना रसानास्वादयन्ति सुमनसः पुरुषा हर्षादींश्चाधिगच्छन्ति तथा नानाभावाभिनयव्यञ्जितान् वागङ्गसत्त्वोपेतान् स्थायिभावानास्वादयन्ति सुमनसः प्रेक्षका हर्षादींश्चाधिगच्छन्ति*
*Some MSS. end with प्रेक्षकाः.

87. यमोऽपि दक्षिणे पार्श्वे ख्यातो माठरसञ्ज्ञया 77

Quoted in KṣS on AK I.2.32^{c-d}:
यमोऽपि दक्षिणे पार्श्वे भवेन्माठरसञ्ज्ञया

88. यासयोः प्रतिषेधे त्यकन उपसङ्ख्यानम् 189

Vā. 1 to P. VII.3.45:
प्रतिषेधे त्यकन उपसङ्ख्यानम्

K. on P. VII.3.45:
यासयोरित्त्वप्रतिषेधे त्यकन उपसङ्ख्यानम्

89. लुगकारेकाररेफाश्च वक्तव्याः 88

Bhāṣ. on Vā. 2 to P. IV.4.128:
लुगकारेकाररेफाश्च प्रत्यया वक्तव्याः

90. वत्सं तु वक्षसि 277

ŚāK 211^{b}:
वत्सं च वक्षसि

91. वसुसत्यौ ऋतुदक्षौ कामकालौ धुरिलोचनौ ।
पुरूरवा माद्रवाश्चैव विश्वेदेवाः प्रकीर्तिताः 15

Quoted in Su. on AK I.1.10^{a}:
वसुबन्धौ ऋतुदक्षौ कामकालौ धुरिलोचनौ ।
पुरूरवा माद्रवाश्चैव विश्वेदेवाः प्रकीर्तिताः

92. वस्त्रेण परिवृतो रथो वास्त्रः 323

K. on P. IV.2.10:
वस्त्रेण परिवृतो रथो वास्त्रो रथः*
*वस्त्रेण परिवृतो रथो वास्त्रः

93. वाक्यानां प्रीतियुक्तानां प्राप्तानां यदभाषणम् ।
व्याजात् स्वभावतो वापि विहतं तत् प्रकीर्तितम् 140

NŚ XXII.24:
वाक्यानां प्रीतियुक्तानां प्राप्तानां यदभाषणम् ।
व्याजात् स्वभावतो वापि विहतं नाम तद् भवेत्

94. वागलङ्कारैः सुश्लिष्टैः प्रीतिप्रयोजितैर्मधुरैः ।
इष्टजनस्यानुकृतिर्लीला ज्ञेया प्रयोगज्ञैः 139

NŚ XXII.14:
वागङ्गालङ्कारैः शिष्टैः प्रीतिप्रयोजितैर्मधुरैः ।
इष्टजनस्यानुकृतिर्लीला ज्ञेया प्रयोगज्ञैः

95. वाप्रकरणेऽन्यत्रापदादीनामुपसङ्ख्यानम् 44

Vā. to P. VIII.4.10:
वाप्रकरणे गिरिनद्यादीनामुपसङ्ख्यानम्

96. वाससः ... दशा 272

ŚāK 432[b]:
वाससः ... दशाः*
*दशा

97. विविधानामर्थानां वागङ्गाहार्यसत्त्वयोगेन ।
मदरागहर्षजनितो व्यत्यासो विभ्रमः प्रोक्तः 138

NŚ XXII.17:
विविधानामर्थानां वागङ्गाहार्यसत्त्वयोगानाम् ।
मदरागहर्षजनितो व्यत्यासो विभ्रमो ज्ञेयः

98. वृषादिभ्यः कलच् 93

U. I.108:
वृषादिभ्यश्चित्

99. शंसिदुहिगुहीनां वक्तव्यम् 16

[217] as quoted in K. on P. III.1.109:
शंसिदुहिगुहिभ्यो वेति वक्तव्यम्

100. शिशुमारश्चुलूपी स्त्री 154

Quoted in Br. on AK I.245[d]:
शिशुमारे चुलूपी स्यात्

101. षड्जं नदति मयूरः 122

NŚi. I.5.3[a]:
षड्जं वदति मयूरः

102. संसारे खिन्नानां ... प्राणिनां निशि विश्रामार्थं 30

PDhS I.7:
संसारखिन्नानां ... प्राणिनां निशि विश्रामार्थं

103. स चाहृद्याप्रियावेक्षणारिष्टश्रवणदर्शनपरिकीर्तनैः 132

NŚ VI.72+:
स चाहृद्याप्रियाचोष्यानिष्टश्रवणदर्शनकीर्तनादिभिः*
*स चाप्रशस्ताप्रियावेक्षानिष्टदर्शनोद्वेजनया
*स चाप्रियावेक्षानिष्टश्रवणदर्शनोद्वेजनया

104. ... सत्त्वं नाम मनःप्रभवम्। तच्च समाहितमनस्कत्वादुत्पद्यते 130

NŚ VII.93+:
... सत्त्वं नाम मनःप्रभवम्। तच्च समाहितमनस्त्वादुच्यते

105. समानार्थानां विरूपाणामप्येकशेषो वक्तव्यः। वक्रदण्डश्च कुटिलदण्डश्च वक्रदण्डौ कुटिलदण्डाविति वा 6

Bhāṣ. on Vā. 23 to P. I.2.64:
एकार्थानामपि विरूपाणामेकशेषो वक्तव्यः। वक्रदण्डश्च कुटिलदण्डश्च वक्रदण्डौ कुटिलदण्डाविति वा

106. सर्गश्च प्रतिसर्गश्च वंशो मन्वन्तराणि च ।
वंशानुचरितं चेति पुराणं पञ्चलक्षणम् 111

KP I.1.12:
सर्गश्च प्रतिसर्गश्च वंशो मन्वन्तराणि च ।
वंशानुचरितं चैव पुराणं पञ्चलक्षणम्

107. सवेगगतिवचनो जवशब्दो धर्मवचनाश्च शीघ्रादयः 54

Quoted in KṣS on AK I.1.64^{c}-65^{b}:
सवेगगतिवचनो जवो धर्मवचनास्तु शीघ्रादयः

108. सादकारयोः सञ्ज्ञायाम् 179

Vā. 1 to P. VI.3.122:
सादकारयोः कृत्रिमे

109. साध्या द्वादश सङ्ख्याता रुद्राश्चैकादश स्मृताः 14

Quoted in Su., Sar., Liṅ. and Bhā. on AK I.1.10 and Bṛ. on AK I.5:
साध्या द्वादश विख्याता रुद्राश्चैकादश स्मृताः

110. सितपीतसमायोगः पाण्डुवर्णः प्रकीर्तितः 106

NŚ XXI.81^{a-b}:
सितपीतसमायोगात् पाण्डुवर्णः प्रकीर्तितः

111. सुखं कामिकुलं द्रव्यात् सुखा वै मघवन् गृहाः ।
सुखा युवतिरिच्छन्ती समभीष्टं नवं वयः 94

Quoted in Sar. on AK I.4.26^{c-d} and the first two *pāda*-s also in Mal. on AK I.4.27^{a-b}:
सुखं कामिकुलं द्रव्यात् सुखो वासः सहाम्बया ।
सुखा युवतिरिच्छन्ती सुखा वै भगवद्गृहाः*
*मघवन् गृहाः

112. सुखं सज्जनसंवादः सुखं शान्तिरनुत्तरा 94

Quoted in Sar. on AK I.4.26^{c-d}:
सुखं सज्जनसंवादः सुखं शान्तिरनुत्तमा

113. सुगन्धाख्यश्च कटुकश्छत्त्रातिच्छत्त्रकस्तथा ।
छत्त्राकार इति ख्यातो मूले पर्णे वचाकृतिः 239

Quoted in Sar. on AK II.4.167^{a}:
सुगन्धाख्यं च कटुकं छत्त्रातिच्छत्त्रकं तथा ।
छत्त्रकार इति ख्यातो मूले छत्त्रेव चाकृतिः

114. सुर ऐश्वर्यदीप्त्योः 11

Dh. VI.50:
षुर ऐश्वर्यदीप्त्योः

115. सुसूधागृधिभ्यः क्रन् 11

U. II.24:
सुसूधाञ्गृधिभ्यः क्रन्

116. स्तम्भः स्वेदोऽथ रोमाञ्चः स्वरभेदोऽथ वेपथुः ।
वैवर्ण्यमश्रु प्रलय इत्यष्टौ सात्त्विकाः स्मृताः 130

NŚ VI.22
स्तम्भः स्वेदोऽथ रोमाञ्चः स्वरभङ्गोऽथ वेपथुः ।
वैवर्ण्यमश्रु प्रलय इत्यष्टौ सात्त्विकाः स्मृताः

NŚ VII.94:
स्तम्भः स्वेदोऽथ रोमाञ्चः स्वरभेदोऽथ वेपथुः ।
वैवर्ण्यमश्रु प्रलय इत्यष्टौ सात्त्विका मताः

117. स्थास्थिनृस्थूणामिति वक्तव्यम् 21

Bhāṣ. on P. VIII.3.97:
स्थस्थास्थिनृस्थूणामिति वक्तव्यम्

K. on P. VIII.3.97:
स्थास्थिनृस्थूणामिति वक्तव्यम्

Quoted in Sar. on AK I.1.16^{b}:
स्थास्थिनृस्थूणामिति वक्तव्यम्
Quoted in Br. on AK I.11^{b}:
स्थास्थिनृस्थूणां चेति वक्तव्यम्

118. स्मितरुदितहसितभयगर्वश्रमाभिलाषाणाम् ।
सङ्करकरणं हर्षादसकृत् किलिकिञ्चितं ज्ञेयम् 139

NŚ XXII.18:
स्मितरुदितहसितभयहर्षगर्वदुःखश्रमाभिलाषाणाम् ।
सङ्करकरणं हर्षादसकृत् किलिकिञ्चितं ज्ञेयम्

119. स्वल्पपत्रः फणिज्झकः 223

Quoted in Sar. on AK II.4.79^{a-c}:
स्वल्पपत्रः फणिर्जकः

120. हरीतक्याकृतिस्त्वङ्क्यो यवमध्यस्तथोर्धकः ।
आलिङ्ग्यश्चैव गोपुच्छ आकृत्या सम्प्रकीर्तितः 124

NŚ XXXIV.255:
हरीतका*कृतिस्त्वङ्को यवमध्यस्तथोर्ध्वगः ।
आलिङ्गश्चैव गोपुच्छ आकृत्या सम्प्रकीर्तितः
*हरीतक्या°

121. हला सउन्तले 129

Śā. I.15 +, 17 +, 18 + *passim*:
हला सउन्दले

122. हस्तपादाङ्गविन्यासाद् भ्रूनेत्रौष्ठप्रयोजितम् ।
सौकुमार्यं भवेद् यत् तु ललितं तत् प्रकीर्तितम् 139

NŚ XXII.22:
हस्तपादाङ्गविन्यासो भ्रूनेत्रोष्ठप्रयोजितः ।
सौकुमार्याद् भवेद् यस्तु ललितं तत् प्रकीर्तितम्

123. हासो रतिश्च शोकश्च क्रोधोत्साहो भयं तथा ।
जुगुप्सा विस्मयश्चैव स्थायिभावाः प्रकीर्तिताः 130

NŚ VI.17:
रतिर्हासश्च शोकश्च क्रोधोत्साहौ भयं तथा ।
जुगुप्सा विस्मयश्चेति स्थायिभावाः प्रकीर्तिताः

124. हिमवद्विन्ध्ययोर्मध्ये यः प्राग् विनशनादपि ।
प्रत्यगेव प्रयागाच्च मध्यदेशः स उच्यते 168

MaS II.21:
हिमवद्विन्ध्ययोर्मध्यं यत् प्राग् विनशनादपि ।
प्रत्यगेव प्रयागाच्च मध्यदेशः प्रकीर्तितः

125. हृदि प्राणो गुदेऽपानः समानो नाभिसंस्थितः ।
उदानः कण्ठदेशे च व्यानः सर्वशरीरगः 53

Quoted in KṣS and Sar. on AK I.1.63c-64a, and in Bṛ. on AK I.58c-59a:

हृदि प्राणो गुदेऽपानः समानो नाभिसंस्थितः ।
उदानः कण्ठदेशस्थो व्यानः सर्वशरीरगः

Quoted in Bhā. on AK I.1.63c-64a:

हृदि प्राणो गुदेऽपानः समानो नाभिसंस्थितः ।
उदानः कण्ठदेशे स्याद् व्यानः सर्वशरीरगः